L1. 50

L'INCONNU
DE L'ÉLYSÉE

DU MÊME AUTEUR

Pétrole, la 3ᵉ guerre mondiale, Calmann-Lévy, 1974.

Après Mao, les managers, Fayolle, 1977.

Bokassa Iᵉʳ, Alain Moreau, 1977.

Les Émirs de la République,
en collaboration avec Jean-Pierre Séréni, Seuil, 1982.

Les Deux Bombes, Fayard, 1982 ; nouvelle édition, 1991.

Affaires africaines, Fayard, 1983.

V, l'affaire des « avions renifleurs », Fayard, 1984.

Les Chapellières, récit, Albin Michel, 1987.

La Menace, Fayard, 1988.

L'Argent noir, Fayard, 1988.

L'Homme de l'ombre, Fayard, 1990.

Vol UT 772, Stock, 1992.

Le Mystérieux Docteur Martin, Fayard, 1993.

Une jeunesse française, François Mitterrand, 1934-1947, Fayard, 1994.

L'Extrémiste, François Genoud, de Hitler à Carlos, Fayard, 1996.

TF1, un pouvoir,
en collaboration avec Christophe Nick, Fayard, 1997.

Vies et morts de Jean Moulin, Fayard, 1998.

La Diabolique de Caluire, Fayard, 1999.

Bethléem en Palestine,
en collaboration avec Richard Labévière, Fayard, 1999.

Manipulations africaines, Plon, 2001.

Dernières volontés, derniers combats, dernières souffrances, Plon, 2002.

Marcel Dassault ou les ailes du pouvoir,
en collaboration avc Guy Vadepied, Fayard, 2003.

La Face cachée du Monde. Du contre-pouvoir aux abus de pouvoir,
en collaboration avec Philippe Cohen, Mille et une nuits, 2003.

Main basse sur Alger : enquête sur un pillage, juillet 1830, Plon, 2004.

Noires Fureurs, blancs menteurs : Rwanda 1990-1994,
Mille et une nuits, 2005.

L'Accordéon de mon père, Fayard, 2006.

Pierre Péan

L'inconnu
de
l'Élysée

Fayard

ISBN : 978-2-213-63149-3

À Jean-Luc Aubert,
mon vieux complice du Sélect

1.

Un militant clandestin

Début 1971, il entre dans la cour des grands avec un long portrait signé dans *L'Express* par la belle plume de Georges Suffert. Baptisé « le Samouraï de la Corrèze », il est décrit comme « fascinant non par ce qu'il a de compliqué, mais par ce qu'il a de simple. Il est ambitieux. C'est tout. Sa vie, son travail, ses jeux, son argent, ses rêves, tout s'ordonne autour de cet objectif unique : réussir. Et, comme il a de la méthode, qu'il est raisonnablement intelligent et qu'il a le goût du travail, il va son chemin d'un pas élastique. » Suffert a compris l'intérêt que le président Pompidou lui portait. Il est de sa race, écrit-il. « Un peu plus ennuyeux. C'est l'époque qui veut ça. Les jeunes gens, décidément, lorsqu'ils n'ont pas le goût de la révolution ont celui de l'efficacité à tout prix. » Le reste du portrait est à l'avenant. Suffert a eu le nez d'inscrire son « samouraï » dans la lignée de De Gaulle et Pompidou : « De Gaulle, puis Pompidou, puis Chirac ; Lille, puis le Cantal, puis la Corrèze ; la révolte, la succession, la gestion ; tout ce chemin qui mène de la mystique à la politique, de la poésie à la prose, des discours sur la France au plaidoyer pour la Corrèze, c'est peut-être la pente inévitable que dégringolent inévitablement les songes politiques. »

Suffert a compris avant tout le monde que « quelqu'un doucement s'avance » et que « les chercheurs d'héritiers l'observent parfois, rêveurs ». Mais ce fin observateur de la vie politique française n'a pas vu que le technocrate ennuyeux possédait un grand jardin secret et que, s'il cultivait le goût de l'efficacité, il avait aussi celui de la révolution... À l'insu de tous, le samouraï de Corrèze aidait clandestinement l'ANC (African National Congress), le mouvement qui luttait contre le régime de l'apartheid, alors que son président, Nelson Mandela, purgeait sa condamnation à perpétuité dans les geôles sud-africaines.

Bien des années plus tard, l'ex-samouraï de Corrèze me dit tout de go[1] :

– J'ai été militant de l'ANC de Mandela depuis la fin des années 60, le début des années 70. J'ai été approché par Hassan II, le roi du Maroc, pour aider au financement de l'ANC.

Il souligne que le roi du Maroc – « Paix à son âme de bon musulman ! » – a beaucoup aidé financièrement l'ANC... Puis lui vient une anecdote en point d'orgue de son exposé sur le martyre de l'Afrique :

– J'avais un vieil ami, un curé...

Il cherche son patronyme, avoue avoir toujours eu des problèmes de mémoire avec les noms propres. Puis celui de Desmond Tutu[2], l'archevêque anglican, prix Nobel de la paix 1984, lui revient.

– ... qui, un jour, me dit : « Je vais te raconter une histoire. Quand vous êtes arrivés chez nous, vous aviez la Bible en main et nous, nous avions la terre. Vous nous avez dit : "Fermez les yeux et priez." On a fermé les yeux et on a prié.

---

1. Entretien avec l'auteur, 22 juillet 2006.
2. Le président de la République française l'a fait grand officier de la Légion d'honneur, le 28 juin 1998, au Cap.

Quand on a rouvert les yeux, nous avions la Bible et vous aviez la terre... »

Puis il enchaîne sur ses souvenirs : « J'ai toujours refusé d'aller en Afrique du Sud au temps de l'apartheid, malgré de très nombreuses invitations. Et ce refus était public[1]... »

Lors de mon rendez-vous suivant avec l'ancien député de la Corrèze, j'essaie d'en savoir plus sur cet engagement militant :

– Qui pourrait confirmer votre engagement ?

– Mandela...

– Il était en prison. Qui d'autre ?

– Probablement Desmond Tutu.

– Au Maroc, aviez-vous un vis-à-vis ?

– C'était le roi du Maroc, et il n'a pas été payé de retour. Il a soutenu l'ANC dès le départ. Le souverain, qui avait une fortune personnelle importante, versait de l'argent à l'ANC ; il pensait que plus on donnait, mieux cela valait... Il avait constitué un réseau de gens qui aidaient au financement de l'ANC. Il m'avait choisi pour cela... Je me souviens qu'à l'époque le président sud-africain, qui devait être Vorster, exerçait d'énormes pressions auprès de nos ministres pour qu'ils viennent faire des voyages en Afrique du Sud. Un certain nombre de ministres français ont accepté ces invitations. Moi aussi j'ai été très sollicité... Les dirigeants d'Afrique du Sud voulaient faire croire que l'apartheid n'existait pas, ou qu'il était normal. J'ai refusé de me rendre en Afrique du Sud. J'ai déclaré officiellement et de la façon la plus claire, *urbi et orbi*, que je n'y mettrais pas les pieds tant que l'apartheid subsisterait... Quelques années après sa

---

1. Le 25 juin 1998, lors du dîner offert par le président de la République en l'honneur de Nelson Mandela, Jacques Chirac a déclaré : « Depuis bientôt 40 ans, mes pas m'ont mené partout. Jamais pourtant je n'étais venu chez vous. Précisément parce que vous n'étiez pas encore ici chez vous. Parce que, sur la terre de vos pères, on vous refusait, à vous et à tant d'autres, la qualité de citoyen et d'homme. Parce qu'ici, vouloir avancer debout demeurait un combat. »

libération, Mandela, dans un petit discours très gentil, a confirmé que je n'avais jamais voulu me rendre en Afrique du Sud tant que l'apartheid y sévirait.

2.

Le « zigoto de la République »

S'il est un homme politique que les Français pensent connaître, Jacques Chirac est bien celui-là. Le président occupe la scène politique française avec assiduité depuis quarante ans. Les journalistes lui ont consacré des dizaines de milliers d'articles, les télévisions des milliers de journaux télévisés, d'émissions et de portraits, et le monde de l'édition plus de deux cents livres. Il faudrait plusieurs promotions d'historiens pour éplucher cette masse documentaire. Mais cette recherche est inutile pour connaître la direction prise par tous ces travaux depuis quelques années : un sens univoque, désespérément commun, absolument consensuel. La totalité des ouvrages récents consacrés à Jacques Chirac sont à charge. Dès qu'il s'agit du président dans une rédaction ou un studio de télévision ou de radio, un sourire mauvais assombrit le visage du journaliste qui parle. Le président ne saurait être considéré ou pris au sérieux. Il est devenu le grand bouc-émissaire des malheurs de la France, le Goldstein de la politique française, du nom de ce héros qui incarne le mal absolu dans *1984*, le roman de George Orwell. Tous les commentateurs, qu'ils soient de droite, de gauche ou du centre, témoignent de ce qui leur apparaît comme une incontestable évidence : Jacques Chirac est l'inanité même.

Son bilan se confond avec un seul mot, un seul chiffre, même : zéro.

J'exagère ? Non, je suis bien en deçà de la vérité. Si l'unanimité médiatique s'est faite contre lui depuis la mort de Paul Guilbert, le journaliste du *Figaro*, quelques médiacrates en ont profité pour se forger, à l'ombre de la supposée indignité du président, un petit magot de notoriété supplémentaire, assorti de confortables droits d'auteur qui semblent indexés sur la violence des textes publiés. Des best-sellers, et même un film à succès, qui dessinent les contours d'un tribunal politique vieux comme les dictatures : celui où, à aucun moment, l'accusé (ou la défense) n'a la parole pour contrer ou même simplement relativiser la verve inquisitoriale ; celui où aucun geste, aucune décision, aucune pensée de l'accusé n'est épargné. En ces temps de verbe policé, où l'euphémisme règne dans le monde des idées, le traité de chiracologie, exercice toujours considéré comme salutaire et courageux – que diable, l'homme est « encore » à l'Élysée ! –, se doit de verser dans le pamphlet le plus outrancier. Dans le cas de Chirac, l'invective et l'insulte sont de l'ordre de la correction minimale exigée par l'air du temps.

Prenons Denis Jeambar. En quarante ans de journalisme, notre homme s'est forgé l'image d'un intellectuel modéré, réformiste et raisonnable. On le soupçonnait même d'une certaine liberté de penser, qualité devenue si rare dans le Paris éditorial. Son avant-dernier opus de journaliste[1], bravement intitulé *Accusé Chirac, levez-vous !*[2], ne témoigne pas seulement d'un amour immodéré pour les procès à charge, il tombe dans le langage de caniveau inimaginable chez cet homme affable et plutôt pudique : « Ce Don Juan [il s'agit de

---

1. Denis Jeambar a quitté *L'Express* pour prendre la direction des éditions du Seuil en septembre 2006.
2. Le Seuil, septembre 2005.

Chirac, bien sûr] se sent irrésistible et se dit qu'il en va du pays comme des femmes : tout se règle en trois minutes. »

Donc, on l'aura compris, le bilan de Chirac est nul, archinul, nullissime. On n'en finirait plus d'inventer les superlatifs dépréciatifs. Le président n'est pas seulement menteur, il est « super-menteur ». Avec la complicité du journaliste Éric Zemmour, Karl Zéro a réalisé un reportage… dans le cerveau du chef de l'État ! Les faits qu'il en rapporte sont accablants pour lui. Chirac a parcouru la France en pensant « une main serrée, un bulletin gagné ». Il a toujours fait le contraire de ce qu'il disait. Il a longtemps été l'avocat des automobilistes, même des chauffards, avant de lancer sa campagne sur la sécurité routière. Il a pourfendu, puis adoré l'Europe. Défendu toute sa vie les agriculteurs et la ruralité alors qu'il adore la ville et ne se sent à l'aise que dans les palaces. Promis des places à de nombreux amis avant de les oublier. « Le cynisme est la règle qui l'anime », assure Jeambar. Il est, écrit Franz-Olivier Giesbert[1], un « poseur d'emplâtres », « un prince de la dissimulation », un « pipeauteur ». Pour canarder Chirac, *L'Express* et *Le Point* sont à l'unisson, comme la quasi-totalité de la presse d'ailleurs.

Chirac n'est pas simplement un menteur sans foi ni loi, il est aussi, nous assurent les éditorialistes chevronnés, un incompétent notoire. Nous lui devons tout ce qui ne va pas dans notre pays, et ce n'est pas peu dire. La dette « abyssale » de la France ? Chirac. L'assistanat généralisé ? Chirac. (N'a-t-il pas inventé l'ANPE ?) L'impossibilité de réformer le pays ? Chirac, puisque, comme l'écrit Franz-Olivier Giesbert, c'est un « psychorigide contrarié qui a fini par se convaincre que la France ne supporterait aucune réforme[2] ». La faillite de l'Europe ? Chirac encore, qui s'est débrouillé pour perdre un référendum gagné d'avance. La montée de

---

1. Franz-Olivier Giesbert, *La Tragédie du président, scènes de la vie politique*, Flammarion, 2006.
2. *Ibid.*

Le Pen ? Chirac, Chirac, martèle Jeambar[1]. La dégénérescence des institutions et de la Ve République ? Chirac toujours.

Chirac, c'est l'« irresponsable ». Hervé Gattegno explique sur 300 pages comment le chef de l'État a « orchestré son irresponsabilité – pénale et politique – comme un débiteur sans scrupule organise son insolvabilité[2] ».

Chirac, c'est enfin « l'escroc » de la République. Au terme d'un livre-réquisitoire de 450 pages[3], Jean Montaldo nous livre ses « pièces à conviction » : la photocopie de la facture d'un billet d'avion Paris-New York pris en 1993 et payé en liquide à une agence de voyage. C'est assez pour faire un best-seller principalement nourri des comptes rendus d'audience des procès sur le financement des partis politiques en Île-de-France, qui a mis en cause tous nos responsables politiques, mais épargné le président au nom d'un principe constitutionnel. En quarante ans de vie politique, Jacques Chirac a-t-il une fois seulement, deux fois peut-être, été bien inspiré ? S'est-il, fût-ce pour de mauvaises raisons, ou simplement par hasard, écarté du mauvais chemin qui fut le sien depuis quarante ans ? Il semble bien que non. Sur les quatre cents pages de *La Tragédie du président*, Giesbert n'a même pas un mot pour remercier Chirac sur l'Irak ! Ce n'est plus de l'engagement, c'est de l'aveuglement. Les historiens du temps présent que prétendent être les éditorialistes ne veulent pas reconnaître un seul mérite à Jacques Chirac. De quoi souhaitent-ils le punir, de quoi entendent-ils se venger ? Je l'ignore.

Pour tous, en tout cas, Chirac incarne, en fait, le « déclin de la France ». Cette trouvaille nous est offerte par Franz-Olivier Giesbert au travers d'un ouvrage bâti sur douze ans de « confidences » des principaux acteurs de la politique française, dont Chirac lui-même. L'homme qui troussa des

---

1. « Le Pen, c'est le bilan de Chirac, ce qu'il reste à la dernière ligne de l'arrêté des comptes de sa politique. » Voir *Accusé Chirac, levez-vous !*, *op. cit.*
2. Hervé Gattegno, *L'Irresponsable, une présidence française, 1995-2007*, Stock, 2006.
3. Jean Montaldo, *Chirac et les quarante menteurs*, Albin Michel, 2006.

portraits si flatteurs du président lorsque celui-ci avait la main, va désormais, au crépuscule de son parcours, chercher en enfer les mots pour l'abattre. Chirac est devenu « un vieux fantôme déguisé en président, croque-mort du déclin français, zéro pensant puisque c'est ainsi que le voient les Français désormais ». Peu importe que François Mitterrand ait un jour dit de FOG qu'il avait « les guillemets faciles » ; son pamphlet, salué par une médiacratie quasi unanime[1], a été un formidable best-seller. Quant aux quelques impudents qui ont osé remarquer que, dans ce portrait au vitriol de la droite française, un seul était épargné, Nicolas Sarkozy, ils sont mus bien entendu par la jalousie du succès fogiste.

Ainsi, nous savons tout de Chirac. Laissons donc son cadavre à l'histoire, tournons la page !

Ce livre s'ouvre sur l'hypothèse inverse : et si, de Chirac, nous ne connaissions pas tant que ça, pas grand-chose, même ? Et si Chirac s'était débrouillé pour que ses innombrables biographes, dont il s'est désintéressé[2] avec tant de désinvolture, passent à côté de son personnage ? Je sens mon lecteur sceptique. Alors, commençons par le commencement. Le commencement est un doute. Un doute léger, au début. C'est par là que débute l'histoire de ce livre…

Depuis 1995, Jacques Chirac est « mon » président. Je n'ai pas voté pour lui en 1995. Mais j'ai accepté sans barguigner, en bon républicain, la sanction des urnes. Par-delà les principes, cette discipline m'a été rendue plus légère par l'élégance républicaine avec laquelle il a traité son prédécesseur en le raccompagnant chaleureusement jusqu'à sa voiture au moment de la passation des pouvoirs, le 17 mai 1995. Quelques mois plus tard, j'ai été très touché, comme des millions de Français, par l'hommage qu'il rendit à François Mitterrand à sa mort. Une

---

1. À l'exception notoire de Maurice Szafran dans *Marianne*.
2. Le président veille à ne rien lire de ce qui s'écrit sur lui.

phrase, passée largement inaperçue à l'époque, est restée gravée dans ma mémoire : « Seul compte finalement ce que l'on est dans sa vérité et ce que l'on peut faire pour la France. »

Ces manifestations d'une alternance démocratique apaisée ont augmenté le respect que j'avais pour l'homme élu par la majorité des Français et devenu, par cet adoubement, non seulement le représentant du pays, mais aussi l'incarnation de la France éternelle. En 2002, comme plus de 25 millions de Français, j'ai voté sans états d'âme pour Jacques Chirac au deuxième tour. Mais il ne s'agissait pas seulement, dans mon esprit, de faire barrage à Le Pen. J'avais acquis la conviction, au cours de son premier septennat, qu'il était un antiraciste viscéral et qu'il ne remettrait pas fondamentalement en cause notre modèle social. Enfin et surtout, je savais qu'il porterait haut la voix de la France dans le monde.

Parvenu au terme de son second mandat, une montagne de griefs, de jugements à l'emporte-pièce, de condamnations sommaires portés contre lui s'accumulent à la devanture des kiosques et des librairies. Chirac, que d'arbres on a abattus en ton nom, ou plutôt au nom de la dernière juste cause de plumitifs parisiens : annihiler un chef qui aurait fait perdre douze ans à la France ! Une fois de plus, la « machine » médiatique s'est emballée, s'écartant ainsi de sa fonction première dont on a oublié qu'elle était la cause de la vérité. Pour le chef de l'État que sa fonction prive de toute possibilité de réponse, aucune insulte, aucun superlatif n'est assez dégradant : escroc, supermenteur, agité du bocal, irresponsable, etc. Les magazines rivalisent d'imagination pour le traîner dans la boue. Quelle joie de s'autoriser à bon compte un blasphème républicain ! Quel plaisir de démontrer sa bravoure en dégommant le premier des Français ! Quel exemple d'indépendance, pour les jeunes générations, que de jeter les dernières pelletées de terre sur un président déjà présenté comme un mort-vivant !

Qu'ont apporté ces écrits vengeurs à l'histoire immédiate au nom de laquelle ils ont été rédigés ? Sur quels attendus celui que tous exécutent sans faiblesse ni réserve est-il condamné ? La même grille d'analyse est partout mobilisée. Exclusivement forgée sur le critère de la morale, elle ignore celui de l'efficacité qu'on s'attendrait spontanément à trouver, s'agissant de dresser le bilan d'un chef de l'exécutif. Pour l'essentiel, les deux mandats du président Chirac ont été scrutés à la seule aune des « affaires » de la mairie de Paris. Or celles-ci sont antérieures à 1995, et ne diffèrent guère de toutes les autres histoires de financement politique qui ont défrayé la chronique des années 1980. Jacques Julliard a joliment pointé ces « dérives justicières » : « À la dictature du prolétariat, qui était naguère l'horizon d'attente de toute la pensée "progressiste", est en train de se substituer doucement la dictature de la morale, dont le "politiquement correct" n'est jamais que le nom moderne[1]. »

Mais réfléchissons un instant : quel est l'homme politique idéal qui se dégage en creux de toute cette veine éditoriale ? Il serait celui qui garderait toute sa vie les mêmes idées et se montrerait imperméable au contexte de son action, c'est-à-dire aux évolutions intérieures et extérieures de toute nature, autrement dit encore à l'histoire du pays et du reste du monde. Le complexe et le contradictoire, si souvent loués en d'autres domaines de l'activité humaine, deviendraient de véritables tares dans le champ politique. Disposition singulière de notre morale politique contemporaine : chaque décision, chaque action, chaque déclaration d'hier ou d'avant-hier devrait être jaugée à l'aune d'aujourd'hui !

---

1. Jacques Julliard, « Pour en finir avec la VO », dans *Le Nouvel Observateur* des 19-25 octobre 2006.

Je ne considère toujours pas Jacques Chirac comme une personnalité appartenant au camp qui est resté le mien, la gauche, malgré tout ce qu'elle a fait et surtout n'a pas fait. Mais, alors que se termine son second mandat, je dois reconnaître que toutes ces attaques convergeant sur lui n'ont pas entamé le crédit dont il disposait dans mon livre de comptes politiques. Le solde de son bilan élyséen restera pour moi toujours positif en raison de ce que l'on ne se hasardera pas à appeler ici un fait d'armes : avoir refusé d'envoyer des soldats français en Irak. Par-delà cette décision, il me faut également constater que ses positions en France et à l'extérieur ont plutôt conforté ma fierté d'être français.

La haine que déverse le Paris rédactionnel et éditorial sur ce président en fin de mandat a fait remonter de ma mémoire celle qui m'avait ému, en 1994, lorsqu'elle avait pris pour cible facile un François Mitterrand exténué et malade, au terme de son second septennat. Je me suis rappelé le choc que j'avais ressenti à la lecture d'un article publié dans *Le Monde* du 10 septembre 1994 et intitulé « L'évolution du cancer du chef de l'État est devenue "imprévisible" ». À partir d'une source commodément intitulée « dans l'entourage médical du chef de l'État », les deux auteurs, Jean-Yves Nau et Franck Nouchi, s'étaient livré dans les termes les plus crus à une description de l'évolution probable de la maladie, déshabillant le presque-mort pour l'offrir, nu, à la foule avant de l'achever[1].

Manifestement, maints articles publiés au printemps 2006 ont également pour but avoué ou inavoué d'« achever » le président Chirac. Ces attaques heurtent à la fois mon humanisme, ma conception de la République et un sens de la décence qui me donne plutôt envie de voler au secours de mes pires ennemis lorsqu'ils sont à terre. Elles sont aussi

---

1. Lire à ce sujet *La Face cachée du* Monde, écrit par l'auteur en collaboration avec Philippe Cohen, Mille et une nuits, Paris, 2003.

insupportables qu'absurdes, puisque les contempteurs de ce qu'ils croient être le crépuscule chiraquien ne se rendent pas compte qu'en franchissant les frontières de la critique légitime, ils se tirent une balle dans le pied, la plupart d'entre eux, à l'instar de l'écrasante majorité des Français, ayant élu Jacques Chirac en majesté en avril 2002.

J'en étais là de mes réflexions lorsque je tombai sur un article de Gérard Lefort publié dans l'édition de *Libération* du samedi 3 juin 2006 et intitulé « *Los terrificos chiracos* ». Le président y était traité de « zigoto de la République ». Ce terme m'est resté en travers de la gorge. Ainsi nous aurions été plus de vingt-cinq millions à élire un « zigoto », autrement dit nous aurions nous-mêmes été un peuple de « zigotos » dirigés par un grand con « dévalué, déconsidéré, prématurément déchu », dur d'oreille malgré son Sonotone, tout juste bon à « envisager une retraite épanouie en animateur de goûter dansant, à moins qu'on ne mette enfin à profit ses talents trop méconnus de comique pour égayer les soirées seniors de l'UMP... »

J'avais beau me répéter que la critique est libre, de même que la dérision, c'est à ce moment qu'a germé en moi l'envie de réagir à ces écrits qui, par leurs outrances, me mettaient hors de moi.

Réagir, certes, mais comment ? Je me suis d'abord pris les pieds dans le tapis de mes propres contradictions. Réputé homme de gauche, toute démarche aboutissant au bout du compte à réhabiliter Jacques Chirac me ferait immanquablement passer pour traître à mon camp, voire pour une vulgaire girouette... Objection rapidement balayée : comment accepter que le principe qui a guidé toutes mes enquêtes, la recherche de la vérité, soit sacrifié à un problème d'image personnelle ? Peu à peu s'est ancrée en moi l'idée de me forger ma propre opinion sur celui que Lefort appelle le « zigoto de la République », et, à cet effet, de convaincre Jacques Chirac de me parler, ainsi qu'avait accepté de le faire naguère François Mitterrand[1]. Il m'a fallu quelques jours pour m'habituer à l'idée d'une telle rencontre dont l'évidence et la nécessité s'imposaient à moi. Mon intuition était que le personnage n'avait que peu de rapports avec une image construite dès les années 70. Il me fallait vérifier.

J'ai téléphoné à un ami que je savais en contact avec l'Élysée. Je lui ai expliqué mon projet non sans lui préciser que la finalité de ces entretiens dépendrait de la volonté du président de « jouer le jeu ». Quelques jours plus tard, j'apprends que mon projet suscite quelque intérêt. Le 8 juin, Frédéric Salat-Baroux, secrétaire général de l'Élysée, me donne rendez-vous pour le vendredi 16 en fin d'après-midi. Nous parlons pendant près de trois quarts d'heure. Avant d'en arriver à l'objet de ma visite, il est question d'histoire, de Jean Moulin et de ses relations avec de Gaulle, du maréchal Pétain, de la Cagoule, du docteur Martin, tous sujets dont j'ai traité dans divers livres. Connaissant, dit-il, ma façon de travailler, il estime que « le président n'a rien à craindre d'une enquête sérieuse ». Mais il ajoute que la « seule vraie difficulté est Chirac lui-même, qui reste un mystère. Il ne sera pas facile de le faire parler… Il ne parle jamais de lui. » L'entretien se termine par un engagement de mon interlocuteur de tout tenter pour convaincre le chef de l'État de me parler. Claude Chirac, qui nous a rejoints vers la fin de l'entretien, affiche la même disposition d'esprit. Une réponse me sera fournie après le week-end.

En attendant la décision présidentielle, j'ai choisi de me plonger dans l'univers de Jacques Chirac. La semaine – celle de l'ouverture du musée du quai Branly – est plutôt propice à l'exercice.

Le mardi 20 juin, le chef de l'État, arrivé le premier au musée, ne cache pas « une grande joie et une grande

---

1. Pierre Péan, *Une jeunesse française, François Mitterrand, 1934-1947*, Fayard, 1994.

émotion » à voir achevée l'œuvre qu'il a portée avec son ami, le marchand d'art Jacques Kerchache, depuis le début de son premier mandat. Au jour J, la belle architecture de Jean Nouvel est terminée, les 3 500 pièces sont en place. Rayonnant, le président est heureux de faire partager sa passion pour les sculptures dogon, les masques D'mba, les statuettes précolombiennes. Les invités ont été manifestement triés sur le volet, mais le critère de sélection n'a été ni diplomatique ni politicien. C'est le tri du cœur, non celui de la raison, qui s'est imposé. Car les privilégiés constituent à l'évidence un échantillonnage de « son » monde : Kofi Annan, secrétaire général des Nations unies, Rigoberta Menchu, prix Nobel de la paix, Abdou Diouf, secrétaire général de la Francophonie, Éliane Karp, épouse du président colombien Alejandro Toledo, Marie-Claude Djibaou, veuve de l'ancien président calédonien du FLNKS, Paul Okalik, jeune Premier ministre du territoire autonome du Nunavut, mais aussi le grand ethnologue Claude Lévi-Strauss, Jean Malaurie, l'explorateur – qu'il présente à Kofi Annan parce qu'il soutient le combat de ce dernier pour la préservation de l'« allée des baleines », site chamanique du détroit de Béring où sont disposés les mâchoires, les crânes et les os de très grands cétacés – et la veuve et les deux filles de Jacques Kerchache, qu'il embrasse avec affection.

Les médias n'ont repris que quelques bribes de son discours. J'ai eu la curiosité – j'avoue que c'était bien la première fois qu'une telle envie me prenait – d'en lire l'intégralité. Et me voici surpris, interloqué, séduit. Ce discours résonne comme une déclaration d'amour à tous les hommes de la planète, placés sur un strict plan d'égalité et encouragés à dialoguer... Étais-je déjà « embarqué » par mon sujet avant même de l'avoir rencontré ? Pourtant, lisez ce texte, puis fermez les yeux : y-a-t-il quelque chose de commun entre ce morceau d'éloquence utopiste et le Chirac que nous dépeignent les médias depuis dix ans ?

« Alors que le monde voit se mêler les nations comme jamais dans l'histoire, il était nécessaire d'imaginer un lieu original qui rende justice à l'infinie diversité des cultures, un lieu qui manifeste un autre regard sur le génie des peuples et des civilisations d'Afrique, d'Asie, d'Océanie et des Amériques. […] Il s'agissait pour la France de rendre l'hommage qui leur est dû à des peuples auxquels, au fil des âges, l'histoire a trop souvent fait violence. Peuples brutalisés, exterminés par des conquérants avides et brutaux. Peuples humiliés et méprisés auxquels on allait jusqu'à dénier qu'ils eussent une histoire. Peuples aujourd'hui encore souvent marginalisés, fragilisés, menacés par l'avancée inexorable de la modernité. Peuples qui veulent néanmoins voir leur dignité restaurée et reconnue. […] Au cœur de notre démarche, il y a le refus de l'ethnocentrisme, de cette prétention déraisonnable et inacceptable de l'Occident à porter, en lui seul, le destin de l'humanité. Il y a le rejet de ce faux évolutionnisme qui prétend que certains peuples seraient comme figés à un stade antérieur de l'évolution humaine, que leurs cultures dites "primitives" ne vaudraient que comme objets d'étude pour l'ethnologue ou, au mieux, sources d'inspiration pour l'artiste occidental. Ce sont là des préjugés absurdes et choquants. Ils doivent être combattus. Car il n'existe pas plus de hiérarchie entre les arts et les cultures qu'il n'existe de hiérarchie entre les peuples. C'est d'abord cette conviction, celle de l'égale dignité des cultures du monde, qui fonde le musée du quai Branly […].

« En montrant qu'il existe d'autres manières d'agir et de penser, d'autres relations entre les êtres, d'autres rapports au monde, le musée du quai Branly célèbre la luxuriante, fascinante et magnifique variété des œuvres de l'homme. Il proclame qu'aucun peuple, aucune nation, aucune civilisation n'épuise ni ne résume le génie humain. Chaque culture l'enrichit de sa part de beauté et de vérité, et c'est seulement dans leurs expressions toujours renouvelées que s'entrevoit l'universel qui nous rassemble. Cette diversité est un trésor que nous devons plus que jamais préserver. À la faveur de la mondialisation, l'humanité entrevoit, d'un côté, la possibilité de son unité, rêve séculaire des utopistes, devenu aujourd'hui la promesse de notre destin. Mais, dans le même temps, la standardisation gagne du terrain avec le développement planétaire de la loi du marché. Pourtant, qui ne voit qu'une mondialisation qui serait aussi une uniformisation ne ferait qu'exacerber les tensions identitaires, au risque d'allumer des incendies meurtriers ? Qui ne sent une nouvelle exigence éthique face aux questions si déroutantes que porte le développement rapide des connaissances scientifiques et de nos réalisations technologiques ? Alors que nous tâtonnons, à la recherche d'un modèle de développement qui préserve notre environnement, qui ne cherche un autre regard sur l'homme et sur la nature ? Tel est aussi l'enjeu de ce musée. Dresser, face à l'emprise terne et menaçante de l'uniformité, la diversité infinie des peuples et des arts. Offrir l'imaginaire, l'inspiration, le rêve contre les tentations du désenchantement. Donner à voir ces interactions, cette collaboration des cultures, décrite, là encore, par Claude Lévi-Strauss, qui ne cesse d'entrelacer les fils de l'aventure humaine. Promouvoir, contre l'affrontement des identités et les logiques de l'enfermement et du ghetto, l'exigence du décloisonnement, de l'ouverture et de la compréhension mutuelle. Rassembler toutes celles et tous ceux qui, à travers le monde, s'emploient à faire progresser le dialogue des cultures et des civilisations. Cette ambition, la France l'a pleinement faite sienne… »

Ce musée du quai Branly si bien annoncé et expliqué pourrait être son « grand œuvre », l'empreinte qu'il entend léguer et qui, dépassant le champ culturel, serait son testament politique, permettant aux générations futures d'accéder à sa vision du monde. Dès lors, il me fallait partir de ce que j'ai appelé à part moi le « testament » de Jacques Chirac pour poser mes premières questions, si toutefois le président acceptait de me recevoir, et comprendre par là le cheminement qui l'avait amené à pratiquer cette « écriture muséale », lui que l'on présente volontiers comme incapable d'écrire, voire de formuler le moindre projet politique.

Le musée du quai Branly a ouvert ses portes au public le vendredi 24 juin. Ce jour-là, il y a trois cents mètres de queue. L'idée du chef de l'État est en train de devenir un succès populaire. De cela, évidemment, pas une ligne dans *Le Monde*, mais un article intitulé « Chirac, l'absent », jouxtant une photo qui semble encourager le lecteur à faire l'économie de la lecture de ces deux pages assassines. Celles-ci évoquent un président « vieilli, usé, fatigué, comme l'avait pronostiqué […] Jospin […], un homme absent qui a déserté la scène » et qui a besoin de consulter ses fiches à tout propos, même pour dire bonjour. L'auteur, Béatrice Gurrey, tente d'imposer l'image d'un homme qui n'aurait plus toutes ses facultés mentales : « Il oublie les noms, les dates, les mots usuels », suggérant par là qu'il ne serait plus du tout en mesure de gouverner. Mais, dans le même temps, peut-être animée par un regain de rigueur intellectuelle, elle souligne, dans la seconde partie de son article, l'activité débordante du président et sa lucidité exceptionnelle sur la situation présente : « Il est un des rares à avoir compris les tensions engendrées par la pauvreté, par l'écart croissant entre riches et pauvres, par l'affrontement, qu'il veut éviter à tout prix, entre musulmans et chrétiens. Peut-être est-il l'un des seuls dans son camp qui ait une vision claire du désastre auquel court un monde uniquement régi par les intérêts du capitalisme financier. »

« Absent », « vieilli, usé, fatigué », le chef de l'État n'a pas pour autant terminé, le vendredi soir, sa semaine testamentaire. Pendant le week-end, il a posé des actes symboliques forts. À Douaumont, il a rendu hommage aux 160 000 soldats de la métropole et d'outre-mer qui périrent à la bataille de Verdun. Un salut tout particulier est adressé à la mémoire des 70 000 soldats des anciennes colonies – fantassins marocains, tirailleurs sénégalais, algériens et tunisiens, soldats de Madagascar, d'Indochine, d'Asie et d'Océanie – morts pour la France durant la Première Guerre mondiale. Il a ensuite inauguré un mausolée dédié à la mémoire des soldats musulmans tombés à Verdun. Après ce signe de gratitude à destination des musulmans de France, il s'est recueilli devant le monument érigé à la mémoire des victimes juives. Il a enfin pénétré à l'intérieur de l'ossuaire de Douaumont, imposant monument de pierre en forme de glaive fiché en pleine terre, où les arbres recouvrent désormais les champs défoncés par la chute de quelque 37 millions d'obus. Dans son discours il ravive le souvenir des « 300 jours et 300 nuits » qui ont fait de Verdun « la première tragédie du XXe siècle ». Il invite à regarder « en face » ce pan de l'histoire de France, rappelant que Philippe Pétain, le « vainqueur de Verdun », fut aussi celui qui, en juin 1940, « couvrira de sa gloire le choix funeste de l'armistice et le déshonneur de la collaboration ». Jacques Chirac rend également hommage aux 300 000 Allemands tués ou blessés à Verdun et évoque avec force la réconciliation franco-allemande, aujourd'hui « totalement acquise », promise à édifier une Europe définitivement pacifiée…

Avant mon premier rendez-vous, j'avais déjà pris mes distances avec cette image d'agité inculte, de bâfreur de tête de veau et de buveur de Corona, de culbuteur de femmes et de girouette politique qui nous est généralement servie lorsqu'on évoque le président. Mais je pense aussi connaître assez bien les limites de l'exercice auquel j'entendais me livrer. Le prédécesseur de Jacques Chirac a dit un jour que « le mystère de l'homme me paraît être une colossale pièce montée », et je partage fort son scepticisme sur la possibilité de cerner « l'évolution secrète d'une personnalité, de ses sentiments et de ses idées ». À cette impossibilité de traquer la vérité de l'autre s'ajoute évidemment celle qui est liée à l'exercice même du travail du biographe : celui-ci rassemble les éclats d'une vie dans laquelle il cherche plus ou moins inconsciemment des petits bouts de la sienne ou des parcelles de celle qu'il aurait aimé vivre... À ces impossibilités déjà lourdes viennent s'ajouter des milliers de pages de jugements à l'emporte-pièce, de portraits déformés, de biographies suspicieuses, extérieures au personnage, qui rendront d'autant plus difficile ma modeste tentative.

Plusieurs réflexions de témoins ou de biographes ont néanmoins contribué à dissiper les réserves susceptibles d'entraver ma démarche. Les dizaines de milliers de feuilles noircies n'y ont rien fait : personne, jusqu'alors, n'a réussi à percer le « mystère Chirac ». À Raphaëlle Bacqué[1], Dominique de Villepin avait prodigué un conseil : « Cherchez donc dans ses racines, dans ses références, dans sa famille ! » Alain Juppé lui-même, connu comme le plus proche connaisseur de la psychologie du président, lui avait confié sa perplexité : « C'est un homme complexe, qui ne dit presque rien de lui et ne se réalise que dans l'action. » Xavier Emmanuelli a cru déceler en lui « un chagrin profond, qui remonte à loin. Mais le connaît-il lui-même ? » Bernard Billaud[2] qui, à l'Hôtel de Ville, fut longtemps son conseiller, puis son directeur de cabinet, écrit lui aussi : « Il n'était pas possible de percer le secret dans lequel il s'enfermait dès lors qu'il s'agissait justement de cet essentiel qu'il gardait jalousement pour lui. » À Anne Fulda[3], Jean-Marc Lech avait assuré : « Personne n'a encore trouvé le décodeur. » À la fin d'un documentaire de plus de trois heures[4], Patrick Rotman reconnaît que le « mystère Chirac » reste entier. Lors d'un premier rendez-vous, un

1. *Chirac ou le démon du pouvoir,* Albin Michel, 2002.
2. *D'un Chirac l'autre,* Éditions de Fallois, 2005.
3. *Un président très entouré,* Grasset, 1997.
4. En deux épisodes, *Le Jeune Loup* et *Le Vieux Lion,* diffusés sur France 2 les 23 et 24 octobre 2006.

ancien conseiller de Jacques Chirac abondait lui aussi dans le même sens : « Il est très difficile à cerner. Essayer de le percer donne l'impression de s'enfoncer dans un labyrinthe... Son attention aux autres, qui est réelle, est pour lui un incroyable bouclier. » Enfin Jacques Chirac a lui-même écrit qu'il entendait bien garder pour lui ses états d'âme et ses ressorts intimes : « Parler de moi n'est pas mon exercice préféré. » Ainsi commence *La France pour tous*[1]. Il en expose la raison dans *La Lueur de l'espérance*[2] : « Sans vouloir critiquer personne, je conserverais de la répugnance à mettre mes souvenirs de jeunesse ou mes états d'âme particuliers en amalgame avec les problèmes nationaux, comme si l'intérêt devait en être d'égale importance. » Me voici prévenu : Chirac cadenasse son passé « que, d'ordinaire, il tient scellé, malgré les sollicitations des capteurs de confidences ».

« J'éprouve, écrit-il, une véritable impuissance à parler de moi-même au sens où l'entendent ceux qui se livrent avec complaisance et délectation [...]. J'ai la simplicité de croire que mes états d'âme et mes humeurs n'intéressent personne, ce qui, si j'avais la tentation d'en faire étalage, me détournerait d'y succomber. »

J'aurai donc quelque difficulté à trouver la ou les clefs du personnage. Conscient des limites de l'exercice, je vais au moins tenter, en m'appuyant principalement sur ses propres confidences, de brosser un portrait décalé d'un homme qui, après une quarantaine d'années de vie politique au plus haut niveau, réussit à demeurer une énigme, y compris pour ceux qui, faute de l'avoir résolue, en ont fait une incarnation du mal.

J'ai rendez-vous avec l'inconnu de l'Élysée le 1er juillet 2006.

---

1. Jacques Chirac, *La France pour tous*, Nil éditions, 1995.
2. Jacques Chirac, *La Lueur de l'espérance : réflexions du soir pour le matin*, La Table ronde, 1978.

I

Du quai Branly
au
Chirac intime

3.

École buissonnière au musée Guimet

L'accueil est courtois[1]. Le président me dit pourquoi il a accepté de me recevoir et je comprends que cela a un lien avec mon livre *Une jeunesse française*, dont il sait par François Mitterrand qu'il était « honnête ». Je lui expose mon projet. Je le trouve étonnamment serein face aux attaques dont il est l'objet. Il évoque le dernier livre de Franz-Olivier Giesbert avec une incroyable indulgence et se contente d'un « Il se prétendait mon meilleur ami ». Emploie le mot « naïveté » et me demande combien de temps d'entretiens il me faudrait.

– Je ne peux vous répondre avec précision, mais je pense qu'une vingtaine d'heures serait l'ordre de grandeur.

– Je dégagerai le temps nécessaire.

Je pense alors que nous arrivons au terme de ce premier rendez-vous. Mais il consulte sa montre et se dit prêt à parler jusqu'à midi trente, « pour se mettre en jambes ». Je vais donc essayer d'emblée de comprendre les racines de son engagement en faveur des arts premiers, qui l'ont amené à vouloir créer le musée du quai Branly.

---

1. Le 1er juillet 2006.

Le fauteuil dans lequel je suis assis n'est pas idéal pour prendre des notes. Le président s'en aperçoit et explique comment et pourquoi les fauteuils plus confortables qui meublaient le bureau de son prédécesseur ont été remplacés. Après son élection en mai 1995, François Mitterrand lui avait demandé quelques jours de sursis avant de quitter l'Élysée.

« J'ai évidemment accepté… Quand j'arrive à l'Élysée, il tient à m'accompagner jusqu'à ce qui allait être mon bureau. Je suis stupéfait de ne pas reconnaître les lieux, avec les meubles Paulin…

– Ça vous étonne ? me dit-il.

– …

– J'ai tenu à vous laisser le bureau dans l'état où le général de Gaulle l'a quitté. »

Et Jacques Chirac de m'expliquer comment son prédécesseur s'était personnellement occupé de cette remise en état pour lui être agréable.

En quelques mots, le chef de l'État vient de me confier le lien fort qui le lia à son prédécesseur, et l'acceptation du message que celui-ci avait voulu lui transmettre par ce geste symbolique. Il vient manifestement de me livrer une première petite clé pour entrebâiller son armoire à secrets. Et comme s'il voulait s'assurer que j'avais enregistré sa pensée, il a tourné son regard vers le bureau Louis XV, marqueté de bois de rose et de violette, avec dessus en maroquin rouge, derrière lequel il travaille depuis plus de dix ans ; il pointe du doigt deux lampes bouillotes en vermeil, style Louis XVIII, et raconte qu'il les avait déjà eues quelques jours sur son bureau, la première fois qu'il avait été Premier ministre, en 1974. Mais Giscard, qui les avait repérées, envoya, sans le prévenir, quelqu'un les récupérer. Faisant mine de résister, Chirac s'était entendu signifier par l'émissaire inconnu :

– Vous n'avez pas le choix, c'est un ordre du président de la République.

S'il accepte volontiers la chaîne de souvenirs qui le rattache à de Gaulle et à Mitterrand, il rejette manifestement tout lien avec Giscard.

Jacques Chirac a 14 ans en 1946. Il est alors en quatrième B1 au lycée Carnot. Il dit avoir été attiré tout jeune – vers 14-15 ans – par l'art asiatique. Ses carnets de notes font de lui un élève qui « peut mieux faire », même si le professeur de français le trouve « intelligent » au premier trimestre, que celui d'histoire le trouve « bon », que celui d'anglais voit en lui un « bon élève », mais « un peu trop bavard ». À la fin de l'année, l'appréciation générale est qu'il est « intelligent », mais d'un « esprit pas assez posé ». Personne n'a remarqué que ses principaux pôles d'intérêt sont ailleurs et qu'il se garde bien d'en parler à quiconque. « J'ai commencé, dit-il, à faire l'école buissonnière pour aller au musée Guimet où je rencontrais des vieux messieurs très intéressants à qui je servais de grouillot en allant par exemple leur chercher le café. » « Jacky » était intéressé à la fois par ce qu'il voyait et par ce qu'il entendait. Les « vieux messieurs » furent rapidement intrigués par la soif de connaissances et l'intelligence du jeune Jacques, lequel leur confia son désir de suivre leur voie.

« Commence d'abord par apprendre le sanscrit », prescrivirent-ils à l'adolescent.

Et de lui indiquer le nom d'un professeur qui « logeait dans une petite chambre au fond d'une cour, dans le XIVᵉ arrondissement, du nom de Vladimir Belanovitch ». Cet étonnant personnage a alors 61 ans. Russe blanc, parlant de nombreuses langues, arrivé en France par suite de la Révolution de 1917, il est né à Saint-Pétersbourg dans une famille de la petite-bourgeoisie. Diplomate, il a épousé une princesse Troubetzkoï, morte plus tard dans des circonstances dramatiques lors d'un accident d'automobile. La victoire de Lénine survint alors qu'il était en poste en Inde. Arrivé en France, il a longtemps travaillé comme ouvrier chez Renault, a été aussi chauffeur de taxi, et donne alors des cours de langues. Quand le jeune Chirac prend contact avec lui – autour de 1946-47 –, Vladimir Belanovitch est en quasi-retraite et fabrique des écorchés en carton pour les écoles…

Si cet épisode important de la vie de Jacques Chirac est corroboré par plusieurs sources, je ne suis pas sûr, en revanche, que sa rencontre avec ce Russe blanc se situe bien en 1946-47. Autant le président, comme on le verra, est on ne peut plus précis sur les chronologies de l'apparition de l'homme et de l'outil, ou des premiers signes religieux, dont les unités de mesure sont les dizaines, voire les centaines de milliers d'années, autant il reste flou sur la chronologie des événements qui ont jalonné sa vie. Quoi qu'il en soit, j'ai le sentiment que cette rencontre est survenue plus tard, à la toute fin des années 40[1].

S'il situe sa rencontre avec Belanovitch dès ses 14-15 ans, c'est qu'il relie directement son « école buissonnière » aux années qu'il a passées pendant la guerre au Rayol (Var), durant lesquelles il a vécu comme un enfant sauvage à courir pieds nus dans la montage avec Darius Zunino. « C'était un petit voyou, mais un petit voyou sympathique… On courait beaucoup dans la nature, on chassait, on piquait des tuyaux de plomb, on les fondait, on les coupait en petits morceaux pour en faire des petits projectiles qu'on lançait avec des lance-pierres sur les oiseaux… Il y avait des drames avec le maire aux prises avec les Italiens d'abord, puis avec les Allemands qui avaient truffé la région de fils de communication tirés à même le sol… et nous, on coupait ces fils ; ce n'était pas un acte de résistance, mais c'est que ces fils étaient très

---

1. Michel Basset, copain d'enfance de Jacques Chirac, dans un livre approximatif sur la jeunesse de ce dernier, intitulé *Les Vertes Années du Président*, situe cet épisode à la fin des années 40. Livre publié en 1996 par les éditions Filipacchi.

utiles pour faire quantité de choses… Bref, on courait sans arrêt dans la montagne. »

Gilberte Zunino se souvient fort bien du jeune Jacques et de ses équipées sauvages avec son frère Darius[1] : « Ils chassaient beaucoup et les oiseaux qu'ils tuaient amélioraient notre ordinaire… Ils allaient chercher le miel dans les ruches et se faisaient piquer par les abeilles… Ils cassaient aussi beaucoup les ampoules avec leurs lance-pierres… Coupaient les fils laissés dans la montagne par les Allemands qui prenaient cela pour des actes de résistance. Il y a même eu une enquête qui n'a pas eu de conséquences dramatiques, parce que c'étaient des enfants… Ils ont quand même été beaucoup grondés… J'avais 13-14 ans. On aimait beaucoup Jacques. C'était un garçon sympathique, gentil comme tout… Darius et Jacques étaient des petits aventuriers qui n'avaient peur de rien. Nous étions une famille d'ouvriers et, évidemment, beaucoup plus pauvres que les Chirac, ce qui n'empêchait pas Jacques de préférer aux siens les goûters des Zunino, faits de pain grillé sur lequel on étendait un filet d'huile et on frottait de l'ail… Il adorait ! »

Le retour en région parisienne est particulièrement rebutant pour le jeune Jacques qui se souvient : « Quand je suis rentré en 45, j'ai été pendant quelques mois au lycée de Saint-Cloud. J'ai eu quelques problèmes et me suis fait virer à cause du lance-pierres que j'avais ramené du Rayol. Le lance-pierres a été un élément marquant de cette période de ma vie… Au Rayol j'ai toujours marché pieds nus, comme les gamins de cette époque en cet endroit. Quand on marche pieds nus, on finit par se faire de la corne sous les pieds. Une fois rentrés, ma mère m'a dit : "Maintenant, c'est fini, il faut que tu mettes des chaussures…" On m'a acheté des chaussures. Je ne pouvais pas les supporter. Et comme il n'était pas

---

1. Entretien téléphonique avec l'auteur, le dimanche 23 juillet 2006.

question de discuter, je sortais les chaussures aux pieds, et
dès que j'avais passé le tournant, j'enlevais mes chaussures,
les fourrais dans le sac et continuais pieds nus. J'ai fait cela
pendant très longtemps... Quand nous nous sommes installés à Paris, rue Frédéric Bastiat [près de Saint-Philippe-du-
Roule], même chose : je n'avais toujours pas réussi à
m'habituer vraiment aux chaussures. »

C'est dans ce contexte-là que le président se souvient
d'avoir fait l'école buissonnière au musée Guimet où il était
entré un jour parce qu'aller au lycée Carnot lui « cassait un
peu les pieds ».

« Ça m'a plu et je m'y suis installé. Évidemment, j'ai eu
des problèmes parce que je sautais des cours... En troisième
ou en seconde, j'avais un professeur de français qui s'appelait Vandaele. Cet homme, comme les gens distingués de
cette époque, avait un vélo fabuleux en aluminium, rutilant.
Naturellement, on ne laissait pas les vélos dehors, il entrait
avec son vélo dans la classe, le posait, et il désignait un élève
pour le nettoyer pendant l'heure de cours. Je ne devais pas
être très studieux, je dois le reconnaître. Au bout d'un mois,
quand il entrait dans la classe, il posait son vélo et disait
"Chirac". J'ai dû briquer ce vélo pendant la totalité des
heures de classe de français de M. Vandaele. Il y avait
Jacques Friedman avec moi. Un jour, je me suis battu avec lui
et lui ai déchiré son pardessus – hélas, je crois qu'il était
neuf. Madame Friedman, une sainte femme, pour qui j'avais
affection et respect, est venue, folle de rage, chez ma mère,
exigeant qu'on remplace le pardessus. (Jacques Chirac rit
aux éclats en se remémorant cette histoire.) Friedman était
sage, lui ne nettoyait pas le vélo de M. Vandaele...

– Vos résultats en français n'ont pas dû être terribles.

– Ah ! c'est sûr... Et comme dans les autres classes je me
faisais généralement foutre dehors... On avait un type formidable qui était prof d'histoire naturelle. Quand on se faisait
mettre à la porte, on se retrouvait dans le grand hall du lycée

Carnot. Le secrétaire général passait et demandait à ceux qui traînaient ce qu'ils faisaient là. Et là... Il s'agissait donc de s'éclipser à temps. Ce brave professeur d'histoire naturelle recueillait donc ceux qui avaient été flanqués dehors par tel ou tel de ses collègues... Si bien que je n'ai jamais autant suivi de cours d'histoire naturelle qu'à cette époque... »

Les carnets de notes du jeune Chirac corroborent *grosso modo* l'image que le président en donne aujourd'hui. En troisième, il « doit se discipliner pour arriver à de meilleurs résultats » ; en seconde C, ses résultats ne sont pas bons : il n'obtient qu'un accessit en... éducation physique ; l'année de la première partie du baccalauréat, le prof de géo le trouve « sympathique, mais vraiment trop dissipé », et l'appréciation générale du second trimestre n'appelle pas de commentaire : « Attention à la tenue si l'élève veut terminer son année au lycée ! »

Revenons dans la petite chambre du XIVe où le jeune Chirac, envoyé par de « vieux messieurs » du musée Guimet, rencontre pour la première fois Vladimir Belanovitch :

« Si tu veux, je t'apprends le sanscrit », lui dit le Russe.

L'adolescent se met à apprendre les rudiments du sanscrit. Au bout de trois mois, estimant que ses progrès ne sont pas notables, Belanovitch lui conseille de renoncer :

« Tu n'es pas doué pour le sanscrit, ça ne sert à rien de t'acharner. Il vaudrait mieux que tu apprennes le russe... »

Jacques Chirac s'est donc mis à apprendre le russe avec cet original qui s'interdisait de lui adresser un seul mot de français. Malgré la différence d'âge, le professeur et l'élève nouent alors une relation forte. Jacques présente bientôt son prof à ses parents qui le prennent à leur tour en affection et lui proposent de s'installer sous leur toit, au 95, rue de Seine. Belanovitch va ainsi faire partie de la famille Chirac, laquelle l'emmène même à Sainte-Féréole, en Corrèze, où il devient l'attraction du village : un Russe blanc au beau milieu d'un électorat foncièrement communiste…

J'ai tenté d'en savoir plus long sur ce Vladimir Belano-vitch qui a manifestement joué un rôle important dans la vie du futur président. J'ai seulement réussi à savoir qu'il est mort le 13 juin 1960 et a été enterré au cimetière russe de Sainte-Geneviève-des-Bois, dans le caveau n° 5746 où l'a rejoint sa femme Ludmilla Poutiatine, décédée le 29 janvier 1984. L'existence de cette femme a surpris Jacques Chirac qui n'en avait jamais entendu parler…

Belanovitch transforme le jeune Chirac en stakhanoviste de la traduction. Il lui fait en effet traduire l'intégralité de l'œuvre de Pouchkine. « On pense généralement que Pouch-kine n'a pas beaucoup écrit, c'est faux ! Son œuvre repré-sente plus d'un mètre linéaire… », se souvient le président dont l'œil s'allume à l'évocation de son cher vieux profes-seur et de l'auteur de *La Dame de pique*. Il s'appesantit sur la traduction, faite l'année de ses 20 ans, d'*Eugène Onéguine*, roman en vers, écrit en 1820 lors de l'exil de l'écrivain en Bessarabie. Nul doute que Chirac ne se soit projeté dans le destin du héros romantique qui, de façon symétrique, a eu un précepteur français ayant fui la Révolu-tion française alors que lui-même avait un précepteur russe ayant fui la Révolution bolchevique… Un héros qui affecte en tout l'indifférence et s'interroge sur le sens de sa vie, trouve qu'il a dilapidé sa jeunesse et a une « âme vieillie ». Laisse d'abord passer l'amour fou de Tatiana, puis, plus tard, lui écrit pour déclarer sa flamme. Mais, devenue l'épouse vertueuse d'un vieux général, Tatiana alors le rejette…

Jacques Chirac envoie sa traduction à une dizaine d'éditeurs. La moitié ne lui accuse pas même réception. L'autre lui envoie des lettres polies de refus.

Près d'un quart de siècle plus tard, alors qu'il vient d'être nommé pour la première fois à Matignon, Mme Esnous, sa secrétaire, qui avait auparavant été celle de Georges Pompidou, lui passe Claude Nielsen, patron des Presses de la Cité, un ami proche du président Pompidou.

« Cher Premier ministre, nous venons de découvrir une remarquable traduction d'*Eugène Onéguine* faite par vous. Je voudrais la publier avec une petite introduction de quelques pages...

– Vous ne l'avez pas voulue quand j'avais 20 ans, vous ne l'aurez pas maintenant ! »

Le président-directeur général des Presses de la Cité n'a pas été rebuté par ce premier refus et a continué d'« emmerder » le traducteur de Pouchkine. Le Premier ministre n'a pas cédé. « Pour dire la vérité, c'est probablement mieux ainsi, car je crois que cette traduction n'était pas très bonne », reconnaît-il. Je suis dans l'incapacité de dire si sa remarque relève de la coquetterie d'auteur ou si elle est conforme à la vérité, car je n'ai pas retrouvé cette traduction dont lui-même n'a pas conservé un exemplaire. Dans le bureau du président, on relève en revanche la trace de son intérêt ancien pour Pouchkine et *Eugène Onéguine* : sur une étagère, un coffret ressemblant à un gros et vieux livre, offert par Boris Eltsine, contient deux *Eugène Onéguine,* l'un dans une édition russe de 1834, l'autre, également russe, datant de 1934.

À chacun de ses voyages en Russie, Chirac ne manque pas une occasion de rappeler sa passion d'adolescence pour ce pays, sa langue, ses auteurs et sa culture. « Cette Russie que j'aime, dont j'ai dans ma jeunesse appris la langue, découvert les grands auteurs, admiré le destin grandiose... Depuis, vous le savez, votre grand pays tient dans mon cœur et dans ma vie une place à part... Aujourd'hui, nous pouvons renouer les fils du temps », déclare-t-il au Kremlin, le 26 septembre 1997, devant Boris Eltsine. Dans le même discours, il parle de la relation entre les deux pays, « pleine de passion, d'enthousiasme, parfois aussi de déchirements. À l'image, au fond, de ce que sont l'âme française et l'âme russe dont le poète Volochine écrivait qu'elle est une "flamme ardente et tourmentée" ». Évoquant la passion de la France pour les œuvres des romanciers, des poètes et des artistes russes, « Quel adolescent français ne s'est ému ou enflammé à la lecture d'*Anna Karénine* ou des *Frères Karamazov* ? », rappelle-t-il.

Après la littérature russe, toujours guidé par Belanovitch, le jeune Chirac s'est intéressé à l'Inde. La traversée de sa période indienne est faite au grand galop. Pour en savoir davantage, il suffit de se reporter, là encore, à ses discours prononcés lors de voyages officiels en Asie où, loin de Paris, il jette la pudeur aux orties et utilise le « je » pour évoquer ses passions asiatiques.

À New Dehli, le 25 janvier 1998, il confie ainsi avoir « été fasciné très jeune » par la civilisation indienne, abordée à travers l'étude du sanscrit. « J'en ai découvert l'âme et la richesse en parcourant les salles de notre musée des arts de l'Asie, le musée Guimet. » Le même jour, il évoque la mort du Mahatma Gandhi, premier grand choc de sa vie : « Je me souviens comme si c'était hier de ma consternation et de mon émotion, ce 31 janvier 1948, lorsque, adolescent, étudiant dans ma chambre, j'entendis à la radio que le Sage avait été victime du fanatisme. Ce jour-là, l'Inde, mais aussi tous les hommes de paix et de bonne volonté du monde, étaient en deuil. » Le Mahatma Gandhi est mort de trois balles de revolver tirées par un fanatique hindou en disant *Hey Rama* (Oh, mon Dieu). L'apôtre de la non-violence, qui n'avait pas réussi à empêcher la partition entre l'Inde et le Pakistan, pas plus que les horribles massacres qui avaient suivi, tombait à son tour victime de la violence...

Dans un entretien postérieur, j'ai demandé au président de mieux situer ce moment qui a tant marqué sa vie. Il réagit d'emblée.

« Ah ça, c'est sûr ! Je vivais à l'époque chez mes parents [il était en seconde C au lycée Carnot, faisait des progrès en français, était toujours faible en version latine, mais bon élève en histoire-géographie], au 95, rue de Seine. J'y avais une petite chambre avec un cosy où il y avait quelques pièces mexicaines – j'aime beaucoup l'Amérique du Sud –, et une radio. Peu de choses dans ma vie m'ont pareillement saisi... »

Jacques Chirac esquisse une comparaison entre les différents moments dramatiques et à portée historique qu'il a vécus. La mort du général de Gaulle l'a moins touché, dit-il, parce qu'il était « plus âgé ». Ici, le président se lance dans une digression à propos de la façon dont il apprit la nouvelle : « C'est Giscard qui m'a téléphoné en me disant : "Une page est tournée." » L'actuel chef de l'État a prononcé ces quatre mots en imitant Giscard ! Il enchaîne en évoquant la mort de Pompidou : « J'étais ministre de l'Intérieur, je l'aimais beaucoup, j'étais excessivement triste, je savais qu'il était malade et que ça devait arriver... Enfin, il y a beaucoup de gens qui sont morts, mais je ne crois pas que la mort d'aucun m'ait autant frappé que celle de Gandhi. Il est vrai que j'étais tout jeune... Pour moi, Gandhi incarnait quelque chose de tout à fait exceptionnel... Sa fin m'a traumatisé... »

Il est probable que c'est encore marqué par le traumatisme de la mort de l'apôtre de la non-violence qu'il signera l'Appel de Stockholm et se fera arrêter par deux policiers en civil, puis emmener au commissariat de la place Saint-Sulpice. Est-ce la même dynamique qui l'a conduit à flirter avec le Parti communiste, à militer contre l'armement nucléaire américain, à vendre *L'Humanité-Dimanche,* au grand dam de son père ? Michel Basset fait dire[1] au jeune Chirac : « Papa, j'aime mieux vivre avec les communistes qu'être anéanti par une bombe atomique américaine ! »

---

1. *Les Vertes Années du Président, op. cit.*

Après l'Inde, il a tourné son regard curieux vers la Chine. « Si vous interrogez les responsables politiques chinois, ils vous diront qu'il ne faut pas parler de ça avec Chirac, car il est intarissable, et c'est vrai que je n'étais pas parmi les plus sots. » Et d'évoquer un récent voyage là-bas où il a été sollicité par Christian Deydier, antiquaire parisien, et le directeur du musée de Shanghaï pour donner son avis sur des bronzes archaïques de la période Xian : « J'avais ma petite place naturelle dans cette expertise. »

À propos de cette passion de jeunesse pour la Chine, le président a lâché quelques éléments à l'intention de ses futurs biographes. Ainsi, le 18 mai 1997, à Shanghaï, il déclare avoir appris dès sa jeunesse à connaître cette « prestigieuse civilisation, la plus ancienne actuellement vivante ». « Pour un Européen façonné par une histoire faite de ruptures et de diversité, la Chine incarne la plus remarquable continuité culturelle. "Un État plus vieux que l'Histoire", pour reprendre le mot du général de Gaulle. Une continuité qui s'incarne dans votre écriture comme dans vos rizières, où s'enracinent des modes de vie et une morale millénaires. » Il parle ensuite de la fascination de l'Europe pour la Chine, malgré sa difficulté d'accès : « Rencontre avec la Rome antique, malgré la présence des Parthes. Rencontre avec Byzance et le haut Moyen Âge, grâce aux soieries mystérieuses, linceul de nos saints. Rencontre avec Marco Polo. Rencontre avec les grandes découvertes et les Compagnies des Indes qui nous ont fait aimer l'art chinois, ses laques et ses porcelaines que nous importions et que nous imitions. Rencontre de tous temps par cette étonnante route de la Soie, cordon reliant la Chine au monde, voie d'accès du bouddhisme comme des marchands arabes. Mère des arts et des lettres, forte de sa civilisation stable d'Empire du Milieu, la Chine s'imposait. » Et, survolant toute l'histoire de l'Empire céleste, il évoque ce « temps de l'incompréhension », au XIXᵉ siècle, résultat de la conjonction de l'aveuglement mandchou et des appétits de l'impérialisme conquérant.

Intrigué par cette connaissance de la Chine ancienne et notamment « des bronzes archaïques de la période Xian », j'ai rencontré Christian Deydier, 56 ans, président du Syndicat national des antiquaires, épris de civilisation chinoise et des objets qui la jalonnent. Il a une boutique, « Oriental Bronzes », rue du Bac, à Paris. Né au Laos en 1950, il se passionna pour l'écriture protochinoise découverte sur les écailles de tortue et sur les os divinatoires de la dynastie Shang. Mais c'est à ses travaux sur les bronzes archaïques qu'il doit sa renommée, notamment auprès des archéologues chinois. Mécène des fouilles du tombeau de la princesse Xincheng, de la dynastie Tang, près de Xi'an, Deydier a publié le résultat de ses travaux en Chine dans la principale revue d'archéologie chinoise, *Wenwu*. Après quelques rencontres avec Jacques Chirac dans des expositions et salons d'art asiatique, et grâce à l'amitié de Jacques Kerchache, Christian Deydier est devenu un familier du président. Il dit de lui qu'il a « un œil redoutable » pour repérer la pièce unique dans les arts africains, précolombiens aussi bien qu'asiatiques. Un « œil » que Kerchache a su amplifier et perfectionner.

Deydier raconte comment, à la Biennale des antiquaires de 2004, qu'il visitait avant l'ouverture officielle, le président s'est attardé devant un stand qui exposait des objets Taïnos, en a pris un, l'a examiné en véritable amateur, puis a contesté sa datation, au grand dam du propriétaire de l'objet. Deydier a alors appelé un grand expert à la rescousse, lequel a confirmé la date avancée par Jacques Chirac. On sent, chez le spécialiste, l'admiration pour cet amateur éclairé qu'il range, après lui, parmi les meilleurs spécialistes des bronzes archaïques chinois, mais aussi des céramiques Song. « Il est aussi spécialiste des céramiques et des statuettes japonaises... Il impressionne les dirigeants asiatiques par ses connaissances. »

Deydier évoque la visite du musée de Shanghaï qu'il fit en sa compagnie, en octobre 2004, et dont le chef de l'État m'avait déjà parlé. Il a d'abord localisé et daté un vase en bronze qui ressemblait à une pièce du XVe siècle avant Jésus-Christ, mais il a tout de suite décelé que quelque chose clochait et a affirmé avec justesse qu'elle n'était en fait que du XIIe... À propos d'un bronze représentant un cochon, Chirac s'est opposé frontalement au directeur du musée de Shanghaï qui le datait du VIIe avant J.C., alors que lui-même soutenait qu'il était plus ancien, du XIe. Le ton a monté. Puis il a fallu convenir que c'était Chirac qui avait raison... « Il fait partie des cinq ou six spécialistes mondiaux des bronzes archaïques... Les Chinois et, d'une façon générale, les Asiatiques le considèrent comme un grand connaisseur. »

Deydier n'est pas le seul à voir dans le président de la République un éminent spécialiste de l'art chinois. Han Wei, ex-directeur de l'Institut de recherche sur l'archéologie du Shaanxi, est du même avis, ainsi qu'il l'a confié à l'agence Xinhua[1] : « J'admire beaucoup son charme personnel, et plus encore sa compréhension profonde de la civilisation orientale. » Cet archéologue chinois a apporté une importante contribution à la recherche archéologique sur les dynasties Zhou, Qin, Han et Tang. Il est également expert en objets anciens en bronze, en or et en argent. Depuis 1992, date à laquelle Han Wei et Jacques Chirac se sont connus à Xi'an, capitale de la province du Shaanxi, en Chine du Nord-Ouest, ils se sont rencontrés plusieurs fois à Paris et à Xi'an, tout en entretenant une correspondance. Han Wei a même été reçu à l'Élysée le 6 juillet 1998.

---

1. Dans une dépêche datée du 6 octobre 2004.

« Il existe sept grandes merveilles du monde, et la découverte des guerriers et chevaux en terre cuite fabriqués sous le règne de l'empereur Shihuangdi devrait être la huitième », a déclaré Jacques Chirac après avoir visité le musée des guerriers et chevaux en terre cuite, ajoutant que si ceux qui n'ont pas visité les pyramides ne peuvent prétendre être réellement allés en Égypte, ceux qui n'ont pas contemplé l'armée de terre cuite ne peuvent dire qu'ils ont vraiment visité la Chine. Selon Han Wei, le président français est un des rares dirigeants étrangers à comprendre la civilisation extrême-orientale, en particulier la culture chinoise antique. Il connaît bien la route de la Soie des dynasties Han et Tang, les poteries émaillées tricolores, les poteries aux couleurs secrètes, ainsi que les contes de la dynastie Tang. Han Wei a été décoré de la Légion d'honneur en 1999 par le chef de l'État.

Le président confirme qu'il ne nourrit « aucun complexe à l'égard de ses guides archéologues chinois ». Et, à propos de Xi'an, il complète l'anecdote racontée par Han Wei en affirmant que les Chinois ont installé une énorme pancarte à l'entrée du tombeau : « Xian, la huitième merveille du monde » – Jacques Chirac.

Après que je lui eus rapporté l'appréciation flatteuse de Deydier sur sa connaissance des bronzes archaïques, le président émet ce commentaire :

« C'est gentil, mais ce n'est malheureusement pas vrai... »

Puis, après un temps de réflexion, il atténue sa dénégation :

« Cela a pu être vrai il y a dix ans, mais ce n'est plus le cas... Il y a un autre grand spécialiste de tout l'art de l'Extrême-Orient, c'est Jean-François Jarrige[1], mais aussi sa

---

1. Directeur du musée Guimet.

femme, une grande experte, qui passe plusieurs mois par an sous des climats pas possibles, au Pakistan ou ailleurs...

– Deydier m'a dit que vous lisiez beaucoup, que vous vous teniez informé des résultats des fouilles effectuées en Chine...

– C'était vrai, mais je n'ai plus assez de temps.

– ... Que vous receviez les résultats des fouilles opérées en Chine sur ordre du président chinois...

– Il est vrai que j'ai toujours eu de très bonnes relations avec les autorités chinoises successives... Au fond, ils sont assez flattés qu'on connaisse leur culture et qu'on s'intéresse à leur histoire ; c'est un élément de sympathie, ils n'ont pas l'habitude que les Occidentaux soient familiers de leur histoire et s'y s'intéressent. Je me souviens d'un dîner avec Jiang Zemin (1993-2003), le prédécesseur de Hu Jintao. Nous parlions de la période qui a précédé les Tang et je lui disais qu'il y avait eu trois empereurs. Il me répondit : "Non ce n'est pas vrai : il n'y en a eu que deux..." En réalité, il y a bien eu trois empereurs, mais il est vrai que le troisième avait 9 ans quand il a été assassiné. On n'a pas pu se mettre d'accord. Les siens s'alignaient sur lui, les miens [les membres de la délégation française qui assistaient au dîner] ne disaient rien... Vers onze heures et demie, minuit, on s'est quittés, et à deux heures du matin Jiang Zemin m'a téléphoné – je dormais déjà – et m'a dit : "Vous aviez raison, j'ai consulté des historiens, vous aviez raison..." Ça a créé des liens d'estime et d'amitié, de montrer qu'on connaît et respecte ainsi leur culture... »

J'ai tenté, lors d'un autre rendez-vous, de savoir s'il s'était intéressé à la philosophie chinoise et s'il avait été influencé par elle.

« C'est indissociable, mais comme je ne suis pas philo-sophe, ma connaissance de la philosophie chinoise est restée relativement superficielle. C'est inséparable et je m'y suis donc intéressé aussi...

— Vous êtes imprégné par cette philosophie ?

— Je vois bien le sens de la question, elle est intéressante…
Oui, c'est une question intéressante…

— Vous voyez où je veux en venir ?

— Non, mais il n'est pas dépourvu d'intérêt de savoir si on
est imprégné ou non par des pensées et des cultures étrangères…

— Exactement.

— Pour dire la vérité, je ne le crois pas. Je suis passionné,
fasciné, mais, curieusement, je ne me sens pas influencé.
Peut-être me trompé-je, mais si je respecte beaucoup toutes
les cultures, je ne peux pas dire que je suis plus impressionné
par la culture chinoise que par d'autres…

— En revanche, j'ai cru déceler chez vous sinon un rejet, du
moins une certaine distance par rapport aux XVIIe et
XVIIIe siècles européens, par rapport aux Lumières…

— Il ne s'agit pas d'un rejet, plutôt d'un agacement vis-à-
vis de ceux qui ne voient et ne jugent que par rapport à cela.
Non, et je n'éprouve naturellement pas le moindre rejet non
plus pour les époques traditionnelles, que j'apprécie énormément, mais je suis souvent irrité par ceux qui ne jugent que
par telle ou telle… »

Jacques Chirac n'a pas fini de me retracer son cheminement intellectuel le long de la route de la Soie, celle
qu'emprunta le bouddhisme. Après la Chine, il s'est
passionné pour l'Empire du Soleil levant sans pour autant
renier ses premières passions. Ayant acquis une culture
livresque et muséale, faisant sienne la pensée de Saint-John
Perse – « Il n'y a pas de formation humaine complète sans
séjour en Extrême-Orient » –, il a découvert l'Asie, « ses
campagnes, ses rizières où s'enracinent des modes de vie et
des morales millénaires ; ses villes où s'incarnent la vitalité,
le dynamisme, l'ingéniosité des peuples ».

C'est au Japon qu'il a éprouvé un de ses grands chocs esthétiques : « Lors d'un de mes premiers voyages au Japon, je suis allé dans un monastère de Horyuji, à Nara, et j'ai été voir la Kudara Kannon, une permanence de Bouddha. L'extraordinaire beauté et sérénité qui s'en dégageaient m'ont fait un choc. C'est une œuvre majeure de l'art sino-japonais du VIe siècle. C'est comme ça que je me suis intéressé d'emblée au Japon... Et je n'ai eu de cesse de faire venir la Kudara Kannon à Paris. Naturellement, elle n'avait jamais quitté l'archipel et je me suis dit que j'allais, en échange, faire quelque chose d'important, et que j'allais envoyer quelque chose d'important : la *Liberté*, au Japon[1]. Vous ne pouvez pas imaginer les difficultés que j'ai eues pour faire parvenir la *Liberté* au Japon avec cet "homme à l'écharpe rouge", un homme de salon, Pierre Rosenberg, directeur du Louvre de 1994 à 2001. »

Pause : autant le président a le plus grand mal à dire un mot de travers sur tous ceux qui lui ont planté dans le dos poignards, flèches et javelots, autant, quand dans un récit il croit deviner une allusion à l'« homme à l'écharpe rouge », il fonce comme un taureau. J'ai ainsi été témoin de nombreuses de ses charges sauvages.

Reprise de la ruade :« La honte de ma vie ! J'obtiens, en échange de la *Liberté*, l'envoi de la Kudara Kannon au deuxième semestre de 1997. Il fallait vraiment que mes relations avec les autorités et les milieux culturels compétents au Japon soient de toute confiance. On fait donc venir la Kudara Kannon. J'avais pensé à tout, sauf à ce triste personnage [NDLA : Rosenberg]. Ils me l'ont collée dans un sous-sol ! Naturellement, j'avais fait venir tout ce qu'il y avait de plus distingué parmi les prêtres shinto qui l'accompagnaient. Pour montrer la Kudara Kannon, une manifestation shinto,

---

1. *La Liberté guidant le peuple*, d'Eugène Delacroix.

avec toutes sortes de prières, de déclarations, etc., était indispensable. Et ils m'avaient foutu ça dans les caves du Louvre ! C'était incroyable, j'en ai eu la honte de ma vie… Naturellement, les Japonais, comme toujours, ont fait comme s'ils ne s'apercevaient de rien, mais c'est une des choses que je n'ai pas pardonnées à ce monsieur… »

Quand il a été fait docteur *honoris causa* de l'université de Keio, au Japon, le 18 novembre 1996, à l'occasion de sa première visite officielle au Japon en tant que chef de l'État, le président a livré une fois de plus quelques-uns de ses souvenirs devant un amphithéâtre bondé : « Le Japon, c'est vrai, Monsieur le président, vous l'avez dit, est un pays que j'aime. Que j'ai découvert dans ma jeunesse, à Paris, au musée des arts asiatiques Guimet… » Et de faire l'article sur « son » magnifique musée fondé à la fin du XIXe siècle, au retour d'un voyage au Japon, par un industriel féru d'archéologie et d'histoire des religions. Il explique que c'est après avoir ressenti un choc esthétique devant la statuaire bouddhique qu'il a tout naturellement été lui-même conduit à vouloir connaître les autres aspects de la civilisation japonaise. Et, surprise pour ceux qui le prendraient encore pour un analphabète, il est aussi féru de poésie japonaise : « À cette époque, j'ai découvert avec bonheur le *Manyoshu*, ce monument de votre littérature classique que je relis régulièrement et que j'ai voulu voir traduit entièrement en français, ce qui est maintenant fait […]. J'ai étudié avec passion les mythes fondateurs de l'archipel et ses grandes épopées… »

Jacques Chirac déclare avoir été également séduit par la virtuosité des potiers, par l'élégance de l'architecture, par l'harmonie des jardins, par le raffinement esthétique et la sensibilité du théâtre, par la variété et la finesse de la cuisine, aussi – ce que tout le monde sait aujourd'hui – par le rituel des lutteurs de sumo. « Ainsi est née ma passion pour le Japon, une passion entretenue par mes très nombreuses visites dans votre pays », conclut-il ce jour-là.

Son intérêt pour le *Manyoshu* m'intrigue. Jacques Chirac m'explique : « De mon point de vue, c'est probablement – il ne faut jamais dire la plus grande œuvre de la culture mondiale, parce qu'on peut toujours en trouver une autre –, c'est sûrement l'une des trois plus grandes œuvres de la culture mondiale… Je m'y étais intéressé, mais, naturellement, je ne peux la lire dans le texte. Aussi ai-je voulu que le *Manyoshu* soit traduit en français. Je me suis fait conseiller par Jean-François Jarrige, le directeur du musée Guimet… Je sais bien que tout le monde ne se précipite pas sur le *Manyoshu*, mais c'est vraiment pour moi une des œuvres maîtresses de la culture mondiale… »

C'est lors de l'inauguration du musée Guimet rénové, le 15 janvier 2001, que Jacques Chirac est allé le plus loin dans les confidences publiques sur ses passions asiatiques et le rôle qu'y a joué « son » musée : « En fervent amoureux de Guimet […], j'y ai de profondes attaches. Il fut pour moi, comme pour tant d'autres, un lieu de révélation et d'apprentissage. C'est ici qu'il y a longtemps j'ai rencontré et aimé l'Asie. Ici que j'ai découvert l'ancienneté, le génie de civilisations majestueuses. Que j'ai mesuré leur grandeur. Et, par contraste, le carcan ethnographique ou exotique dans lequel l'Occident les avait trop souvent tenues enfermées. »

Le président se fait ensuite lyrique : « J'ai passé là de longs moments. Admirant, sur les linteaux et frontons des temples khmers, l'affrontement des dieux gracieux et des titans. Interrogeant le sourire énigmatique des somptueux Bodhisattvas. Fixant leurs figures harmonieuses et calmes, écoutant leur silencieux message de détachement et de sérénité. Comme beaucoup de visiteurs, et parce que "les tiares d'Ajanta, les torses gréco-bouddhiques appellent toujours dans l'esprit la grande vie légendaire", disait André Malraux, j'ai médité sur l'Éveil du prince Siddhartha. J'ai suivi en imagination le long chemin de sa pensée par la route de la Soie. Devant les bouddhas à visage d'Aphrodite ou de Ganymède exhumés de Hadda – malheureusement feu Hadda –, j'ai rêvé à la prodigieuse rencontre des soldats perdus d'Alexandre avec les cavaliers des steppes et les ascètes de l'Inde. »

Au milieu de son interminable discours, Jacques Chirac a révélé en quelques mots les raisons profondes de son amour pour le musée Guimet et de sa passion pour l'Asie. Ce « musée fut autre chose qu'une collection de curiosités, bien davantage qu'un musée des beaux-arts : un véritable "laboratoire d'idées", un centre de recherches sur les religions et les civilisations du monde. Un lieu de réflexion pour puiser à d'autres sources les réponses aux grandes questions de l'Occident moderne ». Mais aussi pour quérir des réponses à ses propres interrogations : nous y reviendrons pour tenter de mieux appréhender le « mystère Chirac ».

Continuons de cheminer sur les multiples voies que le chef de l'État a empruntées depuis sa première visite au musée Guimet pour arriver, un bon demi-siècle plus tard, au musée des Arts premiers du quai Branly. L'école buissonnière ne l'a pas conduit vers le seul musée Guimet et ses prolongements asiatiques. Au cours de son adolescence, parallèlement à la poursuite du cursus classique d'un jeune bourgeois parisien, il a couru les librairies du Quartier latin pour s'initier à l'art moderne, mais aussi à la poésie, notamment grâce aux livres édités par Pierre Seghers, qui deviendra son ami... Il dégagera également du temps pour se familiariser avec la culture des Dogons du Mali, initiation qu'il a amorcée dans l'atelier du peintre Fernand Léger qu'il fréquentait à la fin des années 40, rue Notre-Dame-des-Champs, non loin de la rue de Seine où il habitait. Fernand Léger qui, durant l'entre-deux guerres, s'était inspiré de l'art nègre aussi bien dans sa peinture que dans ses sculptures, dans les ballets et même au cinéma, s'était exilé à New York pendant la guerre. Revenu en France en 1945, il s'était installé à Paris. « Quelques personnages y parlaient beaucoup de l'influence de l'art africain, avec un goût particulier pour la culture des Dogons du Mali. J'ai essayé de m'y initier... », se souvient le président de la République.

Au fil des ans, Jacques Chirac va aussi se passionner pour les civilisations précolombiennes... « Quelque chose m'a toujours frappé, dit-il. Tous les chefs-d'œuvre naissent libres et égaux ! » Le ton est ferme, à l'évidence le président exprime là un principe essentiel, presque aussi fondamental que la Déclaration des droits de l'homme et du citoyen que le petit-fils de quatre instituteurs laïcs porte depuis toujours en lui et avec lui. Et de se lancer dans un exposé des deux conceptions opposées de la transmission de l'art et de la culture. La première est incarnée par l'« homme à l'écharpe rouge » : « Pour lui, en dehors des peintures de quelques décennies des XVIIe et XVIIIe, il n'y a rien. En russe, on dirait que c'est un *nye kultura,* un sans-culture. » La seconde conception est incarnée par son ami Jacques Kerchache et par lui-même. Et d'utiliser des mots dont il pourrait se servir pour décrire un affrontement militaire. Pour lui, les enjeux de la bataille entre les deux conceptions dépassent la question de la transmission de l'art et de la culture, mais relèvent évidemment du politique. Jacques Chirac reconnaît avoir usé de tout son poids pour battre en brèche la vision dominante incarnée alors par Pierre Rosenberg. Ce choc frontal s'est terminé par sa victoire et par l'installation du Pavillon des Sessions, qui fut la première exposition en France d'arts premiers.

Au début de cette histoire, a lieu la rencontre de deux hommes. Rencontre improbable, due au seul hasard, entre le maire de Paris et un collectionneur et marchand d'art, dans un hôtel de l'île Maurice, en 1991. Autant le discours public de Jacques Chirac sur ses passions est sophistiqué, autant il s'exprime comme un paysan corrézien pour raconter les différents chocs de sa vie : « On était ensemble à l'île Maurice pendant quinze jours pour passer nos vacances. On a parlé. L'homme est d'une immense culture, basée sur une grande expérience. Avant le petit déjeuner, il avait déjà visionné deux ou trois mille photos de statuettes, sculptures, masques… Il avait un œil extraordinaire, une incroyable sûreté de jugement. Il me montre un jour cinq ou six pierres mégalithiques des Taïnos. Je les trouvais toutes merveilleuses. Lui en prend une et me dit : "Celle-ci est parfaite…" Moi, je ne voyais aucune différence entre elles. »

Kerchache a été l'un des plus grands, peut-être le plus proche ami de Jacques Chirac. Fils d'anciens ouvriers communistes, ancien conseiller de Léopold Sédar Senghor, devenu l'un des grands spécialistes de l'art primitif, il avait recueilli dès 1990 de nombreuses signatures à l'occasion de la publication de son manifeste « *Les chefs-d'œuvre du monde entier naissent libres et égaux* », qui réclamait l'ouverture au musée du Louvre d'un huitième département consacré à cet art. Poètes, scientifiques, connaisseurs, artistes l'avaient rejoint pour soutenir sa démarche.

Jacques Chirac a un mal fou à laisser affleurer les sentiments qu'il porte aux gens qu'il aime ou a aimés. Il se sent plus à l'aise devant la page blanche. Dans un discours lu lors de l'inauguration du Pavillon des Sessions[1] qu'avait ardemment voulu Jacques Kerchache, il s'était défait de sa pudeur habituelle pour honorer la mémoire de son ami, mort le 8 août 2001 « sur cette terre maya couleur de soufre, de miel et d'émeraude, qu'il aimait tant ».

« Voyageur infatigable, porté par une insatiable curiosité, amoureux de la nature et des hommes, âme sensible et exaltée, esprit libre et caractère affirmé, Jacques Kerchache a, pendant un demi-siècle, embrassé le monde avec le regard d'un grand artiste et l'enthousiasme inspiré des poètes. Personnage romanesque, il abordait la vie avec passion et

---

1. Le 4 avril 2003, au Louvre.

volupté. Il portait ses rêves avec une rare opiniâtreté, surmontant tous les obstacles, galvanisant toutes les énergies. Justesse du regard, force des convictions : il était aussi un homme de cœur. Tout au long de sa vie, Jacques Kerchache a parcouru la planète afin d'établir un inventaire critique de la sculpture mondiale, de la Préhistoire à nos jours, dans les collections publiques et privées, à la recherche des "formes matrices" de l'art. Il était convaincu que l'on peut porter un même regard esthétique sur les formes naturelles et culturelles de tous les temps. »

Si Jacques Chirac a adhéré d'emblée à la vision des arts premiers de Jacques Kerchache, c'est qu'elle rejoignait la sienne, qui n'était pas encore achevée. Une vision caractérisée par une recherche continuelle de l'universalité dans les chefs-d'œuvre de toutes les cultures. Dans le choix des objets, il s'intéressait exclusivement à « la capacité de l'artiste à trouver des solutions plastiques originales ». Ce qu'il voulait, « c'est distinguer, dans ces cultures, les Phidias, les Michel-Ange, les Picasso, ceux qui, à l'intérieur de systèmes symboliques et religieux extrêmement codés, prennent des risques, arrivent à s'affranchir des contraintes techniques, mentales, pour faire évoluer les formes[1] ».

Cette complicité trouva une application pratique à la veille de la célébration du cinq centième anniversaire de la découverte du Nouveau Monde par Christophe Colomb. Les deux complices étaient révoltés par la commémoration en grande pompe de cet événement qui avait abouti à la destruction des civilisations précolombiennes :« Je n'ai pas d'admiration pour ces hordes qui sont venues en Amérique pour détruire, raconte aujourd'hui Jacques Chirac. On m'a demandé de participer à la célébration de cet événement. Le roi d'Espagne

---

1. In *Connaissance des Arts,* numéro spécial édité à l'occasion de l'exposition *L'Art des sculpteurs taïnos,* qui s'est déroulée du 24 février au 29 mai 1994 au Petit-Palais.

m'a appelé quand il a appris ma décision de ne pas y associer Paris : "Je suis sidéré d'apprendre que tu [Juan Carlos tutoie tout le monde] as décidé que Paris s'abstiendrait... – Pour moi, ce n'est pas un grand moment de l'Histoire..." »

Et le président de commenter ce souvenir : « Au surplus, ce n'est pas historiquement fondé. Ce n'est pas Colomb qui a découvert l'Amérique, mais les Vikings, cinq siècles plus tôt ! Ils n'ont pas fait tant d'histoires et, de surcroît, ils ont eu l'élégance de se détruire eux-mêmes... »

1492-1992 a donc été un déclic pour les deux Jacques : « On va célébrer l'événement à notre façon. On va faire revivre une civilisation morte, les Taïnos. Nous allons la réhabiliter. Pourquoi ? Ce sont les premiers à avoir accueilli les Espagnols. Ils étaient environ un million à leur arrivée... Soixante ans après, le dernier mourait. » Tous deux ont conscience de la difficulté de l'entreprise. À la fois parce que les objets sont peu nombreux, disséminés dans de très nombreux musées, et parce qu'ils ne représentent pas l'intégralité des objets créés et utilisés par les Taïnos. « Ils ne voulaient pas exhiber leur jeu de balle, à cause des liens qu'il avait avec l'esprit », explique le chef de l'État.

À compter de cette décision, une recherche systématique est lancée dans les musées et ailleurs pour recenser et sélectionner les trigonolithes, reliquaires, haches, hommes-oiseaux, dignitaires en transes pour la cohoba, spatules vomitives, pierres, vases, pendentifs, sièges honorifiques, urnes, etc.

Ce pied de nez à la pensée dominante ethnocentriste donne lieu à l'inauguration de l'exposition, le 24 février 1994, au Petit-Palais. Quelque cinq cents personnes attendent le discours de Jacques Kerchache, commissaire de l'exposition, mais l'expert a une extinction de voix. Il est déjà malade. Au pied levé, le maire de Paris prend sa place et provoque, par ses propos iconoclastes, le départ de l'ambassadeur d'Espagne de la célébration... Par-delà cette prise de position on ne peut plus politique, Jacques Chirac affirme que l'étude ethnographique de l'art taïno donne à voir autrement ce Nouveau Monde que l'archéologue n'avait pu entièrement resituer : « L'étude des civilisations anciennes fait justice de toutes les idées fausses et simplistes. Les arts non européens sont bien loin de l'exotique et du pittoresque. Ce sont des arts à part entière ! »

Après l'incroyable succès de l'exposition, les deux amis n'entendent pas s'arrêter en si bon chemin et veulent voir se créer à Paris un musée où exposer des objets des cultures non européennes. Pour nommer leur projet, sans doute inspiré par les « arts primordiaux » d'André Malraux, Jacques Chirac parle des « arts premiers », expression qui a fait florès et qu'il regrette : « C'est une erreur, un mauvais terme… Premiers, premiers de quoi ? Je regrette de l'avoir lancé… »

Kerchache ne voit qu'un seul lieu où abriter l'exposition permanente : le Louvre, à la 6ᵉ section. Mais les deux hommes doivent alors affronter, comme on l'a vu, l'« homme à l'écharpe rouge » : « On a voulu faire quelque chose malgré les hurlements des conservateurs… Finalement, j'ai obligé le Louvre à nous céder le Pavillon des Sessions pour accueillir la première exposition d'arts premiers… » Chirac devient lyrique, parlant d'« une des choses les plus belles du monde ».

– L'avez-vous visitée ?

À ma grande honte, je dois lui avouer que non.

– Allez-y, allez-y ! Vous verrez, vous comprendrez…

Il revient alors encore une fois sur celui qui a voulu se dresser en travers de leur chemin :

« J'apprends un jour que Rosenberg a décidé que l'entrée du Pavillon des Sessions se ferait sur le quai et que deux gardiens déchireraient les billets, l'un pour le Grand Louvre, l'autre pour le Pavillon… Je suis furieux de cet ostracisme à l'égard des arts premiers… Quelque temps plus tard, j'aperçois Rosenberg à un cocktail donné à l'Élysée. Je fonce sur lui : "Qu'est-ce que c'est que cette histoire des deux gardiens... ? – Il ne faut pas mélanger les choses, me répond-il. – Avez-vous décidé de mettre un os dans le nez de celui qui déchire les billets pour le Pavillon des Sessions ?" Et je l'ai planté là. Il n'avait pas l'air content... »

Il garde, il gardera toujours un os, non dans le nez, mais en travers de la gorge quand il reparlera de l'« homme à l'écharpe rouge ». Et sa rage a transparu, malgré la réserve qu'impose sa fonction, quand il a évoqué ce choc dans son discours prononcé à l'occasion du départ à la retraite de Pierre Rosenberg, le 10 avril 2001. Rappelant les « débats d'idées où s'opposent, avec vivacité parfois, convictions et certitudes, visions et conceptions, principes et théories », il n'a pu s'empêcher d'évoquer le « domaine de prédilection » du partant, qui est « bien sûr la peinture des XVIIe et XVIIIe siècles français et italiens ». Il feint de s'esbaudir sur son intimité avec Poussin, Boucher, Chardin, Watteau, La Tour, Fragonard, etc., dont il est le « grand expert mondial », pour mieux l'estourbir en confrontant les deux visions d'un grand musée parisien : « Pour vous, dit-il, le musée de référence dans ses domaines traditionnels, d'une richesse exhaustive : une vision encyclopédique, celle du "musée des musées" ; et moi, modestement, défendant l'idée d'un musée sinon universel, du moins conférant aux œuvres qu'il abrite valeur d'universalité. »

Devant moi, Jacques Chirac ne recule pas à recruter François Mitterrand pour renforcer son camp contre l'« homme à l'écharpe rouge » et ce qu'il représente. Il remercie son prédécesseur pour tout ce qu'il a fait pour le Grand Louvre : « Il a été le premier à approuver la Grande Pyramide. Il a accompli un travail considérable. Et, grâce à lui, le Louvre est devenu le plus beau musée du monde. Malheureusement, il n'a pas été suivi... » Par qui ? Évidemment par celui qui a fait du Louvre « un bric-à-brac où la culture vous tombe sur la tête, où les objets ne sont pas mis en valeur... »

Le président de la République s'est évidemment beaucoup impliqué dans le choix du successeur de l'« homme à l'écharpe rouge ». Il a reconnu en Henri Loyrette, spécialiste du XIXe, notamment de l'impressionnisme, un « homme de culture capable de changer les choses[1] ». Un homme qui pourra replacer « l'art parmi ses influences, dans son environnement humain, politique, social, scientifique », qui aime à dire que « l'artiste ne se comprend bien qu'entouré des siens : ses maîtres, relations, élèves, épigones ». Avant que Loyrette ne prenne la direction du grand navire, Chirac et lui ont évidemment « parlé ensemble des grands défis que le Louvre, avec d'ailleurs l'ensemble des musées français, devait dorénavant relever ».

« C'est en fait une véritable révolution culturelle à laquelle nous assistons, a poursuivi Jacques Chirac dans le même discours-profession de foi. Cet engouement est plus qu'un effet de mode. Il est la conséquence d'une soif, d'une maturité du public, d'une société qui est devenue en quelque sorte une "société culturelle" tant la production, la diffusion, l'échange et la consommation de contenus culturels marquent aujourd'hui de leur empreinte les exigences individuelles de la vie sociale et aussi de l'économie. » Le chef de l'État souhaite que les musées rendent vie aux œuvres et à leurs auteurs. « Lamartine et, après lui, Cocteau ont dit leur lassitude des musées "cimetières des arts". » Toujours cette même idée qui revient chez lui comme un leitmotiv : « L'art contre la mort ! Rendre vie aux œuvres, c'est aussi organiser la cohérence du parcours, la "profondeur" du parcours[2]. »

Le Pavillon des Sessions n'était qu'une étape dans le projet global de Chirac et de Kerchache d'installer les arts premiers à Paris pour sous-tendre sa véritable obsession : la

---

1. Discours de Jacques Chirac pour le départ de Pierre Rosenberg de la direction du Louvre.
2. *Idem.*

promotion du « dialogue des cultures » : « On vit dans un monde où on est toujours à deux doigts de se taper sur la gueule… Mieux on pourra dialoguer, plus on évitera les affontements inutiles !… », m'explique, prosaïque, le président de la République.

Jacques Chirac a consacré beaucoup d'énergie à franchir tous les obstacles, notamment ceux dressés par une partie de la communauté scientifique, pour ériger le musée des Arts premiers. Il s'est ainsi « disputé comme chien et chat » avec Henry de Lumley avec qui il entretient par ailleurs d'excellents rapports. Mais l'opposant le plus virulent a été André Langaney, alors directeur du laboratoire d'anthropologie du musée de l'Homme, qui l'« injuriait directement ou indirectement chaque semaine ». Dans la rubrique « Débats » de *Libé* du 18 juin 1997, Langaney écrivit ainsi, entre autres gentillesses : « Aujourd'hui, un lobby de collectionneurs et antiquaires pousse un président discrédité à vouloir, par caprice princier, remplacer le musée de l'Homme et le populaire musée de la Marine par un musée d'art exotique, qualifié scandaleusement de "primitif" ou "premier" ! Ce projet raciste et aberrant vient de gens pour qui l'art s'évalue par le prix des "pièces" sur le marché ou par les stars de notre culture qui les ont volés ou possédés. En aucun cas par le projet des artistes ou le sens que leur culture donnait ou donne à leurs œuvres. Une grande cavalerie administrative détourne des crédits de l'État, toujours refusés au musée de l'Homme, vers une association 1901 créée pour le démanteler ! Le trésorier des prédateurs est le directeur responsable de l'institution au ministère et le président, l'inénarrable Friedman[1], assureur racheté avant faillite et conseilleur en dissolution. Cet argent doit servir à payer un collectionneur[2],

---

1. Il s'agit de Jacques Friedman, l'ami d'enfance de Jacques Chirac, qui a été nommé en 1995 président de la Commission du Musée des arts premiers.
2. Il s'agit de Jacques Kerchache.

autoproclamé conseiller "scientifique", et ses comparses dont le projet est de virer la science du musée. »

Jacques Chirac achève l'histoire du musée du quai Branly, conclue par l'inauguration officielle, le mardi 20 juin, en présence de Kofi Annan, mais surtout du vieil anthropologue Claude Lévi-Strauss, en disant : « Lumley a perdu, car moi j'avais Lévi-Strauss derrière moi. Je ne lui ai jamais rien demandé, mais il m'a soutenu dès le départ. » Et il ajoute presque en passant, encore une fois sans mâcher ses mots, qu'« on ne peut pas avoir une approche de l'art si on n'a pas une vision générale du monde, et c'est la raison pour laquelle je suis généralement allergique aux gens qui estiment qu'ils ont seuls la beauté et le droit en partage... Chaque culture apporte à l'humanité quelque chose d'essentiel. C'est vrai que je supporte mal l'hégémonie de firmes comme Coca-Cola et que j'ai en permanence des problèmes avec les Américains, toujours à vouloir imposer leur point de vue... »

4.

Jacques Chirac et André Malraux

L'évocation du rapport intime de Jacques Chirac à l'art et à la culture, déclenchée par les questions posées sur les origines lointaines du musée des Arts premiers, ne s'est pas arrêtée là. Deux nouveaux noms vont surgir de la mémoire du président : ceux de André Chastel, professeur d'histoire de l'Art au Collège de France, et d'André Malraux. Ils rappellent d'abord un point que tous ses biographes ont omis, à savoir que la première mission du jeune auditeur de la Cour des comptes le propulsa dans le domaine de la culture. Malgré son jeune âge, Jacques Chirac n'y joua pas les utilités. Il fut en effet une des chevilles ouvrières d'une grande décision d'André Malraux prise le 24 janvier 1963 : la création de l'Inventaire général des monuments et des richesses artistiques de la France. Une réforme qui visait à créer une « conscience artistique » locale, de telle sorte que la culture devînt accessible au plus grand nombre.

« J'ai travaillé comme rapporteur de la Commission culturelle du IVᵉ Plan qui était présidée par le professeur André Chastel, spécialiste de la Renaissance italienne, mais aussi pape du XVIIᵉ. Tout ce que j'ai appris sur les XVIIᵉ et XVIIIᵉ siècles me vient de lui. Ce grand monsieur n'avait qu'un défaut : une radinerie qui surpassait celle de Giscard !

Il n'avait jamais un sou sur lui et vous laissait toujours payer...

« J'étais le grognard de Chastel. J'ai eu des relations agréables avec lui. Je les ai prolongées par des rapports avec un de ses intimes, Carlos Giulio Argan, un professeur communiste, spécialiste du Quattrocento, qui était par ailleurs maire de Rome. Quand ce dernier est mort, on lui a fait de grandioses funérailles, à la mi-novembre 1992. J'y suis allé et les autorités m'ont placé au premier rang. C'était quasiment moi qui portais le deuil. J'étais le premier derrière le fourgon mortuaire... J'ai été ovationné par les communistes. Il n'y avait d'ailleurs là que des communistes au milieu d'une forêt de drapeaux rouges. Beaucoup de photos furent prises... »

Vérification faite, il y a bien, dans le Rapport général de la commission de l'équipement culturel et du patrimoine artistique du IVe Plan, publié en 1961, deux chapitres qui ont été rédigés par Jacques Chirac : « On ne peut désormais dissocier l'objectif du sauvetage des monuments menacés de celui de leur incorporation dans la vie nationale et internationale » ; plus loin, il est question de « mise à disposition [des œuvres] du plus large public possible ».

Après avoir trouvé trace du travail du jeune auditeur de la Cour des comptes dans les archives du ministère de la Culture, il me restait, au cours de mon entretien suivant, à solliciter la mémoire du chef de l'État sur son rôle exact dans cette grande réforme que fut l'Inventaire. Une fois de plus j'ai été confronté à un Chirac montrant du désintérêt pour son propre passé et dévalorisant tout ce qu'il a fait :

« Ça ne présente pas d'intérêt particulier. Cette idée – probablement de Chastel – m'avait séduit. Je ne l'ai pas trouvée à moi tout seul. Mais peut-être l'ai-je inventée, après tout ? C'était un gros travail. Je me suis lancé là-dedans. Et j'ai été nommé par je ne sais qui à la Commission de l'inventaire. Probablement évoqué par des gens très intelligents, très cultivés, ce concept d'inventaire restait une idée générale, car, comme toujours, il n'y avait pas d'esprit de suite sur le plan administratif. Le premier acte militant pour que cela ne reste pas une idée en l'air, c'est sans doute moi qui l'ai posé... »

C'est à cette époque que Jacques Chirac fait la connaissance d'André Malraux, ministre de la Culture. Il a continué à le rencontrer alors que lui-même était au cabinet de Georges Pompidou, puis comme secrétaire d'État. Impossible d'obtenir de plus amples précisions tant le président paraît fâché avec les dates : « Je déjeunais avec lui tous les quinze jours, chez Lasserre. Nous avions des disputes épouvantables sur l'art asiatique. Je lui disais qu'il n'y connaissait rien. Le patron de Lasserre[1] pourrait vous parler de ces disputes, de nos éclats de voix. Quand ça criait trop fort, il venait vers moi et me disait : "Doucement, doucement, vous êtes le plus jeune..." J'avais une immense admiration pour Malraux, mais je le considérais comme un fumiste sur l'art asiatique ! "Comment pouvez-vous dire que vous aimez l'art asiatique alors que vous n'avez pas hésité à arracher les têtes de Banteay Srei et à voler des statuettes ?" lui lançais-je. Ces remarques le plongeaient dans une fureur noire, mais ne mettaient pas fin pour autant à nos déjeuners. Je crois qu'il aimait bien, en définitive, que je lui tienne tête. Son *Musée imaginaire* ne vaut pas tripette... Il s'y connaissait mieux en art africain... C'était un homme extrêmement intelligent, un esprit très rapide... » Dans ces points de suspension, il faut entendre autant de critiques *off* (« parce que ça ne sert à rien de cracher sur les tombes »). Ces vives réserves ne semblent cependant pas avoir entamé l'admiration de Chirac pour Malraux : « C'était le seul personnage qui, assis à la droite

_____

1. Aujourd'hui décédé.

du général de Gaulle pendant les conseils des ministres, s'endormait avec élégance sans que le Général lui dise rien...

– Pourquoi de Gaulle était-il si fasciné par lui ?

– Parce que c'était le fou du roi. Il l'amusait. Les fous du roi étaient des gens très intelligents, en général très cultivés, ayant beaucoup d'esprit. On a conservé d'eux l'image de gens ridicules, qui multipliaient des pitreries ; ce n'est pas du tout cela... C'étaient des gens drôles, qui délassaient le monarque. Malraux est bien l'incarnation, au sens noble, du fou du roi. De Gaulle était content, il l'écoutait. Malraux le distrayait. Il était intelligent, on le disait très cultivé. Il racontait plein de choses passionnantes. Il avait réussi à se promouvoir colonel en 1944, ce qui suppose un certain sens des opportunités... »

Dans ces confidences de Jacques Chirac, jamais n'est apparu le fait que l'auteur des *Conquérants* l'avait lui aussi fasciné, ni qu'il avait lu tous ses livres, lesquels garnissaient sa bibliothèque. C'est Bernadette Chirac, sa mémoire de secours, qui me l'a révélé : « Dès le début de notre rencontre, il me parlait tout le temps de Malraux qu'il admirait beaucoup. Il me parlait énormément de la guerre d'Espagne... Si bien que je lui ai offert *Les Voix du silence*, que je lui ai dédicacé le 27 février 1954 : *À Jacques Chirac... car le silence est d'or. Bernadette...* Quand, le soir, je le voyais secoué de tics, je savais qu'il avait déjeuné avec Malraux... »

Le président a quelques livres dédicacés par l'écrivain lui-même. Ainsi, sur la page de garde de *La Métamorphose des Dieux,* peut-on lire : « L'artiste n'est pas le transcripteur du monde, il en est le rival. » Quant aux *Antimémoires,* ils n'ont eu droit qu'à un sobre « Pour Jean [*sic*] Chirac, en amical souvenir. » De même le président garde-t-il précieusement les cartes de vœux adressées par Malraux.

Avec l'âge, il est resté fidèle à son héros de jeunesse, même si, sous l'influence de Mme Claude Pompidou, il a pris quelque distance avec certains pans de son œuvre et de son action. À la mort de l'écrivain, il avait signé, dans *Le Quotidien de Paris*[1], un article intitulé « Un "maître à vivre" », commençant par : « C'est un incomparable témoin de notre temps qui vient d'accéder à l'au-delà de la vie, laissant une impérissable "cicatrice sur la face de la Terre". » Puis cet article retient pour thème la « méditation sur la mort » que Malraux n'a jamais interrompue : « C'est l'obsédante pensée qui traverse toute sa vie. La mort, il l'a regardée en face sans broncher. »

J'ai eu la curiosité de lire le long discours qu'a prononcé le président de la République, le 23 novembre 1996, pour le transfert des cendres d'André Malraux au Panthéon. J'ai d'emblée été frappé par le souffle qui parcourt ce texte et j'ai beau savoir que Jacques Chirac, comme ses prédécesseurs, emploie des « nègres » pour rédiger ses discours, j'ai pensé que celui-ci avait néanmoins dû faire l'objet de toutes ses attentions. Il m'a semblé qu'au-delà de la passion pour les arts asiatiques et africains qu'il partageait avec lui, et malgré les réserves que lui inspirait le personnage, il en avait brossé un portrait auquel il avait mêlé quelques bribes de lui-même, de ses angoisses et de ses interrogations. En voici quelques extraits :

« Vous êtes l'homme de l'inquiétude, de la recherche, de la quête, celui qui trace son propre chemin […]. Dans vos conversations avec les poètes et les peintres cubistes, vos amis, vous étiez déjà celui qui interroge âprement notre condition […]. Votre rapport à l'art, qui est sans doute la pierre angulaire de votre vie, n'est qu'une longue interrogation. Votre première femme, Clara, vous montre, à 20 ans, dans les musées de Florence, courant vers le beau, comme, écrit-elle, "si vous étiez en danger", avide de voir, de compa-

---

1. Daté du 24 novembre 1976.

rer, d'imaginer, de trouver votre monde […]. Cette richesse, cette quête font de vous l'homme de l'aventure, de l'ouverture au monde, et donc de la tolérance et du respect de l'autre. Votre intimité avec toutes les cultures, votre façon si neuve de faire dialoguer entre eux les arts du monde, pardelà les frontières et les époques, vous consacre citoyen de l'Intemporel, un Intemporel qui est nécessairement fraternel.

« Vous avez eu très tôt l'intuition que c'est la comparaison, la confrontation des œuvres, statue Maya, fétiche du Dahomey, masque nô ou buste grec, qui permet de les comprendre, de les ressentir, de les transformer […]. Quand on aborde les arts de partout avec cette liberté intérieure, cette compréhension intime et cette infinie curiosité […], il ne peut y avoir que reconnaissance pour les peuples, et des peuples qui les ont créés […]. "Le fétiche, avez-vous écrit, ne balbutie pas la langue des formes humaines, il parle la sienne." Dans cette approche il y a du respect, de l'humilité, à mille lieues de l'ignorance et de l'arrogance qui ont voilé si souvent le regard de l'Occident. […] Vous êtes, André Malraux, en prise directe sur le monde. Vous allez être de ceux qui prennent en charge l'injustice du monde.

« Personne n'a, avec plus d'éloquence, défendu l'idéal de justice et chanté la fraternité. En Indochine, au cours d'un séjour qui est d'abord forcé, vous découvrez les différences de traitement selon que l'on est indigène ou européen, un droit qui n'est pas égal pour tous, parfois l'humiliation, parfois la violence, tout simplement les mille visages de la bêtise ordinaire.

« […] Vous allez prendre les armes de l'Espoir aux côtés des Républicains espagnols. C'est le temps de l'escadrille España, dont vous êtes l'âme. C'est le temps des quelques Bréguet, Potez et Douglas que vous avez pu rassembler, parfois si mal équipés qu'il faut larguer les bombes à la main. C'est la destruction, à Medellin, de la colonne franquiste, ce qui contribue à défendre Madrid pour un temps. L'attaque de

Teruel, le secours porté aux réfugiés de Malaga. C'est le courage physique et c'est la fraternité comme réponse aux vertiges de l'absurde.

« [...] Nul solitaire, André Malraux, n'a chanté mieux que vous ce qui unit les hommes au point de donner à leur vie, même fugitivement, sens et direction. [...] Ce qui vous habite, c'est la recherche de l'efficacité qui marque votre relation avec le communisme, dont vous appréciez l'organisation et la discipline face au nazisme. Mais c'est surtout le sens de la responsabilité. "Quand on a écrit ce que j'ai écrit et qu'il y a le fascisme quelque part, on se bat contre le fascisme", direz-vous à Roger Stéphane en 1945 [...].

« André Malraux, vous êtes [...] aussi un homme passionné par la France telle que, pour vous, l'incarne le général de Gaulle. [...] Vous avez dit : "L'aventure n'existe plus qu'au niveau des gouvernements." Plus tard, vous interrogez avec force : "D'où peut-on le mieux arrêter la guerre d'Algérie ? De l'Hôtel Matignon ou des Deux Magots ?" Et vous dites encore, ministre d'État chargé des Affaires culturelles : "Dans un univers qui est à mes yeux, comme vous le savez, un univers passablement absurde, il y a quelque chose qui n'est pas absurde, c'est ce que l'on peut faire pour les autres." Y a-t-il plus belle définition de l'action politique ?

« Dans ce ministère qui existe pour la première fois, [...] vous rendrez aux Français la conscience de leur patrimoine en lançant l'inventaire des richesses artistiques de la France, en restaurant des monuments essentiels, en changeant la couleur de Paris [...]. Mais, surtout, parce que vous aimez partager et que vous rejetez une conception "aristocratique" du savoir, vous inventez les Maisons de la culture, qui sont un acte de foi dans la démocratie culturelle. La culture comme prolongement du rêve de Jules Ferry. La culture comme nouveau droit, pour chaque enfant, pour chaque citoyen. La culture contre la mort... Cette idée, si forte, de "donner à chacun les clés du trésor", est plus moderne aujourd'hui que jamais, et doit inspirer nos actes [...]. La France, avez-vous dit, "n'est jamais plus grande que lorsqu'elle l'est pour tous, lorsqu'elle n'est pas repliée sur elle-même". »

Afin de vérifier mon intuition sur l'inspiration toute personnelle de ce discours, je me suis mis à le paraphraser en remplaçant dans certains passages le nom de Malraux par celui de mon interlocuteur :

« Si j'écrivais "Le rapport à l'art de Jacques Chirac, qui est sans doute la pierre angulaire de sa vie, n'est qu'une longue interrogation. Dès son adolescence, il court vers le beau, comme s'il était en danger, avide de voir, de comparer, d'imaginer, de trouver son monde...", est-ce que cela vous semblerait éloigné de la réalité ?

– Cela me paraîtrait flatteur, mais pas éloigné, en effet... Quand je suis arrivé à Paris, j'avais 13-14 ans... À l'époque voyaient le jour les premiers livres d'art moderne accessibles sur le plan financier. J'étais fasciné par les librairies et c'est ainsi que j'ai connu Pierre Seghers... »

Je reprends ma paraphrase de son discours sur Malraux sans lui avouer encore ma supercherie. Je vois qu'il acquiesce à la plupart des passages que j'ai choisis. Puis lui confesse mon stratagème en soulignant que j'ai l'intime conviction que le discours qu'il prononça lors de la panthéo-nisation de Malraux fut dans une large mesure, même s'il n'en était pas conscient, une projection de ce qu'il est... En somme, qu'en parlant de Malraux il parlait beaucoup de lui.

Le président hésite. Je reprends la lecture de la première phrase : « Le rapport à l'art de Jacques Chirac, qui est sans doute la pierre angulaire de sa vie, n'est qu'une longue inter-rogation. Dès son adolescence, il court vers le beau comme s'il était en danger... »

« Pour ce qui est de la longue interrogation, c'est évident. Mais je crois que c'est là une caractéristique de tout un chacun...

– Certes, mais commencer par le rapport à l'art n'est pas caractéristique de tout le monde !

– Sans doute... C'est peut-être une des raisons pour lesquelles j'ai essayé de me protéger longtemps du regard des autres. J'étais soucieux de ne pas mélanger les genres... Les journalistes qui parlaient de moi disaient souvent : "C'est un analphabète..." »

Ce n'est pas sa passion pour l'art que Jacques Chirac a protégée, mais ce qu'elle recouvrait et que je m'en vais découvrir au fil de nos entretiens et de mon enquête.

« Vous avez entretenu cette impression et vous n'avez rien fait pour corriger l'appréciation des observateurs...

– Je n'ai rien fait pour la changer parce que je me disais : Au moins, on me fout la paix, j'ai mon domaine personnel et ce n'est pas la peine que les journalistes, pour des raisons politiques, viennent mettre leurs grands pieds dans mon jardin privé... C'est vrai que je n'ai rien fait pour confirmer ou infirmer... Je me souviendrai toujours de ce voyage en Chine où m'accompagna, entre autres, une journaliste connue. L'avion décolle. Les Guides bleus venaient de publier leur dernier volume consacré à la Chine et le directeur de la collection m'en avait envoyé un exemplaire. À bord, je prends donc ce Guide bleu et entreprends de lire la partie "Histoire", que je trouve d'ailleurs bien faite... Huit jours après sort un article de cette journaliste bien connue : "Ce Chirac, quel fumiste ! Il a parlé de la Chine, eh bien moi, je peux vous le dire, parce que j'en ai été témoin, il avait appris dans le Guide bleu tout ce qu'il a pu débiter : c'est tout ce qu'il savait sur la Chine..." Je me suis dit : voilà la meilleure ! [Et de rire à gorge déployée...] Je n'ai pas démenti, je n'ai rien dit. C'est vrai que je n'ai jamais cherché à démentir quoi que ce soit... Au reste, ça ne m'a fait aucune peine. [Et de continuer à ponctuer ses propos de grands éclats de rire, comme s'il était ravi, *a posteriori*, d'avoir joué un bon tour à ces journalistes qu'il prend lui aussi, en retour, pour des analphabètes...]

– Cela vous laissait une certaine marge de manœuvre… ?

– J'étais au fond très content que cette journaliste m'ait traité de "fumiste" [Rire].

– Vous étiez content parce que ce qui vous importe, au fond de vous-même, c'est le fait que personne ne pourra vous confisquer l'émotion que vous ressentez devant la Kudara Kannon ?

– [Nouveaux rires.] Ah ça, c'est sûr… Personne ne viendra troubler cette émotion-là…

– J'ai rencontré des gens qui m'ont décrit comme vous pouviez paraître en dehors du monde quand vous contempliez certaines œuvres, au musée Guimet ou ailleurs… Vous pouvez laisser tout le monde en rade, comme si vous éprouviez un véritable choc esthétique…

– Il y a du vrai, il y a du vrai…

– Je voudrais revenir à votre discours sur Malraux. Vous en souvenez-vous, vous rappelez-vous y avoir particulièrement travaillé ?

– Je ne m'en souviens pas. Ce que je peux vous dire, en revanche, c'est que j'y ai sans doute particulièrement travaillé, parce que c'était Malraux. Je portais sur lui, je vous l'ai dit, un jugement quelque peu hétérodoxe, parce qu'il y avait dans sa vie des choses qui m'avaient profondément choqué. J'avais de l'admiration pour le clown extraordinaire qu'il était, mais aller couper des têtes à Banteay Srei et les ramener, ce n'était pas pardonnable…

– Même si vous pensiez que c'était, lui, un fumiste, sa démarche, consistant à tirer entre les arts un fil invisible, vous intéressait ?

– Bien entendu… Ce que je peux vous dire, c'est que j'ai dû beaucoup travailler ce discours, parce que c'était Malraux, parce que je ne voulais pas être injuste, mais aussi parce que c'était l'occasion de faire passer quelque chose…

– … qui vous intéressait au plus profond de vous-même ?

– Absolument. Ça, c'est tout à fait exact. La seule nuance que j'apporterais, c'est que je ne suis pas un admirateur inconditionnel de Malraux...

– C'est pour cette raison que je parle de projection personnelle dans votre discours. Pourtant, même en tenant compte de vos réserves sur le personnage, je crois que le côté aventurier, chez lui, vous plaisait ?

– Sans doute.

– Je vais plus loin : son engagement dans la guerre d'Espagne a manifestement été un épisode qui vous a intéressé ?

– Sans aucun doute. Avec cette manière qu'il avait de... Je vous ai raconté cette histoire : "J'étais sur le Guadalquivir..." ?

– Non.

– C'est une merveilleuse histoire... J'étais à l'époque au cabinet de Pompidou. On était à la veille d'élections, il y avait alors de grandes réunions publiques. Un jour, une de ces réunions devait être présidée par Malraux pour soutenir les candidats de la majorité d'alors, et je me suis retrouvé dans ses bagages... C'était à Saint-Denis. Il y avait là de quatre à cinq mille personnes. Juste avant notre arrivée, la gendarmerie nous appelle : le préfet nous fait dire que les communistes sont venus à deux trains entiers – de Marseille, je crois –, ont chassé les autres et occupé la salle. Il fallait décider de ce qu'on faisait. Malraux a dit : "On y va !" On débarque donc à la réunion. On se fait huer, huer comme jamais par une foule de quatre à cinq mille communistes déchaînés. Vous savez, j'ai l'habitude des salles de ce type : il vient un moment où il se passe quelque chose d'insolite. La salle est tout à fait dissipée, mais, d'un coup, on ne sait trop pourquoi, s'abat sur elle un silence intégral. Je l'ai souvent remarqué et les gens qui ont l'habitude des meetings vous le confirmeront... On était convenu d'emblée que personne ne parlerait en dehors de Malraux ; il était monté à la tribune et attendait que ça se passe, car il ne pouvait naturellement pas se faire entendre. Soudain s'est passé ce phénomène extraordinaire dont j'ai parlé, cette fraction de seconde pendant laquelle il a régné un grand silence. Malraux, génial interprète, a saisi l'instant, et, d'une voix tonnante, a lancé dans le micro : "Je vous vois bien… J'étais sur le Guadalquivir, je vous ai attendus et je ne vous ai pas vus venir…" [Chirac a pris les intonations de Malraux.] Consternation des communistes : pourquoi, on n'a pas été sur le Guadalquivir ? Dans la foulée, Malraux a prononcé son discours, il a été ensuite un peu chahuté, mais le message est passé, c'était génial ! "J'étais sur le Guadalquivir, je vous ai attendus et je ne vous ai pas vus…" Stupeur ! Chirac en rit encore et ajoute : "C'était d'un grand, très grand artiste !"

– Les phrases que, dans le discours sur Malraux, vous prononcez sur la fraternité, la lutte contre le nazisme, on sent bien que ce sont largement les vôtres. Même si vous avez lutté ensuite contre les communistes, on sent bien que vous respectez leur lutte contre le nazisme et le fascisme…

– Sans aucun doute. J'ai d'ailleurs eu beaucoup d'amis parmi les communistes, des gens comme le colonel Rol-Tanguy. Je continue à entretenir des relations avec sa femme, je lui téléphone une fois par semaine… J'entretiens également des relations suivies avec Robert Chambeiron, le compagnon de Jean Moulin. Je suis très lié avec lui aussi. Voilà des gens qui peuvent vous parler de moi… »

Chirac oublie de rappeler ici une mesure qu'il fit prendre au pas de charge après le transfert des cendres d'André Malraux au Panthéon : accorder le titre d'anciens combattants aux survivants français des Brigades internationales. Mesure hautement symbolique, prise par un président classé à droite à l'égard de Français généralement engagés à l'extrême gauche. Mesure traduisant aussi l'amitié qu'il avait nouée de longue date avec le colonel Rol-Tanguy, au parcours ancré très à gauche, puisque successivement syndicaliste communiste, commissaire politique de la 14ᵉ brigade (la Marseillaise), créateur des FTP dans la Résistance, puis chef des FFI d'Île-de-France...

L'éloge funèbre prononcé le 12 septembre 2002 aux Invalides en l'honneur du colonel Henri Rol-Tanguy m'avait échappé. Jacques Chirac y exprimait son profond attachement à cet « homme de charisme et de rayonnement [...], ce meneur d'hommes qui aimait les êtres autant que les idées ». Il y disait l'avoir rencontré souvent : « À maintes reprises, nous avons évoqué ces pages tragiques et glorieuses de notre histoire dont il fut un grand témoin. J'avais pour cet homme d'exception une profonde admiration. »

Cécile Rol-Tanguy[1] confirme cette amitié à première vue surprenante : « Mon mari avait beaucoup de sympathie pour l'homme, qui est chaleureux et amical. Jacques Chirac a été marqué par la période de la Résistance. Nous l'avons connu quand il était encore maire de Paris. Mon mari avait protesté auprès de lui sur la manière dont on parlait des FFI. Ses remarques l'ont probablement fait réfléchir. À partir de là, il s'est montré très amical, très détendu avec nous. Il était intéressé par l'histoire de la Résistance et de la guerre d'Espagne, et par le parcours de mon mari, brigadiste à 29 ans, pour qui cet engagement était quelque chose de très fort...

« Quand Jacques Chirac m'a téléphoné pour m'inviter au dîner offert à l'Élysée en l'honneur du roi et de la reine d'Espagne, le 27 mars 2006, j'ai dû prendre une chaise et m'y laisser tomber tellement j'étais émue. Son appel m'a bouleversée... Et quand je l'ai entendu, à l'Élysée, devant le roi Juan Carlos, parler de mon mari comme d'"un de ces grands héros de la lutte pour la démocratie[2]", cela m'a

---

1. Entretien avec l'auteur le 25 juillet 2006.
2. La phrase exacte est : « Et je tiens à saluer aujourd'hui Mme Rol-Tanguy, l'épouse du colonel Rol-Tanguy, compagnon de la Libération, qui fut l'un de ces grands héros de la lutte pour la démocratie... »

semblé peut-être un peu trop fort et, en même temps, j'ai été très touchée... »

Cécile Rol-Tanguy évoque ensuite en quelques mots les idéaux défendus par son mari et par elle, fille d'un « coco mort à Auschwitz » qui avait lui aussi une « haute idée de ce qu'il fallait faire ». La veuve du grand résistant – c'est lui qui assura en 1945 la direction de l'insurrection parisienne – précise que Chirac, « homme très fidèle en amitié », avec une très grande gentillesse lui téléphone régulièrement, tout comme il téléphonait à son mari jusqu'à sa mort. « Dans les heures qui ont suivi les débuts de sa maladie, il a pris de ses nouvelles et n'a pas cessé jusqu'à la fin. »

Robert Chambeiron[1] n'a pas davantage de réticences à parler de la nature de ses liens avec le président de la République : « Jacques Chirac est très fidèle à la Résistance, cette page si importante de notre histoire. Je l'ai rencontré en 1994 quand il était encore maire de Paris. Il nous avait demandé, au colonel Rol-Tanguy et à moi, de participer à un petit cercle pour préparer les cérémonies du cinquantième anniversaire de la Libération de Paris. Nos relations se sont poursuivies depuis lors, le président sachant parfaitement qui je suis et quelles sont mes options. Je retiens de lui des gestes significatifs à l'égard de la Résistance. J'ai beaucoup apprécié que, lors du dernier défilé du 14 Juillet, il ait eu l'idée d'associer le *Chant des partisans* à *La Marseillaise*. Je lui ai téléphoné pour lui dire que c'était sensationnel, que ça avait une gueule extraordinaire. Jacques Chirac est très antifasciste. Il aime à entendre parler de la guerre d'Espagne, du rôle de Pierre Cot, de Jean Moulin... C'est un passé qu'il apprécie particulièrement et qu'il connaît bien. Je le vois assez souvent. Nous avons des discussions sur la Résistance. Par exemple, sur la signification du 18 juin 1940 par rapport

---

1. Entretien avec l'auteur le 25 juillet 2006.

au 27 mai 1943, date de la première réunion du Conseil national de la Résistance. Il n'est absolument pas léger sur ces sujets. Je me souviens d'un jour où il m'a demandé s'il pouvait prendre des notes... Il n'est absolument pas gêné de se retrouver avec des gens qui ne partagent pas ses idées, je dirais même : au contraire. C'était l'esprit de la Résistance de réunir ainsi des gens très différents... »

5.

« J'aurais aimé que vous fussiez mon fils. »

(Pierre Seghers)

Ému par le *Manyoshu*, Jacques Chirac aimait aussi parler poésie avec Pierre Seghers, l'éditeur des poètes, poète lui-même... Au huitième étage de cet immeuble du VIe arrondissement de Paris, dans son appartement où me reçoit Colette, sa veuve, tous les objets, tous les livres rappellent Pierre Seghers. Celle-ci me reçoit pour parler de cet « ami fidèle » que fut – qu'est toujours – Jacques Chirac : « Une affection qui nous a valu beaucoup de désagréments », mais qu'elle ne renie pas. Au contraire. Elle parle volontiers de l'amour de la poésie du président, de sa particulière connaissance des poésies russe, chinoise et japonaise.

« Contre l'occupant, l'avilissement, la mort, la poésie n'est ni refuge, ni résignation, ni sauvegarde : elle crie. » Ce cri, Pierre Seghers voulut le faire entendre en publiant en 1974 *La Résistance et ses poètes*. Jacques Chirac l'entendit et aimait parler avec lui de ce « temps de misères et de sang, de férocité et de colère, de contestation et d'espoir ». Son cœur avait en effet battu la chamade en lisant des phrases comme : « Juifs ou pas, communistes ou résistants de toute appartenance, individuels ou affiliés à des mouvements, l'arrestation, la prison, la déportation, la mort étaient nos risques. » Comme chez Malraux, Chirac, chez Seghers, aimait cette intime association de la poésie et de l'action. Il s'était enflammé pour le récit de Malraux décrivant la « destruction, à Medellin, de la colonne franquiste, ce qui contribua à défendre Madrid pour un temps [...] C'est le courage physique et c'est la fraternité comme réponse aux vertiges de l'absurde[1] » ; il s'enflamme de même en lisant les témoignages émouvants recensés par Pierre Seghers. D'une Marianne Cohn, fusillée le 8 juillet 1944 à l'âge de 23 ans : « Je trahirai demain, pas aujourd'hui / Aujourd'hui arrachez-moi les ongles / Je ne trahirai pas / Vous ne savez pas le bout de mon courage / Moi je sais. » Ou celui d'André Chenne-vière, abattu à Paris le 20 mai 1944 : « Ville souillée et comme morte / Où le martèlement des bottes / Écorche les trottoirs et le silence. » Ou encore celui de Micheline Maurel, déportée : « Et ces femmes vous crient ce qu'il vous a crié : Mon Dieu, pourquoi m'as-tu abandonnée ?... »

Avant de me remettre son livre de souvenirs, *Nous étions de passage*[2], dans lequel elle a soigneusement glissé un signet au début du récit qu'elle fait de la relation entre Pierre Seghers et Jacques Chirac, elle tient à me rapporter une anecdote qui n'y figure pas, comme pour relever encore davantage l'intérêt des pages que je m'apprête à lire. À la demande de Roger Combrisson, maire communiste de Corbeil-Essonnes, Colette Seghers avait accepté de préparer, à la Maison des Jeunes et de la Culture, une exposition consacrée à son mari. Par courtoisie, elle avait estimé devoir informer le maire de Paris de son acceptation. Dès réception de ce petit mot, Jacques Chirac l'avait appelée : « Pour la première fois, son ton était glacial : "Pourquoi avez-vous estimé que vous deviez m'informer de

---

1. Voir le discours de Jacques Chirac à l'occasion du transfert des cendres d'André Malraux au Panthéon, le 23 novembre 1996.
2. Colette Seghers, *Nous étions de passage*, Stock, 1999.

cette collaboration avec le maire communiste de Corbeil-Essonnes ? Je veux que vous sachiez que vous êtes libre. Je serai un des premiers à visiter cette exposition. Il y a toutefois un petit mais… Je ne serais pas content si, à l'inauguration, vous montiez sur une table et criiez : À bas Chirac !…" Il est effectivement venu à l'inauguration et tout s'est bien passé… »

Pour montrer la passion de Chirac pour la poésie chinoise et la connaissance qu'il en a, Colette Seghers raconte une autre anecdote survenue à la fin du spectacle qu'elle avait organisé au Théâtre de la Ville, intitulé *L'Âme de la Chine*. « Pourquoi n'avez-vous pas mis en scène un poème de Li Pô ?… », lui demanda celui qui était encore maire de Paris.

Je suis maintenant prêt à lire les pages que Colette Seghers a consacrées à l'amitié entre Jacques et son Pierre[1].

« Dans quelle nouvelle aventure venons-nous de nous embarquer ? Ni Pierre ni moi ne pouvons alors supposer qu'elle nous engage aussi loin. Au premier regard, on n'y voit qu'une partie de plaisir. Jacques Chirac – alors maire de Paris – a proposé à Pierre de lui confier un festival annuel de poésie : "Si tu le fais en coéquipière avec moi, j'accepte", me dit-il. Pouvoir conduire la poésie jusqu'à la scène du Châtelet, du Théâtre de la Ville, qui résisterait à pareille tentation ?

« La rencontre de ces deux hommes sera celle de deux dynamismes. Ils ont le même tempérament, ils foncent, et très vite ils s'apprécient. Pierre découvre dans le maire de Paris un homme dont la connaissance de la poésie est infiniment plus grande qu'il ne l'admet.

« Faut-il préciser que jamais – pas une seule fois – ni Jacques Chirac ni les services des Affaires culturelles de la Ville n'interviendront dans le fonctionnement ou les choix de la Maison de la Poésie, pas plus que dans ceux de la revue… ? L'indépendance de l'une et de l'autre est absolue.

---

1. *Nous étions de passage, op. cit.*

Et pas une seule fois non plus la question de l'indépendance politique de Pierre ne fut posée. Chacun connaissant les opinions de l'autre, pourquoi en aurait-il été autrement ? On a dit – on a dit... – que certains membres du RPR avaient fait savoir au maire que les Seghers ne possédaient pas la carte du parti. Le maire en aurait ri : "Je ne demande pas à mes amis de porter un badge !"

« La revue s'est installée boulevard Raspail. Que rêver de mieux ? [...] Les poètes ont retrouvé le chemin du bureau de Pierre et celui de la revue. Les jeunes obtiennent des rendez-vous, on les voit repartir, des livres sous le bras, épatés par ce type sympa, au rire si chaleureux. Quant à son regard... Les a-t-on déjà regardés si attentivement ? Sur eux il voit sa propre jeunesse [...]

« Vers la fin d'octobre 1987, la dépouille mortelle de René Cassin fut conduite au Panthéon. La France rendait un dernier hommage au Commissaire national à la justice du Comité de Londres, en 1940, au président de la Cour européenne des droits de l'homme, au prix Nobel de la paix 1968.

« Jacques Chirac nous téléphona la veille au soir afin de prendre des nouvelles de Pierre. Nous ne pouvions nier l'évidence : les résultats des examens s'affolaient, l'évolution du mal était devenue incontrôlable. Pierre, parfaitement au courant, restait vaillant, encore debout, mais de jour en jour plus douloureux et plus faible.

« "Colette, voyez avec Pierre si je peux passer après la cérémonie du Panthéon. Je tiens à venir, j'aurais certaines choses à vous dire absolument." Il ajouta : "Si vous le permettez, nous ne devons pas remettre..."

« J'ai regardé avec Pierre, sous nos fenêtres, le défilé du convoi escorté par la Garde républicaine et ses magnifiques chevaux roux avançant si lentement, si solennellement. Un soleil, roux lui aussi, transperçait la brume. Pierre, dans un geste familier, devenu difficile, avait mis son bras autour de mes épaules. Le cœur lourd, nous regardions ensemble, pour la dernière fois, un événement. Étions-nous dans la fin d'une journée ou dans la matinée ? Ce soleil suivait-il ce convoi ou montait-il à sa rencontre ? Je suis incapable de le dire, mais il irradiait cette scène pour un dernier salut. Pierre, bouleversé, remarqua : " J'aime qu'il soit là pour cet hommage, dans cette heure triste."

« Jacques et Bernadette Chirac nous avaient déjà rendu visite la semaine précédente, et cette amitié, qui se révélait si fidèle, nous touchait au cœur. Bernadette Chirac, arrivée de son côté, venait d'un hôpital où elle avait passé la nuit auprès de l'un des siens. Lorsqu'ils nous quittèrent, Pierre, en les embrassant, regarda Jacques Chirac bien en face : "Vous vous souviendrez, Jacques, je n'aurai jamais aimé que les hommes et les femmes qui sont vraiment des humains. Vous êtes de ceux-là." Il ajouta : "J'aurais aimé que vous fussiez mon fils."

« Au retour du Panthéon, Jacques Chirac arriva seul : "Pierre, je viens vous faire une proposition, à condition qu'elle vous convienne…" Ainsi avons-nous pris connaissance de sa décision. Il souhaitait me confier la direction de la revue, ainsi qu'un droit de regard sur l'ensemble des programmes de la Maison de la Poésie. Pour la première charge, en toute indépendance avec nos collaborateurs, et, pour la seconde, en association avec un conseil artistique. Comment savait-il que rien n'aurait pu émouvoir Pierre davantage ? Qu'en me proposant cette charge, il m'en donnait la force, et qu'à ceux qui m'entouraient il apportait la possibilité de "maintenir" dans la voie qu'ils aimaient ?

« Quelques jours plus tard, Jacques Chirac prononçait au cimetière Montparnasse un long discours d'adieu. J'avais été informée par son secrétariat personnel que chaque minute serait minutieusement comptée, car il devait accueillir à Paris Mikhaïl Gorbatchev. La foule des amis et des connaissances, par centaines, l'écoutaient en silence sous la pluie. »

6.

La Cité des origines
ou le rêve inachevé de Chirac

Avec le musée du quai Branly, Jacques Chirac n'a écrit qu'une partie du message qu'il voudrait laisser aux Français. Il a rêvé de le parachever par un second musée, mais, tout président de la République qu'il est, il n'est pas parvenu à l'imposer.

Avant de commencer notre entretien du 2 septembre 2006, le chef de l'État, costume et polo gris, m'a confié quelques notes manuscrites consignées par lui le 12 décembre 2002 au Conseil européen de Copenhague. Je sens qu'il me fait là un royal cadeau : il a donc décidé de participer activement à ma tentative de mieux comprendre qui il est…

Je l'imagine farfouillant le plus discrètement possible dans son porte-documents pour en extraire les feuillets dont il a besoin pour rédiger une note qui n'a absolument rien à voir avec l'ordre du jour du Conseil européen. Il regarde si Göran Persson, le Premier ministre de Suède, président de la séance, n'a pas repéré son manège. Il lui importe peu, en revanche, que Dominique de Villepin ait compris… Il décapuchonne son stylo et commence à faire courir sa plume sur une feuille à en-tête *eu2002.dk*. D'une belle écriture aisément lisible, il inscrit le titre de sa note.

PROJET DE MUSÉE (OU DE CITÉ) DES ORIGINES PRÉSENTANT :
- *l'origine et l'évolution de l'univers*
- *l'origine et l'évolution de la vie*
- *l'origine et l'évolution de l'homme*
- *la diversité des cultures des peuples de la Terre*
et leur place dans leur milieu naturel

Sur trois feuillets qu'il terminera le soir à son hôtel, Jacques Chirac trace l'évolution morphologique et culturelle de l'homme ; sur cet axe, il situe l'« émergence de la pensée conceptuelle », puis, un million d'années plus tard, l'« émergence du sens de la beauté », 1,4 million d'années plus avant, la « naissance de l'angoisse métaphysique et l'émergence de la pensée religieuse », et, quelque 35 000 ans avant le sommet de Copenhague auquel il participe, l'« émergence de la pensée symbolique », enfin l'« apparition des écritures ». Et le président de la République française de conclure sa note par l'objet de ce grand dessein : « Démontrer que l'homme fait partie intégrante du milieu naturel dont il ne pourra jamais totalement s'affranchir, et qu'il doit créer une nouvelle éthique planétaire pour gérer harmonieusement son avenir. »

Une sorte de pérennisation de *L'Odyssée de l'espèce,* le fameux documentaire de son ami Yves Coppens, qu'il avait pris la peine de louer publiquement.

« J'ai essayé de "vendre" ma Cité afin que les jeunes y aillent et sachent qui nous sommes, comment se situer eux-mêmes dans l'histoire de la vie, leur donner une idée relative des choses... Henry de Lumley en a adopté et approfondi l'idée. Nous nous sommes associés pour la promouvoir, mais ça n'a pas marché. On a bien essayé Marseille...

– Même avec tout le poids d'un président de la République ?

– J'avais déjà lancé un musée, il faut croire que je ne pouvais en faire deux... Mais tout ça n'a plus aucun intérêt. »

Chirac referme la porte qu'il m'avait entrouverte. Probablement a-t-il peur que ce sujet ne l'emmène trop loin...

Roch-Olivier Maistre, qui a travaillé avec lui de 2000 au début de 2005, est probablement de ceux qui connaissent le mieux le président. Il admet qu'il est difficile de cerner sa psychologie, et quand on s'y essaie, « on a l'impression de s'enfoncer dans un labyrinthe. L'homme est extrêmement secret. Son côté altruiste, qui est réel, lui tient lieu de bouclier. Il aime les chemins de traverse, est attiré par les attitudes de rupture... Il est extraordinairement anxieux, ce qu'on sent dans sa gestion du temps. Il ne ressasse pas le passé, ne se projette pas très loin dans l'avenir. Il est dans l'action, c'est-à-dire dans le futur immédiat. Il a aussi besoin en permanence d'être sécurisé... »

Et l'ancien collaborateur du président de décrire, à titre d'exemple, le cérémonial de relecture de ses discours, le samedi ou le dimanche : le chef de l'État distribuant à chacun de ses collaborateurs un exemplaire du projet déjà retravaillé par lui, disposant ensuite ses crayons de couleur par-devant lui, dans un ordre immuable, et laissant chacun s'exprimer...

« Son rapport à l'art est indissociable de son rapport à l'histoire des hommes, poursuit l'ancien conseiller. Sa maîtrise de la chronologie des civilisations est étonnante. Il est passionné par la préhistoire. Il faut l'avoir vu discuter avec Coppens [l'"inventeur" de Lucy], Henry de Lumley [auteur de *L'Homme premier,* spécialiste de l'émergence de la pensée conceptuelle et de la domestication du feu], Michel Brunet [l'"inventeur" de Toumaï], pour mieux le comprendre. Il a constamment besoin de tout remettre en perspective. »

J'ai questionné à nouveau Chirac sur sa passion pour l'archéologie, la paléontologie, pour toutes ces sciences qui s'intéressent aux origines de l'homme. Il affirme qu'elle est concomitante à celle qu'il a nourrie pour le musée Guimet.

« Cela m'a toujours fasciné. Je n'ai jamais cessé... Je me souviens de la découverte de Lucy par Coppens en 1972 : ce fut une grande émotion… Je m'étais déjà beaucoup intéressé aux Australopithèques : d'où ils venaient, pourquoi ? des hominidés, pas des hominidés ? J'ai lu, j'ai écouté sur ces questions, en même temps que je m'intéressais à l'Asie. J'ai eu une autre grosse émotion, il y a quelques jours [en septembre 2006], quand on a découvert cette petite fille, cette Australopithèque de quatre ans, entièrement conservée : ça a réveillé en moi cinquante ans de souvenirs ! Il y a très, très longtemps que je me disais : on découvrira peut-être un jour un enfant australopithèque. Celui-ci est un petit peu plus vieux que Lucy, mais pas énormément. »

Le président se tient ainsi régulièrement informé des fouilles effectuées en Chine, au Cambodge, au Vietnam, en Afghanistan, au Pakistan, en Mongolie, en Égypte, au Tchad, ainsi que me l'ont confirmé Jean-François Jarrige, Christian Deydier, Michel Brunet ou Roch-Olivier Maistre… À l'Élysée, en recevant le 14 janvier 2005 une belle brochette d'archéologues, il a pu exprimer avec souffle cette passion et les motivations qui la sous-tendent, à l'occasion de la présentation de vingt ans de publications de l'archéologie française en France et dans le monde :

« Retrouver les traces des civilisations anciennes, étudier les vestiges du passé, partir à la rencontre des peuples disparus, de leurs cultures, de leurs croyances, de leurs modes de vie, de leur environnement, de leur création : qui n'aimerait vous suivre sur ces chemins ? Ces mondes perdus font plus que rêver. Ils forment la trame de nos identités, de nos racines, de nos origines, des questions les plus profondes qui, en réalité, se posent aux hommes. En nous invitant au voyage dans l'espace et dans le temps, vous nous donnez les moyens d'expliquer et de comprendre cette prodigieuse aventure qu'est l'aventure humaine.

« Depuis longtemps j'admire la science et la passion qui sont les vôtres […]. Autrefois présentée comme "auxiliaire" de l'histoire, l'archéologie est aujourd'hui la science humaine par excellence. Elle nous permet de repenser l'histoire des hommes. D'expliquer et de comprendre la profondeur et la complexité des liens qui nous unissent aux civilisations les plus anciennes, mais aussi les échanges entre les civilisations dont attestent les traces matérielles de la vie quotidienne. Vos recherches nous révèlent ce que nous sommes, dans la richesse des héritages que nous avons en partage [...]. L'archéologie sans frontières, qu'elle soit préventive ou programmée, nous ouvre à la conscience de l'unité profonde du destin de l'humanité. C'est pourquoi elle est au fondement même du dialogue des cultures, un dialogue particulièrement nécessaire à notre époque.

« Pour les pays en voie de développement, mais aussi pour nos nations européennes, elle est évidemment un vecteur d'identité. Elle contribue à la fierté associée à l'histoire, au patrimoine, au rayonnement d'un peuple, d'un territoire, d'un lieu. Elle a, en particulier, changé notre regard sur ces civilisations dont l'Occident a longtemps ignoré la dignité. Ce n'est pas un hasard si la folie meurtrière des hommes s'est attaquée, à Angkor, à Bamiyan, à Mostar, ailleurs aussi, aux témoignages les plus précieux de l'histoire et de l'âme des peuples. Ceux-ci encourent aujourd'hui de nouveaux dangers. Il faut protéger, conserver, transmettre. Et d'abord, pour cela, il faut identifier, répertorier.

« Vous êtes les gardiens, mais aussi les interprètes et les passeurs de notre identité, de notre mémoire et du patrimoine commun de l'humanité. Un patrimoine menacé par les effets d'un développement qu'il est nécessaire de mieux maîtriser, menacé aussi par le pillage et la dispersion des biens culturels [...]. J'ai souvent l'occasion d'échanger avec un certain nombre d'entre vous, et chacune de ces rencontres est toujours pour moi un grand enrichissement... »

Jean-François Jarrige était dans la salle et a participé à la réception qui a suivi. Il se souvient que les archéologues étaient arrivés à l'Élysée en traînant les pieds et en proférant des mots peu amènes à l'égard du président. « Les archéologues sont généralement de gauche, dit Jarrige en guise d'explication. Deux heures plus tard, ils étaient chiracolâtres. Jacques Chirac leur avait montré, par ses questions et son discours, qu'il était plus qu'un amateur éclairé : un passionné d'archéologie. Ses questions les avaient stupéfiés. Ils avaient compris que le président était très au courant des fouilles faites dans le monde entier et que, sur chacune d'elles, il était capable de soutenir une conversation d'un très haut niveau... »

Dans ma traque du Chirac inconnu, j'ai, lors de notre deuxième entretien, lancé le nom du professeur Michel Brunet et du parrainage qu'il a apporté à la diffusion sur France 2 d'un documentaire de celui-ci intitulé *Toumaï, le nouvel ancêtre*, racontant comment le paléontologue, après onze ans de fouilles, avait mis au jour, dans le désert du Tourab, au nord-est du Tchad, un crâne daté de sept millions d'années baptisé *Toumaï* (« espoir de vie »), découverte qui a révolutionné l'histoire des origines de l'homme. En prononçant devant Jacques Chirac le nom de Toumaï, j'ai eu le sentiment d'user d'une formule magique qui ouvrait un nouveau tiroir secret. Et le président de s'empresser de m'en livrer partiellement le contenu :

« Mon ami le professeur Brunet... Je l'ai beaucoup soutenu ! Je prétends... je veux dire : on prétend qu'on doit trouver l'origine de l'homme dans le désert libyen. Brunet m'a dit son désir de continuer ses recherches à l'est... Je l'ai emmené voir le Guide [Kadhafi]. Brunet a expliqué ce qu'il attendait de recherches menées en Libye. Le Guide lui a accordé toutes les autorisations nécessaires pour réaliser son projet, et quelques moyens qui ont été complétés par la société Total... »

Le président se tient régulièrement informé de la progression des recherches menées par Brunet : « Je reçois chaque mois une lettre de lui… » D'un seul coup, il se lève de son siège et part à grandes enjambées vers son bureau d'où il revient quelques instants plus tard avec un moulage du crâne de *Toumaï* qu'il entreprend professoralement de m'expliquer. Il me parle de la forme aplatie du crâne, des deux dents qui y subsistent, de la polémique sur l'interprétation de la position de celles-ci…

Le professeur Brunet m'a fait part à son tour de l'emballement présidentiel. Le chercheur de Poitiers a commencé par me narrer sa rencontre improbable avec Jacques Chirac :

« … En 1789, la France proclamait les Droits de l'homme à l'intention de tout le genre humain. Fidèle à cette vocation universaliste, elle doit aujourd'hui être aux premières lignes du combat pour la bioéthique afin que les sciences de la vie restent des sciences au service de l'homme. Je vous remercie… » Ce 23 février 2003, dans l'amphi Marguerite-de-Navarre du Collège de France, devant quelques centaines de scientifiques, médecins, juristes et philosophes, Jacques Chirac termine son discours prononcé à l'occasion du 20ᵉ anniversaire de la création du Comité national consultatif d'éthique, puis descend entre les travées, accompagné par Didier Sicard, président dudit Comité… Sur le chemin de la sortie, celui-ci lui présente quelques-uns des invités. Le professeur Michel Brunet, invité par Axel Kahn, se trouve justement au bord d'une travée que longe le président, et lui saisit la main :

« Michel Brunet, je suis professeur… »

Didier Sicard s'apprête à intervenir afin de préciser au chef de l'État que ce professeur à la barbe blanche est le grand découvreur de…, mais il est interrompu par le Chirac passionné de paléontologie.

« Je sais, c'est vous qui avez découvert Toumaï… »

Et le président de se lancer dans un long exposé. Le professeur de l'université de Poitiers reste médusé de l'entendre dévider son *curriculum vitae* et la liste de ses découvertes. Son ego n'a pas le temps de savourer cette douce caresse ; Jacques Chirac l'interpelle :

« Je suis passionné par ce que vous faites et je voudrais vous aider. Vous pouvez me téléphoner. »

Le professeur aurait-il mis à profit cette permission ? Rien n'est moins sûr. Brunet est plus à l'aise dans le désert tchadien que dans le commerce des autorités politiques. C'est Chirac qui finit par l'appeler. « Il m'est apparu si passionné que je lui ai proposé de venir lui présenter Toumaï à l'Élysée. »

« Vous feriez cela ? s'exclame le chef de l'État. Je suis très sensible à votre proposition, mais ce n'est pas possible, car vous feriez prendre trop de risques à Toumaï...

– Si, c'est possible. J'aurais plaisir à le faire, parce que vous êtes le président... »

C'est ainsi que va s'organiser autour de Brunet une séance de présentation des connaissances associant Jean-Jacques Jäger (sur l'origine des anthropoïdés), Yves Coppens et Hélène Roche, du CNRS (sur les différents outils en silex taillé datant de 2,5 millions d'années trouvés au Kenya). Avant le jour J, Jacques Chirac appelle Brunet à plusieurs reprises. La première fois, pour lui demander s'il peut convier certains de ses collaborateurs. « Vous êtes chez vous », lui répond l'« inventeur » de Toumaï. Puis il appelle une seconde fois le professeur à Poitiers : « Depuis qu'ils ont su ce qui se préparait, tous veulent venir. Il y en a trop... »

Finalement, la date du 7 novembre 2003 est retenue pour cette présentation exceptionnelle sur les origines de l'homme. La très grande table installée dans la salle de réunion qui jouxte le bureau du président et celui du secrétaire général va servir de présentoir aux silex, os, fossiles, poils de mammouth (apportés par Yves Coppens), crânes, etc. Cette journée du 7 novembre est chargée. Jacques Chirac a reçu en effet Vladimir Poutine, le président russe, avec qui il a eu un déjeuner de travail. Les collaborateurs du chef de l'État ont limité la séance à 60 minutes, de 18 à 19 heures, celui-ci ayant un « rendez-vous important à 19 heures » précisent successivement le chef du protocole et Claude Chirac. Il s'agit d'un rendez-vous avec Daniel Vasella et Éric Cornut, dirigeants du groupe pharmaceutique Novartis.

Le président arrive, salue Michel Brunet et les autres savants, puis prend place en face du chercheur poitevin. Trois crânes Toumaï les séparent : l'original, un moulage parfait, une reconstitution en 3 D. Jacques Chirac reconnaît d'emblée l'original. Il s'assied avec Claudie Haigneré à sa droite et Yves Coppens à sa gauche, et s'adresse à son vis-à-vis :

– Professeur, est-ce que je peux toucher ? fait-il en désignant le crâne de Toumaï.

Il se lève, touche Toumaï de l'index. Brunet immortalise la scène avec son appareil photo. Chirac est manifestement ému.

Pendant deux heures d'horloge, les quatre scientifiques se relaient pour faire partager leurs connaissances en analysant les pièces exposées sur la table. Par des questions pointues, Chirac montre qu'il connaît bien le sujet. De petits billets lui sont discrètement acheminés. Probablement pour lui rappeler qu'il a un rendez-vous important à 19 heures alors que l'heure fatidique est déjà largement dépassée. Au grand dam du chef du protocole, la séance se termine vers 20 heures après que le président a fait passer tout le monde dans son bureau pour immortaliser la rencontre…

Le président rappellera Brunet à plusieurs reprises pour lui proposer son aide. Il lui demande de lui faire signe quand il sera de passage à Paris afin qu'ils déjeunent ensemble. Brunet saisit enfin la perche présidentielle.

« Vous pouvez m'aider. Je voudrais étendre mes recherches en Libye et, à cette fin, rencontrer le colonel Kadhafi…

– Je vais vous y aider », répond aussitôt le chef de l'État.

Le professeur avait déjà adressé la même demande au Quai d'Orsay où on lui avait pratiquement ri au nez.

Quelque temps plus tard, il reçoit un coup de fil de l'Élysée pour l'inviter à participer au voyage officiel du président en Libye, qui doit avoir lieu les 24 et 25 novembre 2003. Brunet se retrouve ainsi, dans l'après-midi du 23, sur le tarmac du Bourget au milieu de capitaines d'industrie et de hauts fonctionnaires qui le regardent d'un air condescendant. Chirac ne voyage pas à bord du même avion.

Le lendemain matin, Brunet se tient dans le hall du grand hôtel où est descendue la délégation française. Chirac déboule et, ignorant le gratin qui l'escorte, marche droit sur l'"inventeur" de Toumaï :

« Professeur, ce soir, lors du dîner de gala, je vous présenterai personnellement au Guide… »

Aider le professeur Brunet à étendre ses recherches en Libye est pour lui si important qu'il déclare vouloir parapher le contrat de coopération entre l'université de Poitiers et celle de Benghazi tout au début de la batterie de signatures… Le soir, la délégation se dirige vers la salle prévue pour abriter le dîner de gala offert par le colonel Kadhafi en l'honneur de Jacques Chirac. Au tout dernier moment, les services de sécurité bousculent le programme et décident de changer le lieu des réjouissances. Pagaille indescriptible dans la nouvelle salle où les tables ne sont même pas dressées. Dans un coin, une grande table rectangulaire avec deux fauteuils éloignés l'un de l'autre et deux chaises laissent augurer que c'est là que dîneront les deux chefs d'État. Chirac arrive, commence par rapprocher son fauteuil de celui du Guide, et lui offre une édition rare d'œuvres de Montesquieu, auteur admiré par le colonel libyen. Le repas commence. Brunet, qui ne connaît personne, s'est installé au petit bonheur à une table. Il sent bientôt une certaine excitation se propager autour de lui. Des Libyens sont en quête de quelqu'un dans la salle. Il entend le mot « professeur ». C'est lui qu'un responsable de la sécurité est en train de chercher. Il vient à lui :

« Le président Chirac vous demande à la table présiden-tielle. »

Brunet se faufile au milieu des tables et parvient près de Chirac qui le présente au Guide, puis entreprend de conter toute l'histoire de Toumaï. Quand il en a terminé, il se tourne vers le professeur Brunet :

« Est-ce que j'ai oublié quelque chose ?

– C'est parfait, répond Brunet. La prochaine fois, vous pourrez faire le voyage sans moi !… »

Il demande néanmoins au président d'ajouter que « la Libye appartient probablement au berceau de l'humanité ». Après traduction, le Guide se lève et, tendant la main au professeur, lui dit :

« Vous êtes mon invité permanent à Tripoli… »

La délégation française rentre à Paris et lorgne maintenant le professeur d'un œil différent. Un de ses membres commente même avec humour : « Dans la première partie du voyage, Brunet nous accompagnait ; dans la deuxième, nous accompagnions Brunet… »

Le professeur est rentré à Poitiers depuis peu quand le directeur de cabinet de Kadhafi l'appelle :

« Tu arrives quand ? Le Guide t'attend. »

Le professeur reprend sa valise et s'envole à nouveau vers Tripoli d'où on l'emmène dans le désert de Syrte. Sous une tente, pendant deux heures et demie, en pleine nuit, il va y dialoguer avec le Guide. Il raconte une nouvelle fois toute son histoire, ébahi par la culture de son vis-à-vis : « Un bon naturaliste qui dispose d'une belle lunette astronomique et d'une loupe binoculaire pour examiner les minéraux et les petits animaux du désert. » Le Guide confirme son accord pour qu'il puisse poursuivre en Libye les recherches qu'il a commencées au Tchad, autour de deux thématiques : à l'époque de Toumaï, les mêmes hippopotames ne vivaient-ils pas dans le lac Tchad et autour de Syrte ? les singes sont-ils originaires d'Afrique ou d'Asie ?

Le Guide propose de surcroît à Brunet de l'aider matériel-lement. Les travaux de prospection commenceront au début de 2007.

Intarissable sur la passion du président Chirac, le profes-seur Brunet clôt notre entretien[1] par une anecdote à laquelle il tient beaucoup :

« J'étais à l'université de Berkeley lorsque j'apprends que se développe à Paris une terrible campagne contre moi, qui me présente comme un faussaire. C'était un samedi. J'essaie comme je peux de réagir à ce torrent de calomnies. J'envoie des courriels au CNRS, au ministère de l'Éducation nationale, au ministère des Affaires étrangères. Découragé, je dis à mon collègue américain que je vais finir par envoyer un e-mail au président. "Tu es bien français, me répond celui-ci. Aux États-Unis, ce serait impensable : Bush ne sait même pas ce que c'est que la paléontologie !"

« J'envoie donc mon texte au chef de l'État pour le rassu-rer et lui dire que la campagne fomentée contre moi n'est qu'un tissu de calomnies. J'étais très abattu. Je reviens le lendemain matin au laboratoire de Berkeley. J'ouvre mon ordinateur. Je n'avais qu'une réponse à tous mes courriels : celle de Jacques Chirac, qui disait en substance : "Profes-seur, n'attachez aucune importance à ces attaques. La réfé-rence, c'est *Nature*. Quant à la presse, si vous étiez à ma place..." »

Cette hantise de Jacques Chirac de cerner au plus près ce qui s'est passé aux origines de l'humanité n'emprunte pas seulement les voies de la paléontologie, de l'archéologie et autres sciences des origines ; elle passe par la connaissance et

---

1. À Paris, le 13 octobre 2006.

donc la protection de ces peuples premiers qui portent avec eux tout ou partie des secrets des origines. Il s'est ainsi pris de passion pour les Inuits et soutient son ami Jean Malaurie, leur protecteur, président d'honneur de l'Académie polaire, dans son combat en faveur de « peuples qui ont apporté au monde leur culture, leur force, leur réflexion, leur sensibilité, qui ont connu beaucoup de difficultés, celles de l'adaptation au monde moderne, […] mais dont, aujourd'hui, […] on reconnaît l'importance pour le dialogue moderne entre nos cultures et entre nos civilisations ». Il a souligné « la passion, la générosité, l'intelligence mises par le professeur Malaurie dans la défense de cette grande cause […], le respect que l'on doit à ces peuples premiers dont on n'a pas encore estimé à sa juste valeur l'apport qu'ils peuvent faire à l'évolution du monde de demain[1] ».

Jacques Chirac a été marqué, « choqué », même, par deux grands livres, *Les Derniers Rois de Thulé*, de Jean Malaurie, et *Tristes Tropiques*, de Claude Lévi-Strauss, publiés en 1955 dans la collection « Terre humaine » : « Ces deux ouvrages frappaient avec la force d'une révélation. Depuis, rien n'est pareil. Ils ont dessiné, à leur façon singulière, les contours d'une géographie nouvelle. Ils ont jeté une lumière de respect, curieuse et généreuse, sur ces terres éloignées où vivent, rient, aiment, rêvent, souffrent et meurent d'autres hommes[2]… »

S'adressant directement à Jean Malaurie, le chef de l'État se révélait un peu plus en lui disant appartenir « à cette génération qui a appris à regarder autour d'elle à la lumière de sa passion, par le prisme de son exigence ». La suite de ce discours résonna comme une profession de foi délimitant les contours de son propre humanisme.

---

1. Allocution prononcée le 30 mai 2003 lors de sa visite à l'Académie polaire.
2. Allocution prononcée le 15 février 2005 à l'occasion de la réception offerte pour le 50ᵉ anniversaire de la collection « Terre humaine ».

« Bref, vous bousculiez toutes les frontières. Vous vouliez brasser et faire entendre toutes les voix. Consigner les pensées et les paroles de l'homme avant qu'elles ne s'évanouissent. Et faire résonner, dans la vérité du verbe poétique, toute la polyphonie, toute la prose du monde […]. En aventurier, en homme du large, en explorateur des glaces et de leurs peuples, en arpenteur inlassable d'inconnu, vous projetiez, avec cette collection [Terre humaine], cher Jean Malaurie, et pour reprendre l'une de vos formules, de vous "éloigner de la pensée convenue, d'allonger la focale, de voir sous un autre angle, pour faire surgir l'idée neuve" […].

« Une œuvre de "réfractaire" dont l'idée est née en 1951 d'un sentiment de révolte, d'un haut-le-cœur. Quand, géographe en mission chez les Inughuits d'Ultima Thulé, vous avez découvert cette base militaire brutalement installée dans ce lieu de légende, ce "haut lieu habité par le peuple sans écriture le plus au nord du monde". Un sacrilège à vos yeux, un viol, un déni absolu […].

« Réfractaire comme vous, cher Jean Malaurie, vous qui avez si largement consacré votre travail et votre vie à défendre les peuples tout autour du Cercle arctique. Et, en même temps que ce "peuple héroïque aux colonnes brisées", mais qui résiste, tous les peuples premiers, menacés d'être broyés par une Histoire à sens unique.

« Avec toute votre fougue et votre formidable énergie, vous avez croisé le fer pour que le monde ne se réduise pas irrésistiblement aux seuls rêves et aux seules ambitions de nos sociétés occidentales. Très concrètement, vous avez donné corps à votre idée géniale d'Académie polaire, j'allais presque dire *notre* Académie, qui forme désormais à Saint-Pétersbourg des élites autochtones, sensibilisées aux exigences du développement durable autant qu'à la préservation d'un mode de vie traditionnel. Une académie qui offre une autre voie que l'extinction ou l'assimilation. Pour que l'humanité continue demain de s'enrichir de toute sa différence [...]. Réfractaire et visionnaire, vous entrevoyiez déjà le monde d'aujourd'hui, sans cesse guetté par l'humiliation et la rancœur d'hommes et de peuples qui se sentent laminés. »

Ce cri, maîtrisé par les contraintes de la fonction, le président ne le pousse pas seulement pour défendre les peuples premiers du Cercle Arctique russe, il le pousse pour soutenir aussi les Inuits du Canada. Il s'est en effet engagé en faveur de l'autonomie du Nunavut et a été le premier chef d'État étranger à se rendre en visite officielle dans ce territoire, le 6 septembre 1999. Devant l'Assemblée territoriale, il a reformulé les termes de son combat :

« La naissance du Nunavut a marqué une étape historique pour les premières nations et, au-delà, pour toutes celles et tous ceux qui se battent pour leur identité à l'heure de la mondialisation [...]. Ce que l'homme a de plus cher, c'est sa mémoire, c'est son histoire, ce sont ses racines, ses traditions, les valeurs de ses aînés, c'est-à-dire tous ses repères intimes sans lesquels il se sent frustré et malheureux. »

Idem pour les Amérindiens qu'il voit comme des rescapés du martyre imposé à partir de 1492 par la civilisation européenne. Après son refus symbolique de ne pas associer la Ville de Paris à la célébration du 500ᵉ anniversaire du débarquement de Christophe Colomb en Amérique, il n'était nullement étonnant qu'il invite à l'Élysée des Guaranis, des Quechuas, des Abénaquis, des Aymaras, des Hurons, des Iroquois et autres Sioux en costumes traditionnels aux côtés de Rigoberta Menchu, prix Nobel de la paix, et Hugo Cardenas, le vice-président bolivien. Jacques Chirac avait veillé personnellement à la bonne organisation de la Rencontre internationale des communautés amérindiennes qui s'acheva à Paris par une réception à l'Élysée, le 20 juin 1996.

La veille, déjà, il avait déjeuné dans les jardins de l'hôtel de Lassay, avant d'inaugurer une exposition « Traditions et modernité dans les Amériques », et avait remplacé Daniel

Lévine, chargé du département Amérique du Muséum national d'Histoire naturelle, qui était censé guider Rigoberta
Menchu et Hugo Cardenas dans cette exposition. Devant un
siège cérémoniel en bois taïno, il avait lancé avec flamme :
« À l'origine, il y avait de l'or un peu partout sur ce duho,
mais les Espagnols l'ont dérobé. C'est un siège sur lequel
s'asseyaient les caciques pour regarder les jeux de balle, jeux
sacrés qui avaient lieu sur les places des villages. » Quelques
mètres plus loin, devant un « joug », représentation symbolique des ceintures de protection des joueurs de balle, le
président avait poursuivi : « Quand la soldatesque espagnole
est arrivée, les gens ont refusé de jouer. » Et s'ouvre alors un
débat avec le commissaire de l'exposition sur l'origine du jeu
de balle, qui le passionne tant (il réévoquera le sujet devant
moi) : « À mon avis, ce jeu a été apporté par les Arawak[1]... »

Devant tous les Amérindiens réunis dans les salons de
l'Élysée, le président exprime ce qui apparaît à ses yeux
comme une grande blessure :

« La rencontre entre l'Europe et l'Amérique s'inscrit dans
la liste trop longue des tragédies de l'Histoire. La Conquête
a fait subir aux sociétés indiennes d'Amérique un traumatisme sans précédent : traumatisme politique, économique,
culturel et humain. Frappées par les massacres et la destruc-
turation de leurs sociétés, décimées par le choc microbien,
les populations amérindiennes ont bien failli connaître la fin
de leur histoire.

« En 1992, le monde, profondément imprégné de notre
modèle occidental, fêtait dans la liesse le 500ᵉ anniversaire
de l'arrivée de Christophe Colomb en Amérique, ignorant ou
feignant d'ignorer tout ce que cet événement allait signifier,
au long de l'Histoire, de terribles souffrances pour les
peuples amérindiens [...].

---

1. Scène décrite à partir du livre d'Anne Fulda, *Un président très entouré*, Grasset,
1997.

« Oui, l'Europe a trop souvent incarné le malheur et la désolation en Amérique comme en Afrique. C'est parce que les peuples amérindiens ont été décimés qu'a été mis en place un mécanisme systématique de traite des Noirs africains en direction du Nouveau Monde. Les colons, avides de main-d'œuvre, purent ainsi reconstituer la force de travail qu'ils ne trouvaient plus sur place.

« Oui, les Européens ont le devoir de s'incliner devant la mémoire des esclaves jetant un dernier regard sur Gorée, en Afrique, comme devant celle des combattants des empires amérindiens lançant un ultime appel au Soleil [...].

« N'oublions pas. J'ai, gravée dans ma mémoire, cette belle phrase d'un anonyme Nahuatl qui écrivait en 1528, quelques années après la chute de l'empire des Aztèques, je le cite : "Les boucliers nous protégeaient, mais les boucliers n'arrêtent pas le désespoir."

« Souvenons-nous. En 1521, Mexico était sans doute la ville la plus peuplée du monde ; 20 millions d'Amérindiens vivaient dans l'Empire. Un siècle plus tard, ils n'étaient plus que 700 000.

« Oui, notre civilisation européenne reste à jamais comptable de ce qui fut commis là-bas [...]. Il nous faut aujourd'hui reconnaître ces traumatismes de l'Histoire et affirmer la dignité des cultures des premières nations... »

Après ce discours militant, Jacques Chirac éleva au grade de commandeur de la Légion d'honneur Rigoberta Menchu et Hugo Cardenas, puis se mêla pendant une heure aux Amérindiens et en accepta de nombreux cadeaux, notamment une lance remise par un Indien qui accompagna ce cadeau de l'exposé de son mode d'emploi : « Cela vous donne le pouvoir, c'est comme ça chez les indigènes[1]. »

---

1. *Un président très entouré, op. cit.*

La compassion de Jacques Chirac s'applique aussi, on l'a vu, à l'Afrique et aux Africains qui ont payé au prix fort les conséquences de la conquête espagnole de l'Amérique. Lors de mon deuxième entretien avec Jacques Chirac, je le lance sur le sujet :

« Vous tenez, paraît-il, un discours fustigeant les Lumières qui ont martyrisé l'Afrique… »

Je me retrouve faire face non seulement à un homme passionné, mais à un militant enflammé dont les mots me rappellent les discours tiers-mondistes des années 1960-70 et ne sont plus employés aujourd'hui qu'au sein de petits cénacles gauchistes et « droit-de-l'hommistes ». Mon stylo a beaucoup de mal à suivre – mon enregistreur a eu la fâcheuse idée de refuser tout service un quart d'heure avant cette envolée – un réquisitoire aussi concis que virulent. Tentative de reconstitution.

« L'esclavage a toujours existé en Afrique au profit des Arabes et avec la complicité de chefs locaux. Puis est venue la traite, qui a duré quatre siècles. Cela a été un phénomène massif, perpétré également avec la complicité de chefs tribaux. On a pris les meilleurs, on a pillé le sang des Africains… Et après on a dit que les Africains n'étaient bons à rien !

« Ensuite est survenue la deuxième « calamité » : les curés et les imams qui se sont rués sur les bois sacrés et ont détruit l'expression culturelle…

« Puis la troisième calamité internationale a fondu sur l'Afrique : les antiquaires qui ont pillé les œuvres culturelles… Après quoi, on a dit que les Africains n'avaient pas de culture !

« Après avoir volé leur culture, on a volé leurs ressources, leurs matières premières, en se servant de la main-d'œuvre locale. On leur a tout piqué et on a répété qu'ils n'étaient bons à rien…

« Maintenant c'est la dernière étape : on leur pique leurs intelligences en leur distribuant des bourses, et on persiste à dire de ceux qui restent : Ces nègres ne sont décidément bons à rien…

– Vous avez évoqué ce sujet avec Nicolas Sarkozy ?

– Oui, et vous ne m'avez jamais entendu parler d'"immigration choisie"… »

7.

Le guérisseur

Les rois capétiens, dit-on, guérissaient les écrouelles. Ce pouvoir découlait directement du sacre. Au lendemain de la cérémonie célébrée dans la cathédrale de Reims, le nouveau monarque se rendait en pèlerinage sur le tombeau de saint Marcoult, au prieuré de Corbeny, à mi-chemin entre Reims et Laon, à l'extrémité est du Chemin des Dames. En se recueillant sur la tombe du saint, il acquérait le pouvoir de guérison qui complétait la formule secrète que lui avait léguée son père sur son lit de mort. Lors du rituel du toucher des écrouelles, le roi thaumaturge prononçait traditionnellement la phrase : « Le roi te touche, Dieu te guérit... » Le rite fut respecté jusqu'en 1825...

Pierre Bédier, président du Conseil général des Yvelines, n'est pas loin de penser que ce pouvoir a été repris par l'actuel président de la République : « Jacques Chirac a recouvré la dimension sacrée du pouvoir, il a le pouvoir des chamans ! » Pour ne pas prêter le flanc à l'ironie, l'ancien ministre prononce ces mots d'un ton badin qui lui laisse toute latitude de se rétracter...

Au cours de mon enquête sur l'hôte de l'Élysée, un très sérieux politologue m'a parlé de la chaleur que dégagerait la poignée de main de Chirac, et, sans citer le nom de Bédier, a évoqué devant moi une histoire de guérison dont on attribue-rait l'origine au président. « Il a des dons de guérisseur. Vous devriez le questionner à ce sujet. » Je n'avais pas été trop choqué par cette affirmation : je suis moi-même sourcier, et, par ailleurs, j'avais été très ému, impressionné, même, en écoutant Jacques Chirac parler des nombreuses heures qu'il avait passées, pendant plus d'un quart de siècle, auprès des handicapés profonds de Corrèze, de la façon dont il leur touchait la main jusqu'à sentir en eux une manifestation de vie...

Avec prudence, je décidai donc d'aborder cette question insolite avec le chef de l'État :

– Vous allez sans doute être choqué par ma question, mais elle est posée par un sourcier qui se veut pourtant rationa-liste... On m'a dit que vous aviez des dons de guérisseur. Est-ce vrai ?

Interloqué, Jacques Chirac laisse passer quelques instants avant de répondre :

– C'est beaucoup dire, et ce n'est pas exact... Une partie de ma famille est d'origine corrézienne, notamment du plateau de Millevaches. J'ai des ancêtres dont on prétendait qu'ils étaient quelque peu guérisseurs. Enfin, ce qui est sûr, c'est que mon grand-père, mon père et moi sommes doués d'une sorte de sensibilité à l'état de santé des gens, sans plus. Je tente de leur remonter le moral... notamment à ceux qui sont atteints d'un cancer. En usant simplement de ma voix...

– On m'a pourtant dit que vous guérissiez ou soulagiez en touchant les malades avec vos mains...

– Non ! non ! Il est vrai que des cancéreux peuvent être soulagés d'entendre une voix. Est-ce que je me dis ça parce que j'ai tellement envie de les soulager ? Quelle est la part de vrai dans ce que je vous dis ? Ces histoires se sont peu à peu propagées...

« La main, c'est autre chose. C'est vrai qu'en gardant un certain temps sa main posée sur celle de handicapés mentaux profonds, on sent parfois qu'il se passe quelque chose, l'éveil ténu de certaines sensations qui ne s'expriment pas d'habitude mais qui, peut-être, sont stimulées par un contact physique... Avant, lorsque je m'en occupais beaucoup plus, je restais parfois ainsi une heure, une heure et demie. Et je sentais parfois qu'il se passait quelque chose... »

C'est tout naturellement que Jacques Chirac évoque « ce ministre charmant dont on a dû se séparer parce qu'il était poursuivi par la justice. Avait-il fait des conneries ? Je n'en ai aucune idée, et je ne porte pas de jugement[1]... En tout cas, il a été brillamment réélu président du Conseil général des Yvelines, et c'est un chic type. Je veux parler de Pierre Bédier. Un jour, je reçois un coup de fil de sa femme qui me dit qu'il est en train de mourir. Je lui réponds immédiatement : "J'arrive." Bédier était à l'hôpital, allongé ; il ne bougeait plus du tout. J'étais estomaqué. Je suis resté là et je lui ai pris la main pendant au moins une heure, une heure et demie. Toutes les cinq minutes, je lui murmurais des choses affectueuses à l'oreille. Tout à coup, il a remué un doigt, puis il s'est réveillé... Depuis, sa femme et sa fille se sont répandues en prétendant que j'avais sauvé la vie à leur époux et père... »

Pierre Bédier s'est prêté de bonne grâce à mes questions. Il me décrit d'abord la maladie dont il était atteint : « Une leuco-encéphalite qui atteint la masse blanche des nerfs ; l'électricité ne passe plus... 90 % des gens atteints par cette maladie meurent, et 90 % des 10 % restants connaissent de graves séquelles neurologiques.

« Je suis resté au Centre hospitalier intercommunal de Poissy du 4 au 21 septembre 1994. Jacques Chirac, qui avait pourtant un emploi du temps chargé, est venu par deux fois

---

1. Peu après la date de cet entretien, Pierre Bédier a été condamné en première instance à dix-huit mois de prison avec sursis et trois ans de privation de ses droits civiques pour des faits de corruption passive. Il a fait appel.

me rendre visite. J'étais sous respiration artificielle, avec plein de tuyaux branchés... Apparemment, j'étais dans le coma, mais j'entendais ce qu'on disait autour de moi. Il est venu pendant la deuxième et la troisième semaine de mon hospitalisation. J'ai parfaitement entendu ce qu'il me disait. Vous imaginez le choc émotif que sa visite a produit sur moi. Lui, Jacques Chirac, mon héros en politique, celui pour qui je m'étais engagé à 18 ans, était à mon chevet... et me parlait ! "Je sens que tu progresses, me murmurait-il à l'oreille ; mon grand-père était un peu sorcier en Corrèze." Et il s'est mis à évoquer les "forces puissantes, occultes", la "vérité de l'humanité"... Je sentais qu'il dégageait de l'énergie... Il y a chez lui quelque chose de sauvage, de primitif... » Et Bédier de faire le lien entre ce don caché de Chirac et sa « passion volcanique » pour les arts et les peuples premiers. Il confie avoir eu la chance de l'écouter disserter sur ces sujets : « Je me faisais tout petit et je buvais ses paroles... Il y a chez lui un côté *Indiana Jones* : c'est un aventurier au bon sens du terme. »

Jacques Chirac n'a pas borné son intervention aux deux visites rendues au Centre hospitalier de Poissy. Il a souvent téléphoné à Marie-Anne, 11 ans, la fille de Bédier. D'une voix douce, il la rassurait sur l'état de santé de son père : « Je suis un peu sorcier, j'ai un peu des pouvoirs de marabout, ne t'inquiète pas : je sais que ton papa va s'en sortir[1]... » Le président du Conseil général des Yvelines pourrait parler des heures de cet épisode de sa vie : « Je n'oublierai jamais... À partir du moment où Jacques Chirac est venu, je n'ai plus jamais eu peur. Je savais que je guérirais, que je n'aurais pas de séquelles... Il sent au toucher l'énergie des hommes... »

Franz-Olivier Giesbert avait déjà évoqué ce côté « sorcier » chez quelqu'un qui « prétend sentir les événe-

---

1. Entretien avec l'auteur, le 21 janvier 2007.

ments avant qu'ils n'arrivent[1] ». Tous les observateurs de la vie politique ont souligné l'aspect « tactile » des campagnes menées par Jacques Chirac. Le plaisir manifeste qu'il a à sillonner la France à la rencontre des Français, à serrer un maximun de mains. Quand on examine les courbes des sondages au fil de ses campagnes, on ne peut qu'être surpris par la façon dont elles se redressent. C'est pourquoi je tenais tant à l'interroger sur des aspects que n'abordent pas encore les traités de politologie !

« Vous avez sûrement compris pourquoi je vous pose ces questions ? »

Le président ne comprend manifestement pas où je veux en venir.

« Il y a un mystère Chirac. On parle de votre charisme… Je comprends que vous ne vouliez pas me suivre sur un pareil terrain. Il n'empêche que le charisme est une notion indéfinissable, qui relève de l'irrationnel… »

Jacques Chirac ne tient pas à aller plus loin dans l'explicitation de son côté « sorcier de Corrèze ». Toutefois, dans un autre entretien, de lui-même il m'a parlé de l'amour qu'il recherchait et de l'importance du contact par les mains.

J'avais pour ma part visionné la première partie du documentaire de Patrick Rotman consacré à Jacques Chirac, *Le Jeune Loup,* avant sa sortie sur France 2, et avais été frappé par certaines images le montrant au milieu de foules imposantes. Je souhaitais lui en parler.

« J'ai vu la première partie du documentaire que les frères Rotman vous ont consacré…

– Je m'y fais engueuler, ou pas ?

– Il y a des images sur les foules que vous drainez, et je voulais savoir si vous éprouviez le même type de sentiments qu'un Johnny Hallyday dans ses mégaconcerts. Ces marées

---

1. *Jacques Chirac, op, cit.,* p. 37

humaines, ces ovations, les ressentez-vous de façon puissante ?

– Oui, oui… Cela étant, j'ai toujours fait de la politique dans un cadre – UNR, UDR, RPR… – où c'était spontanément qu'on réunissait des foules, parce que les militants étaient disciplinés. Enfin, ils l'étaient à l'époque, et très nombreux…

– Vous devez avoir des montées d'adrénaline, quand vous parlez devant des milliers de personnes qui vous ovationnent ? Dans votre façon de faire de la politique, on vous sent porté à aller serrer les mains des gens, à aller vers les autres, vous aimez cela…

– Certes. Quand il y a des gens sur le bord de la route, je descends leur serrer la main. Vous savez, on apprend toujours quelque chose quand on serre la main des gens. On n'apprend pas toujours quelque chose quand on les écoute, mais on apprend toujours quelque chose en lisant dans leur regard et en leur serrant la main. »

Jacques Chirac se ferme quand on tente d'entrer par effraction dans son intimité. Il a plusieurs herses à sa disposition. Il les utilisera l'une après l'autre au cours de la douzaine d'entretiens que j'aurai eus avec lui. La plus fréquemment utilisée : « Tout cela n'a aucun intérêt, c'est anecdotique », ou encore : « Je ne suis pas compliqué, je suis quelqu'un de simple… »

Guérisseur ? Sorcier de Corrèze ? Quoi qu'il en soit, il gardera pour lui l'origine de sa passion de comprendre ce qui s'est passé aux petites heures de l'humanité, quand les premiers hommes ont voulu se protéger de forces qu'ils ne comprenaient pas, comment ils ont géré leur peur de la mort, comment ces choses difficiles à traduire dans notre culture occidentale ont été et sont encore appréhendées par les Inuits, les Africains. C'est probablement parce qu'il avait eu, par tradition familiale, accès à certains rudiments d'appréhension des forces primitives, qu'il s'est jeté à corps perdu dans la recherche du mystère des origines… Mais il savait aussi que cette « passion volcanique » ne pouvait être comprise ni même admise dans la sphère politique. D'où le secret jaloux dont il l'a entourée.

Elle affleure çà et là. Quand, par exemple, il raconte à un journaliste du *Figaro*[1] qu'il avait, avec André Malraux, « des conversations très animées sur le rôle des fétiches dans la découverte des arts africains ». Et assénait alors un mystérieux : « En fait, tout a commencé avec les fétiches. » Si je lui demande une explication de texte, il me répond :

« Le fétiche a une force particulière dans l'art africain, en particulier parce qu'il est l'hôte du bois sacré, et c'est donc par sa tradition et sa permanence dans le bois sacré que s'inscrit toute la culture africaine. » Et d'enchaîner avec passion : « Je considère comme une vraie souffrance la destruction des bois sacrés. Une atteinte gravissime à la dignité humaine. Ça fait partie des drames de l'Afrique, de l'absurdité de la démarche impériale de l'Occident depuis les destructions commises par les conquistadors... La destruction des bois sacrés a réduit l'Afrique à sa plus simple expression sur le plan culturel. »

Autre affleurement quand, lors de l'inauguration du musée du quai Branly, il présente Malaurie à Kofi Annan et demande, on l'a vu, au secrétaire général de l'ONU de préserver le site chamanique de l'Allée des baleines, dans le détroit de Béring, près du cap Chaplino, en Tchoukotka (Sibérie nord-orientale). Ignoré pendant des siècles, ce site où sont disposés mâchoires, crânes et os de baleines franches, a été découvert en 1976. Depuis 1990, Jean Malaurie tente de décrypter les mystères des « hiéroglyphes » figurant sur les « ivoires gravés », et d'appréhender ainsi l'ordre caché de ces terres sacrées. Les propos de Malaurie, dans son livre *L'Allée des baleines*[2], permettent à la fois de comprendre

1. Le 23 novembre 1996.
2. Mille et une Nuits, 2003.

l'amitié qui le lie au président et de récolter de nouvelles clés pour poursuivre le décryptage d'un homme qui, à la tête de la cinquième puissance mondiale, essaie d'appréhender la nature des relations nouées par les anciens avec l'univers pour conjurer la mort et les forces hostiles auxquelles ils étaient confrontés. Qui cherche à analyser et comprendre la pensée chamanique en la rapprochant de celle des « sorciers » du plateau de Millevaches.

« Les peuples premiers, dans leur lecture des signes du cosmos, ont une relation dynamique avec la terre et le ciel. Ils se sentent comme en dépendance avec cette horloge céleste qu'ils perçoivent dans leur lecture du mouvement des étoiles qui leur sont familières [...]. Nous nous devons d'interroger partout les peuples premiers. Dans le temps long d'une histoire obscure, et jusque dans les grottes préhisto-riques de la vieille Europe, ils ont, philosophes de la nature, vécu des expériences inouïes que nos facultés cognitives ne nous permettent guère d'appréhender. Dans un savoir partagé, questionnons-les à nouveau [...]. Tentons encore et encore de déchiffrer ces "hiéroglyphes", ces géométries et " écritures", sans oublier le message distant des masques cérémoniels qui, de leurs yeux morts, interpellent l'Occiden-tal, cet intrus sur ces terres sacrées [...]. Peuples-racines, sans pouvoir d'appel, peuples fossiles de l'Histoire, au terme du rituel obligé de l'"'instruction", on vous jugera alcooliques et dégénérés, oui, mes amis, vous n'avez pas de chance. Il vous faut encore et encore, après avoir été si grossièrement trompés, puis dépossédés, gravir le chemin malaisé de la connaissance "scientifiquement correcte", avant que vous ne soyez, à la fin des fins, admis en égaux à la table des maîtres [...]. La première des idées fausses, *hic et nunc,* et partout, c'est de croire que l'on sait mieux que les masses ce qui se passe après la mort... »

8.

Et après ?

Il y a des mots comme métaphysique, religion, quête spirituelle – et tout ce qui tourne autour de la façon dont les
hommes, depuis les origines, ont tenté d'apprivoiser la mort,
autrement dit ce qu'il y a après, cherchant des princes de
l'au-delà, des harmonies entre le visible et l'invisible, des
dieux ou un seul – qui collent mal à Jacques Chirac, tant le
portrait que la majorité des journalistes et des hommes politiques en ont fait et imposé exclut une telle part d'ombre ou
de lumière. J'en suis parfaitement conscient et sais donc ce
qui m'attend à la parution de ce livre pour avoir voulu jeter
quelques taches de couleur sur ledit portrait. Je reste néanmoins intimement persuadé qu'il est impossible de percer ce
que tous les observateurs estiment être le « mystère » de
l'hôte de l'Élysée si on ne tente pas de l'accompagner sur le
chemin qu'il a emprunté depuis sa jeunesse et qu'il a si
soigneusement dissimulé pour pouvoir le poursuivre en paix.
Il n'est certes pas facile de le suivre. Jacques Chirac livre
en effet bien peu de confidences sur ses croyances et ses
sentiments : « Il n'était pas possible de percer le secret dans
lequel il s'enfermait dès lors qu'il s'agissait justement de cet
essentiel qu'il gardait jalousement », ou encore : « Il est
travaillé par des pensées dont il se garde bien de donner la

nature exacte et la consistance, convaincu sans doute qu'il ne serait pas compris », écrit Bernard Billaud[1], qui fut long-temps son conseiller en matières religieuses avant de devenir son directeur de cabinet à la mairie de Paris.

Billaud est probablement l'homme qui a le mieux cerné cet aspect du président. Lequel récuse naturellement son diagnos-tic : « C'est un personnage tout à fait étonnant, un catholique pur et dur », m'a dit l'intéressé quand j'ai commencé à lui poser des questions à partir du livre intitulé *D'un Chirac l'autre*. Et comme si la récusation ne suffisait pas, il ajoute : « Billaud a été bouleversé parce que je ne l'ai pas nommé ambassadeur au Saint-Siège. Je ne l'ai pas nommé parce que il ne me l'a pas demandé. Il en a gardé une certaine amer-tume... Je ne suis pas anticlérical, mais ce qu'il faisait était excessif. On ne s'occupait plus dans mon entourage que de l'Église catholique. Il était obsédé par ces questions-là... »

Il n'empêche, n'est-ce pas Jacques Chirac qui a écrit : « Toutes les poésies et toutes les religions formulent un certain refus de la condition terrestre. La dignité la plus haute de l'homme consiste sans doute en ce refus par lequel s'exprime l'infini de ses aspirations. Avec ou sans au-delà, "nous ne sommes pas au monde" sur cette terre. Bien avant Rimbaud, de vieux psaumes le disaient avec un mysticisme beaucoup plus émouvant encore » ?

Le questionnement des œuvres du musée Guimet l'a entraîné vers l'insondable mystère de l'homme et des ori-gines de l'humanité. Le président ne craint pas d'évoquer devant moi ses discussions interminables avec des spécia-listes comme le paléo-anthropologue Pascal Picq. Mais il éprouve toujours le besoin de délimiter ses réflexions, ses pôles d'intérêt, comme s'il redoutait de passer pour un « intello » livré à la pure spéculation.

---

1. Bernard Billaud, *D'un Chirac l'autre*, Éditions de Fallois, 2005.

« Quand est née la métaphysique ? On pense que c'est au moment où l'homme a pris conscience de la mort. Concrètement, cela s'est traduit par le fait d'enterrer les cadavres. C'est devenu une chose importante, un rite... »

Les mots ne lui viennent pas facilement. Il me fait pénétrer insensiblement dans son jardin secret. C'est bien la quête du mystère de l'« après » qui est derrière toutes ses recherches, ses interrogations.

Il quitte Picq pour Henry de Lumley qui a écrit *L'Homme premier*[1] « où il évoque cette prise de conscience de la mort et d'une possibilité d'un après »... Si lui-même n'a jamais explicitement rejeté le pèlerinage de Compostelle, non plus que celui de Jérusalem, ce ne sont pas les chemins de la religion maternelle qui ont fait rêver l'adolescent en quête d'absolu, mais ceux qui furent frayés dans sa chère Asie. Il s'intéresse d'abord beaucoup à l'hindouisme et absorbe des quantités impressionnantes de livres sur Vishnu et Krishna. Il se rend quinze soirs d'affilée aux récitals de Ravi Shankar lors de sa première venue en France. « Le musicien indien finira par repérer ce grand adolescent aux yeux fascinés qui se tient au premier rang. Une nuit, il le laissera entrer dans sa loge[2]. »

Le bouddhisme va bientôt remplacer l'hindouisme dans le cœur du jeune Chirac. Bernard Billaud apporte à ce sujet un témoignage passionnant[3]. Lors de la préparation de l'invitation à l'Hôtel de Ville du Dalaï-Lama, prévue pour le 6 octobre 1982, Billaud affirme avoir reçu du maire de Paris cette « confidence ahurissante : qu'il avait songé à 20 ans à se convertir au bouddhisme ».

« Je compris, poursuit le mémorialiste, qu'il restait profondément marqué par cette spiritualité qui s'apparentait

---

1. Henry de Lumley, *L'Homme premier, préhistoire, évolution, culture*, Odile Jacob, 200.
2. *Jacques Chirac, op. cit.*
3. *D'un Chirac l'autre, op. cit.*

plus à une sagesse qu'à une religion, et qu'il n'avait jamais cessé de l'étudier et de l'approfondir depuis son adolescence. Il me parut littéralement transporté par la perspective de rencontrer le Dalaï-Lama, et il m'assura qu'il ferait son affaire des protestations chinoises. Quant à moi, j'étais fermement invité à aller de l'avant et à concrétiser le projet de rencontre avec le chef spirituel des Tibétains.

« Si j'avais pris ainsi l'initiative du contact avec les Tibétains, c'est parce que j'avais gardé en mémoire les termes de la note manuscrite que, le 15 avril 1979, Chirac me fit tenir pour que je m'informe au sujet du bouddhisme tibétain et que j'entre en relation avec celui-ci dans sa présence sans doute difficilement détectable à Paris. Il n'est pas tout à fait sans intérêt de relever qu'il me donna cette instruction exactement le même jour que celle consacrée aux Arméniens. J'ai conscience qu'il me livra en cette double occasion un peu du tréfonds de son âme mystérieuse et secrète en m'invitant, après avoir plaidé pour la reconnaissance du génocide arménien, à faire tout le possible en faveur de la spiritualité tibétaine. Sans doute, à ce moment-là, se manifesta, sous la forme d'une résurgence inattendue, la poussée d'une double nostalgie spirituelle difficile à identifier. »

Le discours que le maire de Paris prononça devant celui qui incarne pour la quatorzième fois le Bodhisattva de la Compassion ne ressemblait effectivement à aucun autre. De larges extraits valent mieux ici que de longues exégèses.

« Votre Sainteté,

« En Occident, le Tibet jouit d'un prestige considérable, non pas seulement parce que cette terre des mystiques rappelle chez nous les perspectives ouvertes par Jean de Ruysbroeck ou la théologie de Gerson qui invitaient à l'"ascension de la Montagne de la Contemplation", mais encore parce que ce sol fut un foyer de l'évangélisation bouddhique vers lequel se tournaient les barbares. Il était

considéré comme le deuxième centre géographique et spirituel du monde, le deuxième Vajrayana où le Bouddha avait
atteint l'illumination.

« En vous accueillant en ce lieu, aucun Occidental ne peut
ignorer la grande portée contenue dans la simple constatation
qu'une vie comme celle de Bouddha ait été possible et se soit
réalisée, et qu'aujourd'hui même une vie bouddhique soit
réellement vécue. En cela se conforte notre idée que
l'homme n'est pas seulement ce qu'il est une fois pour
toutes, il reste ouvert. Il ne connaît pas une solution, une
réalisation comme la seule juste parmi toutes celles qui,
ayant pris la mesure de l'humain, enrichissent le trésor spirituel de l'humanité. Cela se rattache d'ailleurs à la tolérance
que remarquait le père Huc lors de son voyage et qui confir-
mait l'expérience des missions catholiques établies aux XVIIᵉ
et XVIIIᵉ siècles.

« Le Bouddha a en effet réalisé une façon d'être homme
qui ne reconnaît aucune tâche relative au monde, mais qui,
dans le monde, abandonne celui-ci. Nul combat, nulle résistance, une seule aspiration : éteindre cette vie, issue du non-
savoir, et le faire si radicalement qu'on n'aspire même pas à
la mort, parce qu'au-delà de la vie et de la mort on a trouvé
une demeure d'éternité. Dans sa métaphysique, dans sa religion, par son sens du sacré, l'Occident connaît ce désir
d'éternité. Il comprend aussi, ne serait-ce que par le concept
de la "douleur du monde" qui innerve la philosophie européenne, que le bouddhisme est fondé sur une souffrance
métaphysique et la stoïque énergie de sa délivrance… »

Et Chirac de reprendre ici un thème qui lui est cher depuis
l'adolescence : « [l'orientalisme] nous défend heureusement
d'ériger en absolu les conceptions objectivées par notre
propre histoire comme si elles étaient la vérité. »

Un peu plus loin dans son adresse, le maire de Paris livre
à Sa Sainteté la pérennité de son questionnement d'adoles-

cent : « Nous avons à connaître la réponse du bouddhisme aux questions de la condition humaine, et, dans la mesure de nos forces, à la comprendre… »

Après cet impressionnant « discours », tous les participants à la cérémonie purent voir Jacques Chirac descendre le grand escalier de la mairie – celui qui mène de son bureau à la cour d'honneur – en tenant fermement et presque dévotement la main du Dalaï-Lama. Et Billaud d'affirmer que « Chirac a voulu répondre, par son geste dont il n'existe pas d'autre exemple, à un élan d'amour par lequel s'est exprimée, après des années de refoulement, la préférence de sa vingtième année ».

Le maire de Paris n'avait pas borné son élan à cette seule réception. Il n'hésita pas à annuler une visite au comice de Meymac pour se rendre, le samedi suivant, 9 octobre, à une cérémonie religieuse à la Pagode du bois de Vincennes, présidée par le chef spirituel des Tibétains, suivie d'un déjeuner frugal à la pagode vietnamienne de Joinville-le-Pont.

Imaginons encore une fois la scène : le Dalaï-Lama, assis en tailleur au pied de l'immense statue dorée du Bouddha, se balançant au rythme des mélopées chantées en tibétain, entrecoupées de discours et d'enseignements dispensés en anglais et en tibétain, parmi lesquels : « Pour les croyants, le bouddhisme peut apparaître comme un athéisme. Pour les athées, il est compris comme une religion. Il est une sagesse entre les deux… » En revenant de ces deux rencontres, Bernard Billaud nota que « M. Chirac avait l'air transporté et donnait l'impression d'être l'un des fidèles parmi tous ceux qui étaient là, ne nous prêtant aucune attention perceptible ».

Avant même d'évoquer ses rencontres avec le Dalaï-Lama, je demandai au président si, comme le disait son ancien directeur de cabinet, il avait bien « songé, à 20 ans, à se convertir au bouddhisme ».

La réponse est cinglante.

« Pour Bernard Billaud, c'était enfer et damnation que d'être tenté par n'importe quoi d'autre que Rome ! Vers 13-15 ans, je me suis en effet intéressé au bouddhisme, à l'hindouisme et au shintoïsme. Mais il a pris ses craintes pour la réalité. »

Bernadette Chirac se montre beaucoup moins catégorique dans ses jugements à la fois sur Bernard Billaud et sur ce que celui-ci dit du président. L'ancien directeur de cabinet de son mari reste pour elle un « ami », un « saint laïc », qui a exercé une « certaine influence sur le président de la République », un « homme d'église » qui connaît son Vatican comme personne et le parcourt « de génuflexion en génuflexion »… Mais sur le bouddhisme ? « Mon mari est très fasciné par le bouddhisme. Il sait tout de Bouddha. Il en est fatiguant. Si je viens à me tromper dans les transformations successives de Bouddha [sourires], il m'engueule. Il sait tout de la propagation du bouddhisme par la route de la Soie. À mon avis d'épouse qui l'a connu à 22 ans, Jacques Chirac adolescent, prodigieusement curieux de tout – il prenait même des cours au Cordon bleu à 14 ans ! –, a fait plus que s'intéresser au bouddhisme. À 20 ans, il sait une foultitude de choses sur le Tibet. Il m'a toujours promis un voyage de noces – que nous n'avons jamais fait – là-bas, et qu'on y dormirait sur une peau de yak…Vous comprenez, je ne pouvais qu'être impressionnée par tout ça. Incontestablement, il était alors très pénétré des choses du bouddhisme… »

Bernard Billaud et Bernadette Chirac n'ont pas été les seuls à remarquer la « fascination » de Jacques Chirac pour le bouddhisme et tout ce qui s'y rapporte. À la suite de son passage à l'émission « Sept sur Sept », le journaliste et romancier Christian Charrière relève, dans *Le Quotidien de Paris* daté du 8 novembre 1982, que « Jacques Chirac a changé » :

« L'invisible feuillage qui le couronne fait ruisseler sur ses traits une lumière particulière où il n'est pas interdit de reconnaître la conséquence d'une expérience intérieure. Dans ses propos, des allusions à l'existence d'une jeunesse spirituelle, au voyage du Dalaï-Lama en Europe, sa référence à l'œuvre d'Alexandra David-Néel témoignaient du possible retournement d'un homme bien engoncé jadis dans la pensée matérialiste, fût-elle réactionnaire. Le porteur de foudre s'est-il réveillé au sein de cet agrégat transitoire nommé Jacques Chirac ? Un adepte du Véhicule de diamant siège-t-il à la mairie de Paris ? Les marques de respect et de sollicitude vraiment extraordinaires dont il entoura, le mois dernier, le maître spirituel du pays des Neiges, alors que toute la France officielle lui tournait le dos, sont peut-être un signe de cette volte-face métaphysique. »

Charrière ignorait qu'il n'y avait dans tout cela aucune « volte-face métaphysique », mais, au contraire, fidélité complète à des passions de jeunesse. N'est-ce pas en voyant la Kudara Kannon, une permanence du Bouddha, dans un monastère d'Horyuji, à Nara, qu'il a éprouvé, selon ses dires, un des plus grands chocs « esthétiques » de sa vie ?

Les inclinations de Jacques Chirac n'ont pas pour autant atténué son appétit gargantuesque pour tout ce qui a trait au fait religieux, à l'histoire des religions, aux religions elles-mêmes et à leurs chefs. Il cherche opiniâtrement à comprendre comment les hommes et les religions ont de tout temps cherché à gérer l'ingérable...

À quelques nuances près, il écrirait sans doute aujourd'hui encore ce qu'il affirmait dans *La Lueur de l'espérance*[1] : « Je suis non seulement catholique par tradition familiale, mais encore pratiquant [...] », tout en gardant néanmoins sa lucidité sur une Église romaine dont il connaît bien l'histoire, « un univers immense et complexe, foisonnant de toutes sortes de tendances, exposé à toutes sortes d'errements,

---

1. *Op. cit.*

maintes fois tombé dans des crises profondes et très souvent divisé par de rudes querelles [...]. Comme tout organisme vivant, l'Église change, s'adapte, c'est la loi de la vie et c'est ce qui fait son étonnante vitalité après deux mille ans de christianisme ».

En 1978, il reprochait à la hiérarchie catholique de France de mettre en danger l'identité de l'Église, sous prétexte d'ouverture, après Vatican II : « Dans ce pays de sensibilité chrétienne, une semblable religiosité pervertie trouble, au-delà de la famille catholique, beaucoup d'esprits qui se donnent pour agnostiques mais qu'agitent secrètement les tracassins de l'irrationalité. »

Sans l'écrire, il regrettait la fin des messes en latin et la disparition avérée du chant grégorien, auquel il reste attaché, comme on le verra.

C'est probablement Bernadette Chirac qui parle le mieux de l'attachement de son mari à la religion catholique, même s'il semble évident qu'elle le tire à elle – « En ce domaine, je revendique une certaine influence », reconnaît-elle[1] –, alors que sa fonction de président d'un pays très attaché, comme lui-même, à la laïcité, tendrait à l'en éloigner. « Il fait très attention à cause de sa fonction. Il faut distinguer l'homme du président. C'est un chrétien... »

L'épouse du président souligne sa connaissance de l'architecture des abbayes, son intérêt pour l'histoire des monastères, pour le pèlerinage de Saint-Jacques de Compostelle ; elle raconte qu'il a favorisé l'installation de religieuses à Meymac et qu'il a beaucoup fait pour la restauration de l'abbaye de Saint-Angel.

Jacques Chirac m'en avait en effet dit deux mots : « Au départ, je me suis lancé dans la restauration de Saint-Angel avec une préoccupation plus architecturale que religieuse.

---

1. Bernadette Chirac, avec Patrick de Carolis, *Conversation*, Plon, 2001.

J'ai cherché et trouvé des entreprises privées qui se sont impliquées dans l'opération. J'ai aussi été heureux d'avoir réinstallé une présence spirituelle en terre radicale. Les habitants de Meymac ont apprécié le retour des Cisterciennes. »

Pour mieux me convaincre de la foi de son mari, et même de son attirance pour la vie monastique, Bernadette Chirac a tenu à me raconter la visite de ce dernier, le 12 octobre 1976, à l'abbaye de Solesmes[1] à l'invitation de dom Prou, son père-abbé. Avant même de se rendre à Solesmes, Jacques Chirac nourrissait une particulière affection pour le père-abbé qui, afin de respecter les dernières volontés de Georges Pompidou, avait autorisé une partie de ses moines à venir chanter la messe de *Requiem* en l'église de Saint-Louis-en-l'Île.

Accueillis par dom Prou en personne, robe noire et calotte violette, Jacques et Bernadette Chirac sont installés au premier rang pour assister à la messe de célébration de la fête de la Dédicace, en souvenir du jour où l'abbatiale fut consacrée. « J'ai vécu ces moments en tant qu'épouse, se souvient la première dame de France. J'en ai été très frappée. On arrive à Solesmes, c'est magnifique. L'église est pleine à craquer. Les chants sont magnifiques. C'est extraordinaire quand on aime le chant grégorien, ce qui est notre cas – j'ai bien dit "notre cas". »

Après l'office, le couple Chirac, accompagné du couple Billaud, gagne le salon d'honneur. Jacques Chirac questionne dom Prou :

« Faut-il avoir une voix bonne et juste pour devenir bénédictin ?... Car je chante abominablement faux...

– Nous ne sommes pas un conservatoire. Nous prions en louant le Seigneur. Certains de nos moines chantent d'ailleurs fort mal, et une oreille un peu exercée n'aurait pas de peine à relever les imperfections de notre chant. Quoi

---

1. Né à deux kilomètres de l'abbaye, ce lieu m'est particulièrement cher... *(NDA)*

qu'il en soit, ce n'est pas pour cette raison que j'en viendrais à contrarier votre vocation... »

Puis c'est l'heure de la séparation. Les règles du monastère interdisent aux femmes de pénétrer dans son enceinte. Bernadette Chirac dit au revoir à son mari qui va passer l'après-midi avec les moines. « Je l'ai accompagné jusqu'à la clôture, comme on accompagnerait une carmélite qui prend le voile. Le père-abbé me salue. Ça y est, je laisse mon mari : il est pris en mains ! »

Bernard Billaud, qui est resté aux côtés du président, peut témoigner de ce que Mme Chirac n'a pas vu : « Nous restons au monastère pour sexte[1], puis nous nous acheminons vers le réfectoire. Lavement des mains, après quoi le père-abbé entraîne M. Chirac auquel il désigne la place d'honneur à sa droite [...]. De temps en temps, alors que nous déjeunons en silence et qu'un moine lit *recto tono* un texte de saint Augustin, je jette un regard vers la table du père-abbé : M. Chirac domine de sa place toute la salle du réfectoire et il a l'air parfaitement heureux de se trouver là où il est.

« Dom Prou fait ensuite visiter l'abbaye. Rien ne nous est épargné : ni la bibliothèque, ni la chapelle privée du père-abbé – où M. Chirac reste un instant en prière devant le Saint Sacrement, agenouillé sur le prie-Dieu que lui a désigné dom Prou avec une autorité sans réplique –, ni l'appartement de dom Guéranger[2]. M. Chirac est admirablement "bon public" : il palpe les statues, admire les tableaux, attrape les livres sur leurs rayons... et demande à visiter une cellule de moine !

« La cloche du monastère nous a rappelés dans l'église où nous entendons none[3]... »

---

1. Office qui se récite après tierce, vers 12 heures.
2. Moine bénédictin qui releva le monastère de Solesmes, restaura la vie monastique en France et relança en le modernisant le chant grégorien.
3. Office qui se récite vers 15 heures, après sexte.

Le soir, Bernadette Chirac « récupère » son mari. Elle témoigne à son tour de ce qu'elle a alors ressenti : « Nous ne nous revoyons que le soir. Il me raconte le déjeuner, avec la lecture *recto tono*. Il ne pouvait pas parler. Ce qui est terrible, pour lui ! Il mange avec les moines... Il a été très impressionné, fasciné, même, par cette journée passée dans ce monastère. Dom Prou avait eu une accroche avec lui ; ils se sont revus après cette journée. Au fond, je me suis rendu compte à ce moment-là qu'il a peut-être été touché par la grâce... Contrairement au portrait d'agité que certains font de lui – c'est grotesque ! –, il est fasciné par la vie de ces moines qui vivent dans le silence, le recueillement, la prière, la réflexion, l'étude des Écritures... Cette journée à Solesmes, c'était quelque chose ! »

Jacques Chirac ne dit pas autre chose au cardinal Marty, un peu plus d'un mois après sa visite à Solesmes : « Nous sommes restés deux bonnes heures à l'office de la Dédicace. J'ai eu pourtant l'impression que le temps avait passé trop vite. C'est dire comme je fus captivé par une liturgie admirable. J'étais pris intensément par cette atmosphère de recueillement et de prière, par l'extraordinaire beauté du chant grégorien qui a quelque chose d'intemporel. Voilà qui console de tant de célébrations tristes et médiocres d'où le sens du sacré est obstinément absent[1]... »

Il aime le commerce des chefs religieux ou de gens qu'il considère comme tels, comme Jean Guitton qu'il a vu jusqu'à sa mort (un Guitton avec qui François Mitterrand se plut lui aussi à parler du trépas), dom Prou, mais aussi le cardinal Lustiger avec qui il eut parfois des relations tendues, le prélat trouvant certes épatant que le président s'occupât de l'islam, mais estimant que ce serait encore mieux de ne pas délaisser pour autant la première confession du pays. Jacques Chirac a

---

1. *D'un Chirac l'autre, op. cit.*

aussi entretenu pendant des années une correspondance avec
le chanoine Pierre Garcia, qu'il avait connu en Algérie. Il
vécut comme un grand moment sa rencontre à Rome, le
6 juillet 1978, avec un Paul VI qui lui avait donné l'accolade,
et davantage encore celles qu'il eut avec Jean-Paul II, quand
il était maire de Paris puis président de la République.

« J'étais heureux de rencontrer le pape et d'avoir noué une
relation avec lui », me confirme le chef de l'État, mais il
tempère aussitôt son propos en ajoutant : « Tous les hommes
politiques sont sensibles à l'idée de voir le pape, y compris
les musulmans qui se précipitent à Rome dès qu'ils ont
l'occasion de le rencontrer. »

Évoquant ensuite le livre de Bernard Billaud qui parle de
« retournement » pour qualifier son comportement tant à
l'égard de l'Église catholique que de la Papauté depuis qu'il
est à l'Élysée, le président répond non, sans énervement :

« Je n'ai absolument pas changé de position. C'est sa
propre projection des choses.

– Il vous reproche de n'avoir pas voulu voir figurer de
référence aux origines chrétiennes du continent dans la
Constitution européenne…

– Peut-être par atavisme, j'ai toujours été très attaché à la
laïcité. Je respecte toutes les religions, mais je suis pour la
laïcité. Chacun peut exprimer ses opinions religieuses sans
que cela ait d'influence sur les affaires de l'État. »

Pour clore la discussion sur les relations de son mari avec
l'Église catholique, Bernadette Chirac cite Georges Pompidou : « Je suis croyant. Je suis tourmenté par le doute ; ma
femme, elle, est très pratiquante. Mais, de toute façon, je
considère les problèmes de la foi comme tout à fait fondamentaux. » Et de compléter par un : « Jacques Chirac est
l'élève de ça. »

Sur ce sujet, j'ai du mal à me faire une opinion tranchée,
conscient, comme je l'ai écrit, que Bernadette Chirac, elle-
même foncièrement catholique, défend bec et ongles sa

propre version. Pourtant, deux des conseillers les plus proches du président, qui ont travaillé avec lui sur la question de la laïcité, affirment qu'il a effectivement évolué depuis qu'il est à l'Élysée et qu'il ne prononcerait plus aujourd'hui les discours que lui préparait Bernard Billaud. Tous deux vont jusqu'à prétendre que Jacques Chirac est aujourd'hui beaucoup plus attiré par le judaïsme et l'islam que par le catholicisme romain. Puis de se lancer dans des anecdotes montrant sa proximité d'avec plusieurs rabbins et personnalités juives.

Il avait ainsi noué une relation étroite avec le grand rabbin Jacob Kaplan qu'il visitait régulièrement dans son minuscule appartement parisien de la rue Andrieu, et à qui il vouait une « immense admiration » : « Je l'écoutais pendant des heures… Il me parlait surtout de l'histoire du peuple juif… » Du fait de cette admiration, le président de la République a accepté − fait exceptionnel − de préfacer le livre du rabbin Haïm Korsia intitulé *Être Juif et Français* et sous-titré : *Jacob Kaplan, le rabbin de la République*[1], où il évoque l'estime et l'affection profondes qu'il lui portait : « Il m'avait fait le privilège de son amitié. Je l'ai rencontré souvent. J'entends encore sa voix douce, chaleureuse. Je me rappelle son regard direct, attentif, plein de bonté. Je me rappelle son sourire… »

Le président aime également à discuter avec le jeune rabbin Korsia, ancien collaborateur du grand rabbin Sitruk, maintenant aumônier militaire de l'armée de l'Air. Plus surprenante est la relation qu'il entretient avec la communauté loubavitch de France, notamment avec son grand rabbin, Hilel Pavzner, qu'il a décoré de la Légion d'honneur le 4 juillet 1997.

---

1. Éditions Privé, 2006.

Le président confirme qu'il apprécie particulièrement les relations avec les rabbins : « On en apprend plus qu'avec les autres responsables religieux, parce que la sélection s'y fait sans doute mieux qu'ailleurs... Et j'ai de surcroît une sympathie naturelle pour eux, alors que Dieu sait s'ils multiplient les erreurs en Israël... »

Le 26 février 2001, quand il remet les insignes de grand officier de la Légion d'honneur à Adolphe Steg[1], qu'il appelle « Ady », Jacques Chirac parle de ce que représente pour lui le judaïsme.

« Ainsi vous êtes né juif, mais vous avez choisi le judaïsme avec toute votre passion. Il fut d'abord le paysage spirituel de votre enfance, baignée par la piété familiale, éclairée par le shabbat, dont vous évoquez l'intensité heureuse, l'alternance d'allégresse et de mystère, le sentiment de liberté et de plénitude. Il fut ensuite l'objet de votre étude. Vous avez été l'élève de maîtres prestigieux comme les philosophes André Néher, Emmanuel Lévinas ou Manitou. Pour vous, le judaïsme est inséparable de l'étude, de la transmission, de l'approfondissement. C'est non seulement la condition de sa survie, mais c'est aussi sa vie même, son essence, et c'est pourquoi vous avez tout fait pour que le judaïsme se déploie dans les écoles, les centres universitaires, les bibliothèques autant que dans les synagogues. Comme votre ami Shmuel Trigano, vous croyez que le judaïsme est aussi exigence intellectuelle et morale, intelligence du monde et de l'histoire. Homme de choix et de volonté, vous êtes, cher Ady Steg, un homme engagé. Toute votre vie a été placée sous le signe de l'engagement. »

---

1. Le docteur Steg était également proche de François Mitterrand. C'est lui qui lui annonça, le 16 novembre 1981, qu'il avait un cancer de la prostate, lui encore qui l'opéra en 1992. Il avait été frappé par l'érudition de François Mitterrand parlant du judaïsme et de la Bible...

Féru d'histoire du peuple juif, il dit avoir beaucoup réfléchi sur le point de savoir pourquoi les Juifs sont encore là malgré tous les drames et les persécutions qu'ils ont eu à traverser. Le sujet le passionne.

« D'abord, dit-il, parce qu'ils cultivent l'intelligence... Quand un Juif s'installe quelque part, il crée d'abord une école, et après seulement une synagogue. Alors que les catholiques, eux, commencent par installer une église... Les Juifs considèrent que la transmission de la culture est plus importante que celle des rites... C'est pour cela que j'ai milité pour le développement des écoles juives. Par respect pour cette tradition... Et si j'ai beaucoup aidé les écoles des loubavitch[1], c'est parce que ce sont eux qui se sont le plus démenés... Cela m'a d'ailleurs valu quelques problèmes avec ma femme qui, à plusieurs reprises, n'a pas apprécié que des responsables de cette communauté refusent de lui serrer la main... »

Laissons donc à Bernadette Chirac le dernier mot : « Il est habité par tous ces sujets. Il a ça en lui ; ça l'interpelle en permanence [...]. Exemple : il étudie constamment ce que les Égyptiens pensaient de l'au-delà. Il est fasciné par ces empereurs chinois qui se faisaient enterrer avec tous leurs objets, leurs serviteurs, leurs concubines, etc., pensant qu'ils allaient continuer de vivre après, parce qu'il y avait une autre vie... »

L'épouse du président s'autorise une longue digression sur François Mitterrand, hanté par la mort, qui se posait lui aussi beaucoup de questions et voyait à ce sujet Jean Guitton qu'elle et son époux connaissaient bien... Et d'enchaîner : « Chez mon mari, le questionnement sur la mort n'est pas un trait de fin de vie ; il existe en lui depuis qu'il est tout jeune. Il est habité par cette affaire... » Elle fait le lien entre cet

---

1. C'est pour cette raison qu'il est devenu l'ami d'Hilel Pavzner.

« essentiel » et la passion de son mari pour l'archéologie et les chronologies, et rapporte avec humour qu'il n'arrête pas de lui dire : « Où était votre famille à cette époque ? Elle mangeait comme les singes dans les arbres... »

« Il répète cela tout le temps, vous vous rendez compte ! » Puis, reprenant son sérieux : « Toute sa culture est sous-tendue par le désir de savoir, de connaître, de comprendre. Il prélève dans chaque religion ce qui le fascine. Il va ainsi vous citer des versets du Coran... » Mais l'humour de Mme Chirac reprend vite le dessus : « Quelquefois, il m'arrive de penser à autre chose, car c'est un peu... Ça m'intéresse, certes, mais enfin, j'ai parfois envie de penser à des choses plus légères... »

Dans son questionnement face aux statues bambara, taïno, mumuye, fang, inuit, etc., ou face à la fameuse Kudara Kannon, Jacques Chirac cherche aussi sans doute les différentes réponses, apportées dans le temps et l'espace, à l'insondable mystère de la mort.

9.

Compassion

Le mot compassion revient en permanence quand est évoqué le « Chirac intime ». Ce n'est pas seulement à cause de son attirance pour le bouddhisme. Cet homme-là voudrait soulager toute la misère humaine, partout dans le monde. Dès qu'il a un ami, un proche, ou l'ami d'un ami, le proche d'un proche qui souffre, il prend son téléphone pour consoler, rassurer, puis le reprend pour tenter de mobiliser médecins, chirurgiens, gens de santé qu'il connaît afin qu'ils lui viennent en aide. Il envoie des petits mots, des fleurs, des cadeaux pour montrer qu'il est là. Il n'hésite pas à bousculer un agenda surchargé pour se déplacer au chevet d'un malade et fait alors tout pour lui parler à l'oreille ou lui prendre la main, comme on l'a vu faire avec Pierre Bédier. De même est-il prêt à se mobiliser pour toutes les causes humanitaires. Il y a chez lui un côté *French Doctor,* voire saint-bernard. Dans une enquête qualitative menée par la SOFRES auprès de quatre groupes de population, à Paris, Angoulême, Saint-Étienne et Nancy, dans le but de cerner l'image de Jacques Chirac et de quelques autres hommes politiques, il était demandé quels animaux les incarnaient le mieux. Si deux groupes voyaient Chirac en coq – logique, pour le premier des Français –, un troisième en condor – parce qu'il vole le plus haut –, le quatrième reconnaissait plutôt en lui un labrador[1] !

Bernadette Chirac souligne ce trait-là : « Il aime les autres. Il a besoin de donner de l'espérance. Et dit toujours à ceux vers qui il se penche : "Ça va aller mieux." Mon mari a toujours été attiré par la médecine. Il prétend même qu'avec trois médicaments – l'alcool à 90°, l'aspirine et la pommade à l'auréomycine –, il peut tout soigner ! » Mais elle ne parle pas du côté « guérisseur[2] » de son mari que, manifestement, elle ne connaît pas ou préfère ignorer.

Deux exemples – parmi de nombreux autres – illustrent cet aspect important de la personnalité de Jacques Chirac : l'accueil des *boat people* et sa forte implication dans l'aide aux handicapés profonds.

Pendant les premiers mois de l'année 1979, le sort des *boat people* bouleverse le monde entier. Alors maire de Paris, Jacques Chirac décide de recevoir mille cinq cents réfugiés venus des camps de Thaïlande et de Malaisie. Le 19 juillet, Bernadette Chirac et lui sont là pour accueillir les premiers arrivants. Une jeune fille pleure parce qu'elle a laissé tous les siens au Vietnam : ils n'ont pu se cotiser que pour permettre son seul départ[3]. Son père est dans un camp de rééducation. Elle n'a personne en France qui puisse l'accueillir. Ému, Bernard Billaud, directeur de cabinet du maire, lui déclare qu'elle viendra loger chez lui et qu'il fera l'impossible pour permettre à sa famille de la rejoindre. Il la présente à Chirac qui s'engage sur-le-champ à saisir personnellement Pham Van Dong, chef du gouvernement vietnamien, de son cas. Et décide d'accueillir la jeune Anh Dao à la mairie de Paris, au grand dam de Billaud.

---

1. Nicolas Sarkozy était représenté en fouine, en berger allemand, en coquelet et en hyène ; alors que Lionel Jospin était perçu en taupe, en ver de terre, et deux fois en mouton.
2. Voir le chapitre 7.
3. *D'un Chirac l'autre, op. cit.*

Anh Dao a raconté ces moments avec émotion[1] : « Je reste ainsi quelques minutes, incapable de stopper le torrent de larmes qui me déborde. Puis des jambes de pantalon entrent dans mon champ de vision. Je sens une présence au-dessus, une voix prononce des phrases en français, dont je ne saisis pas le sens. Je lève la tête et je vois un monsieur brun qui se penche pour me tendre un mouchoir. Je me mets debout, nous sommes face à face. Comme il est grand ! Ses yeux cherchent les miens qui continuent à ruisseler. Nos regards se rencontrent, le contact est doux et fort à la fois. L'air ému, il me tapote l'épaule dans un geste de réconfort […]. L'ensemble du personnage dégage un charisme incontestable. Même si je ne comprends toujours pas ce qu'il dit, sa voix bien timbrée résonne à mes oreilles comme celle d'un homme habitué à commander et à être obéi. Je n'ai pas peur de lui pourtant, au contraire la puissance qui émane de sa stature imposante me rassure. La compassion adoucit ses traits quand il tourne son visage vers moi. Cet homme va m'aider, je ne sais pas comment, mais j'ai reconnu en lui mon sauveur. » Anh Dao va être « adoptée » par le couple Chirac.

Son action en faveur des handicapés, peu connue, est ancienne. Avant même de s'implanter en Haute-Corrèze, alors qu'il est encore au cabinet de Georges Pompidou, il se montre préoccupé par la situation dramatique d'un grand nombre d'enfants de l'Assistance publique de la Ville de Paris, atteints de graves handicaps et qui vivent dans des institutions totalement inadaptées à leur état. L'accueil chaleureux mais sans complaisance des gens du Plateau le persuade que, dans son nouveau fief, il va pouvoir trouver la solution à son problème. L'isolement relatif de la Corrèze ne

---

1. *La Fille de cœur*, Flammarion, 2006.

constitue pas, en effet, un obstacle : ces enfants sont tous abandonnés juridiquement ou de fait ; leurs difficultés sont telles que la question de leur insertion sociale ne se pose qu'en termes de tolérance. Jacques Chirac décide alors de créer des centres d'accueil où ils pourront trouver ce qui leur convient. La réalisation de ce projet dépend désormais de l'acceptation de ces futurs centres par leur environnement et de l'agrément de l'Administration centrale. Il trouve des alliés en Ernest Coutaud, maire de Peyrelevade, Baptiste Papon, maire de Bort-les-Orgues, mais aussi en Jean Escudié, sous-directeur de l'aide à l'enfance de la ville de Paris. Le 1er octobre 1970, le centre d'accueil peyrelevadois ouvre ses portes ; le 1er janvier 1972, c'est au tour du centre de la Cascade de Bort-les-Orgues. Bientôt, pour soutenir cette action, est créée l'association des centres éducatifs de Haute-Corrèze (qui deviendra en 1981 Association des centres éducatifs du Limousin, l'ACEL), dont Jacques Chirac devient le président, fonction qu'il assumera jusqu'au 1er juillet 1995. En 2004, l'ACEL offrait 940 lits et places ; 255 personnes handicapées travaillaient en ateliers protégés et en CAT. Cet ensemble, réparti en quatorze centres sur six communes, employait alors 681 personnes[1]. L'ACEL va devenir la Fondation Jacques Chirac.

« Je me suis énormément occupé des handicapés profonds... Pendant de très nombreuses années, j'allais presque toutes les semaines en Corrèze et passais deux ou trois heures à Peyrelevade avec "mes" handicapés... On pourrait croire qu'il ne se passe rien avec ces enfants, et pourtant, après leur avoir longuement tenu la main, c'était extraordinaire : ils me serraient à leur tour la main. Tout à coup, il se passait quelque chose. Dans ces contacts personnels, très charnels, avec ces enfants, il y avait quelque chose

---

1. Sur http://acel. fr/

d'à la fois dramatique et très attachant… Je connaissais tous les gosses par leur prénom… » Bernadette Chirac confirme : « C'est extraordinaire, le temps qu'il a pu y passer ! Personne n'était surpris de le voir visiter plusieurs fois par mois "ses" centres éducatifs, y compris lorsqu'il était Premier ministre […]. C'était toujours des moments forts et émouvants. »

Jacques Chirac relance de lui-même la conversation sur cette cause qui lui est particulièrement chère[1] : « 80 % de ces enfants n'ont plus de liens avec leur famille, laquelle ne va pas les voir… Il y a chez ces enfants une sensibilité beaucoup plus grande que chez les adultes, et c'est pour cela que je me suis battu très longtemps contre le ministère de la Santé qui, poussé par les syndicats, affirmait qu'il valait mieux mettre les handicapés dans les villes qu'à la campagne. Pour des raisons de commodité, les syndicats préféraient les retenir en milieu urbain parce que, en matière de scolarité, la vie y est plus commode, et que c'est un métier difficile de s'occuper de ces gosses qui, peu à peu, grandissent et deviennent des adultes. Alors que les enfants sont bien mieux traités à la campagne par des gens qui habitent près de leur lieu de travail et peuvent s'en occuper leur vie durant, jusqu'à leur retraite. Cette continuité est capitale, car rien n'est plus dur, dramatique, même, pour ces êtres, qu'une rupture dans leur environnement. Nous avons du mal à nous rendre compte de ces déchirements, nous qui sommes habitués à changer de travail, de professeurs, de je ne sais quoi… Pour eux, il très important que ce soit toujours les mêmes personnes qui s'occupent d'eux. Or, cette permanence n'est possible qu'à la campagne, avec des gens qui sont de surcroît contents de

---

1. Réélu président de la République, il en a fait une des trois grandes missions de son second mandat (avec la réduction du nombre des morts sur la route et la lutte contre le cancer) en confiant notamment l'élaboration d'un rapport et de propositions à l'écrivain et psychanalyste Julia Kristeva.

vivre sur leur terre, de pouvoir rentrer chez eux, de faire toute leur carrière dans le même établissement. Ces enfants, pour la plupart privés de famille, ont besoin d'une affection stable, contrairement à ce que veulent certains... J'ai fini par les faire plier !... »

Rien ne résume mieux l'attachement « tripal » de Jacques Chirac à « ses » handicapés que le texte qu'il a rédigé pour le vingtième anniversaire de la création de l'association de Peyrelevade.

« Je me suis penché sur cette enfant, seule, sans mouvement et sans parole. Elle semble s'être réfugiée dans un univers où nous ne pourrons plus l'atteindre.

« J'ai ressenti comme une profonde colère.

« Pourquoi elle ? Pourquoi ça ?

« Que puis-je faire ?

« Je suis là, impuissant, inutile.

« Je me suis mis à parler ; à lui parler. De tout et de rien, d'elle et de sa souffrance. De moi et de mes propres peines, de mon travail, de ma vie.

« Est-ce par hasard que sa main, que je tenais dans la mienne, s'est soudainement animée pour me serrer un doigt ? Peut-être. Mais je demeure persuadé que, pendant quelques minutes, elle et moi nous nous sommes rejoints.

« Sa main s'est détendue ; elle est repartie dans son monde, sur sa planète, comme le Petit Prince. »

De manière plus technocratique, Jacques Chirac, alors Premier ministre, a élaboré la première loi en faveur des personnes handicapées, adoptée le 30 juin 1975. C'était la première fois que la question du handicap était abordée de manière globale, en termes de droit. Cette loi affirmait une obligation nationale de solidarité.

C'est encore lui, pour la seconde fois Premier ministre, qui a impulsé la loi du 10 juillet 1987 en faveur de l'emploi des travailleurs handicapés.

Le 1er juillet 1995, obligé de quitter la présidence de l'Association des centres éducatifs du Limousin pour cause d'entrée à l'Élysée, il prononce en Corrèze un discours où il réaffirme publiquement sa cause et les attendus de celle-ci.

« Le regard que nous portons sur les personnes handica-pées engage notre vision de l'homme tout entier... Nous ne voulons pas faire disparaître la différence de la personne handicapée. Nous ne voulons pas la gommer. Nous voulons lui donner sa place. C'est cela aussi, le Pacte républicain ! »

10.

« Le drame de ma vie »

Il en a parlé !

Bernadette Chirac disait pourtant en 2001 : « Il est très secret. Il ne veut pas aborder le sujet. »

Persuadé qu'il resterait muet sur cette souffrance, je me hasarde quand même à l'évoquer devant lui en citant le livre de sa femme.

« Il n'y a aucune raison de le nier... me répond-il sans hésiter. Cela a été et c'est le drame de ma vie. J'ai une fille qui était intelligente, jolie, et qui, à 15 ans, a été prise d'anorexie mentale. Aujourd'hui, on commence à savoir traiter ces choses-là, mais, à l'époque, on ne savait absolument pas comment faire. Elle est tombée profondément anorexique et, en vérité, n'en est jamais sortie. Elle est surveillée 24 heures sur 24. Ma femme y va en permanence. C'est vraiment le problème de ma vie, et surtout celui de ma femme. On n'a rien pu faire... »

La pudeur n'empêche pas la douleur de percer l'armure.

Fin juillet 1973, Bernadette Chirac séjourne avec ses deux filles, Laurence et Claude, et sa propre mère, en vacances à Porto-Vecchio, en Corse. Son mari, alors ministre de l'Agriculture, se trouve à son bureau, rue de Varenne. Laurence, 15 ans, est alors tout le portrait de son père : « Une petite fille extrêmement délurée, très mignonne physiquement, très brune, toute bouclée, avec des yeux très noirs. Elle a aussi son regard. Aucune timidité, pour le coup ! Très tôt, une grande facilité d'élocution. En avance dans tous les domaines. Très brillante en classe. Assez vite très chahuteuse [...]. Un vrai tempérament de feu. Très bavarde [...]. Un caractère très affirmé. Dure, parfois. Elle était très intelligente[1]. » Laurence participe à une régate quand, en fin de matinée, ce 24 juillet, descendant du bateau, elle se plaint d'un horrible mal de tête. Durant le trajet jusqu'à l'hôtel, elle souffre le martyre à chaque cahot de la voiture conduite par sa mère. Ses presque 40° de fièvre incitent celle-ci à appeler immédiatement un médecin qui émet un mauvais diagnostic et lui prescrit de l'aspirine. Mauvaise nuit. La température n'a pas baissé. Un nouveau médecin diagnostique une poliomyélite. Un troisième est sûr que Laurence souffre d'une méningite et qu'il faudrait la transporter sur-le-champ à Ajaccio, mais ajoute qu'elle est intransportable ! À Paris, Jacques Chirac se démène et vient, aux côtés d'une équipe soignante, chercher sa fille en avion sanitaire. Laurence est admise à La Pitié-Salpêtrière. Ponction lombaire mal faite : elle hurle de douleur... Se déclenchera, à la suite de cette méningite et de cet accident, une anorexie mentale très grave. Plus tard, le professeur Jean Bernard estimera que Laurence a contracté un très mauvais virus de la méningite qui lui a détruit l'hypophyse... Quelles qu'aient été les causes de sa maladie, la fille aînée de Jacques Chirac est devenue de plus en plus dépressive, tout en menant à bien dans un premier temps ses études de médecine. Suicidaire, elle s'est même jetée d'un quatrième étage. Elle vit aujourd'hui dans un petit appartement, sous surveillance permanente, mais réussit néanmoins à marcher et monte à cheval une fois par semaine. Jusqu'en

---

1. *Conversation, op. cit.*

octobre 2006, le professeur en neuropsychiatrie Louis Bertagna passait chaque dimanche une à deux heures avec elle. La mort de celui-ci, survenue le 28 octobre, a plongé la famille Chirac dans la plus grande affliction.

Bernadette Chirac vit la maladie de sa fille comme une souffrance et un échec. Elle suggère l'existence d'un lien de cause à effet entre un « père si peu là » et la maladie : « Les enfants en ont souffert. Laurence à sa manière, qui est tombée malade à 15 ans[1]. » Elle dit que leur vie de famille a été fragilisée par la maladie de Laurence et qu'elle a tout fait pour « maintenir un équilibre, même si la tâche n'était pas facile avec un mari souvent absent. Mais il a toujours été excessif dans son travail ».

Après son aveu de souffrance, je demande à Jacques Chirac s'il éprouve un sentiment de culpabilité… Il hésite :

« Je ne sais pas… Peut-être que l'on n'a pas assez fait, au départ. Je ne sais pas… Peut-être aurais-je dû faire plus, psychologiquement parlant. C'est une fille très jolie, très intelligente… Le médecin qui s'en occupe depuis le début est le professeur Louis Bertagna[2]… Pour moi, c'est vraiment un point très douloureux. Les cellules du cerveau ont été atteintes, elle ne peut rien faire, elle ne veut rien faire. Elle est là…

– Vous discutez avec elle ?

– Ah oui… On parle gentiment. On a essayé, avec des gens très gentils, de tenter de l'occuper à un semblant de travail, même non rémunéré… Mais il n'y a rien à faire. Pour ma femme, c'est un poids considérable.

– Les coups de poignard politiques ne sont rien, à côté d'une telle souffrance ?

---

1. *Ibid.*
2. Ces paroles ont été prononcées quelques semaines avant le décès du professeur. Louis Bertagna avait été un grand résistant et avait participé au lancement de *Témoignage chrétien*.

– Je me fous éperdument que Sarkozy ou tel autre… Je me fous de beaucoup de choses… Je tiens à souligner que ma femme a eu ce mérite extraordinaire d'avoir toujours fait en sorte que ce problème m'affecte le moins possible au fil de mes responsabilités et ambitions successives, et elle continue à tout faire pour l'assumer entièrement…

Jacques Chirac fait le lien entre l'action de sa femme auprès de Laurence et son implication dans la Maison de Solenn[1] – la Maison des Adolescents, une « superbe réalisation » : « Elle a réussi à convaincre ce professeur si télégénique, le professeur Rufo, de venir de Marseille pour prendre la direction de la Maison de Solenn. »

Retour dans le petit bureau de l'Élysée occupé par Bernadette Chirac, encombré de nombreux menus objets : beaucoup de tortues, quelques croix, une Vierge offerte par Jean-Paul II… Je lui dis que son mari m'a parlé de Laurence. « C'est la croix de notre vie », lâche-t-elle avant d'en venir à un épisode particulièrement douloureux : « Des "apôtres de la médecine " en cancérologie, qui avaient pitié de nous, étaient venus voir mon mari à l'Hôtel de Ville pour lui proposer de prendre Laurence, à titre bénévole, dans un service de réanimation… Un jour, un interne s'adresse à elle en ces termes : "Toi, on sait pourquoi tu es là, et à quoi tu le dois !" Laurence a alors pris son sac et elle a foutu le camp. C'est moche. Vous croyez vraiment qu'un type comme ça est digne de soigner les autres ? Comme c'est une fille très fragile, elle n'a jamais voulu retourner à l'hôpital […]. Il va falloir maintenant [après la mort de Louis Bertagna] que j'écrive une nouvelle page. Tout cela a été et reste très douloureux. Claude en a aussi beaucoup souffert. Ça a déséquilibré notre famille. J'essaie d'en parler le moins possible à

---

1. La Maison de Solenn, dirigée par le professeur Marcel Rufo, a été inaugurée le 17 novembre 2004, en présence de Bernadette Chirac qui en a été l'inspiratrice, avec le soutien très actif de Patrick Poivre d'Arvor et de sa femme Véronique. La Maison des Adolescents porte le nom de Solenn en souvenir de leur fille morte à 15 ans. Cette institution est financée par l'opération « Pièces jaunes ».

mon mari. C'est pas la peine d'insister. À quoi cela servirait-il ? À rien. Il a un lourd fardeau à porter. Il faut lui dire des choses joyeuses, lui parler de Martin[1], de l'avenir… »

Appartenant à une génération encline à respecter la vie privée, y compris celle des hommes publics, j'avais décidé de laisser Jacques Chirac libre d'aborder ou non deux sujets : la maladie de Laurence, d'une part, et, d'autre part, ses succès féminins qui ont pourtant fait l'objet de nombreuses gloses dans la presse et l'édition.

À ma grande surprise, c'est lui qui m'a apporté, au début de notre troisième entretien, un article de huit pages paru dans *Paris Match* du 13 juin 1996 et intitulé « Chirac. Sa fiancée américaine », agrémenté de l'introduction suivante :

« Le président français avait en vain demandé à son ami George Bush [père] de la retrouver. *Paris Match* a découvert où elle vivait et l'a rencontrée : Florence Herlihy était la fiancée américaine d'un étudiant de Sciences-Po inscrit à l'université d'été de Harvard et appelé Jacques Chirac. Le président a souvent raconté comment il était sans doute le seul chef d'État non américain à avoir travaillé dans un fast-food… Pour améliorer ses revenus, il avait aussi apposé une petite annonce proposant de donner des cours de latin. Une jolie jeune fille venue d'Orangeburg, en Caroline du Sud, lui avait répondu. Elle était justement venue à Boston suivre un cours de rattrapage dans cette matière, avant d'entrer au collège religieux de la Trinité, à Washington. Quarante-trois ans plus tard, Florence, mère de deux filles, divorcée d'avec un officier, nous raconte son été 1953, celui qu'elle appelle encore le plus bel été de sa vie… »

Commentaire du président : « J'ai été fiancé avec une Américaine. Une jolie fille avec des taches de rousseur qui

---

1. Le petit-fils du président, fils de Claude Chirac.

possédait une Cadillac convertible. » Il avait décidé de se marier avec elle et écrit à ses parents qui avaient d'autant moins apprécié que Jacques était déjà fiancé avec Bernadette Chodron de Courcel. « Ça a chauffé ! Je me suis défiancé et suis parti à La Nouvelle-Orléans », commente aujourd'hui sobrement le chef d'État qui fait toutefois remarquer que, contrairement à ce qui est écrit dans *Paris Match*, il n'a « jamais donné de cours de latin... Elle a dit que c'était la première fois qu'elle embrassait un garçon... Je ne suis pas sûr que c'était vrai ». Et de souligner une nouvelle fois : « Je ne me souviens pas d'avoir dispensé des cours de latin. »

Quelques entretiens plus tard, après lui avoir rappelé mon souci de respecter sa vie privée, je lui rappelle l'article de *Match* sur sa fiancée américaine, qu'il m'avait montré.

« À vous de décider d'aborder ou non le sujet des femmes... Ont-elles joué un rôle important dans votre vie ?

– Je n'ai pas détesté les femmes, mais je n'en ai pas abusé. J'ai eu une petite fiancée américaine... et voilà tout. »

J'ai beau me montrer réservé sur un tel sujet, je trouve néanmoins que le président pousse un peu loin le bouchon. J'appelle son épouse à la rescousse, ou plutôt rapelle ses propos :

« Votre femme en parle. Elle écrit : "Les femmes, ça galopait..."

– Elle exagère !

– Hier soir, j'ai lu le premier chapitre de *Sexus Politicus*[1], qui raconte une relation passionnelle que vous auriez eue avec une journaliste, alors que vous étiez pour la première fois à Matignon... Il est écrit que cette histoire a été rompue pour raison d'État par Marie-France Garaud... »

Le président m'écoute avec attention tout en donnant l'impression de découvrir pour la première fois cette histoire :

« Entre 1974 et 76 ? demande-t-il.

---

1. Christophe Deloire et Christophe Dubois, *Sexus Politicus*, Albin Michel, 2006.

– Oui, elle travaillait au *Figaro* et vous accompagna dans un voyage en Roumanie…

– Possible… mais ce n'est pas une chose qui m'a beaucoup marqué… Je ne conteste pas.

– Ce n'est pas gentil pour elle !

– Les aventures amoureuses n'ont pas joué un rôle déterminant dans ma vie. Il y en a que j'ai bien aimées, aussi discrètement que possible…

– Il est écrit que vous étiez même prêt, à l'époque, à quitter votre femme ? »

Le ton du président change. Il réplique plus vivement :

« Il est tout à fait clair que je n'ai jamais imaginé de quitter ma femme. C'est tout à fait clair… »

Et, après un silence, il ne conteste plus du tout, en revanche, que « cela ait existé ». Autrement dit, il veut bien, en définitive, que j'écrive que l'histoire est vraie, sauf qu'il n'a jamais eu l'intention, à la faveur de cette liaison, de quitter sa femme.

Quelques semaines plus tard, Bernadette Chirac abordera elle-même ce délicat sujet d'un ton léger. Elle profite du départ de sa fille Claude, qui a assisté à la première partie de l'entretien, pour aller ouvrir une armoire et me montrer une grosse boîte de classement.

« Voilà le quart de ce que je possède. Il m'a envoyé une montagne de lettres et de petits mots. Je les ai tous gardés. Et il continue à m'écrire des petits mots. Je sors le soir, lui se couche de bonne heure : il me laisse un mot. Il va à un Sommet, moi je pars en Corrèze : il me fait parvenir un mot… C'est un aspect de l'homme qu'il est important de connaître. Bien sûr qu'il a été un coureur : quel est l'homme politique qui ne l'est pas ou ne l'a pas été ? Mais il y a tout de même quelque chose de très fort entre nous… »

J'évoque devant elle le chapitre d'un ouvrage qui fait allusion à une passion de son mari – elle cite elle-même le titre : *Sexus Politicus* –, et la discussion que j'ai eue à ce propos avec lui. Elle sourit et me fait comprendre qu'elle est parfaitement au courant de cette histoire ; en même temps, elle me dit croire le président quand il déclare n'avoir jamais voulu la quitter. Puis, toujours avec le sourire, elle enchaîne sur une anecdote relative à sa belle-mère qui lui lança « avec beaucoup d'audace et d'assurance » : « N'est-ce pas, ma petite fille, les divorces, c'est pas le genre de la famille ! Pas de divorce dans notre famille ! »

Manifestement toujours amoureuse et admirative de son mari, elle reparle en ces termes de ses conquêtes : « Il a été très beau... Les femmes ont beaucoup couru après lui. Il avait beaucoup de charme, un abattage terrible. Vous savez très bien que les femmes courent après le pouvoir. C'est comme ça, il faut le savoir... »

Illustrant son propos de quelques exemples, Bernadette Chirac me fait savoir que le président tient à ce qu'elle soit toujours à ses côtés ou à portée de téléphone : « Il faut que je sois là. Je suis son point fixe. Papa l'avait remarqué, dès le début de notre mariage. » Et de raconter qu'après la naissance de Laurence, Jacques Chirac n'avait pas supporté de ne pouvoir la joindre au téléphone et avait aussitôt appelé le père de Bernadette, lequel lui avait fait part des inquiétudes de son mari : « Ma bonne fille, faites attention : Jacques vous a cherché. Où étiez-vous ? Il vous cherche, il s'angoisse... – Je ne vais tout de même pas rester attachée à ma chaise ! Je vais promener mon bébé au jardin. Je vais voir des amis... » Et de commenter :

« Il a toujours été comme ça. Dans l'absolu, il aurait aimé une épouse un peu courtisane, qui lui aurait tout le temps dit qu'il était le plus grand, le plus beau, le plus fort, le plus intelligent, que tout ce qu'il faisait était magnifique, qu'il réussissait tout... Ça n'a pas été mon cas. Pourquoi ? Sans doute parce qu'on s'est connus à Sciences-Po, que j'ai été formée à la critique, et qu'on s'est longtemps comportés comme quand nous étions étudiants... Forcément, je n'étais pas la femme éblouie... Je lui disais que ses actions n'étaient pas obligatoirement interprétées comme ses collaborateurs le lui rapportaient... Au bout d'un certain temps, j'ai fait très attention – car il m'appelait la "mouche du coche" – de ne point trop l'ennuyer. C'est assommant, d'avoir une femme qui vous fait des reproches toute la journée – mais ça n'est pas mon cas, je vous rassure... J'ai néanmoins essayé de lui apporter des critiques positives pour l'aider à exercer ses responsabilités... Étant moi-même élue du peuple, et j'en suis fière, je lui rapportais les échos que j'entendais en province : "Ce n'est pas tout à fait ça, Jacques ! Il n'y a pas que ce que vous disent les membres de votre cabinet..." Ça l'a souvent agacé. Il aurait aimé une femme toujours laudative. Il s'en trouve, des femmes comme ça... De toute façon, le plus beau, il l'est ! Et il est formidablement intelligent ! Lui non plus ne m'en fait pas beaucoup, de compliments ! Catherine Nay a pu dire qu'il n'était pas le "spécialiste de la félicitation conjugale", c'est la vérité. Je sais pourtant qu'il aime bien des choses que je fais. Quand je vais dans les hôpitaux, sur le terrain, je sais qu'il est fier de moi, mais il a du mal à me le dire. Toujours la pudeur... »

11.

Les tentes du nomade

Depuis son adolescence, il chemine en pensée sur la route de la Soie, tantôt escortant Bouddha en direction de Xian et du Tibet, tantôt accompagnant Zhang Qian et Marco Polo qui s'avancent vers l'Afghanistan et la lointaine Antioche, ou encore imaginant Gengis Khan et ses cavaliers mongols fonçant sur les cortèges de marchands avant de bâtir leur grand empire. Cette route dont les caravanes ont véhiculé tant de soieries, d'épices, de métaux précieux, mais aussi et surtout tant de savoirs, d'idées, de cultures et de croyances, relie ses deux mondes, l'Occident et l'Orient, mais aussi son adolescence à sa présidence.

Son côté nomade a souvent été souligné. Il est effectivement souvent ailleurs, mais sa principale tente est son bureau de l'Élysée dans lequel, à Paris, il vit sept jours sur sept, douze heures par jour. Plus petite est celle où il dort. Dans les deux sont installés objets et livres qui constituent son monde et reflètent sa vision du monde. Quand il quitte l'Élysée – pour les G8 et autres sommets –, faute de pouvoir emporter de ses objets ou de ses grigris, il ne se sépare pas d'une serviette de cuir noir que personne n'a le droit d'approcher, encore moins d'ouvrir, dans laquelle se trouve une reproduction en réduction, encore plus ramassée, de son monde...

Je n'ai pas réussi d'emblée à convaincre le président de me faire visiter son bureau et n'aurais jamais pensé lui parler de sa serviette noire, puisque je n'en connaissais pas l'existence. Pourtant, c'est d'abord cette serviette que j'ai eu l'heur de « visiter ».

Le 26 août 2006, comme je l'interrogeais sur sa parfaite connaissance chronologique de l'histoire de l'humanité et des grandes civilisations : « C'est vrai, ces chronologies sont indispensables à la compréhension du monde, me répondit-il.

– Depuis votre jeunesse, en ayant commencé par l'art et l'Asie, vous avez eu l'ambition de comprendre les grands mouvements de l'humanité.

– Comme tout le monde, non ? »

D'un seul coup, il se lève et me quitte pour passer dans son bureau voisin. Quelques instants plus tard, il en revient avec une belle serviette de cuir noir.

« On se soûle, mais on se nippe, comme disait mon père… Voici ma serviette, le cartable que j'emporte dans les grandes réunions internationales… »

Et de m'expliquer que, dans celles-ci, il y a beaucoup de temps morts, qu'« on s'y emmerde, et que moi aussi j'y emmerde les autres… » Je crois comprendre que le président, par cet aveu, va me faire pénétrer un peu plus avant dans son intimité. J'apprendrai plus tard que si sa femme et sa fille connaissent l'existence de la fameuse serviette, elles n'ont jamais eu accès à son contenu. Lequel est manifestement une représentation de ce qui fait l'essentiel de sa vie : c'est son viatique (dans toutes les acceptions du mot[1]). Il est de tous ses voyages, pour l'avoir toujours à portée de main.

Jacques Chirac ouvre devant moi le cartable noir, en sort des dossiers recouverts de plastique transparent, les pose

---

1. Le petit Larousse écrit : n. m. (lat. *viaticum*, de *via*. route). a. *Vx*. Argent, provisions que l'on donne pour faire un voyage. b. *Litt*. Moyen de parvenir, soutien, atout. c. *Liturgie*. Sacrement de l'eucharistie administré à un chrétien en danger de mort.

devant lui, sur la table, avant de me les passer. Toutefois, il en garde un par devers lui en me précisant qu'il s'agit d'une grande photo de son petit-fils Martin.

Je consulte fébrilement les précieuses fiches et tente de les mémoriser, car j'ai peur que le président ne me les reprenne des mains rapidement. Il faut vraiment être passionné pour se plonger dans des chronologies aussi arides et trouver plaisir à consulter ces pensums rédigés pour la plupart par des spécialistes du CNRS : *Les grandes étapes de l'Histoire de l'homme de l'origine à la Provence romaine... Corrélation Japon, Viêt-nam, Égypte* (sous-titré : *Du roi Scorpion),* un magazine affichant en couverture *Les Sept Grandes Religions,* et, *last but not least,* une page *recto verso* intitulée *D'où venons nous ?... Qui sommes nous ?... Où allons nous ?* Des passages de cette fiche sont surlignés au stabilo vert. La fiche commence par ces lignes :

« Voici trois grandes interrogations fondamentales que chacun d'entre nous se pose, chaque jour, plus ou moins consciemment.

« En cette époque d'incertitude générale, le problème des origines de notre espèce a pris une très grande importance, comme le montre l'intérêt croissant que portent non seulement les chercheurs, mais aussi le grand public, à toutes les informations qui concernent l'homme fossile et son environnement... »

Suivent des informations chiffrées sur l'évolution de l'homme, avec mentions, soulignées en vert, « de l'émergence de la notion de symétrie et de l'acquisition d'un certain sens de l'esthétique avec l'*Homo erectus* [...], des premiers rites funéraires et de la naissance de la pensée religieuse avec l'*Homo sapiens* [...], de l'invention de l'art, il y a un peu plus de 30 000 ans, des outils composites : harpons dont les barbelures sont constituées de microlithes géométriques... » Toutes informations qui sont au centre de sa quête commencée dès l'âge de 14 ans...

La fiche se termine par : « C'est l'Humanité tout entière qui doit élaborer une nouvelle éthique planétaire capable de gérer l'Avenir de l'Homme en gardant en mémoire son origine, sa lente et laborieuse ascension, et ses liens essentiels avec le milieu naturel qu'il doit préserver. »

Je m'étonne de ne pas voir de fiche sur les Celtes. Il dit s'y intéresser depuis très longtemps. Et de s'enflammer sur les découvertes faites à Halstatt au XIXe siècle, « sans lesquelles on ne pourrait comprendre la suite de l'histoire de l'Europe ». En 1824, les premiers indices d'une importante nécropole de l'âge de fer furent en effet découverts sur ce site de Haute-Autriche. Deux mille tombes furent progressivement mises au jour et permirent de situer les débuts de la civilisation celte. Pour parler de ces découvertes et de leurs conséquences sur la connaissance, le président use d'épithètes dont il est pourtant avare : l'adjectif « éblouissant » revient à plusieurs reprises.

Sa passion des Celtes me permet de faire une transition en m'appuyant sur une page du livre de son ancien directeur de cabinet à la mairie de Paris, Bernard Billaud. Celui-ci rapporte un dialogue sur l'histoire, qu'il a eu avec lui dans la capitale italienne, le 25 avril 1980 : « Il n'y a pas de lieu au monde où l'on ressente, plus qu'à Rome, la pesée de l'histoire, au point d'en être écrasé, lui confie Jacques Chirac. C'est comme si les pierres de ces colonnes en ruines me tombaient sur la tête. Je ne supporte pas d'être ainsi lapidé par ces réminiscences d'un passé qui étouffe la vie et qui bloque l'avenir ! » Il parle ensuite de « tous ces palais romains, de ces pierres, de ces rues d'où suinte la mort ». Billaud rapproche ces propos de ceux qu'il a tenus peu de temps auparavant devant cinq journalistes et qui lui furent rapportés par Jean Neuvecelle, alors envoyé spécial permanent à Rome de *France-Soir* et de l'ORTF. Chirac avait déclaré « vomir la civilisation romaine, qui nous a privés de notre identité et de notre âme celtes ». Pour lui, le christianisme n'a ni l'ancienneté, ni la tolérance, ni la véritable profondeur mystique des grandes religions asiatiques. Le doigt vengeur pointé vers moi, il proclame, mi-sérieux, mi-moqueur, son aversion pour la civilisation de la pierre qui s'est épanouie à Rome et à Athènes – une civilisation de barbares, dit-il : « Ici ne se trouvent sûrement pas nos racines et c'est une imposture de prétendre que nous sommes issus de Rome et d'Athènes... »

En ce samedi matin de la fin août, face à un Chirac en jean et pull léger, le visage cuivré par le hâle brégançonnais, je tente de savoir s'il assume toujours de tels propos. Le souffle n'y est pas, mais, à l'évidence, il n'a pas changé d'opinion. En quelques formules lapidaires, il m'expose que « Rome a été une civilisation occupationnelle qui a asservi les autres peuples, une civilisation de type colonial »...

Dès notre premier entretien, j'avais émis le vœu qu'il me fasse visiter son bureau. Il accepte finalement, sans enthousiasme, de se transformer en guide, lors du quatrième, le 3 septembre 2006, ne voyant pas très bien où je veux en venir et estimant de surcroît que je lui fais perdre son temps. Nous passons donc de la salle de réunion, où officiait en d'autres temps Jacques Attali, à son bureau.

À gauche de l'entrée, une console en ronce d'acajou, de style Louis XVI, avec un dessus de marbre blanc et deux étagères. Tout en bas, une sorte de coffret offert par Boris Eltsine : les deux éditions d'*Eugène Onéguine* évoquées précédemment. Sur l'étagère intermédiaire, une petite tête de cheval pré-hellénistique : « Je l'aime bien, non qu'elle soit particulièrement belle, mais parce que c'est Maurice Rheims qui me l'a offerte. » Posée au-dessus, une très imposante Boli du Mali : « Une très belle pièce bambara, que j'aime beaucoup et qui est très fragile. Elle incarne une certaine vision de la vie. Elle est fabriquée avec toutes sortes de cochonneries.

C'est un fétiche. C'est mon cabinet qui me l'a offert. Elle appartenait à la collection de Jacques Kerchache... »

De l'autre côté du canapé de bois doré, la même console en ronce d'acajou supporte une reproduction du crâne de Toumaï.

Devant le canapé, des tasses japonaises – « Je les aime bien, mais elles n'ont aucune valeur » – sont posées sur une table chinoise de laque noire, aux côtés d'un cheval mongol du début du XVIIIe, deux petits éléphants « qui, eux non plus, ne valent strictement rien », mais qui lui ont été offerts par le ministre de la Culture et des Sciences d'Inde, lequel lui avait servi de *cicerone* lors d'un de ses voyages officiels : « Il parlait très bien de toutes sortes de choses, je lui ai offert une montre à double cadran et il m'a en retour offert ces deux petits éléphants qui ne présentent guère d'intérêt. Je les ai remis là parce qu'il est venu me rendre visite la semaine dernière... »

Toujours sur la même table basse chinoise, trois pièces inuits, un bœuf laineux, un phoque et un ours : « Je suis un grand amateur d'art inuit. Il y a très longtemps, j'ai collaboré avec Jean Chrétien à la promotion de l'art inuit. L'ethnie inuit est probablement celle qui compte le plus fort pourcentage d'artistes au monde. Un concentré d'artistes... J'avais plaidé pour l'autonomie du Nunavut et, dès que celle-ci a été proclamée, je suis allé rendre visite à Paul Okalik, le Premier ministre, que j'ai invité à mon tour à l'inauguration du musée du quai Branly. C'est un type très gentil... » Et de me faire profiter d'une longue explication sur la manière dont Jean Chrétien élabora un système de recensement des artistes et de leurs œuvres qui a permis d'éviter « le grand risque de voir ces gens se mettre à fabriquer des cochonneries à longueur de journées ».

Un peu plus loin, dans l'encoignure du mur latéral gauche, Jacques Chirac entreprend de me montrer ce qui m'apparaît comme un espace important de son musée personnel, délimité par le dessus et l'intérieur d'un médaillier en marqueterie Boulle de style Louis XVI. Y trône un rhinocéros, œuvre d'un élève de Dürer, qui fait pendant à un autre rhinocéros de même origine installé, lui aussi, à quelques mètres de là, sur un autre médaillier estampillé Montigny, exactement de même facture que le premier. Le président entreprend de me conter l'histoire de ces deux rhinocéros. En 1515, un événement autre que Marignan a marqué les esprits européens : l'arrivée à Lisbonne d'un rhinocéros offert par le roi Muzaffar II de Cambaye à Alfonso d'Albuquerque, qui l'expédia au roi Emmanuel Ier de Portugal. Aussitôt identifié comme « le » rhinocéros dont parlaient les Anciens, il devint une véritable vedette et suscita l'intérêt des savants. Le roi Emmanuel Ier organisa un combat opposant le rhinocéros à l'un de ses éléphants. Découvrant son adversaire, l'éléphant courut se réfugier dans son enclos et le rhinocéros fut déclaré vainqueur par forfait. Cet exploit fut colporté dans l'Europe entière. Emmanuel Ier décida alors d'envoyer le rhinocéros au pape Léon X, escorté par une ambassade fastueuse. La nef lusitanienne qui le transportait le relâcha en janvier 1516 sur l'îlot d'If, face à Marseille. Le 24 janvier, le roi de France, François Ier, s'y rendit avec sa cour afin de contempler le rhinocéros ; puis la nef repartit, mais elle fit naufrage au large de Portovenere, près de La Spezia. Albrecht Dürer reçut à Nuremberg un croquis du rhinocéros à partir duquel il réalisa un dessin intitulé *Rhinoceros 1515*, puis une célèbre gravure sur bois intitulée *Rhinocervs 1515*. Jacques Chirac m'en montre des reproductions. « C'est à partir de ces dessins qu'un élève de Dürer a fabriqué ces deux pièces que ma femme m'a offertes il y a très longtemps », conclut-il.

D'un air gourmand, le président ouvre les deux battants du médaillier comme s'il me livrait accès à Fort Knox : « Ça, c'est le sumo ! » Il prend une enveloppe sur laquelle figurent des idéogrammes, et entourée de fils bleus. « C'est le yokozuna Asashoryu qui m'en a fait cadeau le soir de son combat vainqueur, le 26 mars 2005, à Osaka, lors de la 14ᵉ journée du Grand Tournoi de printemps : il s'agit de l'enveloppe que l'arbitre lui a remise et qu'il m'a dédicacée. »

À partir de là, décidé à boire le calice jusqu'à la lie, je m'en vais demander à Jacques Chirac de bien vouloir m'épeler les noms des gens et objets qu'il va évoquer. À plusieurs reprises, j'ai cru lire dans ses yeux un brin de commisération pour mon inculture, et autant d'ennui pour avoir accepté de se prêter à un tel exercice. Un ennui qu'il traduira à plusieurs reprises par un courtois : « Tout ça ne présente aucun intérêt... »

Sur Asashoryu – que je crois transcrire ici sans faute, ou, s'il y a faute, en en rejetant honteusement la responsabilité sur mon interlocuteur –, le président émet toute une série de superlatifs : « C'est le grand champion mongol, le très grand... Chaque fois que je vais au Japon, je l'invite à dîner... Il est venu à Paris et m'a rendu visite... » Dans son panthéon, nul doute que le lutteur bénéficie d'une bonne place, voire de la meilleure. Jacques Chirac n'en a d'ailleurs pas terminé avec son amour du sumo, car le meuble de Philippe-Claude Montigny renferme d'autres « trésors » sur la lutte traditionnelle japonaise et ses champions. Une vulgaire chemise de carton bleue contient ainsi les résultats de tous les matchs de sumo depuis 1999.

« Vous connaissez par cœur tous ces résultats ?

– Évidemment, et pas seulement depuis 1999. Je les connais par cœur comme d'autres connaissent les résultats du Tour de France... Chaque fois que je participe à un sommet international qui se déroule durant un tournoi, je me flatte d'obtenir les résultats des matchs au moins une heure avant le Premier ministre nippon... »

Jacques Chirac me montre encore toute une série d'empreintes de mains de champions de sumo sur de grandes feuilles de papier de riz. N'osant demander au président de m'épeler *tous* les noms des yokozuna qu'il m'assène, je me suis arrêté à ceux de Takanohana, du frère de ce dernier et de Nashimahu.

« Vous connaissez probablement mieux le sumo que le Premier ministre japonais lui-même ?

– Là-dessus, je n'ai effectivement aucun complexe à son égard ! »

Toujours du même meuble le président extrait une chronologie comparée des premiers alphabets, et deux dragons chinois en jade : « Je suis toutes les ventes, même si je ne suis pas acheteur… »

Mon guide me conduit ensuite devant une console d'appui en bois doré, dessus de marbre blanc, avec quatre pieds cambrés, de style Napoléon III : « Voici une très jolie pièce offerte il y a très longtemps par ma femme à une époque où les objets d'art chinois valaient peu de chose. Elle est de l'époque Song, X^e-XIIe siècle après Jésus-Christ. Il s'agit d'une tête de Guanyin, un bodhisattva, c'est-à-dire celui qui n'a pas atteint l'Éveil, qui entend rester au service de ses concitoyens, un super-saint en quelque sorte… Là, un petit bouddha… Là, des bronzes archaïques chinois auxquels je me suis beaucoup intéressé… »

Puis il va prendre entre ses mains chacun des cinq vases et me faire un commentaire sur chacun :

« Le plus ancien est un vase à vin Jue de l'époque Xia, c'est-à-dire de la première dynastie… Il appartenait à la collection de Christian Deydier, le président du Syndicat national des antiquaires… Celui-ci appartient à la culture d'Erlitou, un site très ancien de la période des Xia et des Shang… Voici un vase à vin Gu, de la dynastie des Shang, des environs du XVe siècle avant Jésus-Christ, vers la période d'Erlitou, mais un peu plus tardive… Un vase tripode Ding, de la dynastie des Shang, entre 1600 et 1000 avant notre ère, étant entendu que la fin des Shang date de 1027… Enfin voici un vase à vin Zun, de l'époque Shang, que je daterais du XIe siècle avant Jésus-Christ. »

Au milieu de ces vases chinois, le président me montre une figure Mezcala du Guerrero, bien isolée : une « assez jolie pièce mexicaine » qu'il date de 350 ans avant Jésus-Christ. « Tout ça n'est pas extraordinaire... »

Je suis bien incapable de me prononcer sur son jugement tant je suis dépassé par sa culture extra-européenne.

Avant de rejoindre le médaillier en marqueterie Boulle où trône le second rhinocéros de l'élève de Dürer, Jacques Chirac s'arrête en quasi-extase devant « la plus belle pièce : c'est une statuette mumuye... Avec l'art mumuye, on atteint le sommet. Enfin, c'est mon goût à moi, mais personne ne conteste que c'est exceptionnel. Cette pièce venait de la collection de Jacques Kerchache ».

Une fois de plus je suis obligé de faire étalage de mon ignorance et lui demande des explications sur cette statue mumuye.

« Les Mumuye sont une ethnie du nord-est du Nigéria.

– C'est la plus belle pièce que contient votre bureau ?

– Oui. Enfin, je ne dirais pas cela, car j'ai du mal à établir une hiérarchie entre les pièces, mais je considère qu'elle représente un des sommets de l'art. »

Aux côtés de cette grande statuette africaine, une louche faite en os de mouton, venant de Colombie-Britannique, que lui a offert son cabinet : « Une louche pour faire des offrandes, pas pour prendre son petit déjeuner ! Elle est de l'ethnie Tingit et je la trouve très émouvante... »

Nous arrivons au meuble qui supporte le second rhinocéros, lequel est entouré de deux grandes photos de Rafik Hariri, le Premier ministre libanais assassiné le 24 février 2005 à Beyrouth. Jacques Chirac me fait à son sujet un très bref mais fort commentaire : « J'étais très lié à Hariri. » Il présente ensuite une petite pièce arawak, pré-taïno, qu'il situe entre 800 et 1400 avant Jésus-Christ, « probablement vers 1000-1100 » : « Elle n'a aucune valeur artistique, mais je me suis donné beaucoup de mal pour la trouver. J'imagine qu'elle vaut probablement quelque trois cents euros, mais, pour moi, elle a une grande valeur. Il en existe très peu... Je me suis beaucoup passionné pour les Taïnos[1]. J'étais donc heureux d'avoir dans mon bureau une pièce symbolisant cette époque pré-taïno.

« Et voici un petit bouddha de la période Sukhotai que le président Pompidou avait prise en affection et qu'il avait installée dans sa chambre. À sa mort, Claude Pompidou me l'a offerte... »

Nous passons à l'examen des pièces posées sur la cheminée située derrière et légèrement à droite du bureau présidentiel. Jacques Chirac prélève une statuette de terre cuite qui jouxte un candélabre ciselé en bronze doré, neuf lumières, style Louis XVI : « C'est une Haniwa de la période dite des Grandes Tombes japonaises en trous de serrure. Autour de la tombe, il y avait une série de terres cuites qui rendaient hommage au mort, qu'on appelait des Haniwas et qui représentaient un personnage ou un animal... On ne peut pas évoquer leur symbolique, car ces tombes de la période Kofun appartiennent toutes, pratiquement, à la famille impériale et il est par conséquent impossible de les ouvrir et de les fouiller. Je me suis longtemps battu pour participer à une fouille d'une "grande tombe". Sans succès. Ce qui serait intéressant, c'est de connaître ce qu'il y a dans ces tombes. Pour y aller, il faudrait obtenir l'autorisation de la famille régnante ; or, elle ne la donne pas... »

Le président se met alors à me parler *off.* Il évoque l'hypothèse historique de l'origine coréenne des personnes inhumées dans ces tombes impériales... Tout cela relèverait donc

---

1. Dans une interview au *Figaro* datée du 23 novembre 1996, Jacques Chirac a déclaré à propos des Taïnos : « Quand toute l'Europe a célébré à sons de trompe Christophe Colomb, j'ai souhaité pour ma part rendre hommage aux peuples qui ont été les victimes de la découverte du Nouveau Monde. C'est pour cela que nous avions monté l'exposition consacré à l'art des Taïnos. »

du secret d'État. « Allez vous rhabiller, c'est pesé !... »
s'exclame le président.

À côté de l'Haniwa, deux sceptres cérémoniels olmèques
en jadéite que mon guide « aime beaucoup ». Mais que
n'aime-t-il pas en son musée ?« On peut les situer entre 1200
et 800 avant Jésus-Christ. Là, j'ai une statue précolombienne
de Veracruz qui m'a été offerte par mon cabinet. Elle date de
quelque 500 ans après Jésus-Christ. Elle est jolie et je l'aime
bien. »

Dépassé par l'érudition de mon hôte, je veux faire l'intéressant en remarquant un petit tableau encadré, de facture
moderne :

« Une reproduction ?

– Pensez donc ! C'est mon petit-fils qui se passionne pour
la peinture… »

Et, comme s'il s'était déjà trop épanché, il passe rapidement
à l'examen d'une autre statuette que j'aurais dite africaine :

« Ça, c'est sentimental. J'aime beaucoup la Papouasie-
Nouvelle-Guinée. C'est un pays bordélique à souhait. C'est
le dernier conservatoire des langues du monde. Cette pièce
m'a été offerte par Nicolas Hulot après qu'il a eu fait ses
émissions sur la Nouvelle-Guinée, notamment sur les
Asmats. Il m'a rapporté ça… »

J'essaie de me rattraper après avoir qualifié l'œuvre de son
petit-fils de « reproduction ».

« Il n'est pas mauvais, votre petit-fils.

– Il est passionné de peinture. Il avait 8 ans quand il a
exécuté ce tableau… »

Le président met le holà à ce qu'il doit considérer comme
un dérapage sentimental. Et enchaîne sur un autre type
d'émotions :

« Là, c'est le Timor-Oriental. Comme je m'étais beaucoup
engagé dans la défense du Timor, le président Guzmán m'a
offert cela lors de sa visite officielle à Paris, il y a quatre ou
cinq ans. »

Le « cela » est composé de deux statuettes noires : « C'est le symbole de la famille. Les deux figurines sont installées devant la case principale, pendues ou posées. »

J'aperçois sur un guéridon ce qui me semble être de menus objets d'ivoire ciselés.

« Des ivoires ?

– Des faux qu'on m'a offerts en me prenant pour un con. Des faux qui ont la prétention d'être vrais... »

Un autre tableautin du petit-fils. Je n'émets plus de commentaire. Jacques Chirac m'en sait gré et continue : « Un petit monsieur Kasongo du Zaïre, assez ancien, de la première moitié du XIXe. » À ses côtés, une photo où je reconnais l'ancien chancelier Schröder et sa famille. Le président commente :

« C'est Schröder avec la petite fille russe qu'il a adoptée. Elle est adorable. Du jour où elle est entrée dans la famille Schröder, elle a refusé de prononcer un seul mot de russe. »

Nous en arrivons au bureau du président, marqueté de bois de rose et de violette, au dessus de maroquin rouge. De style Louis XV, il est attribué au grand ébéniste Charles Cressent. C'est le président Félix Faure qui le fit installer au palais de l'Élysée.

Jacques Chirac se montre réticent à poursuivre cette visite dont il ne voit guère l'utilité. Il ressasse ses : « Mais ça n'a aucun intérêt... »

Il ne me présente pas la pendulette de voyage « L'Épée » en bronze et laiton dorés, poignée en laiton tourné, mais entame la description suivante :

« Voici une petite coupe anthropomorphe qui est Bembe. Elle n'est pas laide. »

Puis il me montre en souriant une statuette africaine :

« Je l'aime beaucoup, parce que je trouve qu'elle ressemble, à la barbe près, à Kofi Annan. Elle a quelque chose de lui. Je le lui ai dit. C'est une statuette Kongo... »

Je désigne deux petites statuettes amérindiennes et hasarde.

« C'est olmèque ?

– C'est madame de Villepin qui me les a ramenées d'un voyage en Inde. »

Fatigué de jouer les guides, le président fait un dernier effort pour décrire quelques-uns des « petits riens » qui foisonnent sur son bureau : « Un objet que les lettrés japonais posaient sur leurs papiers pour empêcher qu'ils ne s'envolent… Une statuette offerte par David Lee, qui, selon lui, a été faite par un moine bouddhiste. S'il le dit, ce doit être vrai… Voici des monnaies de Calédonie… »

Installé à son bureau, le président peut voir, légèrement sur sa gauche, deux portraits : un petit, de la dimension de deux Photomaton, celui du général de Gaulle, et un beaucoup plus important, celui, très posé, de Martin, son petit-fils, œuvre de Bettina Rheims.

Une clochette en bois : « C'est Maurice Ulrich qui me l'a ramenée d'un voyage. » Enfin « une petite montre de Takanohana, le grand, le très-très grand champion »…

En terminant la visite, le président lâche : « Ça n'avait vraiment pas d'intérêt particulier. Tout cela n'a de valeur que pour moi… »

Nous passons sous le lustre à cinquante-six lumières, bronze doré et cristaux, de la fin du XIXe, et foulons le tapis de savonnerie Louis XIV, pour regagner la salle de conférence mitoyenne du bureau présidentiel et y reprendre nos entretiens.

Pour compléter mon approche de la sphère intime du président Chirac, il me faudrait avoir accès à sa bibliothèque. Par son plus proche collaborateur, je sais que l'affaire est délicate dans la mesure où ses livres sont entreposés dans sa chambre.

En attendant de trouver le sésame, j'ai glané quelques informations sur ses lectures. Il a aimé les auteurs russes : Pouchkine, évidemment, mais aussi Dostoïevski. Il a dévoré depuis belle lurette, comme on l'a vu, tous les livres d'André

Malraux, et en possède deux dédicacés par l'auteur. Aimé beaucoup les romans de cape et d'épée d'Alexandre Dumas dont il a fait entrer les cendres au Panthéon, le 30 novembre 2002 : « Avec vous c'est l'enfance, ses heures de lecture savourées en secret, l'émotion, la passion, l'aventure, le panache qui entrent au Panthéon. Avec vous nous avons été d'Artagnan, Monte Cristo ou Balsamo, chevauchant les routes de France, parcourant les champs de bataille, visitant palais et forteresses. Avec vous nous avons emprunté, un flambeau à la main, couloirs obscurs, passages dérobés et souterrains. Avec vous nous avons rêvé. Avec vous nous rêvons encore. [...] Dumas incarne la France dans ses contradictions les plus intimes. C'est aussi pour cela que les Français l'aiment tant. »

Malraux et Dumas étaient deux auteurs détestés par François Mitterrand… Les bibliothèques des deux hommes d'État n'ont d'ailleurs pas – ou pratiquement pas – de livres en partage. Fromentin, Barrès, Proust, Montherlant, Chardonne, Drieu, qu'aimait François Mitterrand, n'ont jamais inspiré son successeur. Et je doute fort que le provincial de Jarnac ait éprouvé un quelconque engouement pour Francis Carco dont l'ancien député de la Corrèze a lu tous les livres, encore moins pour *La Négresse blonde* de Georges Fourest.

Questionnant l'intéressé pour savoir s'il est vrai qu'il connaissait par cœur *La Négresse blonde,* je l'entends me répondre :

« C'est vrai que je savais par cœur *La Négresse blonde,* ce grand moment de la littérature française… Vous connaissez ? Vous l'avez lue ? »

Une fois de plus, je perçois, à sa mimique, que Jacques Chirac ne comprend pas comment on peut vivre sans avoir lu et relu cette œuvre majeure.

« C'est un merveilleux livre », conclut-il pour enfoncer le clou.

Je me suis évidemment procuré *La Négresse blonde*. Avant d'essayer de tirer quelques menus enseignements d'une telle passion pour un tel livre, je ne résiste pas à l'envie de citer un bref passage que le président de la République non seulement appréciait, mais pouvait encore réciter par cœur :

> Quand j'atteignis 15 ans, le Cid Campeador,
> Pour m'offrir sa tueuse et ses éperons d'or,
> Sortit de son tombeau ; d'une voix surhumaine :
> « Ami, veux-tu coucher, dit-il, avec Chimène ? »
> Moi, je lui répondis « Zut ! » et « Bran ! » Par façon
> De divertissement, d'un coup d'estramaçon
> J'éventrai l'Empereur ; puis je châtrai le Pape
> Et son grand moutardier : je dérobai sa chape
> D'or, sa tiare d'or et son grand ostensoir
> D'or pareil au soleil vermeil dans l'or du soir !
> Des cardinaux traînaient mon char à quatre pattes,
> Et je gravis ainsi, sept fois, les monts Karpathes.
> Je dis au Padishah : « Vous n'êtes qu'un faquin ! »
> Pour ma couche le fils de l'Amorabaquin
> M'offrit ses trente sœurs et ses quatre-vingts femmes,
> Et je me suis grisé de voluptés infâmes
> Parmi les icoglans du grand Kaïmakan !
> ....
> Matagrabolisant le pleutre qui me rase,
> Me souciant très peu que l'on m'approuve ou non
> Et laissant aux châtrés l'exsangue périphrase,
> Eh bien oui ! j'ai nommé la Merde par son nom !

Fourest a aussi parodié les écoles littéraires et les grands classiques (Corneille, Hugo...), et c'est probablement une des raisons qui l'ont fait aimer de Jacques Chirac. L'anticonformisme de cet avocat natif de Limoges, menant apparemment une vie rangée, avait tout pour séduire un garçon qui avait pris le contrepied culturel de son milieu.

Provincial mais voyageur, poète, ami des peintres, Carco était aussi un bourgeois qui, le soir venu, traînait dans les quartiers chauds pour en tirer l'inspiration de *Jésus la Caille* ou de *Prison de femme*, entre une centaine d'autres œuvres...

Pour avoir une connaissance plus précise des livres que Jacques Chirac aime à prendre en main, feuilleter, regarder, lire, l'idéal aurait été d'entrer dans sa bibliothèque, mais celle-ci et sa chambre ne font qu'un. Intime est donc le cabinet de lecture du président. Je sais néanmoins qu'il a gardé intactes la chambre décorée par Jean-Michel Wilmotte et l'antichambre dallée noire, décorée par Philippe Starck et dans laquelle François Mitterrand se plaisait à travailler quand il souhaitait n'être pas dérangé. L'esprit de François Mitterrand rôde toujours à l'Élysée, avec la complicité des Chirac. Depuis l'Élysée, pour ses derniers vœux, il avait déclaré aux Français : « Là où je serai, je resterai avec vous. » Il est resté dans ce palais plus qu'ailleurs. Mais, sur la table ronde de la pièce noire, livres et dossiers ont été remplacés par de petits objets inuits et de menus cadeaux faits par Laurence à son père. Dans la chambre elle-même, à part les œuvres de Baudelaire et certains titres de Jean d'Ormesson, François Mitterrand n'aurait sans doute pas aimé être enfermé ou malade avec les ouvrages de son successeur pour seuls compagnons.

Les livres de Chirac, à quelques exceptions près, sont en harmonie avec les objets de son bureau et avec sa serviette noire. D'abord les exceptions. Celle, peu surprenante : tout ce que le général de Gaulle a écrit s'y trouve – certains livres y figurent même en plusieurs éditions. Plus surprenantes : toute la collection des livres de la Pléiade, Verlaine, les romans de Gide, six tomes de Paul Éluard dans une jolie reliure, le *Dictionnaire abrégé du surréalisme* de Paul Éluard et André Breton, un livre sur les rapports entre Paul Éluard et Max Ernst, les œuvres complètes de Saint-Exupéry, plusieurs anthologies de la poésie française, dont évidemment celle de Georges Pompidou, quelques livres qui appartenaient à ce dernier, les fables de La Fontaine, le *Catalogue raisonné de l'œuvre peint* de Nicolas de Staël, *Amers* de Saint-John Perse, quelques dizaines de romans policiers.

Tout le reste de la bibliothèque est consacré aux origines de l'humanité, à l'archéologie, aux civilisations perdues, à l'Asie, aux religions, à l'écriture, aux langues et aux arts premiers. Sans prétendre être exhaustif, citons : les grands *Atlas Universalis de l'archéologie et des religions, Splendeurs des civilisations perdues, Femmes* de Philippe Sollers, *Chinese Ceramics, Les Arts de l'Asie centrale, Les Arts de la Chine* (de 1665, dédié à Mgr de Colbert, cadeau de Charles Pasqua), *Le Japon artistique*, les cinq volumes du *Dictionnaire encyclopédique d'histoire* (de Michel Mourre, chez Bordas), le *Dictionnaire universel francophone*, l'*Encyclopédie des Religions* (de Frédéric Lenoir et Ysé Tardan-Masquelier), l'*Histoire de l'écriture, des religions et des hommes* (Jean Delumeau), *Halte à la mort des langues* (Claude Hagège), *L'Enfant aux deux langues* (Claude Hagège), *Naissance de l'écriture cunéiforme et hiéroglyphique, L'Aventure des écritures, Les Rites de l'au-delà* (Jean-Pierre Mohen), *La Femme des origines* (Claudine Cohen), *L'Âge d'or de l'Humanité* (Jean Chavaillon), *Trois millions d'années, quatre-vingts milliards de destins* (Pierre Chaunu), *Mythologies, une anthologie illustrée des mythes et légendes du monde* (Gründ), *L'Archéologie en France et dans le monde* (Nathan), de nombreuses publications d'Yves Coppens, Pascal Picq, Henry de Lumlet, Jean Malaurie, *L'Aube de la France* (Paul Guth), *L'Identité de la France* (Fernand Braudel), tous les livres d'art de la collection « Citadelles » chez Mazenod, de nombreux livres sur l'Égypte ancienne, sur l'art précolombien, sur l'histoire et l'art chinois, et toute la collection de l'univers des formes par André Chastel, *L'Histoire générale de l'Afrique* en huit tomes, d'autres ouvrages sur l'art africain, une *Histoire de l'empire mongol*, des livres sur Confucius, de Lao-Tseu, *Les fils de Gengis Khan*, des ouvrages sur le Tibet et beaucoup d'autres de la même eau, sans oublier celui qui a probablement été le plus lu depuis son adolescence, *L'Empire des steppes : Attila, Gengis Khan, Tamerlan*, de René Grousset, livre qui concentre et résume à lui seul le « Chirac intime ».

René Grousset était le directeur du musée Guimet quand le jeune Chirac entama la quête qui allait ouvrir un large champ à son imagination enfiévrée : monde des nomades et des chamanes, où l'art des steppes représente incontestablement l'une des communions les plus saisissantes de l'homme avec l'univers, selon l'expression d'André Malraux.

À partir d'un fonds culturel aussi « décalé » – je pense encore au parallèle avec François Mitterrand –, Jacques Chirac a-t-il, comme tous ses prédécesseurs de la Ve République, envisagé d'écrire ?

Il commence par répondre « non » , puis nuance :

« J'ai écrit en grande partie *La Lueur de l'espérance*... Il faut vous dire que j'ai toujours été suroccupé ... Il y a des gens qui ont une intelligence très véloce, moi je suis un besogneux, je ne suis pas un rapide, je n'ai donc pas trouvé le temps d'écrire.

– Vous auriez aimé écrire ?

– Probablement.

– Vous avez omis de me dire que vous avez rédigé en partie un manuscrit qui s'appelle *Les Mille Sources*. »

Le président de la République s'abstient de me répondre, mais me livre une confidence :

« Il y en a un qui me poussait à écrire : c'est Pierre Seghers... Et puis je ne l'ai pas fait », dit-il avec une pointe de regret dans la voix.

Quelques entretiens plus tard, ayant lu dans un ouvrage récent, *La Guerre des trois*[1], que Jacques Chirac, envisageant à la fin de 1994, pour cause de mauvais sondages, d'abandonner la politique, avait commencé à élaborer un scénario

---

1. De Serge Raffy, Fayard, 2006.

sur une princesse chinoise, je l'interroge sur ce projet ciné-
matographique.

« Je suis insensible à la haine et tout aussi insensible au
découragement. Je ne crois pas aux sondages, qu'ils soient
bons ou mauvais. C'est ma grande différence avec
Sarkozy... Je lui dis toujours : "Arrête de te fier aux sondages !" »

— Vous voulez dire par là que vous n'avez jamais songé à
arrêter à la fin 1994 ?

— Absolument pas !

— À quel moment avez-vous commencé à rédiger ce
scénario ?

— J'ai commencé il y a sept ou huit ans... C'est l'histoire de
Yang Guifei, *La Concubine précieuse Yang*, le grand amour
qui anima la vieillesse de l'empereur Xuanzong, des Tang.
J'avais réussi à convaincre la ravissante actrice chinoise Gong
Li de jouer le rôle de Yang Guifei. C'est une merveilleuse
histoire qui se passe au Moyen Âge, au VIIIe siècle. J'en ai
écrit un bon tiers, je l'ai toujours sous le coude... »

Toujours la même fascination pour la Chine, mais aussi
pour le Tibet, le Japon. Sa femme rapporte qu'il ne se lasse
pas de visionner *Les Sept Samouraïs*... On est bien loin de
l'« agité », buveur de bière, quasi analphabète, n'aimant que
les polars, dont le seul vrai plaisir serait d'arpenter les
campagnes françaises et d'y flatter le cul des vaches. Sa
culture, la vision du monde qui en découle, en font un président hors normes, et sa pensée politique ne peut pas, à
l'évidence, ne pas en être imprégnée.

II

Grand-père,
pères et autres repères

12.

L'imposante figure du grand-père Chirac

« J'ai peu de souvenirs de mon grand-père Chirac, car il est mort alors que j'avais 5 ans. Il était très grand et fort. Dans la famille, on réduit de père en fils, en taille et en corpulence. Mon grand-père était plus grand que mon père, lequel était plus grand que moi. Ce doit être un phénomène de dégénérescence ! Mon grand-père était un vrai personnage, un bloc d'autorité. Il me terrorisait un peu. »

Ces quelques mots du président suffisent à justifier qu'on aille faire connaissance avec son aïeul et son père, même si la connaissance de l'hérédité n'a jamais fait partie des sciences exactes. Jacques Chirac nous ouvre néanmoins une piste en affirmant – à tort – que les deux Chirac qui l'ont précédé étaient plus grands et plus forts que lui, et qu'ayant beau être le premier des Français, il n'est pas le plus grand des Chirac… Il voit en son aïeul un homme de quelque deux mètres, dépassant son fils de cinq centimètres et son petit-fils de dix… Or Jacques Chirac l'aurait dépassé de cinq centimètres, et son père de huit !

Bernadette Chirac est elle aussi convaincue[1] que Louis Chirac a exercé une grande influence sur son petit-fils, alors

---

1. *Conversation*, de Bernadette Chirac avec Patrick de Carolis, *op. cit.*

même qu'il est mort quand le petit Jacques n'avait pas l'âge de raison : « Il en avait une peur épouvantable [...]. Mais si mon mari n'a finalement pas connu ses grands-parents, je crois beaucoup à l'hérédité sur le plan du caractère. En le regardant évoluer au jour le jour, dans sa manière de travailler, d'exposer un dossier, je reconnais le didactisme de l'instituteur. »

Laissons à nouveau le président égrener ses propres souvenirs : « Mes quatre grands-parents étaient instituteurs laïcs, mais le plus imposant était le grand-père Chirac. Il était maître d'école et il a terminé sa carrière à Brive comme directeur de l'école Firmin-Marbot, qu'on appelle aujourd'hui école Chirac. Si vous demandez l'école Firmin-Marbot, les gens ne savent pas ce que c'est, mais si vous demandez l'"école Chirac", tout le monde connaît. Il a été un grand directeur d'école. Une autre chose connue est qu'il fut franc-maçon. J'ai même retrouvé dans le grenier de ma petite maison de Sainte-Féréole des accessoires de franc-maçon : c'était de notoriété publique. Michel Baroin[1], un de mes grands amis, m'en parla comme de quelqu'un qui avait une place éminente dans la franc-maçonnerie.

« Brive vivait au rythme des éditoriaux virulents que se lançaient chaque semaine le chanoine Chastrusse, dans le journal local catholique, et mon grand-père, dans le journal local de gauche. Plus tard, Louis Chirac a été correspondant de *La Dépêche*, et en était bien vu. Ce n'était pas un correspondant ordinaire, c'était une personnalité. »

Jacques Chirac me quitte pour aller chercher un dossier sur son grand-père. Il revient avec quelques photocopies d'articles de journaux, celle de sa carte de correspondant de *La Dépêche* de Toulouse, et quelques lettres de son père

---

1. Ancien grand-maître du Grand Orient de France, ancien patron de la Fnac, décédé dans un accident d'avion en Afrique le 5 février 1987.

datées de 1943 et 1945 à propos de ravitaillement et d'utilisation de « points » pour l'habillement.

À partir de là, je ne pouvais faire l'économie d'une enquête en Corrèze...

Louis Chirac est né le 29 octobre 1868 à Beaulieu-sur-Dordogne, de François Chirac, charpentier, installé place du Champ-de-Foire, et d'Anna Moutet. Il est longtemps resté attaché à son village natal qui ne manqua pas d'atouts pour retenir ses enfants. Si les chantiers de construction de gabarres commencent à péricliter à cause du développement du chemin de fer, le château d'Estresses, où les Normands furent arrêtés par le roi Eudes en 889, ainsi que son abbatiale Saint-Pierre, fondée au IXe siècle, rattachée à Cluny au XIe siècle, défient le temps. Louis a-t-il été marqué, quand il avait 6 ans, par la mort à l'âge de deux mois de son frère Pierre ? Quelles étaient les relations des Chirac de la place du Champ-de-Foire avec les autres Chirac, cultivateurs de Beaulieu ? Je sais seulement que Louis, comme son copain Bouffard, ont été remarqués par l'instituteur et incités à poursuivre leurs études. Le charpentier a accepté que son fils emprunte l'« ascenseur social » et s'est pour cela saigné aux quatre veines, comme on disait alors...

Louis passe son brevet élémentaire le 1er avril 1885 et intègre ensuite – comme Bouffard – l'École normale de Tulle, avec la place de major de sa promotion. Il passe son brevet supérieur le 30 juillet 1888 et est nommé, le 1er octobre, instituteur-stagiaire à Beaulieu. Rien ne pouvait lui faire davantage plaisir, car non seulement il aime Beaulieu plus que tout au monde, mais avec ses mille francs de traitement annuel, il va pouvoir aider ses parents, usés, ainsi qu'une vieille grand-mère, qui, sans lui, ne pourraient mener une vie décente[1].

---

1. Les éléments relatifs à la carrière de l'instituteur Louis Chirac ont été puisés dans son dossier administratif déposé aux Archives départementales de Corrèze sous la cote W1801A.

Tout le monde semblait être satisfait du jeune instituteur bellocois quand, en 1893, deux rapports d'inspection sévères sont rédigés contre lui. Le premier, le 9 juin, estime qu'il a mal expliqué le mot « liberté », qu'il surveille mal le travail de ses élèves, et qu'il a écrit au tableau noir « Mac Maon », en oubliant le h, et « Crèvy » au lieu de Grévy. Le second, le 18 novembre, lui reproche de n'avoir pas préparé ses leçons, de lire mal la fable du *Héron*, et conclut : « Il ne réfléchit guère, son enseignement est banal, terre à terre, sans idéal. » Ces rapports critiques sont-ils inspirés par une cabale politique fomentée à son encontre ? Il est soupçonné d'être « mielvacquiste » : avait-il pris fait et cause pour Michel Mielvacque de Lacour, député républicain progressiste et socialiste de Brive (1893-1898), à la réputation sulfureuse ? ou s'agit-il – plus probablement – d'une cabale étayée sur ses relations avec un homonyme du député, Marcel Mielvaque[1], né à Beaulieu en 1867, soit moins d'un an avant Louis Chirac ? Toujours est-il qu'en 1894, le jeune instituteur est muté à Ségur, à une bonne centaine de kilomètres. Il râle, tempête contre ce qu'il estime être une grave injustice. Il écrit à l'inspecteur d'académie pour exprimer son mécontentement, protester qu'il est le principal soutien de ses parents et de son aïeule « qui ne vivent et n'ont jamais vécu que pour moi ». À Ségur il est en effet dans l'impossibilité de leur venir en aide, d'autant qu'en quittant Beaulieu il a perdu un certain nombre d'avantages, notamment en ne donnant plus de cours particuliers. Il estime cette perte à quelque trois cents francs par an. Il sollicite une nouvelle affectation dans le canton de Beaulieu.

Ses démarches pressantes ne sont guère appréciées : « M. Chirac a le tort grave de n'avoir pas confiance unique-

---

1. Voir la revue régionaliste *Lemouzi* de 1907, dans laquelle Mielvacque a écrit un long article sur Beaulieu. Après avoir quitté le bourg, il a fait une petite carrière d'écrivain.

ment en ses chefs… » Il n'en continue pas moins à réclamer son changement d'affectation, car il s'est marié avec Honorine Dumay, institutrice à Cahus, dans le Lot, et serait même prêt à quitter la Corrèze pour l'y rejoindre. Finalement, il obtient partiellement satisfaction. L'inspection d'académie le nomme à Collonges en mai 1897, le rapprochant ainsi de Beaulieu, et son épouse est affectée pour sa part en Corrèze, ce qui met fin à près de deux années de séparation.

Il était temps : Abel Chirac naît en effet le 6 janvier suivant à Beaulieu, au domicile des parents de Louis.

Louis ne reste que quelques mois à Collonges. Il est muté jusqu'en 1901 dans la petite commune médiévale de Donzenac, mais postule toujours son retour à Beaulieu. En septembre 1899, il prétexte la mort de sa mère, la maladie de son père, 67 ans, et les 85 ans de sa grand-mère pour réitérer sa requête. Il est finalement nommé à Queyssac où le couple va rester sept ans.

Sa femme et lui ne se plaisent guère dans cette nouvelle affectation car « Queyssac est déshéritée et arriérée », qu'elle n'a pas l'eau courante et que les communications y sont difficiles. Invoquant la « néphrite aiguë, avec complications cardiaques, de son père », il se démène pour quitter Queyssac. En 1908, il demande n'importe quel poste à Brive afin d'inscrire leur jeune fils Abel – père du président de la République –, qui a maintenant 10 ans, dans une école secondaire. Leur enfant étant d'« un tempérament délicat », les Chirac n'ont jusque-là pas voulu s'en séparer et l'ont gardé près d'eux à Queyssac.

En décembre 1908, Honorine Chirac est nommée dans une école maternelle de Brive et Louis, adjoint-titulaire à l'école publique de garçons de la rue Firmin-Marbot, également à Brive. Les Chirac sont manifestement heureux de cette affectation après plus de vingt ans de bons et loyaux services dans des communes rurales. « Hussard noir de la République »,

Louis va y donner sa pleine mesure, inculquer ses valeurs de solidarité et de fraternité à des élèves dont il veut faire des citoyens responsables, dans cette République dont il est un fervent militant. En juin 1912, l'inspecteur qui vérifie ses aptitudes est impressionné : « On chante chez M. Chirac en entrant en classe et en changeant d'exercice. Cela jette une note gaie au milieu de la sévérité de la classe, et délasse… Cela, malgré une classe très nombreuse, très pénible… »

Alors que son fils Abel vient de partir pour la guerre, Louis est nommé directeur de son école à titre provisoire. En 1919, il passe directeur titulaire. Ses rapports d'inspection sont élogieux. Celui de 1923 le qualifie de « très bon directeur » après que l'inspecteur s'est dit impressionné par sa leçon de morale sur la solidarité et l'entraide. Chaque inspection se conclut désormais par une lettre de félicitations. La dernière a lieu le 22 avril 1929. On y apprend que Louis Chirac fait apprendre par cœur des poèmes des *Châtiments*, notamment « Les Soldats de l'an II », mais aussi un portrait de La Bruyère et un poème de Clément Marot. Il vient de faire étudier la biographie de Voltaire, le mouvement des idées au XVIII\e siècle… En histoire, il a fait travailler ses élèves sur la guerre d'indépendance américaine. Le rapport se termine par : « Il donne à tous l'exemple du travail et de la probité professionnelle, et c'est évidemment ce qui lui vaut une autorité incontestée et un prestige bien mérité. Aussi son école se place-t-elle parmi les meilleures. Très bien. »

Apprécié des parents d'élèves, Louis Chirac va rapidement devenir une personnalité briviste. Éducateur du peuple, c'est à partir de l'importance qu'il attache à la laïcité et à la défense de l'école publique que ce promoteur acharné des principes républicains va étendre son champ d'action. Franc-maçon, il devient même Vénérable de la loge La Fidélité à l'orient de Brive-la-Gaillarde. Cet engagement au service du progrès de l'humanité va trouver de nombreuses applications concrètes sur les terrains politique, philosophique et social.

Membre très actif du bureau du Parti radical-socialiste de l'arrondissement de Brive, il s'engage dans tous les combats de l'entre-deux-guerres. Il adresse des lettres d'insultes à Charles de Lasteyrie, député de Corrèze (1919-1924), ministre des Finances dans le cabinet Poincaré (1922-1924). Ironie de l'histoire : Jacques Chirac, son petit-fils, épousera Bernadette, la propre nièce de Lasteyrie !

La grande spécialité du directeur d'école sera surtout de « bouffer du curé » avec une franche allégresse, surtout dans la période du Cartel des gauches qui relance la guerre entre catholiques et laïcs comme au temps du petit père Combes. L'évêque de Tulle, monseigneur Castel, se montre particulièrement virulent envers les francs-maçons. Dans le premier numéro de l'*Union catholique de Corrèze*, daté d'octobre 1925, il fustige ces « personnages [qui] travaillent dans le mystère […] et se sont attaqués à tout ce qui faisait la force et la beauté de la France chrétienne ». Les *Unionistes* réclament à chaque numéro l'abrogation des lois contre les congrégations de 1901 et de 1904[1]. Leur cheval de bataille est le retour à la liberté de l'enseignement. « La liberté d'enseignement existe-t-elle en France ? » interrogent-ils. Les catholiques corréziens n'admettent pas que dans leur département, seulement un enfant sur dix fréquente l'école libre ; aussi fêtent-ils en grande pompe l'ouverture à Brive d'une école Bossuet. Pour les aider dans leur combat contre les francs-maçons locaux, ils appellent à la rescousse des personnalités qui feront plus tard figures de sinistres sires comme Xavier Vallat, alors député de l'Ardèche (à Brive le 13 octobre 1929 à la salle Saint-Libéral) ou Philippe Henriot (au Congrès diocésain du 4 octobre 1931).

Mais les banquets laïcs organisés autour d'Henri Chapelle, maire radical-socialiste, et du sénateur Labrousse, remportent

---

1. La première soumettait les congrégations à une étroite surveillance ; la seconde leur interdisait tout enseignement.

toujours autant de succès. Et quand Chapelle parle de la
laïcité comme du « piédestal de la République », son ami
Louis Chirac n'est pas le dernier à applaudir.

Ce dernier polémique certes avec curés et évêque, rédige
des tracts, mais il se dévoue surtout sans compter pour de
nombreuses œuvres qui viennent en aide à la classe laborieuse. Il sera ainsi longtemps secrétaire général de la société
de gymnastique La Gaillarde, mais aussi président de
l'Université populaire (après en avoir été nommé vice-
président en mars 1924[1]), vice-président de l'Association des
anciens élèves des Écoles laïques, secrétaire de la section
cantonale des pupilles de la nation...

Après une telle somme d'activités, Louis Chirac aurait pu
profiter quelque peu de sa retraite, qu'il prend à la fin de
l'année scolaire 1930-31, mais il va au contraire se mettre
plus que jamais au service des autres. Repéré pour ses talents
de polémiste par *La Dépêche* de Toulouse, il est sollicité pour
prendre la place de rédacteur-correspondant à Brive, laissée
vacante par un certain Royer qui vient de trépasser. Il devient
donc journaliste le 26 mai 1931. Activité qu'il va mener avec
brio sans délaisser pour autant les autres, notamment celle de
responsable de la gestion de l'Office des habitations à bon
marché (HBM), qui lui a été confiée par son ami Henri
Chapelle, maire de Brive, lequel a fait construire la Cité des
Roses où sont logées quelque cent familles nombreuses à
revenus modestes. Sa gestion ne se limite pas à l'encaisse-
ment de loyers très modérés ni à l'écoute des problèmes de
ses administrés : il fait de cette cité un lieu de convivialité, y
organise des fêtes, y fait venir des gens de théâtre, des musi-
ciens, des forains... Il traduit là dans les faits son engagement « Front populaire ».

---

1. Un certain Jarrige en était alors secrétaire-archiviste.

Avant de s'enflammer pour la coalition de gauche en 1936, Louis Chirac s'est battu pour défendre la République quand, en février 1934, il l'a crue menacée. À la fin de cette année, à l'occasion des élections au Conseil d'arrondissement de Brive, il revendique haut et fort ses engagements. Il ouvre les colonnes de *La Dépêche* aux trois candidats de gauche, ce qui lui vaut une violente philippique du *Courrier du Centre*, auquel il riposte le 1er décembre 1934 :

« ... Tous trois sont également attachés à la défense des idées laïques et républicaines, au progrès social de la démocratie. Cela vous paraît intolérable. Pour un peu, vous le déclareriez immoral. [...] Tout doux, cher monsieur. Regardons un peu, s'il vous plaît, les deux "blocs" en présence.

« À gauche, je le répète, parce qu'il ne faut pas se lasser de le dire, le bloc de tous les républicains qui demeurent invariablement fidèles à leurs principes, à leur programme, qui travaillent et qui luttent pour la paix – oui, la paix intérieure et extérieure, la concorde et la fraternité sociale – et non, comme vous le dites dans un but par trop intéressé, pour la révolution ; le bloc de tous ceux qui placent au-dessus de tout la défense de la République et des droits de la représentation nationale... »

Après une charge contre le « bloc des droites », Louis Chirac conclut : « Et c'est pour cela que dimanche prochain, toutes les forces de gauche feront bloc contre vos troupes bigarrées. Le résultat de la bataille ne saurait être douteux : le drapeau républicain en sortira victorieux ! »

Ce même 1er décembre 1934, *Le Petit Gaillard*, journal catholique de Brive-la-Gaillarde, s'en prend lui aussi aux « cabrioles mirlitonnesques » de Louis Chirac : « Il en vient à dire que tous ses lecteurs – rares, du reste – voteront pour son candidat, mais il n'ose pas le nommer. Au fond, il espère que les radicaux de sa teinte blafarde, embarrassés, se résigneront à voter pour lui-même... »

En ces temps politiquement agités, Louis Chirac est de toutes les manifestations, à la fois comme militant et au titre de journaliste. Il relate avec ferveur le rassemblement populaire qui a regroupé plus de cinq mille personnes à Brive, le 14 juillet 1935, et le serment solennel qui a été prononcé, ce jour-là, de « rester unis pour le pain, la paix et la liberté ». Il applaudit quand, après les élections du printemps 1936, il constate que la discipline républicaine a parfaitement été respectée dans l'arrondissement de Brive, même si son ami Chapelle a été obligé de se désister en faveur de Jean Romajon, adjoint au maire socialiste. Le 23 mai 1936, il participe au Congrès de l'Union française pour le suffrage des femmes qui se tient cette année-là à Brive. Il est à la table d'honneur du banquet qui clôt, à l'hôtel Montauban, le rassemblement des féministes. Quelques journaux reproduisent une photo où on le voit au milieu d'un groupe de congressistes sous une banderole proclamant : « Les Françaises veulent voter ! » Il encourage les femmes de Brive qui défilent pour exiger le droit de vote.

Brive peut alors être fière de compter deux Corréziens au sein du gouvernement Léon Blum : Charles Spinasse, ministre de l'Économie nationale, et Suzanne Lecorre, sous-secrétaire d'État à la Protection de l'enfance. Quand, le 14 juillet 1936, tous deux viennent inaugurer, à Brive, le Foyer social de l'enfance, et se retrouvent parmi les militants du Rassemblement populaire qui, l'année précédente, ont fait le serment solennel de rester unis « pour le pain, la paix et la liberté », Louis Chirac rassemble ses plus beaux adjectifs dans un article exceptionnellement long et dithyrambique destiné à célébrer l'événement dans *La Dépêche*.

Le 25 août 1936 a lieu à Brive un meeting de soutien aux Républicains espagnols, rassemblant plus de cinq cents personnes qui concluent la réunion en entonnant *L'Internationale*. « Les Républicains et antifascistes de Brive se déclarent solidaires de leurs frères espagnols », écrit dès le lendemain Louis Chirac. Nul besoin de solliciter beaucoup ses écrits pour affirmer qu'il doit être fier de travailler pour un journal qui, dès le déclenchement de la guerre d'Espagne, a consacré toutes ses unes et une part importante de son espace à la défense des Républicains et des brigadistes internationaux venus les soutenir. Il se sent alors en parfaite harmonie avec son journal, sa municipalité, son parti. Brive accueille des réfugiés d'outre-Pyrénées. Comme tous ses amis, il est convaincu que « le fascisme ne passera pas ». Dans *La Dépêche* datée du 6 janvier 1937, d'une plume enthousiaste, il rapporte les discours tenus à Brignac à l'occasion d'une réunion du Rassemblement populaire. Les envolées communistes et pacifistes ne l'ont pas choqué. Il en est convaincu : « Après une telle journée à Brignac, nous sommes assurés que le fascisme ne passera pas... » En ce même mois de janvier, il est élu président du Syndicat de la Presse briviste et réélu assesseur au bureau du Parti radical-socialiste de l'arrondissement.

Il meurt le 8 mai 1937. Ses obsèques, dignes d'un ministre, qui ont lieu le 11 mai, attirent une foule considérable. De nombreux discours sont prononcés, où il est question du « grand vide qu'il laisse dans le parti radical-socialiste » ainsi que « dans les différentes organisations locales de défense laïque et d'éducation populaire ». Bouffard, son copain d'enfance, devenu directeur de l'autre école publique de Brive, résume en ces termes tout ce qui s'est dit ce jour-là : « ... Chirac avait une âme ardente, facilement enthousiaste, une intelligence très vive qui m'a toujours subjugué, un savoir étendu. Doué en même temps d'une énergie qu'accentuait un organe puissant, il avait tout ce qui donne l'autorité [...]. Mêlé à la vie publique comme correspondant du journal *La Dépêche* de Toulouse, il s'était bientôt imposé par la sûreté de ses informations, de ses jugements, par la tournure franchement littéraire de ses articles, et, de ce fait, acquit une influence incontestable et souvent heureuse dans les affaires politiques et dans la vie de la cité. » Même les journalistes qui ne partagent pas ses idées louent son « esprit de tolérance et de liberté qui fait la force des démocraties », ajoutant qu'« il défendait ses idées avec une ardeur et un courage qui le faisaient respecter de ses adversaires ; ses polémiques ardentes étaient dégagées du sectarisme étroit et de la calomnie ; il savait toujours garder la mesure et la courtoisie la plus parfaite ».

Un journal signale même, sans citer son prénom, que le petit-fils de Louis Chirac assistait aux obsèques. Le président de la République n'en garde aucun souvenir.

13.

Un père sévère, une maman-poule

« Ce soir, je pense à mes parents. Je pense aux patriotes simples et droits dont nous sommes tous issus. J'aurai accompli mon devoir si je suis digne de leur mémoire. » Le 7 mai 1995 à 21 heures, depuis la salle des fêtes de l'Hôtel de Ville, Jacques Chirac, qui vient d'être élu président de la République, dédie sa victoire à ses parents.

Qui étaient-ils ? Quelles relations entretenait-il avec son père, avec sa mère ? Une meilleure connaissance de ses parents permet-elle d'élucider le « mystère Chirac » ?

Avant même de l'interroger à ce sujet, j'avais pu noter, dans les articles et les livres qui lui étaient consacrés, qu'il était admis que Jacques Chirac avait eu un père très sévère et une mère qui l'avait couvé, voire étouffé de son affection. Dans *Les Mille Sources*, manuscrit qu'il n'a pas achevé, il donne lui-même une indication importante sur son père : « Il était sûr de lui, plus grand et plus fort que moi, ce qui lui conférait un avantage considérable. » À première question classique (Qui était votre père, et quelles relations entreteniez-vous avec lui ?), réponse également classique.

« Mon père est né en 1898. Il a été mobilisé à 18 ans. Envoyé à Verdun, comme tout le monde. Là, il a été grièvement blessé et laissé pour mort sur le terrain. Ma mère a reçu la lettre… En réalité, il n'était pas mort. Il s'en est sorti. Il est revenu. Il n'avait pas de diplôme, est entré dans la banque, a été directeur de l'agence de la BNCI de l'avenue de la Grande Armée. Parmi les principaux clients, il y avait l'avionneur Henry Potez, qui l'a débauché. Il est ainsi devenu le plus proche collaborateur de ce dernier. En 40, il a fait déménager l'usine de Méaulte, où l'on fabriquait le Potez 63, avant l'arrivée des Allemands. Il était au Canada en juin 40. Il est resté très lié avec Marcel Bloch et Henry Potez… »

Le président dit qu'il tient de son père un respect spontané des gens. Contrairement à son grand-père, dit-il, son père n'était pas franc-maçon – « ça ne l'intéressait pas, mais, en revanche, il éprouvait une espèce d'allergie au racisme et à l'antisémitisme, il n'admettait pas qu'on soit anti-les-autres. Et même à propos des Allemands il disait : "Il faudra qu'on se réconcilie avec eux. Ce ne sont pas les Allemands qui ont tort, c'est leurs chefs."

– C'est donc lui qui vous a transmis un certain nombre de valeurs.

– On ne peut pas dire qu'il me les a transmises, car chez nous c'était naturel, spontané… Jamais il ne m'a dit : "Il faut être ceci, ou cela."

– Politiquement, il était quoi ?

– Rien. Rien : il n'a jamais milité dans aucun parti politique. C'était un homme modéré.

– Se montrait-il autoritaire avec vous ?

– Ah oui, il était autoritaire ! Mais il était juste. J'avais de très bonnes relations avec lui, parce qu'il était juste. Je ne me suis jamais disputé avec lui.

– Vos carnets de notes n'étaient pas terribles. Comment y réagissait-il ?

– Il ne réagissait pas très bien, mais je me suis toujours débrouillé en faisant bouger la barre et en passant de justesse d'une classe à l'autre ; je n'ai jamais redoublé. Puis, au moment du bachot, je me suis dit : c'est sérieux ; là, il y a un objectif, et je me suis mis à bosser en première, et j'ai décroché le bac du premier coup avec mention assez bien. Avant, je passais d'une classe à l'autre en frôlant la moyenne, mais je n'ai jamais redoublé ni n'ai jamais eu à passer d'examen de rentrée. L'idée de travailler pendant les vacances m'était insupportable. Je faisais juste ce qu'il fallait pour ne pas avoir à travailler pendant les congés d'été. »

J'ai essayé à plusieurs reprises de le relancer à propos de son père, le sentant réticent, comme « bloqué » sur un sujet manifestement sensible. Il me redit que les relations qu'il avait avec lui étaient « excellentes sur le plan humain, mais fondées sur l'autorité... Mon père n'était pas homme à faire des confidences à son fils... »

Je lui rappelle qu'un certain nombre d'auteurs affirment que son père était radical et antigaulliste.

« Je n'ai jamais entendu mon père parler politique. Je ne l'ai jamais entendu s'intéresser aux problèmes partisans. Il était probablement de sensibilité radicale, mais, contrairement à son propre père, il n'a jamais milité... La religion ne lui posait aucun problème. Ma mère était catholique pratiquante, et j'ai été élevé dans ces idées ; cela n'a jamais posé de problèmes avec mon père. Quand il fallait aller à la messe, il y allait. C'était un tempérament ouvert et bienveillant. Il n'était antirien...

– Antigaulliste ?

– C'est absolument faux ! Tout ce dont j'ai gardé souvenir, c'est qu'il était absolument positif à l'égard du général de Gaulle pendant la guerre. »

Jacques Chirac revient sur sa propre relation avec son géniteur.

« C'était quelqu'un qui considérait qu'il y avait une hiérarchie dans la vie : le père, c'était le père, le fils, c'était le fils, et celui-ci n'avait qu'à obéir à celui-là. Cette conception n'est plus guère de mise de nos jours. À l'époque c'était comme ça, ça allait de soi, ça ne se discutait pas. »

Une autre fois :

« Je n'ai eu que de très bonnes relations avec mon père. C'était un homme froid et ferme, qui considérait que c'était lui le patron. J'avais beaucoup d'affection pour lui, ça me paraissait aller de soi. C'était mon père, et puis voilà... Ce qu'il disait ne se discutait pas. »

Et ses relations avec sa mère ?

« J'aimais beaucoup ma mère, qui m'a énormément gâté. Si vous interrogiez ses amies, elles vous diraient qu'elle m'a chouchouté, qu'elle était complètement gâteuse avec son fils, particulièrement quand je rentrais de l'école. Petit, pour m'inciter à faire mes devoirs, elle me donnait une sucette, et pour que je n'aie pas à l'ouvrir, elle la dépiautait elle-même du papier qui l'entourait... Ah, on peut dire que j'ai été gâté... Chaque fois que j'avais besoin de quelque chose, elle me l'offrait. Elle disait à ses amies : "C'est épouvantable, tous les chapeaux qui passent à satisfaire les fantaisies de Jacques !" »

– Dans son livre, *Conversation*, votre femme évoque sa disponibilité aux autres et pense que cette ouverture vous a influencé...

– C'est vrai que ma mère était ouverte aux autres, mon père aussi, et cela n'a pas pu ne pas m'influencer... [Long silence.] En somme, j'ai été ce qu'on appelle un enfant bien traité. »

Bernadette Chirac, qui a bien connu les parents de son mari, et les vieux de Sainte-Féréole sont en mesure de compléter et affiner quelque peu les dires du président. Tous confirment la sévérité de François Chirac envers son fils, et l'affection quasi étouffante de sa mère.

L'épouse du président raconte que son beau-père était obnubilé par la guerre de 14-18 ; il évoquait constamment son calvaire dans les marais du Pripet et combien il était impossible d'imaginer ce qu'il avait enduré. « C'était un grand amateur de sport. Le dimanche après-midi, il écoutait les reportages sur les matchs de rugby. Il ne fallait pas souffler mot. Si d'aventure mon mari disait quelque chose, son père disait : "Tais-toi, mon pauvre petit, tu n'y connais rien !" Jacques Chirac avait alors plus de 20 ans… »

Des témoins de la jeunesse du chef de l'État soulignent l'impact dévastateur de tels propos, qui semblent n'avoir pas été accidentels. Michel Basset, un des fils de la meilleure amie de sa mère, qui a bien connu Jacques dans son enfance, cite de nombreux exemples d'une rudesse souvent humiliante[1] : « Jacky guette avec des yeux d'enfant battu l'approbation d'un père qui le domine de sa haute taille, un père inaccessible et intransigeant. » Le même Basset, qui a manifestement écrit son livre dans l'intention délibérée de faire mal à son ancien camarade d'enfance, atténue néanmoins, sans le vouloir, ses propos en parlant d'un père volontiers sarcastique devant lui, mais qui ne tarit pas d'éloges derrière lui, par exemple sur sa mémoire : « Il lui suffit de jeter à peine un regard sur un texte pour en retenir l'essentiel. »

Bernadette Chirac donne une explication de la sévérité de son beau-père : « Ma belle-mère le gâtait tellement qu'il fallait bien que mon beau-père redresse la barre et compense… Le travail était pour lui une vertu cardinale. » François Chirac voulait que son rejeton réussisse, il exigeait qu'il travaille bien, qu'il apprenne par cœur. Il aurait voulu que son fils devienne gouverneur de la Banque de France. « Tout ce qu'on raconte sur l'ambition politique de mon mari dans sa jeunesse est grotesque », conclut Mme Chirac. Laquelle rapporte que son beau-père aurait bien aimé appliquer son intransigeance à ses petites-filles, Laurence et Claude, et réclamait même leurs carnets de notes. Pour

---

1. Michel Basset, *Jacques Chirac. Une éternelle jeunesse*, Jean-Claude Gawsewitch éditeur, 2004.

atténuer l'austérité du portrait, l'épouse de Jacques Chirac souligne néanmoins que le père de ce dernier était volontiers généreux, drôle, et pouvait déclamer des textes en grec et en latin…

Comprenant mes interrogations sur la nature réelle des sentiments de son mari à l'égard de son père, elle me remettra, lors de notre second entretien, une lettre envoyée le 20 juin 1956, d'Algérie, par Jacques Chirac à son géniteur, pour la fête des pères : « Avec deux jours de retard, je viens te souhaiter la fête des pères. Malgré un maximum de bonne volonté, il m'a été impossible d'écrire avant […]. Je repars du reste tout de suite, mais je n'ai pas voulu encore passer 24 heures, peut-être plus, sans te témoigner mon affection […]. Embrasse Maman pour moi. Je t'embrasse très affectueusement. » Et Bernadette Chirac de commenter : « Mon mari l'aimait beaucoup. »

Elle se montre encore plus loquace sur Marie-Louise Chirac, sa belle-mère, que sur son beau-père : « Une femme extraordinaire, toujours en train de rendre service, très bonne cuisinière, un vrai personnage. Physiquement, il ressemble à son père, mais il tient beaucoup de sa mère, qui était d'une grande bonté, d'une grande ténacité, et qui avait un culot formidable ! Ma mère avait été soufflée quand la mère de Jacques Chirac lui avait fait remarquer que son fils aurait pu faire… un bon mariage ! "Je vous l'ai élevé, mon fils", me disait-elle. »

Elle me conte une anecdote qui illustre le côté hyperprotecteur de la mère du futur chef de l'État. Celui-ci préparait alors l'ENA chez ses parents, au 95, rue de Seine. De passage dans le quartier, Marguerite Basset, la meilleure amie de Marie-Louise, décide de monter la saluer. Elle sonne à la porte. Marie-Louise, vêtue d'une blouse blanche, ouvre :

– Ah, Marie-Louise, je passais et suis venue vous dire un petit bonjour…

– Vous n'êtes pas enrhumée, au moins, ma chère Marguerite ?

– Non ! répond, surprise, Mme Basset.

– Alors, rentrez cinq minutes au salon… Je ne veux pas de microbes dans la maison, car Jacques prépare ses examens… »

Jacques Chirac était resté très attaché à sa mère et lui téléphonait souvent. Bernadette Chirac se souvient de vacances à Sainte-Féréole, alors que son mari était militaire en Algérie. Sa belle-mère l'emmenait au cimetière et, au pied du caveau familial, pleurait en pensant à son Jacky.

Elle se souvient aussi de l'immense chagrin de son mari quand sa mère est décédée : « Il était alors ministre de l'Agriculture. À la fin de l'été 1973, ma belle-mère, très malade, était à Bity. Mon mari est venu passer 24 heures avec nous. Puis il repart pour Paris, mais, peu après, sa mère meurt[1]. Je réussis à le joindre et lui dis : "C'est fini ! – Déjà !" me répond-il. Ce "déjà", je l'entendrai jusqu'à la fin de mes jours… »

À de nombreuses reprises, au cours de nos entretiens, le président m'a parlé de sa piètre mémoire des noms et des dates. Plus généralement, j'ai souvent eu le sentiment que son passé ne l'intéressait pas outre mesure et que sa mémoire lui avait joué effectivement de mauvais tours. De même qu'il dit avoir la naïveté de croire que lorsqu'il veut pour de bon quelque chose, il n'y a aucune raison qu'il ne l'obtienne pas[2], de même a-t-il reconstruit aussi son passé. J'ai la faiblesse de penser que cette reconstruction lui échappe au moins en partie. Pourquoi faire ainsi crédit à un homme souvent qualifié de « supermenteur » ? Quand, à plusieurs reprises, je l'ai mis face à une réalité qui ne collait pas du tout avec la sienne,

---

1. Le 8 septembre 1973.
2. Catherine Clessis, Bernard Prévost, Patrick Wajsman, *Jacques Chirac ou la République des cadets*, Presses de la Cité, 1972.

non seulement il n'a manifesté aucun agacement, mais il n'a pas hésité à mettre en cause sa satanée mémoire. De surcroît, celles de ses reconstructions du passé que j'ai pu constater n'étaient pas toutes à son avantage... Ayant de toute façon pour habitude de me fier davantage aux sources écrites qu'aux témoignages oraux, j'ai consulté dossier militaire, dossier professionnel, la bobine 189 du procès Bousquet, quelques documents de l'instruction diligentée contre Henry Potez après la guerre, questionné l'évêché de Tulle, écouté la voix d'Henry Potez, mort en 1981, sur un enregistrement conservé parmi les archives du Service historique de la Défense, à Vincennes, afin de compléter, grâce à ces éléments, le portrait du père du président de la République.

Abel, François Chirac a fait ses études secondaires au collège de Brive où il a passé son baccalauréat ès-sciences. Il est ensuite parti pour Périgueux où on l'a nommé professeur-adjoint au lycée. Le 18 avril 1917, il comparaît devant le conseil de révision à Brive et est incorporé au 88e régiment d'artillerie lourde. Il a alors 19 ans. Nommé canonnier de 1re classe le 28 septembre 1917, il est muté au 289e régiment d'artillerie lourde le 16 janvier 1918, et participe à la bataille de la Somme. Il est blessé à la poitrine par un éclat d'obus le 20 mai devant Montdidier – et non à Verdun, comme me l'a dit le président. Abel Chirac est soigné pendant trois mois et retourne au front en août 1918 dans le 81e régiment d'artillerie lourde. Après l'armistice, il décide de rester dans l'armée plutôt que de rejoindre sa famille à Brive. Cette décision marque-t-elle une rupture avec son père ? Avec 34 officiers et 354 soldats, il est volontaire pour intégrer le 1er régiment des chars blindés polonais, formé le 15 mars 1919 sur le sol français par le général Haller, qui avait commandé en France une armée polonaise forte de 50 000 hommes, évidemment approuvée et épaulée par l'état-major français. L'indépendance de la Pologne, qui

vient d'être proclamée le jour de l'armistice, est immédiatement contestée par les bolcheviks qui entendent récupérer les
territoires perdus par la Russie impériale avant la Première
Guerre mondiale.

Le canonnier de Brive est formé à Martigny-les-Bains,
dans les Vosges, jusqu'au début juin 1919. Les cinq compagnies de tanks Renault FT sont transportées par train vers
Lodz du 1er au 16 juin. Sa compagnie, la seconde, dirigée par
le capitaine Jean Dufour, va être la première à aller au
contact de l'Armée Rouge. Abel Chirac part de Lodz le
19 août. Sa compagnie a pour mission de soutenir l'action du
58e régiment d'infanterie et de la division Wielpolska,
chargés de briser les défenses des bolcheviks installés dans
la puissante forteresse de Bobrujsk, jadis construite pour
résister à l'avancée de la grande armée napoléonienne. Le
28 août, les blindés français et les colonnes de fantassins
entrent dans Bobrujsk, soulevant l'enthousiasme des populations locales. Le jour-même, Abel Chirac est cité à l'ordre du
1er régiment des chars polonais pour son courage et son
dévouement. Il a « progressé pendant toute l'attaque avec les
premiers éléments d'infanterie et assuré, dans des circonstances extrêmement périlleuses, la liaison entre le capitaine
commandant la compagnie et les chefs de section ». Le
canonnier reste en Pologne jusqu'au 8 juin 1920. Rentré chez
ses parents à Brive, il va être admis comme stagiaire à la
succursale de la Banque de France de Brive.

Pas pour longtemps : Abel a décidé de rattraper le temps
perdu. Il va faire carrière à très grandes et rapides enjambées.
Il court comme le fera plus tard son fils. « Il est impatient de
brûler les étapes », note le directeur de la Banque de France.
Il entre en effet dès le 1er décembre 1920 comme attaché de
direction à l'agence de Saint-Claude (Jura) de la Banque
privée industrielle, commerciale et coloniale.

Un peu plus de deux mois après son entrée en fonction
dans le Jura, il part se marier avec Marie-Louise Valette, une

Corrézienne issue d'un milieu très différent de celui de son père : elle est d'une famille catholique pratiquante et de droite, proche de Paul Ceyrac, notaire, maire de Meyssac. C'est d'ailleurs le même Ceyrac qui rédige le contrat de mariage entre les deux époux.

Abel se marie religieusement à Noailhac le 5 février 1921. La bénédiction nuptiale par le curé de Noailhac apparaît comme un acte de rupture ou tout au moins d'indépendance vis-à-vis de Louis Chirac qui fait profession d'anticléricalisme et se bat pour l'école laïque. A-t-il assisté au mariage ? S'il l'a fait, ç'a été sous un faux prénom, celui de Jean. « Il n'y a pas de Jean Chirac dans la famille », précise en effet sans hésiter Jacques Chirac. La noce terminée, les deux époux regagnent le Jura où ils vont rester un peu moins de deux ans.

Abel Chirac donne entière satisfaction à la direction de la banque, mais démissionne néanmoins, le 19 janvier 1922, parce qu'il n'a pas été nommé, comme il s'y attendait, fondé de pouvoir. Tout attristé par son départ, son directeur n'en écrit pas moins, dans le certificat de travail, qu'Abel Chirac lui a donné « entière satisfaction sous tous rapports. Le meilleur éloge que nous puissions faire de ce collaborateur, c'est de manifester tous les regrets que nous cause son départ ». Il entre au Crédit de l'Ouest, à Angers, comme attaché à la direction générale, et, quelques semaines plus tard, est nommé sous-directeur de l'agence du même établissement à Niort. Au bout de dix-huit mois, il démissionne une nouvelle fois pour « monter » à Paris où il a trouvé un poste de directeur, celui de l'agence de la Banque de la Seine de la place Victor Hugo, ce qui laisse pantois son homologue de la banque angevine. Dans l'appréciation qu'il fournit à l'établissement qui a réussi à attirer son ambitieux employé, celui-ci ne peut cacher sa surprise : « Impatient d'arriver, sans attendre un temps suffisant pour compléter son instruction professionnelle, ce qui l'a amené à changer de maison dans un délai relativement court. Ce qui l'a amené aussi à quelques incorrections. Celles-ci, toutefois, n'ont pas entaché son honnêteté et son honorabilité. » Chirac va-t-il enfin se poser ? Que nenni ! Il ne va rester que huit mois et demi place Victor Hugo. Son tempérament de feu lui joue cette fois un mauvais tour : il a escompté un chèque de 150 livres à un client de passage, lequel chèque n'a pas été honoré lors de sa présentation. La Banque de la Seine, qui entend alors réduire le nombre de ses agences, saisit ce prétexte pour le remercier pour faute professionnelle.

Il en faut plus pour arrêter la tornade Chirac. Il rebondit aussitôt. Grâce à la recommandation de Joseph Bayard, il entre le 3 novembre 1924, soit un mois après son licenciement, comme attaché de direction à l'agence des Ternes de la Banque nationale de crédit. Ses grandes foulées reprennent de plus belle. En trois ans, il va passer d'attaché de direction à fondé de pouvoir de l'agence de Levallois-Perret, puis à sous-directeur de l'agence des Ternes, enfin à directeur de l'agence de Levallois-Perret.

Au cours de l'année 1932, il est nommé administrateur-délégué adjoint à la société Seine-Automobiles. C'est cette année-là, le 29 novembre, que le petit Jacques va naître à la clinique de la rue Geoffroy Saint-Hilaire, dans le Ve arrondissement. Cette année-là également, la Banque nationale de crédit est emportée par le scandale de la Société générale d'aéronautique, un groupement fondé à la fin de 1929 à l'initiative du ministre de l'Air, Laurent Eynac, pour restructurer l'industrie aéronautique et la rendre compétitive sur les marchés étrangers, et dont le pivot était la BNC. Celle-ci a trop prêté et n'a pu résister aux faillites en chaîne d'importants clients. Elle est mise en liquidation le 26 février 1932 et va renaître un peu plus tard, avec de nouveaux capitaux, sous le nom de BNCI, laquelle va reprendre, le 16 janvier 1933, Abel Chirac au très envié poste de directeur de l'agence de l'avenue de la Grande Armée. C'est là que va se nouer son destin et, largement, celui de son fils…

Non seulement il gagne très correctement sa vie – il va dès lors emmener sa femme et le petit Jacky en vacances à Cannes ou à Biarritz –, mais il va faire la connaissance et devenir proche de deux importants clients : les avionneurs Henry Potez et Marcel Bloch.

Amis de longue date, Potez et Bloch sont de vieux complices. Animés par la même passion, ils se sont connus à SUPAERO et se sont retrouvés pour effecteur leur service militaire au laboratoire de Chalais-Meudon. Potez avait déjà conçu et fait breveter un projet d'avion métallique. La guerre de 1914 survient. Les deux amis sont mobilisés et affectés à la construction aéronautique militaire : Marcel Bloch chez Louis Blériot[1], qui dirige la Société pour l'aviation et ses dérivés (SPAD), Henry Potez chez Caudron, l'autre avionneur-constructeur. Les deux hommes se retrouvent rapidement car, après la bataille de la Marne, l'État leur a confié la mission de construire un avion de reconnaissance, le Caudron G3. Puis Marcel est muté et abandonne – provisoirement – Henry. N'ayant pas oublié les insuffisances des performances des hélices du G3, il en dessine une nouvelle et invente la technique du « lamellé collé » : l'hélice Éclair est née. Marcel crée alors la Société des hélices Éclair avec… Henry.

Dès 1917, les royalties tombant, les deux amis envisagent de construire leur propre modèle d'avion, et la société Anjou Aéronautique voit le jour avec le concours d'un troisième larron, Louis Coroller, sorti major de SUPAERO. À la veille de l'armistice, le 10 novembre 1918, Anjou Aéronautique livre le SEA IV, un biplace de chasse en passe d'être commandé à mille exemplaires. L'état-major ayant annulé ses commandes, Marcel Bloch délaisse l'aviation pour l'immobilier, cependant

---

1. L'homme avait effectué sa première traversée de la Manche, de Calais à Douvres, le 25 juillet 1909.

qu'Henry Potez et Coroller décident de se lancer de leur côté dans l'aviation commerciale et de tourisme...

Pendant dix ans, Bloch reste éloigné des tarmacs, mais la mort dans un accident d'avion, le 2 septembre 1928, de Maurice Bokanowski, ministre du Commerce et de l'Industrie, mais aussi de l'Aéronautique, va, par toute une série d'enchaînements, le faire revenir à ses premières amours. Tout le monde voit dans cet accident l'expression tragique de la grave crise que traverse alors l'aéronautique. Douze jours après, Raymond Poincaré, président du Conseil, crée le ministère de l'Air. Le radical-socialiste Laurent Eynac, ancien aviateur pendant la guerre, s'installe avenue Rapp, près du pont de l'Alma. Sa tâche s'annonce rude pour restructurer le secteur et produire des appareils plus fiables. Assisté de l'ingénieur Albert Caquot, Laurent Eynac décide de lancer une série de prototypes. Le décor est désormais planté pour faire revenir sur la scène de l'aéronautique un acteur disparu. Caquot se souvient en effet de l'ingénieur Bloch, rencontré pendant la guerre, et lui propose de réaliser un modèle d'appareil dans le cadre d'un programme de trimoteurs postaux. Les conditions sont intéressantes : l'État finance l'investissement à 80 %.

Laurent Eynac est bientôt remplacé par Paul Painlevé, puis, huit mois plus tard, par Pierre Cot, jeune et brillant avocat de la nouvelle génération des radicaux-socialistes. Une nouvelle page de l'histoire de la construction aéronautique s'ouvre avec cette nomination. Une page très radicale-socialiste, puisque Cot va s'appuyer en 1933, puis surtout en 1936-37, sur Henry Potez et Marcel Bloch, eux-mêmes radicaux-socialistes, pour restructurer de fond en comble l'industrie aéronautique et faire ainsi leur fortune.

Lors de la première arrivée de Cot au ministère de l'Air, les deux amis qui, tout en étant concurrents, développent une étroite collaboration, ont déjà entrepris une vaste opération de mécano industriel qui, dès 1934, va faire d'eux les patrons du plus important groupe français de construction aéronautique. C'est au cours de cette période (1933-34) qu'Abel Chirac surgit dans le paysage des deux avionneurs, tous deux clients de l'agence de l'avenue de la Grande Armée. Potez d'abord, puis Bloch vont, conseillés par Chirac, « faire leur marché », acheter des actions à très bas prix de la Générale d'aéronautique qui regroupe alors l'essentiel des industriels du secteur, et en devenir ainsi les numéros un, sur lesquels Cot va s'appuyer jusqu'à son départ en 1934. L'homme fort du tandem est Potez, devenu président du Syndicat de l'aéronautique. C'est une forte personnalité, à l'autorité courtoise et directe, qui n'a pas sa pareille pour bousculer les chefs de bureau des ministères, tandis que son ami Marcel, timide, parle peu et pas très bien.

Abel Chirac va poursuivre encore quelques années sa carrière bancaire. Il prend la direction de l'agence de la BNCI de Saint-Lazare-Haussmann de septembre 1934 à mai 1935, avant de devenir patron de la succursale de Clermont-Ferrand du 1er septembre 1935 jusqu'au 15 novembre 1937. Henry Potez, qui n'a pas oublié l'homme qui l'a aidé, quelques années plus tôt, à devenir le plus grand avionneur français, demande alors à Chirac de prendre la direction de ses affaires privées tandis que lui-même dirige la Société nationale de constructions aéronautiques du Nord (SNCAN), société nationalisée regroupant les anciens actifs des sociétés Potez…

Depuis le départ de Chirac de l'agence de l'avenue de la Grande Armée, il s'est passé beaucoup de choses dans le domaine de l'aéronautique. La plus importante a été, sous le gouvernement du Front populaire, le retour de Pierre Cot au ministère de l'Air, lequel a aussitôt demandé à Potez de l'aider à faire « avaler la pilule » des nationalisations à ses collègues[1]. Marcel était évidemment sur la même ligne que son ami Henry. Les nationalisations furent pour tous deux

---

1. Emmanuel Chadeau, *L'Industrie aéronautique en France, 1900-1950*, Fayard, 1987.

une affaire en or, ainsi que l'écrit Emmanuel Chadeau : « C'étaient à la fois des industriels actifs, poussant leurs bureaux d'études et leurs usines, mais aussi des esprits avisés sachant utiliser avec un art consommé les contradictions et les hésitations de leurs partenaires pour étendre leur influence et leur puissance, et la nationalisation fut pour eux une affaire en or. Ayant racheté des usines plus ou moins bancales, ils les firent exproprier ou les louèrent aux nationales que Cot leur confia libéralement. En incluant la "nationalisation" si particulière de la Société des moteurs et automobiles Lorraine, ils perçurent 61 % des indemnités versées par l'État, résultat remarquable. Ils restèrent à la tête des entités expropriées, ils y associèrent leurs propres affaires et les agrandirent des dépouilles de leurs concurrents. Ils continuèrent de faire prospérer leurs bureaux d'études et leurs usines de prototypes non nationalisées. »

Ajoutons que, s'ils ont fait des « affaires en or », Potez et Bloch ont accepté les lois sociales du Front populaire, les augmentations de salaires et les « 40 heures ». Marcel Bloch était d'ailleurs un admirateur inconditionnel de Léon Blum. Plus encore : les deux avionneurs vont permettre à Pierre Cot et à Jean Moulin d'acheminer 144 avions aux Républicains espagnols, malgré les hauts cris de la droite et les articles assassins du *Figaro*, de *L'Écho de Paris* et de *l'Action française*.

C'est pour diriger tout ce qui n'avait pas été nationalisé parmi les actifs de Potez et gérer les indemnités et royalties perçues par lui que fut donc embauché Abel Chirac. Il devint directeur de la société Henry Potez dont le siège était à Issy-les-Moulineaux, cependant qu'Henry Potez était administrateur-délégué de la « Nord », comme on disait à l'époque. Le principal centre de production d'avions était alors situé, comme avant les nationalisations, à Méaulte, dans la Somme, village natal de Potez. Comme avant les nationalisations, les affaires de Bloch et celles de Potez demeurèrent

étroitement imbriquées, ce qui explique qu'Abel et son fils
Jacques aient été également liés à la famille Bloch.

Jusqu'en mai 1940, Henry Potez, Marcel Bloch et Abel
Chirac ont mis toute leur énergie à développer la production
de leurs usines et à répondre aux besoins de l'état-major. Se
fondant sur les récits de son père, Jacques Chirac raconte,
comme on l'a vu, que, dès le début de la bataille de France,
son père fit déménager l'usine de Méaulte, où l'on fabriquait
le Potez 63, avant l'arrivée des Allemands, partit au Canada
en juin 40 et se retira ensuite au Rayol avec son patron
jusqu'à la fin de la guerre.

La réalité est, comme souvent quand il s'agit de cette
période, un peu plus complexe. Dans son témoignage
posthume[1], Henry Potez raconte qu'il a fait venir des pilotes
à Méaulte pour qu'ils fassent décoller les vingt-quatre appareils qui étaient *grosso modo* en état de voler, alors que les
chars allemands n'étaient plus qu'à quelques kilomètres. Les
pilotes avaient reçu pour instruction d'atterrir sur la base
d'Évreux, mais le colonel français qui dirigeait cette base
leur refusa l'autorisation de se poser. Ils le firent donc dans
des champs de blé. Les avions étaient relativement peu
endommagés, mais il aurait fallu des engins de levage pour
les sortir des champs. Les Allemands leur mirent finalement
le grappin dessus. Potez raconte également qu'il est resté à la
tête de la « Nord » jusqu'au 20 août 1940, date à laquelle il
préféra démissionner plutôt que d'être démissionné – « pour
ne pas être renvoyé comme un simple valet[2] » – et transmit
ses pouvoirs à Rouzé, son chef de production, qui était
disposé à prendre sa place.

Troubles de mémoire ou mensonge ? Les documents de la
SNCAN et les enquêtes menées après la guerre dans le cadre
d'une instruction pour atteinte à la sûreté de l'État contre la

1. Déposé à Vincennes. SHD Diteex 7K67.
2. *Ibid.*

société Potez, classée sans suite le 16 juin 1948[1], permettent de corriger les souvenirs de Potez. Le 27 avril 1940, décision est prise de transférer le siège de la société des Aéroplanes Henry Potez au Rayol. La décision entre dans les faits courant juin. L'usine de Méaulte a été évacuée le 17 mai et occupée par les Allemands le 23. L'ensemble du personnel se replie sur Angoulême où Potez fait aménager des carrières pour stocker les machines et les pièces. Effort vain, car les Allemands occupent ces carrières après l'armistice. Au conseil d'administration du 20 août, Potez non seulement ne démissionne pas, mais estime être en mesure d'obtenir des autorités allemandes la « libération » d'une partie des usines. Henry Potez est en relation avec la maison Messerschmitt qui voudrait parachever la fabrication des Potez 63 dont la Luftwaffe a besoin pour entraîner ses pilotes. Précisons que cette démarche a été effectuée à la demande du Comité d'organisation de Vichy qui cherche à maintenir l'emploi dans le secteur de l'aéronautique. Ce n'est que le 17 décembre 1940 que Bienvenüe Rouzé, le chef de production, est nommé président de la SNCAN, alors que Henry Potez en est encore administrateur. C'est au conseil d'administration du 13 février 1941 que Rouzé va donner connaissance de la décision du général Bergeret, secrétaire d'État à l'Aviation, datée du 2 février, de s'opposer au maintien de Potez dans ses fonctions d'administrateur.

Henry Potez et François Chirac (Abel Chirac a troqué son premier prénom pour François, le second) ont continué, depuis le Rayol, à s'occuper de la société Potez et de ses trois filiales industrielles installées en zone Nord. Chaque mois, un comité de direction réunit, à Paris ou au Rayol, les administrateurs de la société et les dirigeants des filiales (lesquelles ont livré des groupes électrogènes aux Allemands) sous la présidence de Henry Potez.

---

1. CARAN .NL Z6 .14.707(Société Potez)/NL Z6.4292 (SNCAN et Rouzé).

Si, dans son témoignage, ce dernier ne précise pas que ses filiales travaillaient pour l'occupant, il explique néanmoins qu'il se tient au courant de ses affaires installées en zone Nord ; quand ils obtiennent un laissez-passer, François Chirac et lui viennent à Paris, rue Frédéric Bastiat. Potez raconte également que, curieux de savoir, autrement que par les rapports de Rouzé, ce qu'était devenue l'usine de Méaulte, il décida un jour de s'y rendre : « J'ai été reçu par un directeur allemand. Cela m'a fait un drôle d'effet. C'était un brave type, un industriel qui avait été mobilisé. Il me déclara qu'il habitait la propriété. "C'est la mienne…, lui dis-je. – Je l'habite…" Il m'y conduisit en Jeep avec d'autres Allemands. Le type était correct et dit regretter que la cave – ma cave – eût été vidée avant son arrivée. Bien plus tard, alors que j'avais repris Fouga et que je construisais les Fouga Magister, il m'a été donné de revoir cet industriel alle-mand… »

Si Potez n'a jamais été inquiété par Vichy, il raconte en revanche, dans son témoignage déposé à Vincennes, comment il fut arrêté par les Allemands en 1943 : « Proba-blement à la suite d'une dénonciation », explique-t-il. Des Allemands avaient tenu à visiter l'hôtel de la Mer où Potez avait installé ses bureaux provisoires, ainsi que des salles de classe pour ses enfants et Jacques Chirac. La concierge avait refusé de les laisser entrer. Quelques jours plus tard, deux gestapistes s'étaient à nouveau présentés, ils avaient obligé Henry Potez à ouvrir son coffre et raflé tout son contenu, notamment des liasses de billets et les bijoux de sa femme, puis ils l'avaient embarqué jusqu'au siège de la Gestapo de Marseille, au 456 de la rue Paradis, et avaient dressé en sa présence l'inventaire du butin contenu dans le coffre. Il avait ensuite été interrogé, puis enfermé au huitième étage. Potez moisit là quelques jours. Sa femme vint plaider sa cause et invoqua les conséquences qu'un séjour prolongé en prison risquaient d'avoir sur son œil très enflammé… La Gestapo le libéra sous conditions et l'assigna à résidence au Rayol, moyennant des contrôles réguliers. Par ailleurs, les Allemands avaient ordonné à Potez et à sa femme de ne souffler mot à personne de ce qui venait de leur arriver.

– Si vous parlez, on vous coffrera, avaient-ils menacé.

Et Henry Potez de conclure son témoignage sur la guerre en évoquant Jacques Chirac : « Jacques a passé la guerre avec mes propres fils... Il était enragé, il ne voulait rien foutre, mais rien, rien ! Ça faisait le désespoir de ma femme... Quand il est revenu à Paris, ça a complètement évolué : non seulement il n'était plus besoin de le bousculer – avant, sa mère devait lui taper dessus pour le faire travailler –, mais, au contraire, il fallait qu'elle l'oblige à aller se coucher. Absolument cocasse, ce changement ! »

Henry Potez ne dit pas un traître mot des soupçons qui pesèrent sur lui à la fin de la guerre. Le siège de la société, au 10, rue Frédéric-Bastiat, fit pourtant l'objet d'une perquisition, le 15 novembre 1945. C'est François Chirac qui reçut le commissaire Jacques Perez y Jorba et qui appela immédiatement Potez pour qu'il vienne assister à la perquisition. Henry Potez ne précise pas davantage que le pillage de son coffre fit grand bruit à Vichy et que Bousquet, après en avoir parlé à Laval, effectua une démarche virulente auprès du général Oberg pour se plaindre du vol commis, le 11 septembre 1943, par des officiers allemands conduits par le Dr Ross. Cette lettre, datée du 15 octobre 1943[1], décrit les valeurs, pièces d'or et bijoux, pour un montant pouvant être évalué à 30 millions de francs de l'époque[2]. Si la lettre ne se borne pas à évoquer le seul cas de Potez, il s'agit manifestement du plus important. Bousquet attache une telle importance à cette affaire qu'il met sa démission dans la balance : « Si la valeur de cette déclaration n'était pas admise par les autorités alle-

---

1. 3 W 89, Bobine 189.
2. Soit l'équivalent de quelque six millions d'euros.

mandes informées, je me déclarerais quant à moi dans l'impossibilité de défendre plus longtemps les intérêts dont j'ai la charge [...]. Il [Laval] doit lui-même vous demander d'avoir le plus rapidement possible un entretien avec lui sur ce sujet. »

Un mois après la perquisition opérée au siège de la société, le 17 décembre 1945, François Chirac est auditionné : « En 1940, dans le courant de juillet, Potez a décidé de cesser toute activité industrielle et de se retirer sur la Côte d'Azur au Rayol ; le siège social y fut transféré, avec la direction et les archives... Potez fut à diverses reprises sollicité par les Allemands pour reprendre la direction de la SNCAN, qu'il avait quittée après l'armistice ; cela lui valut d'être surveillé par les Allemands et premièrement d'être convoqué, courant 1942, à la Gestapo, rue des Saussaies, sous prétexte de propagande anglo-saxonne, et, deuxièmement, d'être arrêté au Rayol par la Gestapo de Marseille, en septembre 1943, où, après une détention de 15 jours, il fut placé en résidence surveillée au Rayol... Les rapports avec les autorités allemandes ont été contraints et forcés, et réduits au minimum indispensable. »

Des documents contenus dans l'instruction classée en juin 1948, on peut déduire que Henry Potez était probablement bien vu à Vichy, qu'il n'a pas été un héros, mais que les « arrangements » qu'il avait pu conclure pendant la guerre étaient relativement bénins et ne méritaient pas d'être cause de poursuites, puisque l'enquête resta sans suite.

Quand j'ai parlé à Jacques Chirac de l'arrestation de Potez au Rayol et de la perquisition effectuée par la police française rue Frédéric-Bastiat, j'ai senti que je réveillais chez lui des souvenirs profondément enfouis : « Oui, c'est vrai... Ça ne m'a pas énormément marqué... De fait, ça me rappelle quelque chose... »

14.

Quand un copain d'enfance s'en prenait à l'identité de Jacques Chirac

Le chef de l'État avait déjà été affublé de tous les sobriquets et épithètes les plus péjoratifs, de « traître » à « supermenteur », de « corrompu » à « facho-Chirac », de « girouette » à « analphabète », quand un de ses camarades d'enfance se mêla d'aller plus loin encore en prétendant que Chirac n'était pas Chirac. La reprise de l'allégation par FR3, *VSD* et quelques publications ne suffirent pas à amplifier ni crédibiliser une rumeur qui aurait pu être fatale…

Michel Basset était le fils de Marguerite Basset, la meilleure amie de Marie-Louise Chirac. Il était né avec une cuillère en or dans la bouche : grâce à l'aide financière d'un oncle allemand de sa mère, Georges Basset, son père, avait monté une affaire de vente de ferraille qui marchait à merveille. Quand il fut en âge de travailler, Michel s'associa à lui dans une nouvelle affaire de même type. Ce père, il ne l'aimait guère, sachant qu'il avait beaucoup trompé sa mère. Michel semble à son tour particulièrement instable. Amitiés, liaisons, épouses se succèdent dans sa vie à un rythme qui n'a d'égal que celui de ses changements de domiciles et d'occupations. Il a notamment monté une affaire de confection au Guatemala, travaillé avec un importateur de produits sidérurgiques au San Salvador, renoué avec son métier d'origine, ferrailleur, à Porto Rico, est devenu antiquaire à New York, promoteur immobilier en Espagne, gérant d'une compagnie d'affrètement pétrolier en Libye, et a même été pendant plusieurs années rédacteur en chef d'un magazine féminin à Montréal.

Ruiné, il décide de rentrer en France au début des années 80. En avril 1981, il signe chez Fayard un contrat pour un ouvrage portant comme titre provisoire *L'Affaire Christina O*, censé raconter l'histoire de Christine Onassis et de son mariage avec Serguei Kausov, que l'on dit alors être agent du KGB. Trois mois plus tard, il cède le bénéfice de son contrat d'auteur à une société suisse. En novembre, Fayard impose un nègre à Michel Basset pour réécrire le roman. Le livre sort en 1982 sous le titre *La Grecque*, et Basset a troqué son nom pour celui de Zacharie Wolff, patronyme qui était celui de sa mère. Le roman est présenté comme un thriller sur la confrontation entre le monde libre et l'URSS pour le contrôle des mers de la planète. Dans l'argumentaire de vente, il est dit que l'auteur « a été le confident de plusieurs des véritables héros de l'"affaire" qui a inspiré ce roman et le témoin de la gigantesque partie de poker engagée par les services secrets soviétiques pour mettre la main sur la plus grande flotte privée du monde ». Michel Basset fait également à cette époque des piges pour *Paris Match*.

À bientôt 50 ans, il recherche un peu de stabilité et pense à Jacques Chirac, son copain d'enfance qui, lui, a réussi et est alors maire de Paris. Comment le joindre ? Il téléphone à Jeannine Valette-Rémignon, une cousine du côté de sa mère. La cousine oriente Michel Basset sur la secrétaire du maire, Denise Esnous. Laquelle, jointe au téléphone, lui conseille d'écrire à Chirac. L'aventurier fatigué lui expose brièvement sa situation puis sollicite de son ancien ami un emploi quelconque aux relations culturelles de la Ville de Paris. À propos de cette reprise de contact, Jacques Chirac, laconique, se borne à répondre : « Ça ne m'a pas marqué. C'est probablement vrai[1]. »

Dans les jours qui suivent, Basset prétend avoir rencontré le directeur des Relations culturelles de la Ville de Paris, lequel lui aurait présenté cinq ou six dossiers et lui aurait demandé de choisir. Le maire de Paris aurait donc donné des instructions pour qu'on tente de trouver une modeste sinécure où caser son ami d'enfance. Mais, le week-end suivant, Basset reçoit une lettre signée du maire de Paris : « Faute de crédits, je ne peux envisager de t'aider[2]. » Explication de ce revirement : il n'est pas exclu que les collaborateurs du maire se soient renseignés sur le copain d'enfance de leur patron. De tout cela le président affirme pour sa part n'avoir gardé aucun souvenir.

En 1984, Michel Basset est toujours en quête d'emploi. Il répond à une annonce de *France Soir* et se retrouve embauché à PMS, la régie publicitaire du RPR installée rue de Villersexel, dans le VIIe arrondissement. Il place de la publicité dans le journal *Objectif Demain*. Il collecte ainsi des fonds pour le parti de Jacques Chirac. Celui-ci, quand il l'apprend, serait entré dans une colère noire. Lors d'une rencontre fortuite avec la secrétaire du maire, Michel Basset décide de faire passer à son ami d'enfance un petit mot provocateur : « Tu n'as pas voulu m'aider, mais je travaille pour toi ! » Quelques jours plus tard, il revoit la secrétaire de Jacques Chirac qui lui lâche : « Je ne sais pas ce que vous lui avez fait, mais sitôt qu'il a lu votre carte de visite, il l'a déchirée en mille morceaux. Il avait l'écume au coin des lèvres ! » Dans des conditions que je n'ai pu élucider, Basset est alors viré de PMS.

Après avoir travaillé à la fin des années 80 pour un groupe de promoteurs belges qui cherchent un terrain près d'Euro-

---

1. Coup de téléphone du dimanche 19 novembre 2006.
2. Interview de Michel Basset publiée dans *VSD* du 1er avril 2004.

disney en vue d'y construire un hôtel de quatre cents chambres, il retrouve en 1989 à s'employer à... l'UDF, cette fois, pour collecter des fonds comme, naguère, pour le RPR. Il s'installe rue François Ier. Sous les ordres de Georges de La Loyère, trésorier de l'UDF, il va démarcher de la publicité pour le journal *Marianne*[1]. Georges de La Loyère se souvient bien de lui et de leurs discussions sans fin sur Jacques Chirac, l'ami d'enfance. Basset paraît content de travailler pour l'UDF, formation rivale du RPR, qu'il a pris en grippe. Il a un très bon carnet d'adresses, notamment dans les milieux de la sidérurgie et de la ferraille. Il connaît bien Albert Frère, mais aussi le banquier Jean-Marc Vernes, la direction de *Paris Match*, Filipacchi. En mars 1996, l'organisation de La Loyère doit mettre la clé sous la porte : Michel Basset se retrouve dans une passe délicate. Il connaît de gros problèmes d'argent. « Je l'ai aidé à survivre et lui ai trouvé un logement par le canal de la Mairie de Paris », se souvient La Loyère. Propos démentis par Rosalba Basset, dernière épouse et veuve de Michel Basset. La Loyère se souvient également de certaines confidences de ce personnage pour lequel il avait manifestement de la sympathie : « Dans la situation difficile où il se trouvait, il a voulu faire appel à Jacques Chirac. Il a obtenu un rendez-vous, lui a parlé de son projet d'écrire un livre où il parlerait de son enfance. Mais Chirac ne tenait pas du tout à ce qu'on parle de son enfance... Dès lors, Basset a voué une rancœur tenace au président. » Jacques Chirac n'a gardé aucun souvenir de ce rendez-vous avec le fils de la meilleure amie de sa mère, qu'il dit avoir perdu de vue depuis longtemps et dont il prétend que « c'était même pas un copain ».

Michel Basset ne songe plus qu'à se venger d'un camarade d'enfance qu'il n'aimait déjà pas dans son jeune âge. Sa

---

1. Rien à voir avec l'hebdomadaire dirigé par Jean-François Kahn.

vengeance va se confondre avec celle, déjà ancienne, qu'il ruminait contre son propre père, mort depuis belle lurette, mais aussi contre ses frère et sœur. Il décide donc de publier un ouvrage sur la jeunesse de Jacques Chirac à partir du journal intime de sa mère, la « meilleure amie de Marie-Louise Chirac ». Il essaie sans succès de récupérer ledit journal. Qu'importe ! Il décide de le reconstituer à partir de ses souvenirs personnels. Son objectif est clair : « tuer » ou en tout cas faire très mal à l'ami d'enfance. Il fait ainsi écrire à sa mère que Jacques Chirac n'est probablement pas le fils de Mme Chirac. Et il complète cette négation d'identité par un portrait à charge du propre père de Jacques Chirac, décrit comme un bambocheur on ne peut plus antipathique...

« Quelqu'un m'a parlé de cela. Je n'y ai pas attaché d'importance... », commente sobrement Jacques Chirac après un gros rire.

Pigiste à *Paris Match*, Basset approche les éditions Filipacchi par l'intermédiaire de Roger Thérond, directeur du magazine et ami de Daniel Filipacchi, qui fait de surcroît partie du comité de lecture. Le livre poignard est accepté et tiré en 1996 à 8 000 exemplaires sous le titre *Les Vertes Années du président*. C'est un bide magistral. Seuls *France Dimanche* et *Ici Paris* en parlent. Même *Paris Match* a finalement décidé de n'en pas faire la recension. *Les Vertes Années* trouve peu de lecteurs et les exemplaires restants sont mis au pilon.

Pour exhaler sa rancœur à l'égard des hommes politiques en général et de Jacques Chirac en particulier, Michel Basset se mêle alors d'écrire un autre livre, toujours pour les éditions Filipacchi, intitulé *La Déchéance politique*[1].

---

1. Michel Basset, *La Déchéance politique*, Filipacchi, 1997.

Si *Les Vertes Années* ont été peu lues, la plupart des journalistes ayant heureusement eu le même réflexe qu'à l'égard des attaques et insinuations lancées contre François Mitterrand à propos de Mazarine Pingeot, il n'en demeure pas moins que ce livre faussement présenté comme le journal intime de Marguerite Basset a servi de base à plusieurs autres. Dans *Chirac,* publié chez Flammarion peu avant l'élection présidentielle de 2002, Philippe Madelin balaie les soupçons de Basset. Éric Zemmour, célèbre plume du *Figaro*, lui emprunte en revanche beaucoup pour écrire *L'homme qui ne s'aimait pas,* publié en 2002, sans d'ailleurs mentionner une seule fois sa source. Les avocats de Balland, éditeur de Zemmour, font toutefois supprimer le chapitre consacré à la « véritable identité » de Jacques Chirac[1]. Zemmour y avait repris à son compte, sans recul, les soupçons présentés par Basset comme ceux de la meilleure amie de Marie-Louise Chirac. Rosalba Basset m'a confirmé ce que je subodorais : en fait, son mari n'était pas parvenu à obtenir de son frère Jean-François et de sa sœur Élisabeth les notes rédigées par leur mère. Michel Basset s'était donc reposé sur sa seule mémoire pour reconstituer un prétendu journal intime de sa génitrice.

Ultérieurement, Michel Basset a réussi à convaincre l'éditeur Jean-Claude Gawsewitch de republier *Les Vertes Années*, toujours présenté comme le journal intime de Marguerite Basset, mais sous un autre titre : *Jacques Chirac. Une éternelle jeunesse*[2]. « L'hebdomadaire *VSD* consacra quatre pages à sa recension. L'interview de Basset était intitulée : "Il n'est pas certain que Jacky soit l'enfant de Marie-Louise". » L'article décrivait la prétendue censure qui avait frappé les deux éditions du « Journal intime de Marguerite Basset ». Au lieu de dénoncer l'inobservance de la règle

1. *VSD* du 1ᵉʳ au 7 avril 2004.
2. *Op. cit.*

numéro un du journalisme, l'indispensable croisement des sources, *VSD* se bornait à expliquer l'insuccès de la première édition par le fait que « tout s'est passé comme si on avait enterré le livre ». Dans la même veine, l'auteur de l'article écrivait : « Quelques faits troublants laissent penser à une autocensure de la part de Filipacchi », et s'appuyait, pour étayer cette thèse, sur un passage d'un chapitre intitulé « Petite chronique de la censure ordinaire » du *Rapport Omerta 2004*[1] : « À l'époque, de nombreux proches de Chirac et des dizaines de journalistes politiques n'avaient ni reçu le livre, ni eu vent de son existence. » Un peu plus loin, on laissait entendre qu'il y aurait eu « une pression exercée en haut lieu ». Et hop ! Investigation terminée ! On n'a pas la preuve, mais c'est évident, Chirac lui-même, brandissant les ciseaux d'Anastasie derrière le rideau, est *ipso facto* responsable de l'échec noir des *Vertes Années* ! La réédition du prétendu journal intime de Marguerite Basset ne fera pas non plus un tabac, malgré *VSD*, Marc-Olivier Fogiel dans *On ne peut pas plaire à tout le monde*, sur France 3, et diverses menues recensions. Encore un coup de Chirac ?

Frustré de ne pas avoir pu publier le chapitre contestant les origines du président, Éric Zemmour va reprendre ces bribes de rumeurs et de calomnies et les amalgamer dans un roman à clés intitulé *L'Autre*[2]. « Le roman n'occulte pas la vérité, il permet la liberté d'expression et le respect de la vie privée[3] », explique le journaliste dans un beau numéro de faux-cul. Il met en scène François Marsac, censé cacher Jacques Chirac, et Albert Riedel dans le rôle de Michel Basset. Riedel, s'estimant trahi par son ami d'enfance, veut publier le journal intime de sa mère. Le roman s'achève sur un dialogue entre les deux hommes, Marsac-Chirac et Riedel-Basset.

---

1. Confectionné sous la direction de Sophie Coignard, Albin Michel, 2004.
2. Denoël, 2004.
3. *VSD*, *op. cit.*

« Alors, comme ça, ma mère aurait fait des confidences à la tienne ? Des histoires de bonne femme, si j'ai bien compris : de ligature de trompes, tout ça. Et je ne serais pas le fils de ma mère ! Mais où as-tu pêché des conneries pareilles ?

– Je l'ai reconstitué. Mais c'est la vérité, et tu le sais très bien.

– C'est bien ce qu'il me semblait. Ce n'est pas ta mère qui a écrit ce journal. C'est toi. Et tu as inventé des conneries pour me nuire.

– Je n'ai rien inventé du tout. Mais toi, tu me harcèles depuis des mois. J'ai des flics aux trousses, les salauds.

– Comment peux-tu inventer une chose pareille ? »

Pour obtenir le pilonnage du livre, Marsac propose à Riedel une fiduciaire en Suisse, une valise de billets et le Mérite agricole…

« Tout ça m'est passé complètement à côté », élude le chef de l'État à l'évocation de ces obscurs rebondissements éditoriaux.

Romanciers et journalistes pourront regretter le départ de Jacques Chirac de la scène politique : ils auront du mal à trouver un personnage qui se prête aussi bien et avec une si parfaite indifférence à leurs jeux de massacre.

15.

Les apprentissages

Jusqu'à la guerre, les souvenirs de Jacques Chirac demeurent flous. Quelques images aux contours imprécis de Clermont-Ferrand, de Neuilly, de Paris, enfin de Parmain, petit village qui jouxte L'Isle-Adam, où les Chirac habitaient au début des hostilités. Jacques Chirac a quitté ce village avant l'arrivée des Allemands pour Sainte-Féréole, en Corrèze, où ses parents avaient une maison de famille. Après quelques mois passés en Corrèze, Jacques et sa mère ont rejoint leur père et mari au Rayol (Var) où s'était replié Henry Potez, son patron. Le président parle de ces quatre années passées au Rayol comme d'une période bénie de grande liberté où il vit en rebelle avec les petits « voyous » du coin, Darius Zunino en tête, donnant ainsi crédit aux souvenirs de Henry Potez, enregistrés à Vincennes, qui, on l'a vu, au service historique de Défense, parle du fils de son principal collaborateur comme d'un « enragé ». Étienne Gola, maire de la station varoise, avait même botté le cul au futur hôte de l'Élysée : « Eh bien, il faut dire qu'il l'avait cherché, le petit Jacques ! Il devait avoir alors un peu plus de 10 ans. Et c'était pas le matheux, hein ! C'était plutôt un à tout le temps faire des conneries ! » Jacques Chirac avait entraîné sa bande de copains dans une opération destinée à libérer de leurs clapiers des lapins qui s'égaillèrent dans la propriété de Henry Potez. « Quand Jacques a eu lâché les lapins, poursuit Gola qui, à l'époque, était régisseur de la propriété, vous pensez comme j'étais content ! À mon arrivée, tous les gamins se sont éparpillés. Mais pas lui. Il m'a fait face. Il m'a défié du regard. Je lui ai dit : "Petit merdeux, tu as vu ce que tu as fait ?" Il m'a répondu : "Oui, c'est moi." Il a pris sur lui la charge de la connerie. Vous voyez, c'était déjà son côté chef[1]. »

Deux événements liés à la guerre ont profondément marqué Jacques Chirac durant son séjour au Rayol : le sabordage de la flotte française à Toulon et, plus tard, sa rencontre avec le libérateur du Rayol.

Le fils Chirac et Darius Zunino couraient donc pieds nus dans la montagne, tiraient au lance-pierres sur les oiseaux, étaient toujours plus ou moins en délicatesse avec les autorités qui se succédaient : françaises, italiennes puis allemandes. « Un jour[2], on était sur une montagne non loin du Rayol. La vue portait assez loin. Tout à coup, on entend un fracas épouvantable, on ne sait pas ce que c'est, on voit des lueurs… On est rentrés, et c'est là qu'on a appris que la flotte française s'était sabordée. Je me souviens que M. Potez et mon père étaient très en colère, ils portaient des jugements épouvantables sur la Marine qui aurait mieux fait de quitter Toulon pour rallier l'Afrique du Nord et l'Angleterre, ce en quoi ils avaient parfaitement raison. C'est là que je me rappelle mon père disant : "De victoire en victoire, les Allemands vont vers l'effondrement final !" »

La première rencontre de Jacques Chirac avec l'Histoire a lieu autour du 20 août 1944 dans la villa Casa Rosa. De là date sa future amitié avec le général Brosset qui commandait la 1re Division française libre (DFL) et à qui le général de Lattre avait assigné la mission la plus rude dans le débarquement de

1. Voir *L'Express* du 11 mai 1995.
2. Le 22 novembre 1942.

Provence : « Saisir l'ennemi à la gorge, fixer et maintenir sur place les forces allemandes qui défendent, face à l'est, le camp retranché de Toulon ». Voulant pouvoir disposer d'un port pour le 25 septembre, le commandement allié avait fixé le commencement des opérations de l'armée B à la fin août.

La 1re DFL débarque le 16 août dans la rade de Cavalaire et campe dans une vigne entourée d'un champ de mines. Le 17 au matin, le regroupement de la division se poursuit autour de Gassin tandis que les véhicules sont « déwaterproofés » et que Brosset part reconnaître la future zone d'action de la division. Le général est convoqué à Cogolin par de Lattre qui lui confirme sa mission et fixe le début de l'offensive au 20 août. Dès le 19 au soir, la DFL entre au contact avec l'ennemi dont les points d'appui sont protégés par de larges champs de mines et des réseaux de barbelés. Les Allemands réagissent vigoureusement par des tirs d'armes automatiques et d'artillerie. L'assaut démarre le 20 août au petit jour, après une violente préparation d'artillerie. Au soir du 20, le général de Lattre déclare que « la place est dans la nasse ». Le 24, le général Brosset, seul en Jeep, traverse la ville de Toulon, mais la capitulation allemande n'intervient que le 28, après une dernière intervention de l'aviation.

« Le général Diego Brosset était un homme tout à fait remarquable, se remémore Jacques Chirac. Il fut l'un des premiers à arriver au Rayol. Je m'en souviens fort bien, car il est venu chez nous. Mon père l'accueillit aussitôt en compagnie de deux ou trois officiers… Comme on m'avait expliqué que les lieutenants arboraient deux galons, et comme il portait deux étoiles, je l'ai salué en lui donnant du "Mon lieutenant"… J'ai des lettres de lui – je ne sais plus où elles sont –, car il m'a écrit jusqu'à sa mort dans un accident de voiture[1].

---

1. Il est mort en Haute-Saône, le 20 novembre 1944, après avoir participé brillamment à la bataille des Vosges. Diego Brosset avait rallié le général de Gaulle le 27 juin 1940.

Il les signait "Ton lieutenant". Choqué par sa mort, j'ai décidé de lui rendre hommage à ma manière. La Casa Rosa était reliée à la route nationale par un chemin de terre. J'ai confectionné une pancarte en bois sur laquelle j'ai écrit à l'encre de Chine : *Avenue du général Brosset*, et je l'ai plantée sur le promontoire, à la jonction de notre chemin et de la nationale. Les gens prirent l'habitude de voir cette pancarte. Un jour, certains se sont demandés d'où elle venait, et ils ont interrogé la mairie. Le conseil municipal n'avait évidemment pris aucune délibération. Le préfet et le sous-préfet furent tout aussi incapables de dire d'où provenait cette appellation. Jusqu'au jour où le vieux maire de l'époque, Étienne Gola, fut à son tour questionné : "C'est le petit qui a fait cela...", répondit-il sans barguigner. Il expliqua qu'il n'y avait eu en effet aucune délibération et que c'était moi qui avais, de mon propre chef, baptisé le chemin de terre "Avenue du général Brosset". Du coup, devenu Premier ministre, j'ai été invité à inaugurer officiellement l'Avenue du général Brosset en présence des enfants du général. Ce que j'ai fait[1]. »

Encore rebelle – à son âge et à cette époque, on disait plutôt « galopin » –, le jeune Chirac (il a alors 13 ans), revenu en région parisienne, ne veut pas s'encombrer de chaussures et préfère les joies du lance-pierres à celles de la plume sergent-major. Il détourne une partie du temps qu'il devrait passer au lycée Carnot pour aller contempler des statues de Bouddha au musée Guimet. C'est le temps de l'école buissonnière évoqué au début du présent ouvrage. À partir de la première, cependant, son comportement change du tout au tout. Il décide de suivre le cursus normal du milieu où il évolue, c'est-à-dire de bosser dur et de passer haut la main ses examens. Apparemment, rien ne le distinguera plus

---

1. Le 15 août 1974.

de ses condisciples de lycée, puis de Sciences-Po, puis de l'ENA. Pourtant, grâce à une intelligence hors normes, il continuera, à l'abri des regards, à cultiver son jardin secret.

Pendant quelques années, il flirtera même avec la gauche. Malgré les chaussures aux pieds et le costume de l'étudiant sérieux et appliqué, le rebelle n'est jamais loin. Il pleure à la mort de Gandhi, s'initie à l'hindouisme, puis au bouddhisme, signe l'appel de Stockholm, aspire à devenir capitaine au long cours alors que son père veut qu'il entre à Polytechnique et décide de l'inscrire à Math sup au lycée Louis le Grand. Durant l'été 1950, son bac en poche, attendant d'intégrer cette classe de préparation à Polytechnique, il se fait pilotin sur un vraquier de 5 000 tonnes.

« C'est l'époque où j'avais envie d'être libre. Je m'étais dit : il faut naviguer, aller là où il y a de l'espace...

– Ce besoin de liberté, c'était par rapport à vos parents... ? »

Le président botte en touche sitôt qu'il est question de ses géniteurs :

« Je vais vous montrer ma première feuille de paie comme pilotin... Je m'étais dit : il faut faire quelque chose, ne pas rester inerte, indéfiniment, après le bachot. Alors je suis parti en douce pour Rouen...

– En douce ?

– Oui. Je n'ai pas avisé ma famille. Je n'ai prévenu que le lendemain. Je ne peux pas dire que j'aie été félicité... »

Le copain d'enfance évoqué au chapitre précédent, Michel Basset, fils de la meilleure amie de sa mère, prétend[1] que ce départ aurait été organisé d'un bout à l'autre par le père de Jacques Chirac, qui était un ami du président de l'Union industrielle et maritime.

Laissons la parole à l'intéressé.

---

1. *Jacques Chirac. Une éternelle jeunesse, op. cit.*

« Je suis parti pour Rouen. J'ai fait les démarches pour être inscrit maritime afin de pouvoir monter sur un bateau. Je suis devenu inscrit maritime. Puis je suis allé au Havre chercher de l'embauche, et là j'ai trouvé un bateau qui s'appelait *Le Capitaine Saint-Martin*, qui appartenait à l'Union industrielle et maritime, alors présidée par un homme éminent nommé Henri Cangardel. J'ai appris plus tard que mon père le connaissait très bien. Je me suis embarqué sur ce bateau qui était un vraquier de 5 000 tonnes en partance pour Alger où il transportait du charbon, puis se rendait ensuite à Melilla pour charger la pire cochonnerie qu'on puisse imaginer au monde : du minerai de fer. Je dis cochonnerie parce que ce minerai présente beaucoup d'inconvénients. D'abord c'est lourd, donc le point de sustentation du bateau est très bas et dès qu'il prend de la gîte, il la garde indéfiniment. En second lieu, ça génère une poudre rouge qui pénètre partout et qu'il est très difficile d'enlever. Il faut au moins huit jours pour se nettoyer complètement. Notamment les cils, les cheveux…

« Avant de monter à bord, je m'étais dit : "Un marin, ça doit fumer la pipe." Je me suis donc acheté une pipe, et comme je n'avais pas d'argent, je me suis acheté une pipe tout ce qu'il y a d'ordinaire et un paquet de "gros cul" – ça s'appelait comme ça. Puis me voici monté sur mon bateau. On faisait les trois huit, on pratiquait ce qu'on appelle la "couchette chaude", c'est-à-dire qu'on n'avait qu'une couchette pour trois, sauf le *bosco* [capitaine], naturellement, qui avait sa couchette à lui dans sa petite cabine. Le *bosco* était un personnage extraordinaire qui avait exercé pendant des années dans la marine marchande et avait franchi je ne sais combien de fois le cap de Bonne-Espérance. C'était un vrai marin. Il me voit arriver. J'allume ma pipe. Évidemment, je n'avais pas vogué deux heures dans le golfe de Gascogne, la pipe et le "gros cul" aidant, que j'ai eu un sacré mal de mer. Il m'a dit de venir dans sa cabine ; il a sorti de sous sa couchette trois boîtes de sardines à l'huile et m'a dit : "Il y a deux choses à faire contre le mal de mer. Primo, tu vas me jeter cette pipe ! Ça n'a aucun intérêt, ça ne fera pas de toi un marin, mais ça fera de toi à coup sûr un malade. Secundo, le seul moyen de lutter contre le mal de mer, c'est les sardines à l'huile, parce que ça cale l'estomac..." J'ai mangé ses sardines à l'huile et ça a été radical. J'ai toujours fait ça depuis : c'est d'une efficacité parfaite.

« J'avais alors 17 ans. Autre point fort de ce voyage, pendant les deux jours de déchargement à Alger, ce merveilleux *bosco* me demanda : "Est-ce que tu es puceau ?" J'ai répondu oui. "Écoute, il faut soigner ça, je vais t'aider à régler ce problème." Il m'a alors emmené dans la Casbah...

« Ce *bosco* était étonnant, il souffrait d'hémorroïdes et, de ce fait, n'était pas toujours de bonne humeur. Il se campait sur la dunette et commandait à la voix. Quand on arrivait au Havre, il clamait d'une voix de stentor : "Hop là ! Holà ! Ça va aller" – et on allait généralement taper contre le quai...

« Un jour, je vois une haute silhouette se dessiner sur le quai et je me dis : "Voilà les emmerdements qui commencent." C'était mon père qui me dit : "Allez, assez rigolé. On rentre !" Ç'a été rude, mais il n'y avait pas place pour la discussion. Donc, retour sur Paris en ayant miraculeusement évité le coup de pied aux fesses. [Long silence.]

– Vous avez toujours éprouvé ce besoin d'espace ?

– Ah oui, j'aime bien l'espace !

– Votre passion pour l'art a donc été une façon de voyager dans le temps et dans l'espace...

– C'est vrai... »

Sur le chemin du retour, Jacques Chirac informe son père qu'il souhaiterait arrêter ses études et devenir capitaine au long cours, mais il se plie à l'injonction paternelle de préparer Math sup tout en traduisant Pouchkine, en dévorant des livres consacrés à l'Asie, en visitant les musées, les antiquaires, en s'emballant pour les idées de gauche, toutes attitudes qui n'emballaient pas, elles, tant s'en faut, le directeur de la société Potez.

« Au départ, quand j'étais jeune, j'étais plutôt porté vers la gauche. J'étais même plutôt attiré par le communisme. Contrairement à ce qui a été dit, je n'ai jamais adhéré au parti communiste, mais je me rendais régulièrement aux réunions qu'organisait la section communiste du VIᵉ arrondissement, tout près de la place Saint-Sulpice… J'étais là en observateur, je n'ai jamais adhéré. La seule action militante que j'aie faite a consisté à vendre quelque temps *L'Humanité-Dimanche* sur la place Saint-Sulpice, juste devant l'église, là où je me suis illustré ensuite à faire signer l'Appel de Stockholm. On nous faisait crier : "Demandez, lisez *L'Humanité-Dimanche*, l'organe du Parti communiste français !" Puis j'ai mal supporté les contraintes : on nous serinait ce qu'il fallait penser sur tous les sujets, ça n'a donc pas duré et j'ai pris mes distances… C'était à la fin du lycée. Je m'étais laissé tenter par des idées généreuses… »

Jacques Chirac n'entre pas à Polytechnique, mais à Sciences-Po. Ses parents en sont finalement satisfaits, d'autant plus qu'il fréquente une jeune fille bien sous tous rapports, Bernadette Chodron de Courcel. Il devient l'ami de Michel Rocard qui l'entraîne à des réunions du Centre d'études politiques et sociales (dans la mouvance SFIO), créé par lui.

« J'étais alors très ami avec Rocard qui m'a dit : "Viens donc au Parti socialiste." Je n'y ai non plus jamais adhéré. »

Dans une interview accordée en 1972[1], il a précisé : « J'ai flirté avec les socialistes… Je les trouvais trop conservateurs, trop à droite. Je n'y suis resté que quelques mois, puis je suis parti. Il n'y avait alors ni PSU, ni maoïstes, ni gauchistes.

---

1. *Jacques Chirac ou la République des cadets, op. cit.*

Alors je suis allé voir pendant quelques mois ce qui se passait du côté du PC, mais je n'ai jamais milité dans leurs rangs. »

À la fin de la première année de Sciences-Po, au cours des grandes vacances de 1953, il fait un nouveau pied de nez à ses parents : on l'a vu, ébloui par la belle Florence et sa Cadillac convertible, il se fiance aux États-Unis, alors qu'il est déjà engagé auprès de Bernadette, et, par courrier, fait part de la bonne nouvelle à Paris.

Bernadette Chirac se souvient de l'été américain de son fiancé : « Là-bas, il rencontre une jeune fille "ravissante" – à ce qu'il dit, je n'en ai vu que des photos. Elle l'appelait *Honey child*. Bref, le voici qui écrit des États-Unis à ma belle-mère (j'ai gardé ses cartes postales) : "Je suis fiancé !" Cette Américaine au volant de magnifiques voitures décapotables lui avait tapé dans l'œil. Ma belle-mère m'a téléphoné chez mes parents : "Mademoiselle, vous ne voudriez pas venir prendre une tasse de thé avec moi, car je suis très inquiète pour mon fils..." J'y suis allée. "C'est épouvantable ! Il faut que vous m'aidiez : je ne veux pas d'une belle-fille américaine qui roule en décapotable !" »

La riposte des parents a été efficace : « Ça a chauffé. Je me suis défiancé », conclut sobrement le président, peu prolixe sur son aventure sentimentale américaine.

L'échappée a été de courte durée. À son retour des États-Unis, Jacques Chirac décide de se fiancer avec Bernadette Chodron de Courcel et reprend avec brio ses études à Sciences-Po. Il est sur les rails. Ce parcours classique ne mérite pas grande attention, car il ne révèle rien sur le « mystère Chirac ». En juin 1954, il est reçu 3e de sa promotion, avec mention « Bien », et peut continuer à envisager d'être haut fonctionnaire. Il part en vacances en Scandinavie avec un ami et trouve sans doute à son goût la Suède et les Suédoises. À son retour, aidé par sa fiancée et protégé par sa mère, il prépare le concours d'entrée à l'ENA, le passe, et, sans attendre de connaître les résultats, part seul aux États-Unis où il va préparer un numéro spécial sur le port de La Nouvelle-Orléans pour la revue *L'Import-Export français*[1]. C'est le père de Jacques qui a trouvé ce job pour le compte d'un périodique proche de Marcel Bloch, devenu après la guerre Marcel Dassault. « J'ai été moi aussi journaliste », me dit-il en me tendant des photocopies de ce numéro où apparaît sa signature. En novembre, Marie-Louise téléphone à son fils pour lui annoncer la bonne nouvelle : il est reçu à l'écrit de l'ENA. Quelques semaines plus tard, il passe le grand oral devant une dizaine de personnalités. Il a contracté ce jour-là une bonne grippe. Louis Joxe lui pose la dernière question.

« On se réfère beaucoup à la philosophie de ce médecin de l'Antiquité…, vous voyez qui je veux dire, monsieur Chirac ?

– Oui, monsieur le président, vous voulez parler d'Hypo-crite ? »

La salle s'est esclaffée mais Jacques Chirac n'en a pas moins été admis à l'ENA. Sa carrière semble désormais toute tracée[2]. Mais, avant d'entrer à l'École, il doit encore faire son service militaire.

Jacques Chirac : « À l'époque, les élèves de l'ENA étaient dispensés de faire leurs six mois de classes. J'ai d'abord été affecté dans la Marine. Je reconnais que j'ai le mal de mer, mais ce n'est pas la raison majeure pour laquelle je ne voulais pas être incorporé dans la Marine. Je voulais aller en Algérie, et pas me planquer. Question de principe ! Dès réception de ma feuille de route, j'ai donc décidé de tout faire pour changer d'affectation. Mais je ne connaissais personne. Je ne sais plus par quel biais, j'ai pu quand même obtenir un rendez-vous au ministère de la Défense avec le capitaine de Saint-Victor : "Pourquoi veux-tu changer d'affectation ? m'a-t-il demandé. – Je ne veux pas être un planqué. Je veux partir en

---

1. À partir de son enquête, il rédige également une thèse de géographie économique sur « Le port de La Nouvelle-Orléans », dans laquelle il insiste beaucoup sur les risques d'inondations. *Le Monde* des 11-12 septembre 2005 a pu ainsi écrire en une : « L'étudiant Chirac avait prévu l'inondation de La Nouvelle-Orléans »…
2. Franz-Olivier Giesbert, *Jacques Chirac, op. cit.*

Algérie…" Il a très aimablement fait le nécessaire. Du coup, quand ma convocation dans la Marine a été annulée, j'ai été convoqué à l'école de Cavalerie de Saumur.

« J'ai donc dû y faire normalement mes six mois d'instruction. J'avais pour chef de peloton un lieutenant qui s'appelait de Villèle. J'étais sérieux et j'ai fait sérieusement mon apprentissage. J'ai passé les examens. Le rang de sortie était important, car il permettait de choisir son affectation en fonction de son classement.

« Lors de l'annonce des résultats, le colonel Rouvillois, commandant en second de Saumur, a dit : "Je ne citerai pas le nom du premier, je passe au second…" Il arrive au cinquantième, au soixantième, je ne me souviens plus au juste : je n'avais toujours pas été cité… Puis le lieutenant de Villèle a réuni le peloton et prononcé une phrase dont je garderai toujours souvenir : "Nous avons nourri une vipère dans notre sein…" La vipère, c'était moi. "Chirac a été déclassé, il sera donc affecté comme maréchal des logis… – Pourquoi ? – C'est comme ça. C'est la Sécurité militaire…"

« J'étais quand même emmerdé. Je ne savais pas d'où ça venait. Le colonel Rouvillois m'a gentiment accordé 24 ou 48 heures de permission pour me rendre à Paris et essayer de me démerder.

« J'étais marié. Un oncle de ma femme, Geoffroy de Courcel, était secrétaire général de l'Élysée, Compagnon de la Libération : un homme tout à fait convenable. Je lui demande rendez-vous, espérant qu'il pourra faire quelque chose, ou à tout le moins m'expliquer de quoi il retourne. Je vais le trouver et il me dit d'une voix très, très froide : "Il y a sur vous un rapport de la Sécurité militaire…" C'est tout juste s'il ne m'a pas dit : "Je regrette que vous ayez épousé ma nièce…", en tout cas il a dû le penser. Il a ajouté : "Je ne peux rien faire pour vous. C'est comme ça."

« Je suis ressorti. Je ne comprenais toujours pas d'où ça venait. Je me suis alors tourné vers un de mes vieux maîtres, le professeur Chardonnet, qui avait été mon maître à Sciences-Po, un homme éminent. Il me dit qu'il allait se renseigner.

– C'est parce que vous aviez signé l'appel de Stockholm ?

– Chardonnet était un ami du général Kœnig, ministre de la Défense. Il lui a exposé mon cas. Kœnig m'a convoqué et m'a demandé ce que j'avais fait. Je le lui ai expliqué, ajoutant que je n'avais tué personne. "Je vais te régler ton affaire", m'a dit Kœnig en présence de Chardonnet.

« Deux heures après, Saumur recevait des instructions pour restituer son rang et ses prérogatives à l'EOR Chirac. Je suis rentré à Saumur et, de fait, l'affaire était réglée. »

Son dossier militaire corrige quelque peu l'histoire telle que l'a racontée depuis toujours le président : il n'a pas terminé major de sa promotion de l'école d'EOR de Saumur, mais 8e sur 118. Il n'est pas indifférent de souligner qu'à chaque fois que je lui ai signalé une certaine distorsion entre sa version et la réalité, il l'a admise avec grande décontraction, assortie d'un commentaire sur la faiblesse de sa mémoire. S'il n'est pas sorti premier de Saumur, ses appréciations sont néanmoins fort bonnes. Il est catalogué comme un « esprit ouvert, intelligent, instruit, bien élevé, d'une présentation et d'une correction parfaites. Voit juste sur le terrain, réagit vite. Commande avec précision. A beaucoup travaillé et a facilement assimilé le cours technique. Semble devoir être un bon chef de peloton ».

Promu sous-lieutenant au début novembre 1955, il est affecté en Allemagne, à Lachen, comme « popotier ». Ses fonctions comprenaient notamment l'annonce, dans le mess, du menu de chaque repas, laquelle se terminait par la formule rituelle : « À nos femmes, à nos chevaux et à ceux qui les montent ! Par saint Georges, vive la Cavalerie[1] ! »

---

1. *Jacques Chirac, op. cit.*

Alors que son escadron doit partir pour l'Algérie, il est affecté à Berlin pour y servir d'interprète anglais-français-russe. Il est effondré. Avec un incroyable culot, il va bousculer la machine bureaucratique des armées et même risquer d'être porté déserteur : mais il tient à aller en Algérie. Il estime simplement que, pour lui qui s'apprête à servir la France, sa place est là-bas, non dans les bureaux. Il y a encore de l'anticonformisme dans cette décision. Toujours est-il qu'il est le seul de sa promotion à choisir une telle voie.

Jacques Chirac explique *a posteriori* les raisons d'un tel choix : « J'aurais très bien pu me dispenser d'aller servir en Algérie, du fait que j'étais à l'ENA. Je suis parti comme volontaire. Je ne me suis même pas posé la question de la légitimité de la guerre d'Algérie. Enfin si, je me la suis posée, mais je n'ai pas éprouvé pour autant la moindre hésitation : je suis parti dans les djebels… Puisque la France avait décidé – à tort ou à raison – que l'Algérie devait rester française, eh bien, j'apporterais ma contribution : c'était un choix fondamental… » Faire son service dans un ministère en pleine guerre d'Algérie, comme on le lui proposait, aurait été « le comble de l'abomination ».

Cinq jours après que l'Assemblée nationale accorde les « pouvoirs spéciaux » à Guy Mollet pour conserver l'Algérie à la France, et avant de franchir la Méditerranée, Jacques Chirac se marie en coup de vent, à Paris, en la basilique Sainte-Clotilde…

Il intègre le 6ᵉ régiment des chasseurs d'Afrique le 1ᵉʳ avril 1956 et arrive à Oran le 13. Ses quatorze mois passés en Algérie constituent assurément un des éléments constitutifs de sa personnalité. Il a aimé commander, évoluer au milieu de ses hommes, partager leurs peurs, affronter l'ennemi, protéger la population autochtone… Il a été chef comme jamais.

Vingt-deux ans plus tard, il déclarera à *Paris Match* : « Pour moi, et contrairement à ce que l'on a pu penser, ce fut un moment de très grande liberté, probablement un des seuls moments où j'ai eu le sentiment d'avoir une influence réelle sur le cours des choses [...]. Parce qu'il y allait de la vie d'hommes que j'avais sous mes ordres [...], c'est le seul moment où j'ai eu vraiment le sentiment de commander. »

Précisons néanmoins que Jacques Chirac a prononcé ces mots longtemps avant d'accéder à la présidence. Aujourd'hui, chef des armées, il accepte non sans plaisir de reparler de cette période et de son engagement Algérie Française.

« Je ne connaissais pas l'Algérie ; j'étais "Algérie française" et le restais spontanément... Néanmoins, j'ai beaucoup crapahuté, et quelque chose me frappait, me froissait. Je me disais : "Ces gens, on leur fout le pied au cul sans beaucoup de discernement." Ça n'allait pas beaucoup plus loin, cela ne remettait pas en cause mes convictions. Mais je n'étais pas tout à fait à l'aise à la vue des traitements qu'on faisait subir à ces Algériens... C'était un sentiment diffus... Je n'en tirais pas de conséquences. »

Le président reviendra sur le sujet en évoquant sa visite triomphale en Algérie, au début mars 2003, quand il restitua au président Bouteflika le sceau que le Dey avait remis au maréchal de Bourmont, le 5 juillet 1830, lors de la prise d'Alger : « Bouteflika est un personnage complexe, mais je l'aime bien. Il déteste cette période coloniale, mais ne me le dit pas trop, car il est poli. C'est un sujet que nous avons en général esquivé. C'est lui qui m'a cité un livre écrit en arabe par un ancien chef de la wilaya de l'Oranie, qui me consacrait quelques pages : "Il y avait dans la wilaya une unité qui était commandée par un dénommé Chirac, et je tiens à faire l'éloge de cet officier français... parce qu'il a toujours été d'une totale correction avec les gens de la wilaya. Il n'y a jamais eu un problème."

« C'est vrai, commente le président. J'avais un nerf de bœuf, et au moindre manquement de mes hommes – j'entends : quand l'un d'eux voulait forcer la porte des maisons quand ce n'était pas nécessaire, mettre la mains aux fesses des filles, enfin, vous voyez le genre... – je m'en servais. »

Jacques Chirac raconte que, lors de sa visite officielle en Algérie, Bouteflika organisa une grande réception réunissant beaucoup de gens qui avaient combattu la France. Il lui présenta une femme qui avait fait sauter un café français à Alger, puis l'ancien chef de wilaya qui lui avait consacré quelques pages : « Tous deux sont montés sur scène et me sont tombés dans les bras. Cela ne m'a pas choqué, et je les ai embrassés de bon cœur. »

Les Archives militaires ont gardé trace du principal fait d'armes du sous-lieutenant Chirac. Le 4 mai 1957, il a en effet été cité à l'ordre de la division par le général de division Pédron, commandant le Corps d'armée d'Oran, pour le motif suivant : « Jeune chef de peloton qui, depuis huit mois, a participé à toutes les opérations de son escadron. Le 12 janvier 1957, à El Krarba (Beni Ouarsous), alors qu'un élément ami venait d'être pris à partie par une bande rebelle, a entraîné son peloton, malgré un feu de l'adversaire, et a mené l'assaut à la tête de ses hommes. Son action a permis l'évacuation de blessés et la récupération d'armes et de matériels. »

Cette citation lui a valu l'attribution de la croix de la Valeur militaire avec étoile d'argent.

Son chef d'escadron l'a catalogué « officier de premier ordre [...], apte à commander un peloton en toutes circonstances, aussi bien blindé (Patton) qu'à pied [...]. A fait preuve en opérations des plus belles qualités guerrières [...]. À suivre et à pousser. » Et Jacques Chirac a donc poursuivi sa progression comme officier de réserve : lieutenant fin 1957, capitaine fin 1966, chef d'escadron début octobre 1974, lieutenant-colonel début octobre 1983, colonel début octobre 1992, radié des cadres de réserve le 12 mai 1993.

« La seule carrière que j'aie réellement envisagée de faire en dehors de la politique, c'est la carrière militaire. » Rentré en France, il donne en effet sa démission de l'ENA pour rempiler, mais cette démission est refusée par le directeur et il se soumet. Mais il gardera toujours au cœur la nostalgie de son épopée guerrière.

Il va s'ennuyer ferme pendant deux ans, le temps de terminer l'ENA. Il n'y est pas très aimé, car il ne se mêle guère aux autres, émet des jugements tranchés, plaît beaucoup trop aux filles. Malgré un parcours apparemment linéaire, l'apprenti haut fonctionnaire, infatigable bosseur, capable d'assimiler les dossiers à une vitesse vertigineuse, frôle toujours la « ligne jaune ». Un exemple parmi d'autres : devenu maître de conférences à Sciences-Po en même temps qu'il suit les cours de l'ENA, il demande à un élève de commenter cette phrase : « Guy Mollet est un mouvement alternatif du mollet droit et du mollet gauche qui permet de dire que le socialisme est en marche. » Cela fait scandale. « Je me suis fait engueuler. Ils ont failli me virer alors que j'avais dit ça gentiment », se souvient le président dans un grand éclat de rire.

Bernard Stasi dit de lui qu'il est « à la fois polar et à part ». Non seulement il travaille beaucoup, mais il continue parallèlement à faire son « école buissonnière ». Personne, hormis sa femme, n'est au courant de ses passions asiatiques et autres…

En juin 1959, il est reçu 16e de la promotion Vauban. Il repart en Algérie, cette fois avec femme et enfant, en « renfort administratif ». Il aurait pu s'en dispenser, ayant déjà fait là-bas son service militaire, mais il n'y a pas songé une seconde. Pour lui, servir la France, c'est alors servir en Algérie.

Il se retrouve directeur de cabinet du directeur général de l'Agriculture. Est déchiré par le mouvement des Barricades, le 24 janvier 1960. C'est la débandade au Gouvernement général : la plupart des directeurs optent pour le général Challe. Chirac hésite avant de signer une pétition de soutien au général de Gaulle lancée par ses copains de la promotion

Vauban : « Nous avons décidé à l'unanimité d'être loyaux envers le général de Gaulle, y compris moi qui étais l'un des plus "Algérie française". »

Et de me raconter de façon un peu filandreuse comment, à partir de là, il a essayé de comprendre le « père de Gaulle », indépendamment de ce que le Général avait réussi pendant la guerre. « Il a eu le culot de dire : premièrement, que l'Algérie n'était pas française, qu'il fallait en tirer les conséquences et lui accorder l'indépendance ; et deuxièmement, que c'était l'intérêt de la France, car la France ne pouvait se permettre de traîner un tel boulet. Que c'était à la fois contraire au génie de la France et tout à fait contraire aux intérêts de la France... Je me suis dit à ce moment-là : "ce type", si je peux me permettre, il a un vrai sens de la France. Il a à l'évidence compris que l'intérêt de la France était qu'on rende son indépendance à l'Algérie, moralement, politiquement, matériellement et financièrement. C'est comme ça que je suis devenu gaulliste. Le personnage était porteur d'une certaine idée de la France, de ses intérêts et de sa vocation. »

Jacques Chirac entre à la Cour des comptes en 1960, tout en continuant à enseigner comme maître de conférences à Sciences-Po. Il mène également une mission totalement en adéquation avec sa passion pour l'art et avec son cursus « école buissonnière » : il travaille avec le professeur André Chastel à lancer ce qui deviendra une des grandes œuvres d'André Malraux, l'Inventaire général[1].

Il intègre le Secrétariat général du gouvernement comme chargé de mission, puis, rapidement, entre au cabinet de Georges Pompidou à Matignon à l'occasion de la formation de son deuxième gouvernement. « Conformément aux habitudes des membres des cabinets, tous se sont rués pour

---

1. Voir première partie, chapitre 4.

s'arroger les bureaux dégueulasses, exigus, mal foutus, mais situés tout près du Premier ministre, c'est-à-dire à l'Hôtel Matignon même, alors que moi je me suis dit qu'il valait mieux être éloigné de l'autorité : on risque moins... Et voilà comment on m'a assigné le bureau de Bujard[1], l'homme qui m'avait recruté quelques mois plus tôt. Je me suis installé dans ce superbe bureau. J'y étais comme un prince. »

François-Xavier Ortoli, directeur de cabinet du Premier ministre, présente Jacques Chirac à Georges Pompidou. L'actuel président se souvient : « J'entre quand on me dit d'entrer. Je vois Pompidou qui était en train de signer du courrier. Je me tiens devant son bureau. Il ne disait rien, mais continuait à signer. J'étais un peu anxieux. Jeune fonctionnaire, je ne savais trop ce qu'il convenait de faire ou de dire. Au bout d'un moment qui m'a paru très long, Ortoli a dit : "Monsieur le Premier ministre, je voulais simplement vous présenter Chirac qui va entrer à votre cabinet et qui vient de la Cour des comptes." Pompidou ne dit toujours rien, me regarde à peine. Je ne dis rien non plus, et Ortoli, ne sachant plus très bien quoi ajouter ni que faire, lance : "Il est très bon !" Pompidou a alors relevé la tête : "J'espère bien, parce que je pense que s'il n'était pas bon, vous ne l'auriez pas fait venir !" Puis Pompidou s'est replongé dans ses parapheurs. Ortoli m'a fait signe et nous sommes ressortis. Tel fut mon premier contact avec Pompidou... »

Les biographies et articles consacrés à Jacques Chirac mettent tous l'accent sur sa boulimie de travail quand il s'attelle aux dossiers qui lui ont été attribués : construction, travaux publics, transports. On le surnomme « Bulldozer ». Il s'intéresse particulièrement au transport aérien et renoue

---

1. Jacques-Henri Bujard, inspecteur général de l'Économie nationale, était alors conseiller pour les Affaires économiques auprès du Secrétaire général du gouvernement.

avec Marcel Dassault qui va jouer un rôle déterminant dans sa carrière[1]. Chirac ambitionne de devenir directeur général à l'Aviation civile, poste que lui promet Georges Pompidou au milieu des années 60, malgré son jeune âge. Mais le Premier ministre, qui a remarqué ce jeune serviteur fidèle et compétent, nourrit de plus hautes ambitions pour lui.

Le président raconte : « Un jour, il me convoque et me dit : "Chirac, je vais vous donner une circonscription, vous allez être candidat…" La vérité est que je suis tombé du ciel dans la mesure où ça n'était pas du tout mon ambition, je n'y avais jamais songé. C'est Pompidou qui m'a instillé d'un coup cette idée. Contrairement à ce qu'on a beaucoup écrit, Pierre Juillet n'a été pour rien dans cette décision du Premier ministre.

« Je lui dis : "Très bien." Je ne sais trop ce qui s'est passé à ce moment-là, mais notre conversation a été interrompue et il m'a dit de revenir lui en parler. Quelque temps plus tard, la conversation a été reprise : "Chirac, vous allez vous présenter dans la région parisienne…" J'ai encore cette conversation dans l'oreille. Je lui réponds : "Ça, monsieur le Premier ministre, c'est hors de question. Je veux bien me présenter, mais si je me présente quelque part, ce sera chez moi, en Corrèze, et nulle part ailleurs !" Connaissant bien sa carte électorale, il m'objecte : "En Corrèze, ce n'est pas possible. Il y a trois circonscriptions : Brive, c'est Charbonnel ; Tulle, c'est imprenable ; et la troisième, Ussel, est communiste. Il est donc hors de question que vous vous présentiez en Corrèze. – Écoutez, monsieur le Premier ministre, je suis d'un naturel obéissant, mais je me présenterai en Corrèze ou je ne me présenterai pas. Et je prendrai Ussel…" Je ne concevais pas de me présenter ailleurs que là où j'avais une attache avec la terre et avec les hommes. C'est quelque chose de charnel. Pompidou n'était pas content… »

1. Voir deuxième partie, chapitre 16.

Jacques Chirac avait déjà un pied en Corrèze : le maire de Sainte-Féréole l'avait fait élire à son conseil municipal. À partir de juin 1966, il va donc se rendre là-bas toutes les semaines, sillonner les routes de la circonscription, mettre les maires dans sa poche, se familiariser avec les problèmes, écouter, promettre beaucoup, et, de retour à Paris, harceler l'administration grâce à sa position à Matignon. Il séduit les édiles de cette terre radicale-socialiste. Charles Spinasse, maire d'Égletons, ancien ministre de l'Économie du Front populaire, que louait son grand-père dans les colonnes de *La Dépêche,* le prend sous son aile et dit de lui : « Il est socialiste, ça ne fait pas de doute. Il aurait certaine-ment appartenu au Front populaire ! » – ce à quoi Chirac répond : « Avec des hommes comme Spinasse, certainement[1]. » Grâce à Marcel Dassault, il a un journal, *L'Essor du Limousin,* à sa disposition, et, de surcroît, le soutien total de Georges Pompi-dou, ce qui n'est pas rien. Le Premier ministre a même accepté de venir en Corrèze pour soutenir et vanter son jeune poulain :

« À mon cabinet […], on n'a encore jamais réussi à trou-ver quelqu'un qui lui résiste, et la preuve en est que, malgré un emploi du temps extrêmement chargé, je me trouve ici, n'ayant pu résister moi non plus. J'espère quand même qu'il ne me poussera pas trop vite hors du gouvernement, mais, avec une telle activité, une telle puissance de travail, une telle capacité de réalisation, on peut tout craindre ! »

Le chef de l'État poursuit la narration des débuts de sa carrière politique.

« J'ai eu un coup de chance formidable. J'avais contre moi Robert Mitterrand, un homme sympathique avec qui j'ai

---

1. Après la mort de Charles Spinasse, Jacques Chirac lui a rendu hommage dans *Lemouzi,* revue régionaliste du Limousin : « Profondément démocrate comme Léon Blum, attaché à un socialisme qui doit permettre le libre épanouissement de l'indi-vidu, comme le concevait Jaurès, Charles Spinasse est tout le contraire d'un déma-gogue. Comme le gouvernement auquel il appartint, il s'est constamment donné pour règle de n'utiliser que les moyens constitutionnels, d'inciter au travail commun et non au triomphe de telle catégorie sociale sur telle autre. »

gardé par la suite des relations très cordiales. Il y avait un accord de désistement entre les socialistes et les communistes, signé par François Mitterrand, aux termes duquel celui qui était en tête bénéficiait du désistement du second. Arrive en tête un dénommé Var, communiste ; en second c'était moi, et en troisième position Robert Mitterrand. »

La mémoire du président vient encore de lui jouer un tour. Un raté intéressant, car non seulement il se trompe sur le nom du candidat communiste, qui ne s'appelait pas Var, mais Emon, mais surtout parce que celui-ci n'arrive pas en tête du premier tour, mais en second. Chirac le devance !

À la veille du deuxième tour, Robert Mitterrand fait une déclaration signifiant que les accords signés par son frère ne s'appliquent pas à lui : « Je suis le frère de François Mitterrand, je constitue une exception, et le candidat communiste sera donc obligé de se désister en ma faveur, bien que je sois arrivé derrière lui. » Son frère, lui, riposte que c'est impossible.

« Il a été obligé, le malheureux, de se désister en faveur du communiste ! Si ce dernier s'était désisté en faveur de Robert Mitterrand, je n'aurais pas été élu. Si j'ai été élu, c'est parce que j'étais opposé à un communiste. Sans compter que Robert Mitterrand n'a pas fait la moindre déclaration pour faire voter en faveur de ce dernier.

« Nous avions mené une campagne difficile. Robert Mitterrand était fait pour être candidat en Corrèze comme moi pour être cardinal. Ingénieur, c'était un bourgeois citadin, très intelligent, mais les vaches, il ne connaissait pas très bien, les foirails non plus. La façon dont on tope pour acheter un veau, c'était pas sa tasse de thé… Dans les réunions, je me montrais insolent à son égard, je suis bien obligé de le reconnaître, je l'ai regretté après coup. Je m'adressais à la salle en patois. Le malheureux… [Gros rires.] C'était d'ailleurs ridicule, car je cause très mal le patois, mais enfin, ça faisait bon effet… J'ai gardé ensuite de très amicales relations avec lui, bien qu'il ait été mon adversaire… »

Le 12 mars 1967, Jacques Chirac est élu député de Corrèze et change de stature. Le général de Gaulle, qui l'a remarqué, le reçoit pendant une heure, une dizaine de jours après son élection. Jacques Foccart, très proche collaborateur du Général, qui à la fois s'occupe de l'Afrique et a la haute main sur le SAC (Service d'Action civique), noyau dur des activistes gaullistes, lui a également trouvé un profil intéressant. Il l'a même inscrit sur la liste des prochains membres du gouvernement, et, en face de son nom, Pompidou a écrit : « Je crois que si l'on prend un élément jeune, c'est celui-ci qu'il faut prendre[1]. »

« Quand j'ai été élu, poursuit l'actuel président, on n'avait à la Chambre qu'une voix de majorité. J'ai toujours dit que c'était la mienne, naturellement ! L'inscription au groupe UDR était donc capitale. J'ai reçu un coup de téléphone m'enjoignant de venir m'inscrire. J'arrive à l'Assemblée nationale. J'étais attendu avec impatience, comme tous les élus. Ce sont Marc Jacquet et René Tomasini, qui dirigeaient le groupe, qui m'ont reçu. "Bravo, Chirac, très bien…" Puis Tomasini me demande ce que je veux comme commission. Moi qui n'étais pas du tout familier des milieux politiques, je réponds finement : "La Commission des finances." Ils poussent un coup de gueule épouvantable : "Qu'est-ce que c'est que cette prétention ? La Commission des finances, on y accède au bout de dix ans ! Tu te rends compte : moi, par exemple… – Alors, va te faire foutre ! – Bon, si tu le prends comme ça…" Je m'étais mis à le tutoyer, moi aussi. "Si tu le prends comme ça, va te faire foutre, toi aussi : mets-moi où tu veux, je m'en contrefous…" Et je suis parti en claquant la porte.

« Je me suis retrouvé dans je ne sais plus quelle commission : en fait, je n'ai pas eu le temps d'en profiter… »

---

1. Jacques Foccart, *Tous les soirs avec de Gaulle. Journal de l'Élysée*, tome I, Fayard/Jeune Afrique, 1997.

Le 7 mai, Chirac arrive à l'hôtel Matignon et croise Pompidou qui en sort. Le Premier ministre interpelle le tout nouveau député de Corrèze : « Chirac, je viens de voir le Général et nous avons décidé de vous confier un strapontin... »

Le président : « J'étais un peu sidéré. Je le remercie. Il précise : "... secrétaire d'État à l'Emploi." Ça n'existait pas. C'était la première fois qu'un secrétariat d'État à l'Emploi voyait le jour. J'étais le dernier sur la liste protocolaire. Pompidou ajoute : "Je vais vous dire deux choses. La première : ne vous prenez pas pour un ministre. La deuxième : sachez que l'emploi sera un problème majeur dans notre pays, parce que jamais les Français ne toléreront qu'on franchisse la barre des 300 000 chômeurs". Il faut que vous sachiez qu'à l'époque, m'explique aujourd'hui l'hôte de l'Élysée, il y avait eu une violente campagne, les communistes prétendant qu'on avait, dans le cadre de la préparation du Plan, prévu qu'il y aurait 400 000 chômeurs, alors qu'on en comptait alors un peu moins de 300 000... »

Le président se souvient de la réaction de son beau-père à l'annonce de sa nomination au gouvernement : « Jacques, qu'est-ce que c'est que cette instabilité ? Vous étiez à la Cour des comptes, vous avez été candidat à la députation. Vous avez été élu. Après ça, voici que vous démissionnez... »

« Mon pauvre beau-père, ça le dépassait ! Brave homme, au demeurant... Nommé secrétaire d'État à l'Emploi, cela ne m'a pas empêché de faire des choses sérieuses dans ma circonscription. Je m'y suis déployé. J'y suis allé toutes les semaines. Le vendredi soir, je prenais le train qui me conduisait à 4 heures 30 du matin à Ussel, et je rentrais le lundi matin. Je n'ai pas passé une semaine sans me rendre les samedi et dimanche dans ma circonscription. C'est une question d'honnêteté, quand on a été élu, mais c'est aussi le seul moyen de connaître la France. Le seul moyen, c'est d'avoir un vrai contact avec les gens. Et ce contact ne consiste pas seulement à aller s'y baguenauder de temps à autre, il faut le cultiver en permanence, sur le moyen et le long terme... »

Je lis au président un passage de sa plume dans *La Lueur de l'espérance* : « Homme politique par vocation ? Je doute. Il m'arrive souvent de penser que ma vie serait plus heureuse dans un champ d'action mieux délimité qui me laisserait, la tâche finie, un temps vraiment libre, sans obligations diffuses ni soucis permanents. »

« Bien sûr, réagit-il, ce sont là des choses qu'on dit spontanément sans trop les penser...

– À partir du moment où avez été élu député, la passion de la politique ne vous a plus lâché ?

– Absolument.

– Mais vous regardiez vers où et jusqu'où vouliez-vous aller ? Quelle était au juste votre ambition ? À partir de quand avez-vous visé la présidence ? »

Il réfléchit longuement, va pour me répondre, puis se ravise :

« C'est bien difficile de répondre à cette question... »
Nouveau silence.

Un autre jour que je lui redemande à partir de quel moment il a nourri les plus hautes ambitions, il me répond à côté :

« J'ai toujours beaucoup travaillé...

– Cela fait longtemps que vous travaillez sept jours sur sept...

– C'est sûr. *Grosso modo* douze heures par jour.

– Donc, à partir de quand ?...

– Difficile à dire. (Très longue hésitation.) Je vais vous étonner : je n'ai jamais visé une telle promotion, mais j'ai probablement fait tout ce qu'il fallait faire pour qu'elle ait lieu. Je ne me suis jamais dit : Je vais être Premier ministre, ou ministre de ceci ou de cela. Je n'ai jamais demandé quoi que ce soit. »

La connaissance de l'action qu'il a menée pendant douze mois rue de Tilsitt, où il a décidé d'installer les bureaux de son secrétariat à l'Emploi, est essentielle pour comprendre son « tropisme de gauche ». Surtout pour comprendre que son programme présidentiel de 1995 visant à réduire la « fracture sociale » n'était pas un attrape-nigauds conçu par des conseillers en communication, mais recouvrait des idées qu'il avait déjà mises en pratique en 1967-68, puis, ainsi que nous le verrons, en 1974-76, quand il aura été pour la première fois nommé à Matignon.

Chirac est le premier à procéder à ce qu'on appellera plus tard le « traitement social du chômage ». Il institue ce qu'il désignera lui-même comme le « meilleur système de protection de tous les pays capitalistes et socialistes ». Il crée en effet la garantie de ressources pour tous les travailleurs sans emploi et généralise le régime des aides complémentaires. L'UNEDIC est invitée à relever le taux des allocations de 35 à 40 % du salaire de référence pendant les trois premiers mois de chômage. Il crée également l'Agence nationale pour l'emploi (ANPE), et fixe un taux minimum pour l'indemnité de licenciement. Il élabore cet important train de réformes dans un rapport étroit avec les leaders syndicaux.

Survient Mai 1968. Historiens et journalistes reconnaissent tous – ce qui est rare, concernant Jacques Chirac – qu'il a joué un rôle décisif dans la sortie de la crise sociale en tenant lieu de « mécanicien » à Pompidou dans la négociation et la conclusion des accords de Grenelle.

« Vous avez joué un rôle très important en Mai 1968... »

Comme à son habitude, le président conteste la prééminence de son rôle et minimise son action en affirmant que tout cela était dû « au hasard ».

« En tant que secrétaire d'État à l'Emploi, j'avais noué des relations amicales avec les syndicats...

– Vous aviez reçu pour instruction de nouer ces liens avec les syndicats ?

– Absolument. Mais je n'avais pas eu besoin de me forcer. Il y avait Georges Séguy à la CGT ; il y avait mon ami André Bergeron, avec qui j'étais très lié, à FO ; et Eugène Descamps à la CFDT. Surtout, il y avait au CNPF un homme important, François Ceyrac, un ami intime de ma famille. Il était en charge des questions économiques au CNPF et exerçait déjà une forte influence dans ces milieux. Un jour d'avril 1968, il vient me voir rue de Tilsitt : "Écoute, me dit-il, je veux que tu sois le premier prévenu, je dois m'absenter pour aller me faire opérer…" Et je l'entends encore me dire : "Il ne peut rien se passer sur le plan social jusqu'à la rentrée, je vais donc partir pour trois semaines…" Peu après, c'était le 13 mai, la grève générale !…

« Le rôle modeste que j'ai eu fut un rôle de lien entre Pompidou et les dirigeants syndicaux que je vous ai cités…

– Vous avez oublié Henri Krasucki…

– En effet, c'était un homme très affable. Avec lui nous avions des rendez-vous spéciaux…

– Vous usiez avec lui du pseudonyme de "Walter"…

– Je m'étais beaucoup investi dans les relations syndicales… Krasucki me donnait des rendez-vous dans des endroits pas possibles : square d'Anvers, du côté de Pigalle… Je rendais compte à Pompidou de ce que je faisais et il m'avait recommandé de bien veiller à ne pas me faire prendre en otage : "Je ne doute pas que vous arriveriez à vous en sortir, mais, pour le gouvernement, ce serait quelque chose d'épouvantable ; donc, faites en sorte que ça ne tourne pas comme cela, je vous fais confiance…" Le coup suivant, j'avais rendez-vous du côté de Pigalle et j'y suis parti armé d'un revolver. Au moins, s'il se passait quelque chose d'inopportun, serais-je à même de me défendre. Inutile de vous dire que je n'ai pas eu à m'en servir… J'ai emporté mon revolver à deux ou trois reprises… Tout cela a aujourd'hui un air un peu ridicule, naturellement. »

Le président s'était montré plus loquace autrefois face à Philippe Alexandre avec qui il était en très bons termes, le journaliste lui ayant été envoyé par Marcel Dassault pour travailler à *L'Essor du Limousin,* c'est-à-dire pour l'aider, lui, Chirac, à remporter les élections de 1967. Dans *L'Élysée en péril*[1], Philippe Alexandre raconte.

« Il glisse son revolver dans sa poche. Il convoque l'officier de police chargé de sa protection et un membre de son cabinet. Il leur dit : "J'ai un rendez-vous dans le quartier le plus mal fréquenté. Je n'ai pas confiance. Vous allez m'accompagner."

« La Peugeot noire arrive au coin de la rue indiquée. Chirac montre une maison grise devant laquelle deux costauds font les cent pas. Il dit à ses anges gardiens : "C'est ici. Au troisième étage. Si, dans trois quarts d'heure, vous ne m'avez pas vu revenir, montez. Avec vos armes." Il hésite une dernière fois : "Dans trois quarts d'heure. Compris ?"

« Il descend, franchit à pied les cent derniers mètres. La crosse du revolver lui griffe la poitrine. Il s'approche des deux gorilles et prononce à mi-voix son nom de code ; on lui répond : "Très bien. Suivez-nous."

« Derrière ses guides, Chirac monte l'escalier plein d'odeur de friture et de bruits de radio. Au troisième étage, une porte s'ouvre. Le secrétaire d'État se retrouve dans une petite chambre : un lit, une table ; un soutien-gorge traîne sur une chaise, mais il n'y a pas de femme ; seulement trois hommes, dont deux dirigeants connus de la CGT. Jacques Chirac s'assied sur la chaise qu'on lui tend. Les battements de son cœur retrouvent leur rythme habituel.

« Au bout de la rue, dans une Peugeot, un officier de police en civil regarde sa montre. Fin de l'intermède : la grande négociation entre le gouvernement et les ouvriers a pratiquement commencé. »

---

1. Philippe Alexandre, *L'Élysée en péril (2-30 mai 1968)*, Fayard, 1971.

Je reprends :

« Vous aviez noué une relation assez forte avec Krasucki.

– Oui.

– Il avait un point commun avec vous : celui de jouer les analphabètes alors qu'il était très cultivé et, de surcroît, un grand mélomane...

– Il m'avait confié un jour être amateur de grande musique et je lui ai répondu qu'en dehors de *La Marseillaise*, moi, je n'y connaissais rien.

– Vous avez continué à vous dissimuler.

– En l'occurrence, non. C'est vrai que je n'aime pas la musique classique. J'aime assez la musique chinoise, la musique asiatique, j'en écoute même dans mon bureau ; en revanche, pour ce qui est de la classique, je n'ai pas l'oreille à cela... »

Je reviens sur son rôle « important » dans les négociations qui ont abouti à la signature des accords de Grenelle, cérémonie où on le voit assis aux côtés de Georges Pompidou.

« Je me souviens d'un moment particulier, quand on a conclu, vers 4 heures du matin. Le problème était de savoir si on mettait le SMIC[1] à trois francs ou non. On était prêts à céder à 2,80 francs, ou quelque chose comme ça. Je quittais discrètement la salle pour avoir des entretiens confidentiels avec Séguy ou Krasucki. Je sors et on se met d'accord – avec Séguy, je crois – sur un chiffre légèrement inférieur à trois francs. Je rentre discrètement, lui d'un côté, moi de l'autre. Pompidou propose le chiffre. Le représentant de FO prend alors la parole et dit : "On est tous d'accord pour trois francs !" Stupeur de tout un chacun. Séguy déclare qu'il ne peut faire autrement que de s'aligner. C'est comme ça qu'on a fait le SMIC à trois francs. »

Il est sept heures du matin, ce 27 mai 1968. L'accord prévoit notamment une augmentation du SMIC de 35 %, une hausse moyenne des salaires de 10 %. Jacques Chirac est

---

1. À l'époque le SMIG.

alors persuadé que la France va se remettre au travail, mais les grèves dures continuent. Beaucoup de ministères sont vides, c'est la débandade dans les allées du pouvoir. Le 29 mai, le général de Gaulle disparaît à l'étranger sans prévenir. Pompidou se retrouve seul – enfin, pas tout à fait : Chirac fait partie du dernier carré de fidèles.

« J'étais tout à fait serein. Je me disais que tout cela finirait par passer. J'ai trouvé que les ministres, au cours de cette période, ne furent pas brillants : au mieux ils se volatilisaient, au pire ils commençaient à prendre des contacts ailleurs. Fouchet, ministre de l'Intérieur, avait disparu. On avait été obligé d'installer son directeur de cabinet à Matignon. Même Olivier Guichard, on ne l'a pas beaucoup vu… Il en allait de même avec les cabinets. J'avais un chef de cabinet, un camarade de promotion, avec qui j'étais très lié : il m'a écrit pour me dire qu'il serait fidèle et loyal, tout en me prévenant que, sitôt la crise terminée, il me remettrait sa démission. Ils étaient tous complètement paumés. J'apprends par Michèle Cotta, qui était très bien avec tout le monde, que Mitterrand recevait et tenait table ouverte : "Tu ne sais pas qui j'ai vu faire la queue chez Mitterrand ? Olivier Stirn et le sous-préfet Érignac [deux membres du cabinet de Jacques Chirac]. Tu me croiras si tu veux, ils ont attendu sept heures et finalement n'ont pas été reçus." Telle était l'ambiance à cette époque[1]. Au sein de mon cabinet, seuls Jean-Paul Parayre[2] et Annie Lhéritier se sont bien comportés. Annie Lhéritier me disait : "Laissez faire, tout cela ne présente aucun intérêt, ça va se calmer…"

« Du coup, je suis revenu m'installer à Matignon. On n'était pas nombreux, autour de Pompidou, ça ne se bousculait pas ! Il y avait Pierre Juillet, naturellement, Michel Jobert, Marie-France Garaud, Édouard Balladur…

---

1. Lire à ce sujet *La Lueur de l'espérance, op. cit.*
2. Qui deviendra plus tard le président de Peugeot SA.

– Est-ce à ce moment que se sont noués vos liens d'affection avec Georges Pompidou ? Vous faisiez partie de son cercle rapproché après avoir joué un rôle important à Grenelle…

– Pompidou n'était pas homme à s'épancher auprès de ses collaborateurs. Je lui ai toujours été parfaitement loyal, et je n'attendais de lui ni remerciements ni considération particulière. »

Le Premier ministre n'a pas admis que le général de Gaulle ne l'ait pas prévenu de son départ pour l'étranger, et l'image qu'il avait de lui s'en est soudain trouvée écornée. L'homme du 18 juin a-t-il joué un coup de poker ? a-t-il simplement paniqué ? Toujours est-il que les relations entre les deux hommes se sont alors brutalement détériorées. Pompidou donne sa démission. De Gaulle la refuse, mais est obligé de lui concéder la dissolution de l'Assemblée nationale. Le 31 mai, Pompidou remanie son gouvernement. Chirac est nommé secrétaire d'État au Budget. Les gaullistes triomphent aux élections législatives. En guise de remerciement, de Gaulle congédie son Premier ministre. « Quelque chose en moi était ébranlé. Nos rapports étaient donc des rapports de fonction et de circonstance, et non pas des rapports privilégiés entre un grand homme et quelqu'un qui lui était dévoué », écrira à ce propos Georges Pompidou[1]. Chirac, désorienté, est prêt à quitter le gouvernement, mais Pompidou l'en dissuade et lui demande au contraire de s'accrocher à son poste de secrétaire d'État au Budget à la fois pour continuer sa formation et pour l'informer, lui, son protecteur, des mouvements de l'économie française.

Maurice Couve de Murville, qui succède à Pompidou, propose d'autres postes au jeune Jacques Chirac qui les décline l'un après l'autre. Celui-ci devient à la fois le porte-

---

1. Georges Pompidou, *Pour rétablir une vérité*, Flammarion, 1982.

parole et l'intermédiaire de l'ancien Premier ministre auprès du nouveau.

« Couve, très content d'être à Matignon, ne tenait pas à aggraver les choses avec Pompidou et a trouvé très bien mon rôle de *go-between*... Il m'a donc complètement associé à la formation du gouvernement, non pas pour mes compétences, mais parce que ça lui évitait de négocier quoi que ce soit avec Pompidou... Ce dont je me souviens fort bien, c'est que Couve n'aimait pas du tout Edgar Faure... Après en avoir naturellement parlé avec Pompidou, j'avais dit au Premier ministre : "Il faudrait mettre Edgar à l'Éducation nationale. – Ça n'est pas possible, il va faire n'importe quoi", m'avait répondu Couve. Et je m'entends encore lui répondre – de ça je suis sûr, pour le coup : "Monsieur le Premier ministre, vous avez tort (et c'est là où on voit à quel point on peut être naïf). Ou bien il va réussir, et ce sera la réussite du gouvernement ; ou bien il va échouer, et ce sera son échec à lui..." C'est l'argument qui l'a convaincu de nommer Edgar à l'Éducation... Eh bien, ç'a été exactement l'inverse, parce qu'il était plus malin que nous, le père Edgar ! Il a été nommé, il a pris comme directeur de cabinet le futur mari de Michèle Alliot-Marie, un garçon très gentil avec qui j'étais ami, et en tant que secrétaire d'État au Budget j'ai été en relation permanente avec cet Alliot qui me demandait sans cesse quelque chose de la part d'Edgar pour lui faciliter la vie sur le plan financier. Et je passais mon temps à régler les problèmes de l'Éducation nationale pour faire plaisir à Edgar, à la demande d'Alliot... »

Alors que Chirac a un pied dans le gouvernement Couve et l'autre chez Pompidou, lequel s'est mis en réserve de la République, voici qu'éclate l'affaire Markovic. Autour du meurtre de Stefan Markovic, ancien garde du corps et confident d'Alain Delon, une sordide machination visant l'ancien Premier ministre est déclenchée. Des photos pornographiques truquées visant Mme Pompidou circulent dans Paris.

Un homme qu'on retrouvera aux côtés de Charles Pasqua quelques années plus tard figure parmi ceux qui sont à la manœuvre : alors agent du SDECE (future DGSE), Jean-Charles Marchiani agit pour le compte de gaullistes de gauche qui ne veulent à aucun prix de Pompidou comme successeur du Général à l'Élysée. L'affaire blessera d'autant plus le couple Pompidou que ni Couve de Murville ni de Gaulle ne sont intervenus pour stopper immédiatement cette machination. Jacques Chirac, lui, s'engage complètement dans la défense de son patron. « Celui qui fut le plus fidèle, le plus ardent, qui m'aida vraiment, c'est Jacques Chirac », confirmera plus tard Georges Pompidou[1].

Comme à son habitude, et malgré le témoignage de l'intéressé lui-même, Jacques Chirac ne souhaite pas reconnaître qu'il joua un rôle important – le plus important – dans la défense de Pompidou.

« Je me souviens fort bien de cette affaire. J'étais resté secrétaire d'État au Budget à la demande de Pompidou et avec le plein accord de Couve qui connaissait parfaitement mes liens avec lui. Je servais de trait d'union entre Couve et Pompidou. Ce secrétariat d'État me conférait pratiquement le rang de ministre. Je restais toute la journée rue de Rivoli, et le soir, vers 19 heures, j'allais avenue de Latour-Maubourg où je retrouvais Pierre Juillet, Marie-France Garaud et deux ou trois autres personnes. Là, on faisait pla-pla, pla-pla...

– Vous faites alors partie de la garde rapprochée de Pompidou ?

– Oui, oui... Un jour, j'arrive et je vois Juillet qui tire une tronche pas possible. Je lui demande ce qu'il y a : "Il y a un problème, une histoire épouvantable : le Premier ministre va être traumatisé par cette affaire. Il faut le lui annoncer." Je lui réponds : "C'est à vous de faire ça, vous êtes le plus proche ;

---

1. Georges Pompidou, *Pour rétablir une vérité, op. cit.*

à vous de le lui dire. – J'ai une autre idée. J'ai été prévenu par Jean-Luc Javal[1]. C'est lui qu'on va envoyer le prévenir..." J'insiste et répète que ce serait plutôt à lui de faire la démarche. En vain.

« Javal est donc allé prévenir Pompidou. Il lui a tout déballé : qu'il y avait des photos de Mme Pompidou, etc. Ça s'est très mal passé. Pompidou, là, n'a pas été bien, et c'est même la seule chose que je lui aie jamais reprochée. Il en a terriblement voulu à Javal. Il ne le lui a pas pardonné. Il a fait un transfert contre Javal. Ce n'était pas convenable. Du coup, on a eu beaucoup de mal, Juillet et moi, à lui retrouver une situation. »

Jacques Chirac connaît-il aujourd'hui les noms de ceux qui fomentèrent ce complot contre Georges Pompidou ?

« Pompidou a toujours été convaincu que Couve y avait joué un rôle. Moi, je n'en ai aucune preuve. René Capitant[2] aussi. Contre celui-ci, il pouvait au moins retenir une chose : c'est de ne pas l'avoir prévenu.

– Le général de Gaulle non plus n'a rien dit...

– Le général de Gaulle n'a rien dit non plus. Par cette affaire assez extraordinaire, montée de toutes pièces, il s'agissait de tuer politiquement Pompidou.

– On dit que Pompidou avait dans son portefeuille un petit feuillet plié en quatre où étaient inscrits les noms de ceux qu'il tenait pour responsables de l'affaire...

– Absolument.

– Vous n'avez jamais su quels étaient ces noms ?

– Non ! Vous savez, Pompidou était un homme charmant, mais il ménageait une séparation extrêmement nette entre ses collaborateurs, qui étaient là pour servir, et ses amis. Il n'y avait aucun lien entre les deux mondes. Moi, j'étais invité de

---

1. Ex-chargé de mission de Georges Pompidou à Matignon, décédé en novembre 2006.
2. Gaulliste de gauche, alors garde des Sceaux.

temps à autre au cinéma, et c'est là que j'ai rencontré certaines personnes comptant parmi ses amis…

– Quelles actions avez-vous entreprises pour défendre Pompidou dans l'affaire Markovic ? Je ne connais que l'engueulade[1] que vous avez passée à Joël Le Theule, alors secrétaire d'État à l'Information, qui avait laissé passer une information sur les ondes nationales à propos de cette affaire…

– Mais je n'ai rien fait !

– Pourtant, Pompidou considérait que vous étiez celui qui l'avait le mieux défendu !

– Je n'ai rien fait de plus que dire que tout cela était ignoble…

– Vous avez téléphoné, vous avez…

– Probablement ai-je fait part de mon indignation contre une opération dont j'étais convaincu que c'était un coup monté, que ça ne reposait sur rien… C'est tout. »

Cette machination renforce la résolution de Pompidou de se positionner comme successeur du général de Gaulle. Le 17 janvier 1969, dans un hôtel de Rome, il lâche devant quelques journalistes : « Ce n'est, je crois, un mystère pour personne que je serai candidat à une élection à la présidence de la République quand il y en aura une. » La rupture de Pompidou avec le général de Gaulle et le gaullisme historique est consommée.

Le 27 avril 1969, de Gaulle perd le référendum sur la décentralisation et la réforme du Sénat. Quelques heures après les résultats, il résilie ses fonctions. Quarante-huit heures plus tard, Pompidou annonce sa candidature. Jacques Chirac fait partie de sa garde rapprochée pour sa campagne :

---

1. Thierry Desjardins, dans *Un inconnu nommé Chirac*, La Table ronde, 1986, raconte que ce dernier fit arrêter sa voiture pour téléphoner d'un bistrot à Joël Le Theule et lui signifier que « si ça ne s'arrête pas tout de suite, il va y avoir des pédés qui vont le regretter ». Sans me donner le *verbatim* de ce coup de fil, Joël Le Theule m'en parla quelques années plus tard.

il en est nommé le trésorier, en charge des recettes. Parmi ce noyau dur, on retrouve Michel Jobert, Édouard Balladur et bien sûr Marie-France Garaud et Pierre Juillet.

Jacques Chirac se rappelle la réception du premier sondage donnant Alain Poher largement en tête et « Pompidou dans le 36ᵉ dessous ».

« Juillet faisait une gueule affreuse. "On n'a pas un bon sondage", me dit-il. Je lui réponds : "Il ne faut jamais croire les sondages. – Le Premier ministre l'a vu et n'a vraiment pas le moral. On va l'inviter à dîner, Marie-France, vous et moi, au petit bistrot d'en face. – Je voudrais bien, mais je suis déjà pris à dîner. – Annulez votre dîner !…" J'ai dû téléphoner à ma femme pour lui annoncer que je ne venais pas. Puis on va au café d'en face – le *Napoléon* – où il n'y avait pratiquement personne. Le patron se précipite au-devant de nous. Juillet dit : "Où est-ce qu'on se met ?" J'indique un endroit bien calme, dans un coin. Pompidou, avec son air matois : "Non, on va se mettre en terrasse. Il est temps de se faire connaître !" » (Gros rire.)

Le président enchaîne sur une autre anecdote qui se déroule durant la campagne :

« J'arrive au siège. Comme toujours il y avait là quinze journalistes. J'y entre. Comme c'était au deuxième, j'avais l'habitude de grimper les escaliers en courant. Au premier, je vois un monsieur qui attend, assis. Je monte. Je reste environ trois quarts d'heure, une heure, puis redescends, toujours en courant, à l'instant où sort le monsieur que j'avais remarqué au premier étage. Tous les journalistes se précipitent sur lui qui leur lance : "Je n'ai pas de commentaire à faire…" Il tourne le coin de la rue et s'en va. Je demande aux journalistes : "Qui est ce zèbre ? – Tixier-Vignancour ? Il vient d'avoir un rendez-vous avec M. Pompidou. – Je veux bien que ce soit M. Tixier-Vignancour, mais ce que je peux vous dire, c'est qu'il n'a pas vu M. Pompidou, parce qu'il n'est pas entré dans son bureau. Il est resté assis pendant une heure sur le palier du premier étage ! »

Le président continue d'égrener quelques souvenirs de campagne :

« J'essayais de récupérer de l'argent, ce qui était ardu car, à l'époque, on ne se précipitait pas pour nous en donner. Pompidou demandait : "Comment ça se passe ?" ; on répondait : "Aucun problème !" En réalité, on n'avait pas un rond. Juillet puis moi, nous avons hypothéqué notre maison pour en tirer un peu d'argent… Après, c'est venu plus facilement… »

Et de rapporter la proposition faite par le roi d'Arabie de donner des valises de billets pour la campagne ; du refus de Pompidou (« Jamais un sou de l'étranger ! ») ; puis de la conviction du nouveau chef de l'État, à la suite du voyage officiel de Fayçal à Paris, que les valises avaient bel et bien été acceptées. « Je suis content d'avoir contribué matériellement à votre succès », lui dit à cette occasion le monarque. Pompidou en fut ulcéré, mais, après quelque hésitation, refusa d'ouvrir une enquête. « Il s'est vraisemblablement trouvé quelqu'un pour prendre les valises », conclut Jacques Chirac.

Pierre Juillet et Marie-France Garaud passent généralement pour avoir dans une large mesure « fabriqué » l'actuel président. Ce sont eux aussi qui, à coups de petites phrases acerbes, ont, après l'avoir quitté, forgé l'image de quelqu'un d'influençable, changeant d'avis à chaque changement de conseiller.

« Cela fait très longtemps que je suis accusé de changer d'avis. Ça ne m'a jamais beaucoup affecté. Il serait un peu facile de rétorquer, ce que j'ai fait à maintes reprises : "Seuls les imbéciles ne changent pas", mais j'observe que quand on vous accole une étiquette, on a beaucoup de mal à s'en défaire, c'est comme ça. Il m'est très probablement arrivé de changer d'avis. Les gens qui me connaissent bien, avec qui je travaille, mes collaborateurs ne m'ont néanmoins jamais accusé d'être une girouette. Pourtant, l'image s'est installée et il est difficile de s'en débarrasser... »

J'évoque les rôles de Pierre Juillet et Marie-France Garaud à ses côtés.

« Deux personnages très différents l'un de l'autre, mais qui s'étaient associés pour soutenir Pompidou et qui ont eu tôt fait de constater que, dans l'entourage de Pompidou, il y en avait un – moi – qui s'imposait plus ou moins. Tout naturellement, ils ont donc fait en sorte que j'entre dans leur équipe. J'étais en quelque façon le troisième, avec Pierre Juillet, intelligent et cultivé, très gaulliste, très pompidolien, très français, ne plaisantant à aucun titre, et Marie-France Garaud, fine mouche, intelligente elle aussi mais, entre nous, un peu garce. Probablement se sont-ils un peu servis de moi. Nous avons constitué un groupe au service de Pompidou et des idées qu'il représentait, étant entendu, je le répète, que j'étais le numéro 3. Puis, les choses ont évolué. Il était dans la nature des choses que je reprenne mon indépendance, notamment au regard d'un problème essentiel sur lequel nous avons divergé rapidement : le problème européen. Ils étaient l'un comme l'autre anti-européens, alors que moi, j'étais pour une certaine idée de l'Europe. Petit à petit, on s'est donc perdus de vue. Ç'était terminé et ils m'en ont voulu...

– Ils se sont beaucoup répandus sur vous... Surtout Marie-France Garaud qui a martelé que vous étiez un homme sans convictions, une girouette. Cette image n'a cessé de vous coller à la peau...

– On est tous plus ou moins influençables. Encore une fois, il n'y a que les imbéciles qui ne changent pas d'avis. Quand l'influence tient à la compétence, il est tout à fait normal de se laisser influencer par elle. Ce qui est fâcheux, c'est de changer d'avis sans motif. Je n'ai jamais eu le sentiment de changer d'avis sans avoir une bonne raison de le faire... »

246 GRAND-PÈRE, PÈRES ET AUTRES REPÈRES

Le 15 juin 1969, Georges Pompidou est élu président de la République avec 58,21 % des voix. Il nomme le gaulliste Jacques Chaban-Delmas à Matignon. Estimant qu'il n'a pas encore terminé sa formation, tout en le considérant déjà comme son futur dauphin, le président maintient Jacques Chirac au secrétariat d'État au Budget sous la coupe de Valéry Giscard d'Estaing, ministre des Finances. Une tutelle que Chirac accepte volontiers, tant il est alors fasciné par le brio et l'intelligence de Giscard. Dès lors, VGE et Chirac (celui-ci cornaqué par Pierre Juillet et Marie-France Garaud, tous deux conseillers influents de Pompidou à l'Élysée), constituent une faction anti-Chaban, promoteur du concept de « nouvelle société », vilipendé par la plupart des « barons » gaullistes.

Jacques Chirac commence à être connu. L'ORTF brosse son premier portrait le 26 juin 1970 dans l'émission *Panorama*. En janvier 1971, il devient ministre délégué auprès du Premier ministre, chargé des Relations avec le Parlement. Il est fait « Samouraï de Corrèze » dans un bel article que lui consacre Georges Suffert dans *L'Express*. Il est dès lors intronisé « baron[1] » du gaullisme pompidolien. Si René Tomasini devient le patron nominal de l'UDR, le parti gaulliste, c'est Jacques Chirac qui en est le véritable animateur, qui définit la ligne et prépare les déclarations[2]. Tandis que Chaban s'affaire à Matignon à défendre sa Nouvelle Société, Chirac, devenu proche de Jacques Foccart et donc des éléments du SAC, s'active contre lui.

Fin août, il se prépare à affronter en tête à tête Georges Marchais, secrétaire général du PCF, dans le cadre de l'émission *À armes égales*. Il participe à cette fin à la confection d'un petit film violemment anticommuniste et a choisi, pour tenir le rôle de l'ouvrier, un membre familier du SAC. « De

---

1. *Tous les soirs avec de Gaulle, Journal de l'Élysée, op. cit.*, tome II, p. 573.
2. *Idem*, p. 626.

la folie ! » s'insurge Foccart quand il apprend le nom de l'« ouvrier », bien connu dans vingt-quatre départements ! Il en prévient Chirac et lui trouve *in extremis* un remplaçant en la personne d'un autre membre du SAC, de chez Citroën, anonyme celui-ci[1]. Le nouveau ministre des Relations avec le Parlement fait pâle figure face à la rouerie de bonimenteur du secrétaire général du PCF...

La position de Chirac dans la machine gaullo-pompido-lienne est telle que c'est lui qui est également chargé de s'occuper des scandales qui secouent l'UDR, notamment l'affaire de la Garantie foncière[2]. Il est plus à la manœuvre au parti qu'à son ministère. Les relations avec les députés et sénateurs ne sont manifestement pas son domaine de prédi-lection. « On admet généralement que j'ai été le plus mauvais ministre de la V\u1d49 République », dit-il de lui-même.

Quand Chaban est congédié de Matignon et remplacé par Pierre Messmer, à la grande satisfaction de Chirac et de ses amis, celui-ci demande à Pompidou de changer de maroquin et obtient le ministère de l'Agriculture. Il va y donner toute sa mesure.

« L'Agriculture, ça m'a passionné. D'abord je comprenais ce que disaient les gens, je sentais ces choses-là, j'étais persuadé que la France était un pays qui pouvait avoir une grande ambition agricole. Qu'il fallait produire plus pour nourrir davantage de gens, et qu'il y avait donc là la possibi-lité d'un grand dessein. J'ai été un homme heureux au minis-tère de l'Agriculture. C'est même le moment le plus heureux de ma carrière. J'ai fait quelques réformes qui n'étaient pas inutiles pour moderniser l'agriculture, atout essentiel de la France.

« On oublie toujours de rappeler à ce sujet des choses simples. Aujourd'hui, on dénombre au moins 800 millions

1. *Journal de l'Élysée, op. cit.*, tome IV, p. 51.
2. *Idem*, tome IV, p. 244 et tome V, p. 403.

de personnes de par le monde qui crèvent de faim, et nous serons d'ici cinquante ans 3 milliards de plus. On a pratiquement épuisé toutes les ressources de la production agricole et le plus grand défi du monde moderne est par conséquent de savoir comment on nourrira alors les gens. Nous sommes actuellement la deuxième puissance agricole du monde et la première en termes d'exportations pour les produits agricoles transformés, donc créateurs d'emplois. La politique agricole est un enjeu essentiel pour nous comme pour le reste du monde, car ce qui menace, c'est la famine. C'est là un grand débat que l'on traite avec beaucoup de légèreté depuis que Tony Blair a déclaré que l'agriculture en soi n'était pas intéressante.

« Je me suis épanoui dans ce métier, parce que j'avais l'impression de soutenir une cause juste. »

Après les élections législatives de mars 1973, et en dépit des pressions de Pierre Juillet, ce n'est pas Jacques Chirac qui est nommé à Matignon, mais Pierre Messmer qui y est maintenu. Chirac, lui, reste à l'Agriculture.

Il a beau être surchargé à un poste, il a toujours du temps de reste et de l'énergie disponible pour s'occuper d'autres choses. Après avoir mené une guerre sourde contre Chaban à l'intérieur de l'UDR, il appuie le projet de quinquennat réclamé par Pompidou, qui fait hurler les gaullistes historiques, à commencer par Michel Debré. À la mi-décembre 1973, la couverture du *Point* : « Messmer doit partir », exacerbe davantage encore les tensions au sein du parti gaulliste. Chirac est persuadé qu'il s'agit là encore d'un coup de Chaban. Ces batailles ont lieu sur fond de quasi-agonie de Georges Pompidou. Le 1er mars 1974, ce dernier procède à un ultime remaniement ministériel dont le signe le plus apparent est l'installation de Jacques Chirac place Beauvau.

« Lorsqu'il a annoncé ma nomination à l'Intérieur, Pompidou a eu une phrase qui a tinté à mes oreilles : "Ainsi vous aurez achevé un parcours suffisant pour connaître tout le gouvernement." Ce n'était pas le genre d'homme à dire ce genre de chose sans arrière-pensées. Je me suis dit que j'étais un fer au feu, qui pourrait éventuellement servir en fonction des circonstances », confiera à Franz-Olivier Giesbert[1] le Premier ministre de Valéry Giscard d'Estaing.

1. *Jacques Chirac, op. cit.*

16.

Deux nouveaux pères
pour Jacques Chirac

Le père de Jacques Chirac est mort brutalement au soir des élections législatives de juin 1968 alors que deux aînés prenaient son fils en affection. Pour celui-ci, au fil des ans, Marcel Dassault et Georges Pompidou sont en effet devenus père protecteur pour le premier, père spirituel pour le second, et, sans eux, Jacques Chirac n'aurait à l'évidence pas eu le destin qu'on lui connaît.

Le président de la République raconte une anecdote qui, mieux que de longs discours, permet de comprendre la nature des liens qui l'unissaient au grand avionneur Marcel Bloch, dit Dassault. L'histoire se situe en mai 1940 alors que les troupes allemandes foncent sur Paris. La famille Chirac, on s'en souvient, vit à l'époque à Parmain, près de l'Isle-Adam. Le président raconte que Marcel Bloch téléphona alors à sa mère et lui dit : « Je passe vous chercher immédiatement, car les Allemands arrivent. Vous prenez juste Jacques et une valise. »

La voix de Jacques Chirac s'adoucit chaque fois qu'il va pour prononcer le nom de Marcel Dassault. « J'étais un peu son fils... », résume-t-il.

La somptueuse limousine se gare. Jacques et sa mère montent aux côtés de Marcel, de sa femme Madeleine et de leurs deux enfants, Serge et Claude. La voiture est bientôt immobilisée par un intense trafic sur le pont de l'Isle-Adam. Il fait chaud, les vitres sont abaissées. Jacques Chirac raconte la scène :

« On voit passer un militaire français, tout seul, à pied, qui marche en direction de Paris. "Capitaine ! l'interpelle Marcel Bloch. – Quoi ? – Qu'est-ce qui se passe ? Pourquoi êtes-vous seul ? – Les Allemands rappliquent. – Vous ne résistez pas ? – Vous ne vous rendez pas compte ? Ils nous tirent dessus... »

Jacques Chirac se rappelle être allé ainsi jusqu'à Vichy, puis avoir ensuite séjourné quelque temps à Sainte-Féréole avant de rejoindre la famille Potez au Rayol[1].

Toutefois, petit problème : Serge et Claude Dassault démentent tous deux de la façon la plus énergique ce récit. Ils racontent qu'ils étaient depuis septembre 1939 avec leur mère à Saint-Aignan (Loir-et-Cher). Après le 10 mai, leur père est descendu les chercher pour les conduire à Bordeaux où les Bloch ont passé une semaine avec les Potez. De là, ils sont allés à La Bourboule. Courant juillet, leur père est parti en quête d'un havre plus sûr pour sa famille. « Dans aucun de ces trajets je n'ai vu Jacques Chirac », affirme Serge Dassault qui ne se souvient l'avoir rencontré ni avant ni pendant la guerre. Claude, son frère aîné, se montre moins affirmatif. Il a probablement vu Jacques Chirac pendant la guerre, au Rayol, lors d'une visite qu'il y a faite avec son père, avant octobre 1940. « L'unique chose que m'ait dite mon père, c'est qu'il lui avait un jour payé un train électrique pour avoir reconnu la marque de sa voiture, une Graham Paige. Il ne m'a rien rapporté d'autre. Pourquoi se serait-il

---

1. Voir *supra*, chapitre 15.

d'ailleurs intéressé au petit Jacques ? Il aurait fallu une bonne raison. Il n'était quand même pas génial, le petit Chirac ! » Serge Dassault est intrigué par cette histoire. Il reprend : « Je n'ai jamais joué avec Jacques Chirac. En tout cas, je ne me le rappelle pas, ça ne m'a pas frappé... La première fois que je l'ai vu, c'est quand il était ministre de l'Agriculture... » Au bout de quelques minutes, Serge Dassault revient à la charge : « Il n'a jamais été invité chez nous... Je ne l'ai jamais croisé, nous n'avons jamais fait de pâtés ensemble... Je ne savais même pas qu'il existait. Mon père n'a jamais dit : Tiens, j'ai rencontré un petit garçon formidable... »

Comment et avec qui le petit Jacques Chirac a-t-il donc quitté Parmain ? Michel Basset, « fils de la meilleure amie de sa mère[1] », a raconté[2] cet épisode qu'il a vécu, affirme-t-il, aux côtés de son copain Jacky. Le vendredi 3 mai 1940, aux premières heures, Abel, Marie-Louise et Jacques Chirac partent de Parmain à bord de leur voiture, « surmontée de valises bâchées, une vraie voiture de romanichels », et suivent avec peine la grosse Reinastella de leurs amis Basset. À la faveur de la pause déjeuner, Jacques Chirac s'installe dans la Reinastella aux côtés de Jean-François et de Michel, tandis que la petite Élisabeth Basset grimpe dans la voiture des Chirac. Les deux véhicules parviennent le soir sur le champ de foire de Sainte-Féréole ; les clients du café Dauliac sortent et entourent les « Parisiens ». Le soir, les Chirac et les Basset dînent ensemble dans la maison de famille de Marie-Louise, d'un repas préparé par « la Génie » (Eugénie). Les vieux de Sainte-Féréole ont oublié les détails, mais se remémorent l'arrivée des deux voitures dans la commune. Ils se souviennent des Basset et notamment de Marguerite, l'amie de Marie-Louise. Marguerite et ses enfants sont en effet

---

1. Voir *supra*, chapitre 14.
2. *Jacques Chirac. Une éternelle jeunesse*, op. cit.

restés plusieurs semaines à Sainte-Féréole avant de remonter sur Paris.

Jacques Chirac ment-il pour autant ? Je ne le crois pas. Quel intérêt y aurait-il ? Mais il est intéressant de relever que dans son souvenir, Jacques Chirac a remplacé son père par Marcel Bloch-Dassault. Il n'est pas nécessaire de consulter de grands spécialistes pour comprendre comment, à l'insu même de l'intéressé, les mécanismes de sa mémoire ont opéré. Il suffit tout bonnement de l'écouter parler de Marcel Dassault.

Dès le début de l'anecdote où il met en scène ce dernier téléphonant à sa mère, il commente d'un très éclairant : « J'étais un peu son fils... » Le président laisse ainsi s'exprimer l'affection filiale qu'il portait au génial avionneur. Lui, si pudique, a utilisé pour lui des mots qu'il n'a employés pour aucun autre.

« Marcel Dassault était un grand, un très grand monsieur. » Pour illustrer son propos, il évoque un moment d'intense émotion quand il a vu à la télévision Marcel Dassault déplier un petit morceau de papier dans lequel il y avait un trèfle à quatre feuilles, son talisman : « C'est un des moments les plus émouvants que j'aie vécus. Il m'avait déjà montré son talisman, il le sortait avec une infinie précaution d'un papier dont ne subsistait plus que la trame, et il disait : "C'est ça qui m'a sauvé ; il ne m'a jamais quitté." Ça dénote une croyance dans les choses les plus simples... Autre chose qui m'a impressionné chez lui : c'était un homme qui ne plaisantait pas avec la nation. Ce grand Français n'acceptait pas la moindre mise en cause de la nation. C'était un grand patriote... »

Puis il parle de Serge Dassault et lance une nouvelle fois : « Marcel Dassault m'aurait bien vu comme son fils. »

Je lui demande de me parler des conversations qu'il a eues avec l'avionneur. Il sèche. C'est le mot « affection » qui revient. Il se rappelle cependant une scène du début des années 70. Il passe par le rond-point des Champs-Élysées et décide d'aller saluer Marcel Dassault. « Je monte l'escalier et dis à l'huissier de m'annoncer. J'entends des hurlements et vois Dassault, emmitouflé dans son sempiternel manteau, qui a empoigné une personnalité de la communauté juive française par les revers de sa veste et la secoue comme un prunier avant de la foutre dehors. Marcel Dassault m'a ensuite expliqué les raisons de son courroux : l'homme était venu quémander de l'argent pour Israël, et, trouvant que la somme donnée n'était pas suffisante, avait osé proférer : « Quand même, nous sommes d'abord israéliens avant d'être français… » À partir de cette anecdote, le président bifurque dans une longue digression sur sa haine viscérale de l'anti-sémitisme.

Jacques Chirac n'a pas gardé beaucoup de souvenirs de Marcel Dassault entre la fin de la guerre et les années 60, confortant ainsi le témoignage du fils de l'avionneur. Pour Serge Dassault, les relations entre son père et le futur président se sont vraiment nouées à partir du moment où celui-ci s'est occupé d'aéronautique au cabinet de Georges Pompidou. « Après, c'est vrai, mes parents voyaient souvent Jacques Chirac et Bernadette. Ils venaient fréquemment à la maison, à Passy… Il est sûr que c'est à partir de ce moment-là qu'on s'est vraiment intéressé à Chirac… »

Le chef de l'État confirme : « J'ai commencé à avoir des relations suivies avec Marcel Dassault, justifiées par des raisons autres qu'amicales, lorsque je suis entré au cabinet Pompidou. Pourquoi ? Parce que je devais, de par mes fonctions, m'occuper d'aéronautique.

— Fut-il à l'origine de votre nomination au cabinet de Pompidou ?

— Absolument pas. J'y suis entré par hasard, et il m'est échu le même portefeuille qu'à mon prédécesseur : l'aéronautique, les constructions navales, tout ce qui était transport maritime et aérien…

– Donc Dassault…

– Donc Dassault. Tout naturellement, j'ai noué de nombreux contacts avec lui qui, de surcroît, me connaissait bien. À partir de là, on a beaucoup parlé. Il me faisait part de sa vision des choses, de ses positions politiques… En réalité, il était radical. Il était également gaulliste, mais il était foncièrement radical. Et il était très, très patriote, ce qui m'impressionnait beaucoup… J'allais donc au rond-point où il avait ses bureaux. »

J'aborde ici la question du financement de sa carrière politique.

« Il m'a conseillé pour lancer un journal et m'a proposé le concours de Philippe Alexandre pour me donner un coup de main. C'est moi qui ai créé *L'Essor du Limousin*, avec Alexandre comme conseiller technique. J'en étais le patron…

– Financé par Dassault ?

– Non, car Dassault ne voulait pas qu'il y eût un lien financier quelconque avec moi. Il en avait avec d'autres. Avec moi, jamais. Il payait seulement Alexandre. Dassault avait des principes. Il y avait, j'en suis persuadé, des gens qu'il aidait. Mais moi, je n'en ai jamais fait partie. Il m'avait dit très clairement qu'il était exclu qu'il me donne quoi que ce soit. D'ailleurs, je ne lui demandais rien du tout.

– Pourtant, on parle de cette aide dans toutes les biographies qui lui ont été consacrées. On dit qu'il a été votre principal bailleur de fonds…

– Les gens sont de mauvaise foi ou disent n'importe quoi. Dassault était un personnage qui avait énormément de principes. Je suis persuadé qu'il y avait des gens qu'il rangeait dans la catégorie de ceux qui, pour diverses raisons, politiques, industrielles ou autres, devaient être payés. Dès lors, il les payait. C'était dans sa nature. Mais il y avait aussi des gens à qui il vouait de l'estime ou de l'amitié, et il ne lui serait jamais venu à l'idée de payer ces gens-là… Il avait des principes bien arrêtés en matière d'argent…

– Mais il a financé votre parti, il l'a même reconnu dans une interview accordée à *Paris Match*…

– C'est très possible. Il a financé beaucoup de partis politiques. Mais je peux vous dire qu'il n'y a jamais eu de liens financiers directs entre Dassault et moi. Il ne l'aurait pas supporté, pas admis. C'était totalement étranger à sa morale. C'est un sujet qu'il n'a jamais abordé avec moi, ni de près ni de loin. Ni pour mes propres campagnes ni pour mon parti. J'en connais d'autres qui ont financé le parti. Lui-même l'a peut-être fait, mais pas par mon intermédiaire…

– Il a dit : "Le RPR, c'est ma danseuse…"

– C'est fort possible. Cela fait partie de ce qui était alors reconnu comme des liens non condamnables. Mais, pour des raisons de principe, il ne serait jamais passé par moi. J'aurais même été le dernier avec qui il l'aurait fait. Je crois qu'il m'aimait bien, qu'il me connaissait bien ; il n'était pas homme à mélanger les genres…

– C'est pourtant une histoire qu'on n'a cessé de ressasser…

– Tout ce que je peux vous dire, c'est qu'elle n'est pas vraie. Je vous le répète : cela ne s'est pas fait pour une raison bien simple, c'est que ça n'était pas dans sa forme d'esprit…

– Parce que vous étiez trop proche de lui ?

– Ce n'était pas dans la nature de nos liens. Il n'était pas imaginable, pour lui, de me donner de l'argent. Et il n'était pas imaginable, pour moi, de lui en demander… »

Les archives Dassault consultées par le professeur Claude Carlier, auteur de *Marcel Dassault, la légende d'un siècle*[1], n'apportent certes pas la preuve de liens financiers directs entre Marcel Dassault et Jacques Chirac, mais conservent de

---

1. Perrin, 2002.

nombreuses factures de *L'Essor du Limousin*, honorées par l'avionneur...

Abandonnant le délicat sujet du financement de sa carrière politique, j'aborde avec Jacques Chirac celui de l'aide qu'il a pu lui-même apporter à Marcel Dassault, notamment comme secrétaire d'État au Budget. Non seulement il reconnaît avoir joué un rôle dans le lancement du Falcon, mais il le revendique haut et fort.

« Je me flatte d'être le père du Falcon. À l'époque, le directeur général de Dassault était un homme tout à fait remarquable : Béno Vallières (Vallières était son nom dans la clandestinité), grand résistant, Juif polonais, avait sauté plusieurs fois en parachute sur la France. Cet homme éminemment respectable était un grand industriel. Avec Dassault, il avait lancé un petit avion moderne, un biréacteur civil. Ils avaient investi dans la Recherche-Développement. Ils étaient venus me voir – ainsi que plusieurs autres ministres – pour demander de l'aide. Le ministre des Finances était alors Giscard d'Estaing. Les services des Finances, qui ne sont jamais pressés de débloquer de l'argent, avaient fait traîner les choses. Or voici que Vallières réussit à décrocher un marché colossal avec une société américaine dirigée par un des as de la guerre de 14-18. Il négocie. L'heure de la signature arrive. Américains et Français sont réunis au Fouquet's, mais la signature ne peut intervenir que si l'État prend en charge une partie des investissements de Recherche-Développement. Giscard n'a toujours pas donné son aval. Il est alors en Afrique, injoignable. Dassault puis Vallières me téléphonent du Fouquet's : "C'est épouvantable. On doit signer sur l'heure... Comment on fait ? Il faut joindre à tout prix Giscard... – Je vais tout faire pour le joindre..." Je fais effectivement tout mon possible, mais ne parviens pas à entrer en contact avec lui. Je joins ses principaux collaborateurs, notamment son directeur de cabinet qui me dit que son patron est opposé à la prise en charge par l'État d'une partie des dépenses de R&D, et qu'il est donc inutile de chercher à le joindre en Afrique.

« 13 heures, 13 heures 15... Vallières me téléphone : "C'est le désastre. Les Américains sont prêts à signer et on n'a toujours pas l'accord de la rue de Rivoli. – Eh bien moi, je vais vous le donner, cet accord, parce que j'y crois ! Je vous donne mon accord et vous le signerai dès cet après-midi." Ce que j'ai fait. Le marché a été conclu et ç'a été le début d'une fantastique épopée à laquelle je croyais profondément. Une des plus belles affaires que la France ait faites et qui a compensé l'incapacité de notre pays à donner une suite à la Caravelle. L'État a fait plus que se rembourser et a gagné beaucoup d'argent dans cette affaire. Voilà pourquoi je prétends être le père du Falcon !

« Avant de donner mon accord, j'avais néanmoins pris la précaution de téléphoner à Pompidou qui m'avait dit : "C'est vous qui vous vous occupez de ça. Faites au mieux..." Quant au retour d'Afrique de Giscard, oh là là... Il ne m'a pas serré la main de deux ou trois mois. Il n'était pas content, mais pas content du tout ! »

Serge Dassault confirme de bout en bout le récit du président : « Ça, c'est vrai, il le raconte d'ailleurs tout le temps... Giscard était à l'extérieur, Chirac a signé le projet. S'il ne l'avait pas fait, il n'y aurait jamais eu de Falcon... »

Plus tard, devenu pour la première fois Premier ministre, Jacques Chirac fera tout pour aider Dassault à vendre ses avions militaires.

Le 19 juin 1984, la mairie de Paris fait savoir à Marcel Dassault qu'elle prendra en charge l'entretien de sa tombe. Le 22 avril 1986, c'est Jacques Chirac, redevenu Premier ministre, qui prononcera l'éloge funèbre de l'avionneur en l'église Saint-Louis des Invalides. Il terminera par cette note personnelle : « Pour ma part, avec l'immense et respectueuse affection que, tout enfant, je lui portais déjà, j'en ressens l'empreinte au plus profond de moi. De tout cœur, et avec lui, je souhaite que nous en soyons dignes. »

Au début de l'entretien[1] qui a suivi celui où il m'a longuement parlé de Marcel Dassault, ayant appris ou deviné qu'il ne m'avait guère convaincu, le président ne me laisse pas poser ma première question. D'emblée, il me dit comprendre mes doutes, nourris par de nombreuses affirmations contraires aux siennes, et enchaîne :

« Ça m'est égal que vous les fassiez vôtres et les répétiez, mais c'est pour Dassault que je tiens à les réfuter... J'avais pour lui affection, estime et respect. Je n'ai jamais eu de relations financières avec lui, à une exception près dont je vais vous parler. Ça ne me serait pas venu à l'idée et ça ne lui serait pas venu non plus à l'idée. Marcel Dassault m'avait dit que si j'en avais besoin, je pouvais utiliser un de ses Mystère 20 à partir du Bourget. J'en ai emprunté un, une fois, puis une deuxième fois ; la troisième, comme je trouvais cela très pratique, j'ai fait savoir au pilote que, tel jour, à telle heure, je prendrais bien l'avion pour aller je ne sais trop où. J'ai alors reçu ce qui s'appelle un coup de pied au cul, sous la forme d'une lettre extraordinaire. Ma femme en était verte. Cette lettre disait en gros : "Mon cher Jacques, les avions, ça coûte très cher. Ça coûte tant : l'entretien, l'essence, etc. Je trouve tout à fait abusif que vous preniez des avions comme ça. Je vous serais reconnaissant de ne plus recommencer." Je l'ai pris dans les gencives... Marcel Dassault m'aimait énormément, mais c'était comme ça. Le fond du problème est qu'il ne voulait pas avoir de relations financières avec moi. Il n'y avait pas d'autre explication à ce type de lettre... Ma femme en est restée longtemps abasourdie. Je n'ai pas besoin de vous

---

1. Le 10 septembre 2006.

dire que je n'ai plus jamais demandé à utiliser un de ses avions. Ça, c'était Dassault : on ne mélangeait pas les genres... Il y avait Chirac qu'il aimait bien, Chirac le conseiller technique pour qui il se dérangeait, et puis le Chirac politique avec qui il n'avait pas de relations particulières...

– Sauf pour le parti...

– Je n'ai aucune idée de ce qu'il a fait pour le parti, car je ne m'occupais pas de ces choses-là. Il a, j'imagine, aidé en effet le parti...

– Il l'a lui-même reconnu.

– Ça ne fait donc pas l'ombre d'un doute. »

Serge Dassault n'est pas très chaud, de son côté, pour parler de financement politique. Il confirme néanmoins que son père a aidé Chirac pour sa première campagne électorale, en 1967. Qu'il a certes aidé le RPR, « mais aussi bien d'autres » formations. Ce qui l'intéresse, en fait, c'est de savoir si le président de la République a critiqué devant moi ses propres agissements.

« Non, non.

– Parce qu'il a voulu me nationaliser ! »

Serge Dassault n'a pas digéré l'attitude de Chirac à son endroit et à l'égard de son groupe. Une première fois quand ce dernier était Premier ministre et qu'André Giraud, son ministre de la Défense, refusait qu'il fût nommé président du groupe Dassault à la mort de son père. « La deuxième fois, ç'a été pire, on a été sauvés par la dissolution ! Sinon, le groupe Dassault, c'était fini ! Il parlait de la constitution d'un grand groupe français autour d'EADS. Les discussions ont duré un an. J'ai discuté en tête à tête avec Chirac, il m'a envoyé Jean-Pierre Denis qui m'a emmerdé pendant un an. Je ne sais pas pourquoi il a fait cela, mais c'était vraiment pour m'emmerder... C'était sa volonté à lui, celle de personne d'autre... Je ne peux rien vous dire de plus. Avec moi personnellement, ça ne se passait pas trop mal, mais ça s'est dégradé à propos du *Figaro*... »

L'attitude du président avait-elle été dictée par des impératifs économiques, ou par le souvenir des confidences de Marcel Dassault, le « père » dont il avait rêvé, sur son fils Serge qu'il n'hésitait jamais à humilier ?

Derrière les mots de Serge sur Jacques et de Jacques sur Serge, il y a décidément beaucoup de non-dits.

17.

Pompidou, le père spirituel

Dans *La Lueur de l'espérance*[1], Jacques Chirac parle de Pompidou comme de celui qui a « guidé ses premiers pas dans la politique » : « J'en ai éprouvé de la joie, et peuvent le comprendre ceux qui ont connu la force de l'attachement qu'un cadet, dans la vie, peut porter à son aîné. » Il parle aussi à son propos de « paternité spirituelle » et se laisse aller à évoquer la souffrance qu'il ressent à l'évocation de ces années passées auprès de ce « père » :

« ... Songeant à ces années riches et pleines que j'ai vécues, qui sont mon passé, passé que d'ordinaire je tiens scellé malgré les sollicitations des captateurs de confidences, je ressens la dureté des choses mortes, les solitudes que la vie amoncelle, le poids d'avoir à faire tout seul face à sa destinée. Il est doux d'être guidé, de recevoir l'impulsion et l'élan, de se reposer sur l'expérience et l'amitié. J'ai eu cette chance pendant dix ans. Elle m'a enrichi et révélé à moi-même, et je ne serais pas tout à fait celui que je suis si la vie ne m'avait pas réservé la grâce de cette rencontre [...]. Mais il reste l'héritage à assumer. »

---
1. *Op. cit.*

Ces mots, écrits quatre ans après la mort de Georges Pompidou, montrent assez que Jacques Chirac se considérait bien comme le fils spirituel, comme l'héritier du président disparu. Avait-il raison de le faire ? Pompidou lui-même le considérait-il comme tel ?

De nombreux signes vont dans ce sens. Ainsi Claude Pompidou a raconté à Franz-Olivier Giesbert[1] : « De Chirac mon mari disait toujours : "C'est un type généreux, loyal, courageux. On peut lui demander n'importe quoi." Mais il ajoutait aussitôt : "Il est si jeune... Il faut qu'il se forme." Il pensait à lui pour la suite. Et après les élections de 1973, il m'a confié qu'il songeait sérieusement à lui pour Matignon. »

Jean Cau, dans *Croquis de mémoire*[2], raconte un déjeuner en tête à tête avec Pompidou, juste après son élection :

« Qui allez-vous prendre comme Premier ministre ?

– Qui voulez-vous que je prenne ? Chaban !

– Chaban ? Mais c'est un gandin, un patron de salon de coiffure, un marchand de chaussures de luxe : "Et je vous assure que c'est du trente-sept qu'il vous faut, madame !" Un chef de rayon...

– Je sais, je sais, mais je n'ai personne d'autre. Il y aurait bien Chirac... Vous le connaissez ? Il y aurait Chirac, mais il est trop jeune... Et puis, les gaullistes, si je leur sortais Chirac... »

Dans *L'Importune Vérité*[3], Raymond Marcellin écrit : « L'avancement est ainsi programmé : un grand ministère, puis le remplacement de Messmer comme Premier ministre pour être, le moment venu, candidat à la présidence de la République. La candidature de Jacques Chaban-Delmas pourrait difficilement être maintenue alors que Jacques

---

1. *Jacques Chirac, op. cit.*
2. Jean Cau, *Croquis de mémoire*, Julliard, 1985.
3. Raymond Marcellin, *L'Importune Vérité*, Plon, 1978.

Chirac, Premier ministre en exercice, poserait la sienne. Il est assez facile de deviner quel serait le choix de l'UDR. »

Bernadette Chirac n'a pas reçu les confidences de Georges Pompidou sur le destin qu'il prévoyait pour son « élève », mais elle fournit maints petits détails sur les liens qui unissaient son mari à l'homme de Montboudif, lui aussi descendant d'instituteurs laïcs : « Il l'appelait "mon bulldozer". "Attention au bulldozer, ma petite fille, me disait-il. Résistez, sinon il vous écrasera !" Il fallait voir cette extraordinaire capacité de travail, il était sur tous les fronts en même temps. Pompidou savait qu'il pouvait compter sur lui jour et nuit. Il l'a lancé, il l'a formé et lui donnait des coups de règle sur les ongles quand c'était nécessaire. Il le changeait de ministère pour le tester, le former. Sa disparition tragique, prématurée, a été très dure. Mon mari en a pleuré. C'était trop tôt, trop tôt... Il nous aimait beaucoup, mais il n'y avait pas entre nous de familiarité. Il avait mis à juste titre une barrière entre ses collaborateurs et sa vie privée. Mais nous étions les seuls à être invités régulièrement à des séances de cinéma aux côtés de leurs copains, d'acteurs et d'artistes... »

Avant de questionner le président sur ses liens avec le successeur de De Gaulle à l'Élysée, j'avais lu avec grand intérêt le discours qu'il avait prononcé au Centre Pompidou, le 2 avril 2004, trente ans après la disparition de son « père spirituel », en s'adressant à Claude Pompidou. Il y brossait un portrait d'une grande sensibilité dont voici quelques extraits.

« Les images, intactes et fidèles, rebelles devant le temps qui fuit, surgissent, se pressent et se bousculent dans nos mémoires.

« Souvenir, sous le sourcil en bataille, de son regard qu'avec vous je revois si bien. Un regard pénétrant et scrutateur. Profondément bienveillant. Souvenir de son sourire. Ce sourire des yeux, perspicace, plein d'humour et de malice. Souvenir de sa voix. Cette belle voix au timbre grave, rocailleuse et chaleureuse. Souvenir de cette silhouette si familière qui se dessine dans la lumière du soir, derrière sa table de travail.

« D'emblée, l'intelligence et la culture de l'homme impressionnaient. D'emblée, son autorité et sa clairvoyance imposaient le respect.

« Quand Georges Pompidou nous a quittés, il y a trente ans, nous tous ici réunis, proches, collaborateurs et amis, avons éprouvé une peine profonde.

« Pour vous, Madame, la douleur fut immense [...]. Pour nous, ses collaborateurs et ses amis qui lui portions admiration et affection, c'est un maître que nous perdions. Un maître en esprit. Un maître en sagesse. Un maître en courage. Un maître dans l'action. Un homme d'exception dont l'exigence intellectuelle et morale nous obligeait tous à donner le meilleur de nous-mêmes. Nous avions désormais le devoir de poursuivre l'œuvre inachevée... »

L'orateur se livre davantage quand il souligne ce qui l'unissait à Georges Pompidou :

« Homme généreux, attentif aux siens comme aux autres, soucieux de partager ses curiosités et ses émerveillements, il eut toujours à cœur de réconcilier l'Art et la Cité. Il pressentait sans doute, à la manière d'un Malraux, que notre société, trop individualiste, société froide des techniques triomphantes, aurait besoin de se réchauffer à cette communion des âmes que célèbrent l'art et la culture. Il avait compris que la recherche du bien-être matériel ne saurait à elle seule tenir lieu de projet politique. N'écrit-il pas dans *Le Nœud gordien* : "Le confort de vie généralisé comporte en lui-même une sorte de désespérance, en tout cas d'insatisfaction. Là est, sans doute, la vraie partie que joue le monde moderne[1]" ?

---

1. Georges Pompidou, *Le Nœud gordien*, Plon, 1974.

« … Fils de cette belle terre d'Auvergne, Georges Pompidou connaissait bien la France. Avec ses forces et ses faiblesses […]. L'homme de lettres qui a rencontré les classiques, qui s'est enflammé aux passions poétiques, qui récite pour lui-même Villon, Baudelaire, Apollinaire, va faire de la transformation économique, industrielle, urbaine et sociale de la France son sujet, sa cause, sa grande aventure […].

« S'il est un aspect de la personnalité de Georges Pompidou et de ses qualités d'homme d'État qui nous touche peut-être plus que les autres, c'est précisément le regard qu'il jetait sur le monde. Un regard ouvert sur la diversité des cultures, sur l'interpénétration croissante des sociétés contemporaines. Ce Français de pure tradition aura admirablement préparé notre pays aux défis de la mondialisation et de la construction européenne. À ceux qui lui reprochaient de trop s'engager sur le front diplomatique, il faisait remarquer, avec cet humour toujours empreint de clairvoyance, que les difficultés intérieures trouvaient de plus en plus leurs solutions à l'échelon international, que l'on ne pouvait plus penser aujourd'hui la paix sans la sécurité collective, le progrès économique et social sans l'Europe… »

La première fois qu'il m'a parlé de Pompidou, le président a eu des phrases on ne peut plus convenues. Il a surtout tenu à souligner que le défunt président refusait toute familiarité, et il m'a égrené sa litanie de mots passe-partout : « estime, respect, affection »… Je lui ai alors demandé pourquoi il se livrait moins que dans le discours qu'il avait prononcé en 2004 devant Mme Pompidou.

« Vous avez évoqué sa voix, sa silhouette, votre douleur… Est-ce parce que vous l'aimiez beaucoup que vous êtes incapable d'émettre devant moi des mots qui viennent du cœur ?

– C'est peut-être plus compliqué que vous ne le pensez, me répond-il. Pompidou n'établissait pas de liens entre ses amis et ses collaborateurs qui, au demeurant, étaient bien traités. J'avais intégré ça dès le départ. Quels que soient les sentiments que je pouvais avoir, il ne fallait pas les exprimer. Cela étant, lorsqu'il a été malade, j'ai été profondément atteint… Et quand il est mort, j'ai été choqué, traumatisé, un peu comme s'il s'était agi de mon propre père. Mais je n'ai pas eu ni développé avec lui de relations intimes, car ce n'était pas son genre. J'écoutais, j'enregistrais, par exemple quand je l'accompagnais quelque part dans sa voiture. Mais, d'une certaine façon, je me sentais plus libre avec le général de Gaulle qu'avec Pompidou. Je me souviens du Général me demandant ici, à l'Élysée, avant le référendum : "Qu'est-ce qu'on dit, dans votre circonscription ? – Vous savez, c'est une circonscription plutôt à gauche. Je crains que les résultats ne soient pas très bons…" Je ne l'aurais pas dit en ces termes à Pompidou.

« Oui, j'avais pour Pompidou un très grand respect. Sa vision de l'art moderne m'a toujours ébloui… C'était pour moi, d'une certaine façon, sur le plan moral et culturel, l'archétype du Super-Français. Doué de racines solides, il était d'une immense culture, formé au grec et au latin. Ses discussions avec Senghor étaient fascinantes. Il était beaucoup plus cultivé que le Général… C'était une personnalité exceptionnelle, mais ce n'était assurément pas un homme sur le ventre de qui on pouvait taper. »

Revenant sur le lien que Pompidou voulait instaurer entre l'Art et la Cité, le président me raconte comment il sauva le Centre Georges Pompidou :

« Quand j'ai été nommé Premier ministre, Giscard me convoque pour me parler d'un certain nombre de projets, dont le Centre Pompidou qui en était au stade des fondations. Il me dit : "Ce projet est ridicule, il n'a aucun sens, on le supprime." Je lui objecte : "C'est pourtant intéressant…" Il y avait alors à la Culture Michel Guy, qui avait été nommé ministre par Giscard grâce à Pompidou et à qui je garde un chien de ma chienne ! Je demande à Giscard si Guy est d'accord pour supprimer le Centre Pompidou. Il me répond que oui. Je proteste : "Ce n'est pas possible, M. le président. Si votre décision est prise, il va falloir que vous changiez de Premier ministre !"

« J'ai rencontré une fois Michel Guy à qui j'ai dit qu'il se déshonorait. Je ne l'ai plus jamais revu. Je n'ai plus accepté de le revoir. J'étais vraiment en pétard. Finalement, on a sauvé de justesse le Centre Pompidou. Sans moi, il était cuit. »

Celui qui se considérait comme l'exécuteur testamentaire de Georges Pompidou était donc prêt à sacrifier sa carrière si le testament artistique du président disparu n'était pas respecté.

18.

« Je savais que Pompidou
n'aurait pas soutenu Chaban-Delmas »

L'étiquette de « traître » lui colle à la peau depuis 1974. Pour n'avoir pas soutenu Jacques Chaban-Delmas, candidat de l'UDR à la succession de Georges Pompidou à l'Élysée, et avoir fait élire Valéry Giscard d'Estaing qui, en d'autres temps, avait osé opposer un « oui, mais » au général de Gaulle et était pour cette raison haï des gaullistes historiques. Pourtant, ce qui était naturellement perçu comme une félonie par la majorité des gaullistes n'était, pour Jacques Chirac, que l'expression de sa fidélité à celui qu'il considérait comme son « père spirituel » et dont il se sentait l'héritier.

« Je savais que Pompidou n'aurait pas soutenu la candidature de Jacques Chaban-Delmas. À tort ou à raison, je pensais que Chaban n'avait jamais été loyal envers lui. J'étais certain que le maire de Bordeaux était trop léger et que Pompidou, qui avait beaucoup d'estime pour les qualités intellectuelles de Valéry Giscard d'Estaing, l'aurait choisi. C'est pour cela que j'ai pris position pour Giscard », explique aujourd'hui le président de la République.

Au vu des liens qui l'unissaient à Georges Pompidou, ces mots ne sonnent pas comme ceux d'un usurpateur.

Au soir du 2 avril 1974, Jacques Chirac se trouve à Matignon aux côtés de Pierre Messmer et s'apprête à passer une troisième nuit de veille, quand il apprend de Balladur la triste nouvelle : « C'est fini. » Le ministre de l'Intérieur ne peut réprimer ses larmes et il en sera ainsi pendant plusieurs jours. Il sanglotera à la messe donnée à Saint-Louis-en-l'Île, puis aux obsèques officielles célébrées à Notre-Dame.

Pour comprendre la suite, ces quelques semaines où Jacques Chirac va sceller son destin en empruntant la route qui le conduira vingt ans plus tard à l'Élysée, probablement faut-il admettre que son attitude et ses réactions n'ont pas le cynisme pour principal moteur, mais une profonde douleur, celle d'un fils qui vient de perdre le père qu'il aimait. « Pour être éploré ainsi, il ne pouvait pas ne pas l'aimer beaucoup », écrira plus tard Michel Jobert, alors ministre des Affaires étrangères. Ou retenons encore ce commentaire de Pierre Viansson-Ponté, journaliste au *Monde*, qui n'éprouvait aucune tendresse pour lui mais qui, intrigué par sa cravate noire, portée pendant une année durant pour marquer le deuil de Pompidou, note : « C'est presque avec surprise qu'on vous découvre sentimental à votre manière, capable de gratitude désintéressée, en un mot humain[1]. » Ou cette remarque de Pierre Messmer, aux côtés de Jacques Chirac quand il apprit la nouvelle : « Il a été profondément affecté par cette mort. Il perdait un parrain, et ce n'était pas seulement un deuil, mais une vraie douleur[2]. » Chirac pleure et n'a pas eu besoin des encouragements de Pierre Juillet et de Marie-France Garaud pour se sentir d'emblée l'héritier du disparu, et, à ce titre, le gardien scrupuleux de son legs politique, même si le président Pompidou n'a pas laissé à proprement parler de testament politique avant de rendre le dernier soupir.

---

1. *Lettre ouverte aux hommes politiques*, Albin Michel, 1976.
2. *Le Jeune Loup*, de Patrick Rotman, film diffusé sur France 2 les 23 et 24 octobre 2006.

Héritier, mais pas forcément successeur. Tous les témoignages s'accordent à faire alors de Jacques Chirac le ministre préféré, le « chouchou », le « bulldozer », le fidèle d'entre les fidèles, celui que Pompidou aurait volontiers nommé Premier ministre s'il n'avait été si jeune[1]. « C'était le chouchou de Pompidou qui voit en lui un poulain, un dauphin[2]. » L'intéressé sait que sa nomination à l'Intérieur revêt une grande signification : il est là pour veiller au bon déroulement de la succession. Dans ces conditions, peu lui chaut les affirmations de Jacques Foccart à qui, le 26 février 1974, soit à peine plus d'un mois avant sa mort, Pompidou aurait confié avoir demandé à Chaban de se tenir prêt pour la présidentielle : « Le mieux placé d'entre vous pour me succéder, s'il m'arrive quelque chose brutalement, c'est Chaban[3] », rapporte-t-il. Chirac nourrit pour sa part des certitudes d'une tout autre nature.

L'analyse des journées qui ont suivi le décès de Pompidou doivent intégrer des notions peu usuelles en politique, comme le chagrin, la fidélité, l'amour. Des sentiments qui provoquent des réactions primaires, brutes, « nécessaires », qui peuvent être ensuite – mais seulement ensuite – intégrées à des stratégies plus sophistiquées de conquête du pouvoir. Ce qu'en d'autres termes Chirac essaiera d'expliquer plus tard : « C'est un concours de circonstances, en somme accidentel, qui m'a obligé à prendre une initiative fort discutée de mes amis mais que je tenais pour nécessaire.[4] » Une nécessité qui s'est d'autant plus imposée à lui qu'en bon soldat de Pompidou, il avait épousé toutes ses colères, vraies ou supposées, amplifiées et répercutées par Pierre Juillet et

---

1. Jean Cau, dans *Paris Match*.
2. Philippe Séguin dans *Le Jeune Loup, op. cit.*
3. *La Fin du gaullisme. Journal de l'Élysée*, tome V, *op. cit.*
4. *La Lueur de l'espérance, op. cit.*

Marie-France Garaud, contre Jacques Chaban-Delmas, remercié et contraint de quitter Matignon.

La toile de fond (chiraquienne) déroulée, le film des événements qui vont conduire Jacques Chirac à Matignon peut être lancé. Dans les heures qui suivent la mort de Georges Pompidou, Pierre Juillet et Marie-France Garaud font ouvrir le coffre du président défunt à l'Élysée par les services secrets ; ils n'y trouvent pas de testament politique. Pierre Juillet prétend que Pompidou lui aurait dit peu de temps avant sa mort : « Il faut continuer ce qui a été fait depuis 1958. » L'infirmière qui veillait le moribond dément que Juillet l'ait approché. Le trio Juillet-Garaud-Chirac le fera néanmoins parler en lui faisant dire qu'il avait choisi Messmer pour lui succéder.

Le mercredi 3 avril 1974, Jacques Foccart déjeune chez Chaban avec Michel Debré et Olivier Guichard. Poussé par le conseiller aux Affaires africaines, Chaban décide de se présenter et d'annoncer sa candidature avant même les obsèques. Foccart va annoncer la nouvelle au Premier ministre. « Je vais soutenir Chaban », promet Messmer. Mais, quelques minutes après le départ de Foccart, Chirac débarque à son tour à Matignon. Avec l'allant qu'on lui connaît, il brosse un tableau apocalyptique des consé-quences, pour les gaullistes et pour la France, de la candida-ture Chaban dont il affirme – sondages (truqués ?) à l'appui – qu'elle n'a aucune chance d'aboutir et va faire le lit de François Mitterrand. Messmer, emporté par la tornade Chirac, décide de maintenir sa propre candidature.

Le jeudi 4 avril, après la messe célébrée à Saint-Louis-en-l'Île, Chirac déjeune avec VGE en compagnie de Michel Poniatowski, Pierre Juillet et Marie-France Garaud. Chirac affirme que Chaban finira par se retirer en faveur de Messmer : « Si Messmer est candidat, je vous en donne ma parole, je ne serai pas candidat », promet de son côté Giscard.

À 16 heures 09, une dépêche de l'AFP annonce que Jacques Chaban-Delmas est candidat. L'oraison funèbre à l'Assemblée nationale n'est pas encore terminée et les obsèques à Notre-Dame n'auront lieu que le lendemain. Chirac est littéralement scandalisé par cette annonce précipitée. « Ce n'est pas convenable », dit-il. Dans sa bouche, c'est la pire des condamnations[1]. Il va dès lors user de tous les moyens pour « tuer » Chaban.

À 17 heures 30, tous les barons du gaullisme se retrouvent chez le Premier ministre. Jacques Chirac interpelle Chaban : « Si vous êtes candidat, Giscard se présentera aussi et vous disparaîtrez dans la trappe. Vous n'arriverez pas à suivre. Vous verrez, à la fin des courses : vous ferez 15 %, Giscard 30 %, et François Mitterrand 45 %[2]. »

Samedi 6 avril, un hommage solennel est rendu à Georges Pompidou à Notre-Dame, en présence de cinquante chefs d'État et de gouvernement, dont Richard Nixon et Nicolas Podgorny.

Dimanche 7 avril, l'atmosphère au Comité central de l'UDR est tendue. Jacques Chirac et Hector Roland[3] lancent officiellement leur offensive anti-Chaban : « Nous allons au casse-pipe !... Nous serons ridiculisés !... » scande Chirac devant des « barons » médusés.

Lundi 8 avril, Giscard annonce sa propre candidature à Chamalières, le jour même où François Mitterrand est proclamé candidat unique de la gauche.

Mardi 9 avril, Pierre Messmer lance un appel au rassemblement et se propose comme candidat unique de la droite. Chaban et Giscard refusent de se désister.

---

1. *Jacques Chirac, op cit.*
2. *Ibid.*
3. Député de l'Allier, maire de Moulins, surnommé « Spartacus », c'était un personnage haut en couleur.

Jeudi 11 avril, Jacques Foccart se rend place Beauvau pour rappeler au ministre de l'Intérieur les propos qu'aurait tenus Pompidou le 26 février précédent. « Vous m'étonnez beaucoup », se contente de commenter un Jacques Chirac quelque peu ébranlé par la démarche de ce « baron » gaulliste qu'il respecte.

Vendredi 12 avril, les sondages basculent et donnent raison à Chirac. Chaban, qui jusque-là obtenait environ 30 % des intentions de vote, devançant Giscard, passe à présent derrière lui. Le ministre de l'Intérieur se rend au domicile du maire de Bordeaux : « Vous êtes en train de naufrager le mouvement gaulliste. Jamais je ne vous soutiendrai ! » Plus tard, il écrira : « D'autres contre-indications rendaient sa candidature des plus aléatoire… Jacques Chaban-Delmas avait pour lui une très belle apparence, j'en conviens, mais il était le seul à croire que les Français avaient gardé un souvenir ébloui d'une "Nouvelle Société" qu'aurait inventée naguère son gouvernement et dont il était convaincu que le leitmotiv suffirait à faire affluer les suffrages. J'étais, à l'inverse, certain d'avance que sa campagne serait un échec – ce qu'elle fut[1]. »

Samedi 13 avril, Jacques Chirac rencontre en tête à tête Valéry Giscard d'Estaing. Il lui fait part de son soutien et des raisons qui le motivent. Giscard est étonné que Chirac n'ait pas du tout l'air enthousiaste quand il lui propose Matignon en cas de succès. Jacques Chirac conteste pour sa part cette version des faits : « Jamais Giscard ne m'a proposé d'être Premier ministre. Il n'a jamais évoqué la perspective de Matignon avec moi, et je dirai que c'est tout à son honneur. »

À 19 heures 28, le Manifeste de soutien à VGE, lancé par Chirac, qui a réuni quarante-trois signataires (quatre membres du gouvernement, trente-neuf députés UDR), est rendu

---

1. *Jacques Chirac, op cit.*

public. Chaban n'a désormais plus aucune chance de se redresser.

À compter de ce jour, beaucoup, dans les rangs gaullistes, refuseront de serrer la main au « traître », et le traîneront dans la boue.

Mardi 16 avril : devant quatre cents élus et responsables de l'UDR, le ministre de l'Intérieur continue, dans un brouhaha indescriptible, malgré sifflets et injures, à clamer que la candidature Chaban est suicidaire pour le parti gaulliste.

« J'ai dû aller expliquer salle Colbert[1] pourquoi j'avais choisi Giscard au lieu de Chaban... Cela n'a pas été facile, et j'en suis sorti avec une extinction de voix. J'étais très minoritaire par rapport à l'ensemble du groupe. Je m'étais dit : c'est probablement dans l'intérêt de la France, et c'est ce que Pompidou aurait voulu », se souvient aujourd'hui le président de la République.

Mercredi 17 avril : dans son Journal[2], Foccart relate en ces termes le déroulement de la réunion du Bureau exécutif : « Tout le monde prend la parole pour dire que c'est inadmissible, qu'il faut soutenir Chaban et qu'on ne le fait pas, et pour désapprouver tout ce qui a été fait par Chirac. Ce dernier a pris une position intransigeante dans le bureau du groupe ; c'est un "fanatique" lancé dans une opération anti-Chaban... » Il est décidé de « faire une démarche solennelle auprès de Messmer pour le mettre en demeure d'expliquer à son ministre de l'Intérieur qu'il doit cesser de mener des intrigues contre le candidat UDR ».

Mais, dorénavant, les jeux sont faits. Chaban est coulé. L'élection départagera François Mitterrand et Valéry Giscard d'Estaing.

---

1. Une des salles de réunion des « groupes » à l'Assemblée.
2. *La Fin du gaullisme, 1973-1974*, tome. V, *op. cit.*

Le 19 mai, Valéry Giscard d'Estaing est élu président de la République avec 50,81 % des voix. Le lendemain, il propose Matignon à Chirac qui, à la surprise du nouveau président, réserve sa réponse, invoquant la lourdeur de la responsabilité et les divisions de l'UDR. Il hésite parce qu'il estime que le plus important pour lui est de recoller les morceaux du parti gaulliste. Et c'est Pierre Juillet qui, semble-t-il, le convainc d'accepter Matignon, faute de quoi l'UDR risquerait de sombrer corps et biens.

Chirac va donc à Matignon, mais d'abord et avant tout pour sauver l'UDR et en prendre évidemment la direction.

Le 27 mai, le voici installé rue de Varenne. Basées sur un profond malentendu, les relations entre le nouveau président et son jeune Premier ministre vont rapidement se dégrader. Jacques Chirac se souvient :

« J'avais dit à Poniatowski que le président devrait donner un coup de chapeau aux gaullistes. Giscard accepte l'idée. Il me dit qu'il va inviter à déjeuner l'ensemble des députés et sénateurs gaullistes. Je m'en réjouis. Je lui recommande de leur parler au cœur, de dire qu'il compte sur eux. Ce n'est pas la peine de leur raconter des histoires. Il faut leur dire : "Ensemble nous allons gagner, ensemble nous allons assurer les intérêts de la France…"

« J'arrive au déjeuner et patatra ! Il était déjà installé, il n'y avait pas de couvert en face de lui. Il se faisait servir en premier, moi en dernier, et il n'y avait personne devant lui ! Le repas se termine, Giscard se lève et fait durant trois quarts d'heure un cours de droit constitutionnel. Je me suis dit : "C'est le désastre !" Les gaullistes se sont levés, fous furieux. À partir de là, fini : c'était irrécupérable.

« Giscard a été maladroit. Il ne m'a pas fait confiance, essentiellement à cause de Ponia qui passait son temps à lui expliquer que j'étais le dernier des derniers, que j'allais le trahir. J'étais la bête noire non de Giscard, mais de Ponia qui détestait les gaullistes. Dès le départ, il a tout fait pour me fâcher avec Giscard. Il n'a jamais supporté de ne pas être lui-même nommé Premier ministre. Il faut aussi reconnaître que, pour ce qui est du comportement, j'étais radicalement différent de Giscard… »

Tout est déjà en place pour que les chemins de l'un et de l'autre divergent à grands pas.

III

Objectif Élysée :
la longue marche

19.

La conquête de l'UDR

À 42 ans, voici Jacques Chirac devenu Premier ministre. Il y aurait là de quoi satisfaire tout jeune ambitieux. Pas lui. Il a accepté cette nomination à reculons, exclusivement parce qu'il croit que c'est la seule façon d'atteindre son principal objectif : prendre la direction de l'UDR qui, seule, lui permettra un jour d'être le digne fils spirituel de Georges Pompidou en accédant à la fonction suprême. D'où cette phrase de Chirac en acceptant le poste : « J'accepte… mais il est possible que vous le regrettiez. »

De son côté, Giscard a grandement sous-estimé son Premier ministre dont il attend qu'il lui apporte le parti gaulliste sur un plateau. Il confie à son secrétaire général, Claude-Pierre Brossolette : « C'est un enfant, Chirac. Il n'a pas d'envergure. Il me sera toujours fidèle. » Moins de sept mois après son installation à Matignon, Chirac aura déjà réussi son premier pari en ayant pris à la hussarde le parti gaulliste, malgré l'opposition de tous les « barons ». Alors même qu'il a franchi une fois de plus des obstacles qui semblaient insurmontables, son image s'est néanmoins dégradée. Son propre camp, abasourdi par le culot du grand échalas, faute de n'avoir pas réussi à empêcher son irrésistible ascension, a commencé à brosser de lui le portrait d'un politique roué, cynique, brutal, prêt à tout pour parvenir à ses fins. Au mieux, un succédané du Bonaparte du 18 Brumaire ; au pire, un jeune décalque de Pinochet. Pour faire bonne mesure, « Facho-Chirac » apparaît de surcroît, aux yeux de beaucoup, comme un Premier minis-tre au rabais, ne faisant pas le poids face au brillantissime Giscard. Derrière les gros titres qui s'affichent, ses impor-tantes réformes sociales, dans le droit fil de celles qu'il avait commencé de mettre en œuvre en 1967-68, restent dans l'ombre.

Tout a mal commencé. D'emblée, Giscard, peu désireux de partager le pouvoir avec son Premier ministre, lui a imposé la plupart des membres de son gouvernement, le président se bornant à consulter son fidèle « Ponia ». Journa-listes et commentateurs s'accordent à dire qu'il n'a réussi à faire entrer dans son équipe qu'Olivier Stirn au secrétariat d'État aux DOM-TOM, Simone Veil aux Affaires sociales, Pierre Lelong aux PTT, et René Tomasini aux Relations avec le Parlement. Aujourd'hui, Jacques Chirac ne revendique plus que la nomination de Simone Veil : « Après avoir nommé Jean-Jacques Servan-Schreiber – déjà une provoca-tion pour les gaullistes... –, Giscard avait décidé de placer aux Affaires sociales une femme [Mme Anne-Marie Fritsch] qui était député de Lorraine et l'alter ego de Servan-Schrei-ber. Je suis allé dans le bureau de Giscard. J'avais déjà avalé tout le reste. Je lui ai dit que ce n'était pas possible, que je refusais qu'elle entre au gouvernement. J'ai réussi à faire nommer Simone Veil pour qui j'ai gardé beaucoup d'affec-tion. Pierre Juillet et Marie-France Garaud la détestaient ; Juillet voulait même que Garaud entre au gouvernement, vœu auquel je n'ai pas accédé. »

Le président se rappelle le commentaire que Giscard lui fit à propos de la nomination de Jean-Pierre Fourcade, qu'il aimait bien, à l'Économie et aux Finances : « "Son père était très intelligent ; il n'a pas hérité de son intelligence, mais il présente un gros avantage : il n'est pas gaulliste." Ce qui, il faut le dire, était assez vrai ! »

Dès le début, Giscard lui fait avaler toutes sortes de couleuvres, allant même souvent jusqu'à l'humilier : son propre ego est tel, il a une telle conscience de sa supériorité qu'il tient à affirmer sa prééminence absolue et probablement à tester aussi la fidélité du chef de gouvernement. Lors de la première visite d'Helmut Schmidt, le Chancelier allemand, c'est Jacques Chirac qui va l'accueillir à l'aéroport et le conduit jusqu'à la porte du bureau de Giscard, lequel ne le laisse pas entrer avec son visiteur et ne l'invite même pas, le soir, au dîner officiel. Au cours des premières semaines, Chirac est obligé de donner par deux fois sa démission pour empêcher deux provocations giscardiennes : l'arrêt de la construction du Centre Pompidou et celui des essais nucléaires dans le Pacifique. Surtout, l'Élysée dirige tout, prend toutes les décisions, souvent sans même en informer le Premier ministre, lequel a de plus en plus l'air d'accepter de bonne grâce cette complète présidentialisation du régime. Cette apparente soumission finit par endormir Giscard qui ne voit pas que son « fidèle » Chirac mène au pas de charge une opération qui, à terme, va le priver d'une partie de ses assises, avant de le condamner.

Où l'on en revient à « Ponia ». Tout un chacun reconnaît à Michel Poniatowski, que l'on appelle alors « le Connétable », une intelligence aussi brillante que machiavélique. Lui qui compte Talleyrand, d'Artagnan, Louvois et quelques autres parmi ses ancêtres, a décidé de ne pas mettre ses talents à son propre service, mais à celui de son ami Valéry Giscard d'Estaing. Sans lui, ce dernier n'aurait sans doute pas connu le même destin. Une fois à l'Élysée, il continue de consulter cet expert en complots et coups fourrés, mais aussi en bons mots, ce qui, en politique, vaut autant sinon mieux qu'une bonne lame. En guise de récompense pour ses bons et loyaux services, « Ponia » avait demandé à s'installer place Beauvau, là où il pourrait surveiller au mieux ses adversaires, déclarés ou non, et disposerait de tous les moyens pour « casser l'UDR, lui faire mettre genou à terre ». Il y déploierait sa machine de guerre contre le plus important parti de la majorité. Croyant qu'après avoir trahi Chaban et les « barons » gaullistes, Chirac continuerait de plus belle sur sa lancée, Giscard et « Ponia » ont commis une lourde erreur. Si l'hôte de Matignon voulait en effet mettre la main sur l'UDR, ce n'était pas pour la placer au service de Giscard, mais au sien propre. Dès lors, « Ponia » et Chirac allaient à l'affrontement.

D'entrée de jeu, « Ponia » commença à fouiller dans les dossiers du ministère, à faire installer des bretelles téléphoniques, à lancer des enquêtes sur le SAC (Service d'action civique) et diverses « affaires » afin de décrédibiliser et affaiblir le parti gaulliste et ses dirigeants. Mais ce combat-là ne pouvait être effectué du jour au lendemain ; relevant d'un travail de fourmi, c'était une œuvre de longue haleine.

Le combat qu'allait mener Jacques Chirac s'apparentait en revanche, lui, au *blitzkrieg* : surprise, rapidité, brutalité. Le président ne me dit mot des moyens qu'il utilisa, mais ne dissimule pas l'état d'esprit qui le conduisit à reprendre en mains l'UDR : « Je me suis rendu compte assez rapidement qu'un parti sans personne pour le diriger ne pouvait pas marcher, même si je n'avais pas l'intention de beaucoup m'en occuper. Un parti, surtout le parti gaulliste, devait être "incarné". »

Aidé de Marie-France Garaud, de René Tomasini et de Charles Pasqua – délégué à l'organisation –, Jacques Chirac démarche les élus gaullistes l'un après l'autre. Dans le courant de juillet 1974, Claude Labbé, président du groupe parlementaire, est le premier à se rallier, puis c'est le tour d'Alexandre Sanguinetti, le secrétaire général. Les « barons », eux, sont encore hostiles au « traître ».

Les 26 et 27 septembre, à Cagnes-sur-Mer, aux Journées parlementaires de l'UDR, il s'affirme comme chef de la formation en lui assignant des objectifs clairs et ambitieux, de nature à regonfler le moral des troupes. Il veut au minimum 150 députés dans la prochaine Assemblée ; surtout, il jette les premières bases de l'autonomie du mouvement par rapport au chef de l'État.

Cependant, les « barons » non seulement résistent, mais souhaitent mettre l'un des leurs, Olivier Guichard, à la tête du mouvement en lieu et place de Sanguinetti, jugé trop chiraquien. L'hôte de Matignon réussit alors à convaincre celui de l'Élysée que ce serait mauvais pour lui de laisser des hommes qui lui sont hostiles, à lui, Chirac, et par conséquent à lui aussi, Giscard, à la tête de l'UDR. Dans cette analyse Giscard ne voit pas malice et encourage son Premier ministre à prendre une initiative avant son départ pour les Antilles, le jeudi 12 décembre 1974, pour y rencontrer Gerald Ford, président des États-Unis.

Ce même 12 décembre, les « barons » sont réunis le soir à dîner au Palais-Royal, chez Roger Frey, président du Conseil constitutionnel. Autour de celui-ci figurent Jacques Foccart, Olivier Guichard, Jacques Chaban-Delmas, Michel Debré, auxquels se sont joints, pour discuter de la stratégie à suivre en vue du Conseil national de l'UDR qui doit se tenir le samedi après-midi suivant, Pierre Messmer, Alain Peyrefitte et Maurice Couve de Murville. Avec un aplomb sans pareil, Chirac téléphone et s'invite au dîner.

C'est Chaban qui annonce qu'ils ont l'intention de présenter Olivier Guichard au poste occupé par Alexandre Sanguinetti. Chirac feint la surprise. Il enchaîne en déclarant qu'il s'opposera à cette candidature qui introduirait une « dualité inacceptable » avec Matignon. Devant la détermination farouche du Premier ministre, les convives baissent les bras et renoncent à pousser Guichard, mais suggèrent l'instauration d'une direction collégiale. Devant les gaullistes historiques médusés, Chirac lâche alors qu'il serait finalement plus simple qu'il assume lui-même le secrétariat général de l'UDR. Puis il quitte les lieux sans qu'aucune décision n'ait été prise et sans que les « barons » aient pris très au sérieux cette annonce, persuadés que la candidature de Jacques Chirac serait rejetée.

Pendant ce temps les Juillet, Garaud, Tomasini et Pasqua sont à la manœuvre, notamment pour convaincre – moyennant force promesses sonnantes et trébuchantes – Sanguinetti de laisser son poste à Chirac le surlendemain. À la hussarde, celui-ci convoque un Comité central pour le samedi matin au salon L'Aiglon de l'hôtel Intercontinental.

Ce samedi matin, comme prévu par les « comploteurs », Sanguinetti annonce sa démission devant une salle houleuse. Chirac fait état de sa candidature dans un indescriptible brouhaha qui va se prolonger plusieurs heures. Il est hué, insulté. Robert-André Vivien va le plus loin en le traitant de « Pinochet ». Chirac hésite, mais Charles Pasqua et l'encore tout jeune Michel Noir le rassurent en lui prédisant une victoire à 60 % des 80 membres. Les cris indignés des « barons » n'empêchent pas Chirac d'obtenir 57 voix. C'est la seconde fois en huit mois qu'il bouscule les hiérarques gaullistes. Il ne lui reste plus qu'à être adoubé, l'après-midi, par le Conseil national du mouvement qui se tient, porte Maillot, à l'hôtel Concorde.

Jacques Chirac entre dans une salle chauffée à blanc contre lui. Pour la seconde fois de la journée, il essuie sifflets, insultes, quolibets. Des mots très durs sont prononcés par les « barons ». Olivier Guichard : « C'est un mauvais coup, parce qu'il nous divise. Votre décision renie un effort de plus de trente ans ! » René Ribière, député du Val-d'Oise, encore plus violent : « Un de vos ministres, monsieur le secrétaire général, a récemment qualifié de "fascisant" un des principaux partis politiques. Avec vous à la tête de l'UDR, je crains que cette épithète ne puisse être bientôt appliquée à ce que fut le mouvement gaulliste. » N'empêche : si Chirac a ouvert les débats dans un chahut indescriptible, il les clôture dans des cris d'allégresse mêlés à un tonnerre d'applaudissements. Une motion de soutien est adoptée à mains levées. Seul Jacques Chaban-Delmas n'a pas pris part au vote. À l'intérieur même du camp gaulliste, on parle de « viol » de l'UDR. Quelques semaines plus tard, Jacques Chirac usera à ce sujet d'une belle formule devant Georges Mamy, du *Nouvel Observateur*[1] : « Le "viol" de l'UDR ? D'autres ont dit que j'avais perpétré un coup de force. Ça n'est pas moi qui ai commis un coup de force, c'est l'UDR qui avait un coup de faiblesse ! » Quelles que soient les appréciations portées sur l'homme et ses méthodes, les observateurs sont unanimes à dire qu'un « nouveau Chirac » occupe désormais la scène politique.

Le parti gaulliste a un nouveau chef qui va s'employer à le moderniser et à panser ses blessures. « Ponia », qui cherchait la « dislocation » de l'UDR, a déjà perdu une bataille, et Giscard n'a toujours rien vu dans le jeu de son Premier ministre !

Les principales marques que Chirac va avoir à cœur d'imprimer lors de son passage à Matignon sont d'ordre à la fois social et sociétal. Il le fera avec le concours de Simone Veil, sa complice aux Affaires sociales. Il va notamment s'engager à fond à ses côtés pour faire adopter la très importante loi sur l'interruption volontaire de grossesse.

Déjà, lors de son discours de la porte Maillot, il avait annoncé la loi sur la taxation des plus-values et relancé le projet « gaullien » de participation. Malgré les premiers effets du choc pétrolier, il va protéger salariés et consommateurs en augmentant le salaire minimum, les retraites, les

---

1. Daté du 3 février 1975.

allocations familiales. Il va aussi aider les entreprises en difficulté grâce à la création du CIASI (Comité interministériel
d'aménagement des structures industrielles) et des CODEFI
(Comités départementaux d'examen des problèmes de financement des entreprises), chargés de venir en aide aux PME.
Par un renforcement du système d'indemnisation du
chômage partiel, il va protéger les salariés contre les licenciements dus à un ralentissement temporaire de l'activité. Il va
renforcer le contrôle de la réalité des motifs des licenciements économiques et celui de leurs modalités d'accompa-
gnement. Il fait mettre en place par l'UNEDIC une allocation
supplémentaire d'attente (les licenciés économiques perçoivent pendant un an 90 % de leur salaire brut antérieur). Il
développe les préretraites et généralise enfin la Sécurité
sociale à l'ensemble des activités professionnelles.

Dans son entretien au *Nouvel Observateur*[1], il confie son
état d'esprit en matière de préoccupations sociales : « J'ai
toujours été frappé par le caractère excessif des inégalités
dans notre société, non par rapport à ce qui existe en d'autres
pays, mais par rapport à ce qui devrait exister pour des gens
qui ont pour ambition – comme c'est le cas des gaullistes –
d'affirmer la dignité de l'homme. Et, bien que ce soit une
tâche difficile, ardue lorsqu'on mesure, en effet, les "pesan-
teurs", comme vous dites, lorsqu'on voit les "adhérences"
qui perpétuent les privilèges, je pense que nous devons affirmer de façon concrète notre volonté d'organiser une société
plus juste et plus humaine. »

Jacques Chirac creuse ainsi son sillon. Faute d'avoir les
mains libres sur la plupart des sujets, il va également
commencer à se doter d'une stature internationale, condition
nécessaire pour aller au-delà de Matignon. Il reçoit Deng
Xiaoping, Premier ministre chinois, et noue des relations

---

1. *Ibid.*

personnelles avec lui. Il se rend en Russie, en Libye, en Inde, et en Irak où il se lie d'amitié avec Saddam Hussein, relation qui, sortie de son contexte, lui vaudra ultérieurement de très vives attaques, orchestrées pour une part par la CIA, en 2003, après le refus du président de la République de se joindre à l'attaque américano-britannique contre Bagdad.

En développant les liens de la France avec l'Irak et avec Saddam Hussein, Jacques Chirac s'est simplement inscrit dans la politique arabe de la France initiée par le général de Gaulle après la guerre des Six-Jours, y ajoutant seulement sa touche personnelle, notamment la chaleur de ses contacts et ses liens filiaux avec Marcel Dassault. Il importe également de rappeler que la France a des intérêts pétroliers en Irak depuis la fin de la Grande Guerre. Les puissances victorieuses – États-Unis, Grande-Bretagne, France – s'étaient alors partagé les dépouilles de la Turkish Petroleum Company. La France avait ainsi bénéficié de 23,75 % de l'Irak Petroleum Company (IPC) et avait créé, pour gérer ces actifs, la Compagnie française des pétroles (CFP), qui deviendra Total.

Depuis décembre 1961, l'Irak livrait une féroce bataille contre les « Majors » faisant partie du consortium de l'Irak Petroleum Company, y compris donc contre la française Total. Le général Kassem finit par exproprier 99,5 % des concessions de l'IPC. Mais, sitôt après la guerre des Six-Jours, afin de remercier Paris pour sa position réservée à l'égard d'Israël, Bagdad a manifesté le désir de nouer avec la France une relation pétrolière privilégiée, espérant ainsi enfoncer un coin dans le camp occidental. Un accord entre Elf et la compagnie nationale irakienne (INOC) fut ainsi paraphé le 23 novembre 1967. Pour donner plus de lustre à ces nouveaux rapports, le général de Gaulle accepta même de se rendre à Bagdad en décembre, mais c'est finalement le chef de l'État irakien, le maréchal Ali Aref, qui vint en février 1968 à Paris où il fut reçu en grande pompe. Le numéro un irakien demanda alors pour la première fois à faire l'acquisition de Mirage. L'Irak sort dès lors de son isolement et Paris reprend pied dans le monde arabe en commençant à y mener une politique indépendante de celle de Londres et de Washington.

Le 18 septembre 1968, nouveau coup d'État à Bagdad : le parti Baas accède au pouvoir. Le nom du nouveau patron de l'Irak, le général al-Bakr, sera vite oublié. C'est le supposé numéro deux du régime, Saddam Hussein, qui s'impose bientôt comme l'homme fort du pays.

La Compagnie française des pétroles (Total) occupe une position ambiguë puisque, tout en faisant partie des « Majors », elle est française et, à ce titre, n'est pas perçue comme « impérialiste » ; elle tente de recoller les morceaux entre l'IPC et le pouvoir irakien. Sans succès : le 1er juin 1972, Bagdad nationalise l'IPC dans l'allégresse populaire, mais fait savoir à l'ambassadeur de France en Irak que « toutes les dispositions sont prises pour sauvegarder les intérêts français ». Une assurance précieuse, puisque le pétrole irakien représente alors le quart des approvisionnements de la CFP et 15 % de ceux de la France, mais plutôt délicate à accepter…

Saddam Hussein est invité officiellement à Paris du 14 au 17 juin. Il n'y a pas unanimité, parmi les membres du gouvernement, sur la position à adopter à son égard ni face à ses demandes de fournitures militaires, notamment de Mirage. VGE, ministre des Finances, se montre réservé vis-à-vis d'une augmentation trop rapide des exportations françaises, et Maurice Schumann, ministre des Affaires étrangères, est foncièrement hostile à toute vente d'armes à l'Irak.

Dès son arrivée à Paris, le 14 juin 1972, à l'occasion d'un dîner offert par Jacques Chaban-Delmas, Premier ministre, Saddam Hussein était entré dans le vif du sujet : « Nous avons claqué la porte au nez des Américains, à celui des Anglais et à celui de tous ceux qui n'avaient pas respecté notre dignité. Nous savons que la France – son histoire le prouve – respectera notre dignitié. Aussi vous proposons-nous de collaborer dans les mêmes conditions que nous collaborons avec notre meilleure amie, l'Union soviétique. » Quarante-huit heures plus tard, Saddam Hussein était reçu à l'Élysée par Georges Pompidou. Le président français avait dit « non » aux Mirage, « oui » aux hélicoptères, « peut-être » aux matériels terrestres. Le lendemain, les deux chefs de gouvernement paraphaient un accord garantissant pendant dix ans la pérennité des intérêts pétroliers français. La CFP pourrait acheter autant de barils qu'elle aurait pu en enlever s'il n'y avait eu la nationalisation.

L'envolée des cours du pétrole et la volonté de garrotter l'hémorragie de devises qui s'ensuit vont faire sauter un à un les verrous de la sagesse. Fin 1973, la CFP obtient pour le gendre du général al-Bakr, numéro un irakien, un rendez-vous à Matignon avec le directeur de cabinet de Pierre Messmer. Ledit gendre s'occupe pour le compte de Bagdad des achats d'armes. Cette fois, Paris ouvre toutes grandes les portes de ses arsenaux. Dès 1974, Thomson CSF signe avec l'Irak un contrat de couverture aérienne radar pour 1,764 milliard de francs. De son côté, Bagdad plaide pour que la France soit épargnée par les décisions d'embargo sur les produits pétroliers prises par les pays du Golfe après le déclenchement de la guerre du Kippour en 1973, et exige en revanche qu'elles soient appliquées sans faille aux États-Unis, accusés de soutenir l'État hébreu.

Quelques mois plus tard, la France de Valéry Giscard d'Estaing non seulement honore ses engagements vis-à-vis de l'Irak, mais les développe encore. Une délégation irakienne débarque à Paris en août 1974 pour préparer le voyage à Bagdad de Jacques Chirac, nouveau Premier ministre. Elle visite le Commissariat à l'énergie atomique, dirigé par André Giraud qui lui vante la qualité des centrales nucléaires françaises. Le 1ᵉʳ septembre, les deux gouvernements signent un accord « relatif à l'équipement des armées irakiennes », et les premières négociations s'engagent entre les responsables de l'aviation militaire irakienne et Dassault. Sans disposer de renseignements très précis sur cette étape, on peut parier que, dans le droit fil d'un engagement qui voulait que ce qui était bon pour Dassault le fût pour la France, le Premier ministre encouragea ces pourparlers.

Le 1ᵉʳ décembre 1974, Jacques Chirac est accueilli à bras ouverts à Bagdad par Saddam Hussein. Les observateurs notent que l'hôte de Matignon « séduit » littéralement l'homme fort irakien, notamment par sa façon de savoir « perdre » du temps avec lui, de condescendre à jouer avec ses enfants, à genoux sur les tapis. Enthousiasmé par l'accueil qui lui est réservé, Chirac annonce la signature de nombreux contrats pour les entreprises françaises, équivalant à une somme de 15 milliards de francs. Si le chiffre paraît gonflé, il n'en traduit pas moins un emballement des relations industrielles et militaires entre les deux pays.

Le 12 mars 1975, une délégation de Dassault-Snecma débarque à Bagdad pour y présenter un Mirage F1. Le 5 septembre de la même année, l'avion du président irakien se pose à Orly où Jacques Chirac l'accueille dans des termes on ne peut plus chaleureux : « Vous êtes mon ami personnel. Vous êtes assuré de mon estime, de ma considération, de mon affection ! » Les deux hommes passent plusieurs jours à visiter ensemble les installations militaires de Cadarache, puis à mieux se connaître dans le cadre d'un week-end privé. Les habitants des Baux-de-Provence se souviennent encore du commun séjour de ces illustres hôtes. La table du restaurant L'Oustan de Beaumanière fut particulièrement appréciée par Saddam Hussein.

Chirac voyait en Saddam le dirigeant arabe laïc qui entendait moderniser son pays et que la France se devait d'aider :
« Ils sont tombés dans les bras l'un de l'autre. Chirac cherchait à se constituer un domaine de politique étrangère que
Giscard ne voulait pas lui concéder. Saddam, lui, voulait se
désengager de la tutelle soviétique au profit d'un pays européen à la technologie avancée. Chirac savait que l'Irak était
un pays important. Il a saisi l'occasion », se souvient
l'ambassadeur Jacques Morizet[1].

Au terme de cette visite, lors du dîner officiel donné à
Versailles dans la galerie des Glaces en l'honneur de son
hôte, le Premier ministre confirme les bonnes dispositions de
son gouvernement à l'égard de Bagdad : « La France est
prête à apporter à votre pays ses hommes, sa technologie, ses
compétences. » Marcel Dassault figure parmi les convives.
Chirac l'a convaincu de la justesse de son engagement aux
côtés de l'Irak, ainsi que le rapporte le général Gallois[2] :
« Marcel Dassault vouait une très grande affection à Jacques
Chirac. Avant son arrivée à Matignon, il avait l'habitude de
dire à son sujet : "Il ira loin, ce petit." Il avait une grande
confiance dans ses orientations politiques et partagea vite ses
raisons d'encourager une politique d'indépendance nationale de l'Irak, l'incitant à rompre son alignement sur
l'URSS. Marcel Dassault finit par être totalement convaincu
de l'importance, pour la France, de mener une grande politique arabe. Il était même assez fier d'avoir obtenu le marché
irakien. Et puis, les affaires sont les affaires… Il croyait de
surcroît en la force de persuasion. Quand il avait un ennemi,
qu'une personne lui faisait du mal, il me disait : "Invitez-le
donc à déjeuner." Pour lui, de la même façon, il suffisait de

1. Georges Malbrunot et Christian Chesnot, *Saddam Hussein. Portrait total*,
Éditions 1, 2003.
2. Guy Vadepied et Pierre Péan, *Marcel Dassault ou les ailes du pouvoir*, Fayard,
2003.

persuader Saddam Hussein de ne pas attaquer Israël… » Dès novembre 1975, des officiers de l'armée de l'air irakienne sont envoyés visiter les usines où se fabriquent les éléments du F1 qu'ils espèrent acquérir. Le même mois, les deux gouvernements signent un accord de coopération nucléaire.

Moins de deux mois après la signature de cet accord, en janvier 1976, au retour d'un voyage officiel en Inde, Jacques Chirac fait escale à Bagdad en compagnie de Raymond Barre, ministre du Commerce extérieur, pour rencontrer l'ami Saddam et s'enquérir de l'avancement des pourparlers entre les Irakiens et la Snecma, Dassault, Thomson et Matra.

Jacques Chirac démissionne à la fin de l'été et c'est Raymond Barre qui chausse immédiatement ses bottes, comme Jacques Chirac avait fait naguère de celles de Pierre Messmer. Le 25 juin 1977, le nouveau Premier ministre se déplace à Bagdad pour y signer un premier contrat portant sur 36 Mirage F1, le dernier modèle.

Il est généralement admis que les contrats conclus avec l'Irak ont été bénéfiques pour le parti gaulliste et pour d'autres partis, ainsi que nous l'avons nous-mêmes appris lors de notre enquête sur Marcel Dassault[1]. Proche collaborateur de l'avionneur, le général Gallois, qui se plaignait des hémorragies d'argent provoquées par son soutien aux partis politiques, fait dire à son patron : « Mais, mon cher Gallois, vous n'avez rien compris : je finance la démocratie, je finance tous les partis, il le faut ! Nous vendons beaucoup à l'exportation, c'est l'étranger qui finance les campagnes politiques. Il suffit de majorer un peu les prix de vente à l'exportation ! » Gallois nous a confirmé ces dires de Marcel Dassault : « C'est effectivement l'étranger qui finançait les campagnes politiques. Il suffisait de majorer un peu les prix. De toute façon, sans commission pour les intermédiaires, on

---

1. *Marcel Dassault ou les ailes du pouvoir, op. cit.*

ne vendait rien, que ce soit aux pays arabes ou ailleurs. C'était facile : on demandait l'autorisation de payer un certain nombre d'intermédiaires locaux et on ne leur en versait qu'une certaine partie. Exemple : sur 50 millions, 25 étaient réglés aux intermédiaires du pays acheteur ; quant aux 25 restants, grâce à la complicité des banques, ils revenaient en espèces, *via* des paradis fiscaux, aux partis politiques. La France n'était pas la seule à user de telles pratiques. Les Américains de Lockheed faisaient de même pour arracher des marchés avec la Suisse, et rappelez-vous le scandale qui éclata aux Pays-Bas : le prince Bernhard en personne touchait des pots-de-vin ! »

Le marché irakien a ainsi beaucoup aidé Dassault à « financer la démocratie » par la surfacturation de ses avions. Le montant des commissions, rétro-commissions et surfacturations pouvait faire l'objet d'âpres discussions. Le général Gallois fournit quelques détails croustillants sur les bénéficiaires des largesses de Marcel Dassault : « L'entourage de Valéry Giscard d'Estaing faisait partie des fidèles habitués. Michel Poniatowski venait au rond-point des Champs-Élysées. On appelait Jeannine Grandin, la secrétaire particulière de Dassault : "Jeannine, apportez-moi le paquet n° 8", lançait l'avionneur… » Si le nom de Jacques Chirac n'est pas sorti, celui de son parti était bien sûr affiché comme une des « danseuses » du généreux Marcel. Gageons même que la formation gaulliste était sa danseuse étoile.

Le fossé entre VGE et son Premier ministre ne cesse de se creuser alors même que Jacques Chirac continue à manifester la plus grande déférence envers le président de la République.

À l'occasion d'un petit remaniement ministériel imposé par Giscard début janvier 1976, « Ponia » et Jean Lecanuet, les deux ministres les plus hostiles à Chirac, ont pris du galon et sont devenus ministres d'État. L'hôte de Matignon va dès lors commencer à laisser entendre au président de la République qu'il va bientôt lui falloir trouver un autre Premier ministre. Les élections cantonales de mars 1976 sont une catastrophe pour la majorité. Le chef de l'État est ébranlé alors que les critiques épargnent dans une large mesure son chef de gouvernement. Influencé par Pierre Juillet, Giscard, fin mars, confie à Jacques Chirac « le soin de coordonner et d'animer l'action des partis politiques de la majorité », faisant ainsi de lui le patron de cette majorité avec des pouvoirs accrus. Puis, se ravisant, il décide de reprendre ce qu'il a imprudemment concédé à son Premier ministre. Dès lors, le compte à rebours de la rupture a commencé. « Si vous voulez ma place, monsieur le Premier ministre, dites-le franchement », lance un jour, agacé, le président.

Le 23 mai est lancée par Jean Lecanuet et Jacques Duhamel, soutenus par « Ponia », ce qui va bientôt devenir l'UDF. Chirac a compris : la guerre a repris de plus belle. Dès lors, il cherche un prétexte pour quitter Matignon dans les meilleures conditions, prêt à transgresser la règle non écrite selon laquelle le Premier ministre occupe son poste par la volonté du président, ce dernier décidant de sa nomination comme de son départ.

Conscient du danger, Giscard invite le couple Chirac au fort de Brégançon pour la Pentecôte. Journalistes et essayistes ont beaucoup glosé sur le choc de leurs deux manières d'être. D'un côté, un président qui, au fil du temps, poussé par un incommensurable ego, s'est pris pour un Capétien renouant avec l'ancienne étiquette, comme Louis XVIII et Charles X après 1815. De l'autre, un Premier ministre qui, tout en ayant consolidé ses origines bourgeoises par un cursus d'énarque, se considère, lui, le Parisien, comme un pur Corrézien aux semelles crottées. « J'ai compris ce jour-là que Giscard ne supportait pas que ses enfants dussent passer après le Premier ministre. S'il y avait eu une prochaine fois, c'était clair : Bernadette et moi passions après le chien ! » a-t-il raconté à Bernard Billaud[1], cinq mois après la rencontre de Brégançon.

Dernier d'une longue liste, j'interrogeai à mon tour Jacques Chirac sur son séjour dans la résidence d'été des présidents. Il reconnaît bien volontiers que le séjour à Brégançon ne fut pas la cause première de sa démission, mais que ce week-end mit en pleine lumière la véritable nature de leurs rapports :

« Ce qui m'a d'abord choqué, c'est que nous sommes restés dans notre chambre, l'après-midi du samedi, sans qu'il se passe rien jusqu'à 19 heures 30. Le lendemain, pour le dîner, Giscard avait invité son moniteur de ski (l'hiver) et de natation (l'été), ainsi que la femme de celui-ci. Des gens très gentils, très modestes. Ils arrivent. Cela a été affreux : Anémone avait dit à Bernadette de venir en robe longue. Il est venu en polo, elle en petite jupette. J'en étais malade. Cette pauvre fille a passé tout son temps, pendant l'apéritif, à tirer sur sa jupe pour essayer de lui faire gagner quelques centimètres. On voyait bien qu'elle était malheureuse, désespérée d'être là. On ne fait pas des choses comme ça, ou alors on prévient. J'ai trouvé que c'était au-delà de la faute de goût. C'était inadmissible ! Les deux invités étaient terrorisés. Vous vous rendez compte : ils se retrouvaient face au président de la République et au Premier ministre, et à leurs épouses en robe longue ! Mettez-vous à la place de ce pauvre garçon à qui on n'adressait pratiquement pas la parole. Je me suis décarcassé pour essayer de leur faire la conversation, notamment à la jeune femme, mais elle ne me répondait même pas. Elle était tétanisée. On ne se permet pas des choses pareilles. Il faut toujours traiter les gens avec respect. Là, c'était bel et bien un manque de respect. En plus, pour l'apéritif, il y avait deux fauteuils pour le président et sa

---

1. *D'un Chirac l'autre*, *op. cit.*

femme, et des tabourets pour nous, les quatre autres ! C'était franchement mal élevé. »

Et Jacques Chirac de conclure par un vigoureux : « J'en avais marre ! » Moins d'un mois plus tard, le 4 juillet 1976, le Premier ministre remet sa démission au président qui lui demande de surseoir jusqu'à la rentrée. Le 25 août au matin, avant même l'arrivée du président, Jacques Chirac annonce sa démission devant les ministres réunis en Conseil. Il estime n'avoir pas disposé des moyens nécessaires pour affronter une situation difficile : « Je n'ai pas obtenu les moyens et la liberté que je demandais. » Et, s'adressant à « Ponia » et à Lecanuet : « Certains d'entre vous ont compliqué ma tâche. En affaiblissant la cohésion gouvernementale, ils ont affaibli la majorité. »

Après l'arrivée de Giscard, le Premier ministre reformule sa démission. Le président l'accepte en émettant quelques commentaires fielleux. Jacques Chirac a ensuite un très rapide tête-à-tête avec le chef de l'État. Il lui déclare qu'il n'entendra plus parler de lui en politique. Quelques instants plus tard, depuis Matignon, il annonce son départ devant les caméras : « J'estime aujourd'hui que je ne possède pas les outils nécessaires pour assumer mes fonctions de Premier ministre, et, dans ces conditions, j'ai décidé d'y mettre fin. »

Le ton est rageur. La guerre entre Jacques Chirac et Valéry Giscard d'Estaing est devenue totale.

L'après-midi, le Premier ministre démissionnaire réunit l'ensemble des membres de son cabinet et commente l'événement : « J'ai choisi Giscard d'Estaing en 1974 parce qu'il n'y avait pas d'autre option possible. Je n'avais plus les moyens de gouverner. Je n'ai d'ailleurs pas hésité, ce matin, en plein Conseil, à déclarer devant le président de la République que certains ministres, qui se sont reconnus sans peine, se sont employés à me rendre la tâche impossible. Mon combat politique se poursuit au sein de la majorité présidentielle en vue d'épargner à la France les affres de la venue au pouvoir d'une coalition dominée par les communistes. Je ne suis pas opposé à l'alternance, mais une telle éventualité est obérée par la présence des communistes au sein de la coalition de gauche. Or il n'y a pas de cas où les communistes arrivés au pouvoir l'aient abandonné de leur plein gré. Au train où vont les choses, la coalition de gauche gagnera les élections municipales de 1977, puis les élections législatives de 1978. C'en sera alors fait de la liberté et de la démocratie dans notre pays. Car comment imaginer qu'après avoir quêté le pouvoir pendant vingt ans, M. Mitterrand veuille jamais, après l'avoir conquis, le remettre en jeu ? Vous m'entendez bien : si la gauche arrive au pouvoir, il n'y aura plus d'élections présidentielles à l'avenir ! »

Ce ton vindicatif traduit la volonté de Jacques Chirac d'en découdre à droite comme à gauche ; il colle bien avec le portrait qu'amis et ennemis font et se font alors de lui.

Quel a été son bilan à ce premier poste de hautes responsabilités ? Jacques Chirac a rarement droit à une analyse sereine de son action. Raymond Barre, son successeur à Matignon, ne s'est pas privé de dire qu'il avait trouvé, à son arrivée, les caisses vides et une situation pour le moins catastrophique. Dix ans plus tard, Christine Mital émettait dans *L'Expansion* un jugement plutôt mitigé, rappelant que l'inflation était alors tombée de 15 à 10 %, que la production s'était redressée, mais qu'en revanche, sous l'effet du « choc pétrolier », le nombre des chômeurs avait doublé et le déficit commercial s'était creusé.

Subsiste un mystère dans les relations entre Giscard et Chirac : malgré les coups que lui a portés le premier – auxquels, il est vrai, il a fort bien répondu –, le second conserve aujourd'hui encore une certaine fascination pour son intelligence et préfère croire que, sans « Ponia », il aurait pu s'entendre avec lui : « C'est Ponia qui m'a brouillé avec Giscard. Il a tout fait pour nous fâcher. Sans lui, cela aurait pu marcher entre nous. Je me serais fait au fonctionnement de Giscard, j'avais assez de personnalité, et mon jardin secret était préservé... Ponia a été le mauvais génie de ma relation avec lui. »

Cette explication me semble pour partie une reconstruction du passé qui permet de mieux intégrer l'admiration qu'il a longtemps vouée à Giscard et son engagement à ses côtés pour le porter à l'Élysée. En 1974, ne déclarait-il pas : « Je suis très loin d'avoir les capacités intellectuelles du président de la République... C'est probablement sans doute pour cela qu'il est à l'Élysée » ? Au cours de nos entretiens, ce mélange ambigu de rejet, de rancune et d'admiration s'est manifesté à plusieurs reprises. Ainsi, lors de l'un d'eux, quand je le relance.

« Il vous doit la présidence...

– Sans nul doute, répond-il. Pourquoi ? Parce que je pensais qu'il était le meilleur. Après quoi, j'ai changé d'avis...

– Le meilleur dans l'absolu, ou le meilleur pour battre la gauche ?

– C'était un homme dont l'intelligence séduisait. Cela ne fait aucun doute. Un homme très brillant, mais qui raisonnait faux, et qui n'incarnait pas la France, contrairement au père de Gaulle, contrairement à Pompidou, et contrairement – je vais vous surprendre – à Mitterrand... »

20.

À l'assaut de l'hôtel de ville de Paris

Il n'est pas dans la nature de Jacques Chirac de demeurer inactif. Tant qu'il est resté en fonctions rue de Varenne, et malgré ses frustrations, il a respecté l'esprit de la Ve République qui fait du président la clé de voûte du système. Son départ de Matignon l'a libéré des réserves qu'il s'était imposées. Le temps de la conquête est arrivé. Avec, pour commencer, un discours-programme en Corrèze où il va récupérer son mandat de député. Il entreprend également de transformer et rajeunir le parti gaulliste pour en faire une machine de guerre contre François Mitterrand et la gauche, mais aussi – et surtout ? – contre Giscard et l'UDF. Avec, comme on va le voir, un programme qui va fluctuer au gré de ses conseillers de l'heure et de leur poids respectif.

Le 3 octobre 1976, il prononce le désormais fameux discours d'Egletons, discours réformiste qui se termine par : « Le grand rassemblement auquel je vous convie [...] devra allier la défense des valeurs essentielles du gaullisme aux aspirations d'un véritable travaillisme à la française. » Ce n'est pas le mot « rassemblement » qui retient l'attention, mais celui de « travaillisme » qui ne figurait pas dans le discours initial écrit et relu à Paris. L'arrivée inopinée de ce terme sur les lèvres de Jacques Chirac traduit le peu d'intérêt qu'il porte au choix des mots pendant sa longue période de conquête du pouvoir. Bernard Billaud relève ainsi que Chirac considère « que les mots et les idées n'ont pas de valeur intrinsèque, mais qu'ils sont des moyens dont on use avec plus ou moins d'habileté pour la conquête du pouvoir ». Il est plus préoccupé par l'organisation de son parti comme par celle des campagnes électorales, par le travail de séduction des électeurs, par l'intérêt qu'il voudrait porter à chacun d'eux, que par la doctrine qu'il défend et les vocables qui l'expriment.

Tout en gardant à ses côtés Marie-France Garaud et Pierre Juillet, ultra-conservateurs, il y appelle aussi deux réformistes, Jérôme Monod et Alain Juppé, qui faisaient partie de son cabinet à Matignon. Le premier, protestant austère mais esprit ouvert, ancien délégué à l'Aménagement du territoire, a été son directeur de cabinet rue de Varenne ; il va en faire le secrétaire général du nouveau parti gaulliste. Le second sera chargé des études au sein de la nouvelle organisation.

C'est donc ce dernier qui prépare le discours que Jacques Chirac va prononcer à Egletons chez Charles Spinasse, l'ancien ministre de l'Économie et des Finances du Front populaire, qui ne lui ménage pas son soutien depuis son débarquement en Corrèze. Discours certes relu par les conseillers conservateurs, mais qui a gardé des accents réformistes en prônant notamment un impôt sur la fortune. Il ne contient pas, en revanche, la moindre référence au « travaillisme ». C'est le 2 octobre au soir, au domicile de Spinasse, que Chirac, en compagnie de Charles Pasqua, fait relire son texte au compagnon de Léon Blum. Lequel suggère que « ça paraisse plus à gauche », en parlant de « travaillisme à la française ».

Tandis que se prépare pour le 5 décembre le lancement du Rassemblement pour la République (RPR), qui doit se dérouler à la porte de Versailles, Giscard a décidé que Michel d'Ornano, maire de Deauville et ministre de l'Industrie, serait le premier maire élu de Paris, fonction qui, compte tenu du nouveau statut de la capitale, devient un poste clé de la République. Sondages en main, le président est convaincu que ces élections ne seront qu'une formalité. Le 12 novembre 1976, sur le perron de l'Élysée, Michel d'Ornano annonce donc sa candidature. C'est, pour les gaullistes, une déclaration de guerre, puisqu'ils avaient déjà entériné le principe de la candidature giscardienne de Pierre-Christian Taittinger. Quarante-huit heures plus tard, Chirac retrouve son siège de député de Corrèze. Quand, les jours suivants, Marie-France Garaud évoque devant lui l'éventualité de sa candidature à la mairie de Paris, il fait la grimace...

Le 5 décembre, le RPR est né. Jacques Chirac fait un triomphe devant 50 000 militants exaltés. La machine de guerre est prête. Début janvier 1977, au 32ᵉ étage de la tour Montparnasse, siège du RPR, la candidature de Chirac à la mairie de la capitale fait l'unanimité de l'état-major du parti. Seul problème : il ne doit pas apparaître comme un diviseur de la majorité. Le 18 janvier, il prévient Raymond Barre, Premier ministre, qu'il va se présenter pour ne pas risquer de laisser Paris tomber entre les mains des socialo-communistes. Le lendemain, il annonce sa candidature au « 20 heures » en recourant à une rhétorique bonaparto-gaulliste, faisant comme si la capitale, assaillie par les contre-révolutionnaires, les uhlans, voire les soviets, était sur le point de tomber : « Je viens dans la capitale de la France parce que, dans notre histoire, depuis la Révolution de 1789, chaque fois que Paris est tombé, la France a été vaincue ! » S'il attaque, comme d'habitude, les « collectivistes », quand il stigmatise les « combinaisons florentines », tout le monde comprend qu'il vise Giscard. Sa campagne sera sans pitié. Tous les coups seront permis.

Aujourd'hui arbitre suprême, sa mémoire a laissé sombrer dans l'oubli les coups qu'il a alors assénés au clan giscardien.

« Je n'avais pas du tout l'ambition de devenir maire de Paris, mais c'était la confusion la plus totale ! Les gaullistes parisiens étaient tous en train de se bouffer le nez. Christian de La Malène, Gabriel Kaspereit, Pierre Bas étaient tous candidats. Donc, on allait se planter ! Avec Marie-France Garaud et Pierre Juillet nous avons estimé que la seule solution était que je me présente. J'ai poussé un coup de gueule, j'ai dit avoir décidé y d'aller, et que ceux qui veulent me suivent ! J'ai donc été candidat.

« Giscard soutenait d'Ornano qu'il avait investi de sa superbe sur le perron de l'Élysée. J'ai dit : ce n'est pas possible, on ne désigne pas comme ça le maire de Paris ! Quand Giscard a vu que ça ne tournait pas bien, il a essayé de convaincre Edgar Faure d'être candidat. Edgar Faure, quand il y avait un palais national à portée, était toujours tenté... J'étais très ami avec Edgar et Lucie Faure. Je me souviens de ce jour où j'ai reçu un coup de téléphone de Lucie à 11 heures du soir : "Jacques, est-ce que vous pouvez venir tout de suite, voir Edgar en même temps que moi, à l'hôtel de Lassay ? C'est important." À l'époque, j'étais ministre...

– Non, vous n'étiez plus rien...

– Ah bon, je n'étais plus rien ? J'arrive donc. Lucie est dans tous ses états. Edgar se tient tête basse dans son fauteuil. Et Lucie de lui ordonner : "Voilà, tu vas dire sur l'honneur à Jacques que tu ne te présenteras pas à la mairie de Paris..."

« Il avait en réalité quasiment accepté la demande de Giscard. Et Edgar a fait la déclaration solennelle exigée par Lucie. Edgar Faure était un type merveilleux...

« Je me suis présenté à la mairie de Paris non par ambition d'être patron de la capitale. Je n'avais aucune idée de ce que ça représentait. Mais, cette fois, le désastre se préparait, avec par-dessus le marché l'arrogance de Giscard, et là, je me suis dit : "Ce n'est pas possible !" »

Ses discours d'alors sont d'une surprenante brutalité. Après plus de vingt heures d'entretiens avec le président de la République, je ne peux m'empêcher de me poser des questions sur son évolution depuis pareilles diatribes. Ainsi de celle qu'il prononça porte de Pantin, le 11 février 1977, où il s'en prit à ceux qui en voulaient à la liberté de l'enseignement, avant de stigmatiser sauvagement la IVᵉ République qui était allée chercher sa légitimité « chez les Américains et les Allemands », ainsi que les « politiciens de rencontre qui ont alors déshonoré la France ». Puis, oubliant son ami Charles Spinasse, il s'en prend à Léon Blum et aux socialistes d'avoir, en 1936, laissé le champ libre aux fascistes et aux nazis en refusant l'intervention armée de la France aux côtés des républicains espagnols. Ses conseillers avaient tenté – sans succès – de l'empêcher de prononcer cette phrase[1]. Là, Jacques Chirac avait laissé parler en lui l'admirateur de Malraux, en oubliant toutefois que l'attitude de Blum n'avait pas été aussi caricaturale, puisqu'il avait encouragé Pierre Cot, Gaston Cusin et Jean Moulin à acheminer clandestinement armes et avions aux républicains espagnols[2]. À l'instar de son père, Jacques Chirac a toujours été un chaud partisan des brigadistes, et, comme on l'a vu, il leur conférera le statut d'anciens combattants.

Si, dans ses interventions publiques, il donne alors l'impression de taper sur tout ce qui bouge, à tous les observateurs qui ne trouvent pas les mots pour définir son alchimie de campagne il montre en revanche qu'il est un animal politique hors du commun. Il goûte le contact avec les gens, se plaît à leur serrer la main, à les embrasser, et, au-delà des mots qu'il prononce, les gens sentent qu'il les aime. Bernard Billaud décrit bien de ce phénomène : « Je ne sache pas qu'en tournée électorale, Jacques Chirac ait jamais été

---

1. *L'Autre Chirac, op. cit.*
2. Lire à ce sujet, Pierre Péan, *Vies et morts de Jean Moulin*, Fayard, 1998.

l'objet de brocards, encore moins de propos hostiles ou malveillants. La sympathie qu'il sollicite lui est très largement accordée, et on s'interdirait de rien comprendre à la persistance de ce phénomène si l'on n'admet pas l'absolue sincérité de celui qui ainsi se donne. De cela les êtres qu'il côtoie sont persuadés et c'est ce qui explique que le charme n'ait jamais cessé d'opérer. Dès lors, peu importe que Jacques Chirac soit un piètre orateur et qu'il n'ait guère les talents du verbe susceptibles de soulever une foule. Il arrive à ses fins par d'autres moyens qui mettent en jeu plus profondément sa personnalité la plus secrète et aussi la plus énigmatique : cette capacité de conquérir et de séduire par les moyens d'une transparence aussi peu contestable, lorsqu'il se dépense sur le terrain, qu'elle est douteuse, sinon absente, dans le cours du combat politique ordinaire[1]. »

Jean-François Probst, qui s'occupe alors de sa communication, livre[2] une anecdote datant de la fin janvier 1977 et qui illustre bien un des aspects de la méthode Chirac en campagne. Il est midi, plusieurs DS reviennent d'une visite de quartier et d'un marché du XVe arrondissement ; elles foncent conduire Chirac et son entourage à un déjeuner du Syndicat de la presse quotidienne régionale. Le premier véhicule, dans lequel Chirac a pris place, s'arrête brusquement devant la tour Eiffel. Probst, qui est dans le second en compagnie de Jérôme Monod, observe d'un œil surpris la scène.

« Nous voyons Chirac se précipiter à grandes enjambées vers une marchande ambulante de marrons, emmitouflée derrière sa minuscule échoppe. Comme les journalistes, nous sommes persuadés que "Fend-la-bise" (un des surnoms de Chirac) a un petit creux, ou une brusque envie de croquer des marrons. Pas du tout : il est parti à la pêche à l'électeur. Nous l'écoutons religieusement.

---

1. *L'Autre Chirac, op. cit.*
2. Jean-François Probst, *Chirac et dépendances*, Ramsay, 2002.

« Bonjour madame, je suis Jacques Chirac, candidat à la mairie.

– Bonjour monsieur, je suis corrézienne.

– Enchanté, enchanté, chère madame ! Ça va, les affaires marchent ?

– Pas du tout.

– Que se passe-t-il ?

– On m'ennuie.

– Mais qui donc vous ennuie, madame ?

– La police, monsieur. Ils n'arrêtent pas de m'embêter pour des histoires de papiers, de patente.

– Attendez-moi une seconde, madame, je vais téléphoner au préfet.

« Sitôt dit, sitôt fait. Cinq minutes plus tard, le futur maire de Paris déclenche un véritable plan Orsec. De son téléphone de voiture – un radio-com 2000, en ce temps-là –, il passe un savon au préfet de police : les services préfectoraux persécutent une des amies corréziennes de Jacques Chirac, une marchande de marrons installée sous la tour Eiffel ! Dix minutes plus tard, le commissaire de police du "Gros Caillou" rapplique et se confond en excuses. Il promet à la marchande de marrons qu'elle ne verra plus l'ombre d'un képi. Ravie, la dame remercie son bienfaiteur et votera désormais les yeux fermés pour Chirac et le RPR. De surcroît, l'anecdote fera le tour de la Corrèze. Le candidat a passé vingt minutes avec la marchande à laquelle il a laissé de surcroît un billet de 50 francs pour ses marrons. »

Jacques Chirac est élu à l'Hôtel de Ville le 22 mars 1977. Le voici désormais installé dans une véritable place forte, à la tête de 15 milliards de budget et de 36 000 fonctionnaires. « Il a fait de la mairie de Paris le plus puissant instrument d'influence politique », commente Raymond Barre. Il dispose des moyens de ses ambitions, lesquelles sont désormais présidentielles.

Appel aux souvenirs du président.

« Vous avez recréé le parti gaulliste et vous prenez la mairie de Paris. J'ai du mal à imaginer que vous ne pensiez pas déjà à la présidence ?

Long silence.

– Je ne saurais quoi vous répondre là-dessus… Probablement, probablement… »

Contre toute attente, grâce au RPR, la droite gagne les élections législatives, et le RPR devance l'UDF. C'en est fini du rêve de Giscard et de « Ponia » qui voulaient casser le parti « des copains et des coquins ». Le vrai patron de la majorité est désormais le maire de Paris qui, dans son programme, avait affiché son antilibéralisme, sa préférence pour une « Europe fondée sur le fait national », son attachement au « progrès social », et avait retrouvé les accents du gaullisme social.

Le 26 novembre 1978, la voiture de Jacques Chirac dérape sur une route verglacée en Corrèze. Fractures de la colonne vertébrale et du fémur. Il souffre énormément. Il est finalement transporté à l'hôpital Cochin où Pierre Juillet, le 6 décembre, lui fait approuver une diatribe contre l'Europe et une charge violente contre Giscard. Avec cette formule terrible : « Comme toujours, quand il s'agit de l'abaissement de la France, le parti de l'étranger est à l'œuvre, avec sa voix paisible et rassurante. » L'effet de *l'Appel de Cochin* est désastreux pour Chirac que le président traite d'« agité ».

Pierre Juillet a-t-il abusé de l'état du blessé ? Plusieurs thèses courent, en réponse à cette question. Depuis le début, Bernadette Chirac déclare que son mari venait d'être opéré, qu'il était fiévreux et qu'on lui a forcé la main. Longtemps Jacques Chirac a reconnu avoir lu le discours préparé, ajoutant qu'il s'était promis d'en retrancher une phrase, puis qu'il avait fait une « connerie ».

Et aujourd'hui ?

« Ce n'est pas l'épisode le plus brillant de ma carrière, convient-il. La vérité, c'est que c'est Juillet qui l'avait écrit. Je m'étais pété la cuisse, j'avais une fracture de la colonne vertébrale. Les chirurgiens avaient beaucoup hésité à opérer soit la jambe, soit la colonne ; ils ne pouvaient faire les deux… Finalement, ils avaient décidé de m'opérer la jambe. Du coup, j'étais dans un corset, la jambe dans le plâtre, et je n'étais pas au mieux de ma forme ! Je souffrais beaucoup, et je ne l'ai donc pas lu.

– Vous traînez encore cet Appel de Cochin comme un boulet…

– Ça oui ! »

À l'occasion des européennes, sous l'influence de Pierre Juillet, Marie-France Garaud et Charles Pasqua, Chirac va faire campagne, vent debout, contre l'Europe. « Cette Europe mollusque et sans corps véritable, nous ne l'accepterons jamais ! » s'exclame-t-il sur tous les tons. Les résultats sont catastrophiques. Avec Simone Veil à sa tête, la liste giscardienne arrive en tête alors que celle du RPR n'est que quatrième. L'effet de la victoire aux législatives est annulé.

Le soir du scrutin, le maire de Paris convoque Marie-France Garaud pour le lendemain matin afin de la congédier. Elle prend les devants et s'en va d'elle-même, à l'instar de Pierre Juillet. Le président se souvient.

« Il était dans la nature des choses que je prenne mon indépendance, notamment au regard d'un problème essentiel sur lequel nous avons divergé rapidement : le problème européen. L'un comme l'autre étaient anti-européens, alors que moi, j'étais pour une certaine idée de l'Europe. Petit à petit, on s'est donc perdus de vue. Entre nous, ç'a été terminé… Ils m'en ont voulu. »

Cette façon de présenter leur divorce confirme *a contrario* le poids déterminant qu'avaient eu jusque-là ses deux conseillers.

À la mi-1979, l'ascension de Jacques Chirac, âgé de 46 ans, semble terminée. Les Français ont alors une très mauvaise image de lui. Un sondage publié par *L'Express* une quinzaine de jours avant les élections européennes montre qu'ils le trouvent ambitieux, autoritaire ; surtout, 51 % estiment qu'il ne ferait pas un bon président de la République.

Il lui reste néanmoins un parti et la mairie de la capitale où, loin des questions de programme ou d'idéologie, il s'emploie à aider les Parisiens. Car, s'il est un guerrier politique, il n'a pas perdu pour autant son goût des autres. L'expression dût-elle surprendre, il y a chez lui un « appétit de servir », comme il a tenté de me le dire, conscient que son propos pouvait paraître à beaucoup difficilement crédible. Après lui avoir tendu la perche en l'interrogeant sur cet « appétit d'autrui », l'un des moteurs de son engagement politique, il laissa planer un très long silence avant de répondre.

« C'est un peu ridicule à dire, mais, d'une façon ou d'une autre, oui, c'est servir. Je le dis avec modération, mais je crois que chacun doit essayer de servir à la place qu'il occupe. Ce doit être ça : j'ai toujours voulu servir. Quand j'étais militaire, j'ai souhaité servir. En différentes circonstances, j'ai essayé de servir. En politique, on a des satisfactions, des enthousiasmes, mais, en définitive, on se plaît à servir. J'ai servi ma circonscription corrézienne, j'ai essayé de faire des choses pour servir Paris. Pas des choses extraordinaires, mais enfin : la seconde fois, si j'ai gagné dans tous les arrondissements, ça veut dire que les gens n'étaient pas si mécontents... »

21.

Le fameux dîner Chirac-Mitterrand

Un riche laboureur, sentant sa mort prochaine
Fit venir ses enfants, leur parla sans témoins...

LA FONTAINE

Valéry Giscard d'Estaing qui, un quart de siècle après avoir été vaincu par François Mitterrand, n'a toujours pas digéré sa défaite, l'impute à Jacques Chirac et vient enfin d'apporter, dans le troisième tome de ses mémoires[1], la preuve du complot ourdi contre lui. Une preuve que lui aurait offerte François Mitterrand vingt-six jours avant de mourir. « Il faut nous débarrasser de Giscard ! » aurait déclaré, Jacques Chirac à François Mitterrand au cours d'un tête-à-tête entre les deux hommes, à l'issue d'un dîner avec Edith Cresson en octobre 1980.

Laissons donc courir la plume de Giscard telle qu'il prétend l'avoir laissée filer sur la page blanche au soir du

---

1. Valéry Giscard d'Estaing, *Le Pouvoir et la Vie. Choisir*, Compagnie 12, 2006.

15 décembre 1995, après sa rencontre, rue Frédéric-Leplay, avec un Mitterrand quasi agonisant.

« … Ma voiture s'est arrêtée au bord du large trottoir et je me suis avancé vers la porte de l'immeuble. À mon étonnement, François Mitterrand, très fatigué, soutenu par un infirmier, est venu m'attendre dans l'antichambre de l'immeuble. Il a tenu sans doute à se conformer à l'usage qui veut qu'on vienne accueillir un chef d'État, ou un ancien chef d'État, à l'entrée de son domicile, car il est très attaché au respect de certaines règles. Il avait été prévenu par téléphone de l'imminence de mon arrivée. Nous montons tous les deux par l'ascenseur qui contient difficilement plus de deux personnes. »

L'infirmier les ayant rejoints par l'escalier, François Mitterrand l'interroge : « Est-ce que nous descendons ? »

« Pas de réponse de l'infirmier, qui le guide vers la porte de l'appartement. Il s'efface pour me laisser passer, reprend VGE. Dans son bureau, qui me paraît être aussi sa chambre, il s'installe dans un fauteuil bas qui a l'allure d'un fauteuil de repos médical, où il s'allonge à moitié. »

Avant de poursuivre la lecture de ce témoignage, arrêtons-nous quelques instants sur la mise en scène de la révélation mitterrandienne telle que la propose Giscard. Christiane Dufour, une des secrétaires de François Mitterrand, qui travaillait alors rue Frédéric-Leplay, a des souvenirs qui ne coïncident pas du tout avec ceux du mémorialiste : « C'est moi qui lui ai ouvert la porte et l'ai d'abord fait monter dans mon bureau. Il est resté avec moi une dizaine de minutes et je l'ai introduit ensuite dans le bureau de François Mitterrand. Les deux anciens présidents sont restés en tête à tête. » Parole contre parole.

Mais il est malséant de couper la parole à un ancien président. Reprenons donc : Giscard est dans le bureau de François Mitterrand après y avoir été conduit par ce dernier… ou par Christiane Dufour. Il s'enquiert d'abord de l'état de santé du malade, l'interroge ensuite sur ses activités. « J'écris, me dit-il. Je viens de terminer un livre de cent vingt pages. Il est chez l'éditeur.

– Ce sont vos souvenirs de la présidence ?

– Non, juste avant. La période qui a précédé mon élection.

« J'imagine qu'il fait allusion aux années 1980 et 1981, et à la campagne électorale. »

Nouvelle pause. L'éditeur de François Mitterrand est alors Odile Jacob. Quelques jours avant son ultime voyage en Égypte, François Mitterrand lui a effectivement remis un manuscrit rédigé par lui à partir d'entretiens avec Georges-Marc Benamou et qui sera publié en 1997 sous le titre *Mémoires interrompus*[1]. Ce livre compte 246 pages et traite de sa vie entre le moment où il fut blessé et fait prisonnier, en juin 1940, jusqu'au Congrès d'Épinay du Parti socialiste, en 1971.

À l'occasion de ces quelques échanges sur leurs activités littéraires, Giscard indique que lui aussi rédige le troisième tome de ses mémoires, et qu'il aimerait bien lui poser une question sur le dîner qu'il a partagé en octobre 1980 avec Jacques Chirac, chez Edith Cresson. Selon le narrateur, François Mitterrand accepte « bien volontiers ». Giscard lui demande alors si c'est lui qui en a pris l'initiative :

« Non ! Ce n'est pas moi. C'est Chirac. D'ailleurs, je ne croyais pas qu'une telle rencontre soit possible. Je n'avais pas envie de tomber dans un piège. J'ai commencé par refuser, mais il a beaucoup insisté, et j'ai fini par accepter.

– Ceux qui ont écrit à propos de ce dîner, comme Franz-Olivier Giesbert, disent que vous avez eu une conversation de vingt minutes en tête à tête avec Chirac. Je comprendrais que vous refusiez de m'en parler. Mais pouvez-vous me dire ce dont vous avez parlé ?

---

1. Odile Jacob, 1996.

– Cela ne me gêne pas du tout, me répond François Mitterrand. Le dîner a été très ennuyeux. Quand il a été terminé, Jacques Chirac a dit qu'il souhaitait me parler seul à seul. Edith Cresson nous a conduits dans une pièce à côté dont elle a refermé la porte. Nous sommes restés seuls. Je ne me souviens pas des paroles exactes, mais le sens du message de Jacques Chirac était très clair : "Il faut nous débarrasser de Giscard !" J'en ai été très surpris. »

VGE lui ayant demandé s'il savait ce qui avait motivé une pareille démarche, François Mitterrand sourit, l'air de « jouer avec ce souvenir ». Puis il précise.

« Il m'a répondu que vous étiez "un danger pour la France".

– C'est un peu vague. Lui avez-vous demandé de préciser la nature de ce danger ?

– Il en est resté là. Il a répété : "un danger pour la France". Et j'ai compris qu'il était absolument décidé à vous faire battre. D'ailleurs, il a tenu parole. Jusqu'en 1980, vous étiez absolument imbattable. C'est ce que je pensais. Et quand j'ai décidé de me présenter à l'automne 1980, je ne me donnais aucune chance de gagner. Je l'ai fait pour éviter la débâcle qu'aurait connue le Parti socialiste si c'était Michel Rocard qui l'avait représenté dans ce combat. Tout a basculé pour vous dans les quatre derniers mois. Jusque-là, je le répète, vous étiez imbattable. Cela tient sans doute à une manière d'être des Français. Et je n'ai été élu que grâce aux 550 000 voix que m'a apportées Jacques Chirac au deuxième tour. Vous n'avez qu'à regarder les chiffres : sans ces 550 000 voix qui ont changé de camp, je ne pouvais pas être élu...

« Et si vous voulez en savoir plus, ajoute-t-il, vous pourriez aller en parler à Edith Cresson. »

Paroles d'outre-tombe, gardées secrètes pendant dix ans alors qu'elles renferment le baume que Giscard quêtait inlassablement depuis 1981...

Giscard a-t-il suivi le conseil du mourant et est-il allé « en parler à Edith Cresson » ? C'eût été difficile : il avait déjà contacté l'ex-Premier ministre en 1994 pour tenter d'en savoir plus long sur ce fameux dîner ! Le hasard faisant parfois bien les choses, Edith Cresson a publié en 2006 son propre livre, *Histoire française*[1], très peu de temps après la parution de celui de Giscard. Elle y raconte que le 9 février 1994, dans l'avion qui conduisait une délégation française aux funérailles de Félix Houphouët-Boigny, Giscard, qui disposait d'une cabine présidentielle juste derrière celle de François Mitterrand, était venu lui parler : « Il m'a dit que, comme il rédigeait ses mémoires, il avait l'accord du président pour que je lui raconte l'entrevue entre Chirac et lui-même qui avait eu lieu chez moi avant les élections de 1981. Personnellement, j'ai toujours été en très bons termes avec Chirac – nous avions monté ensemble, avec succès, des stratégies pour mieux défendre les intérêts de la France au Parlement européen où nous avions été élus en 1979. Il m'est impossible de considérer Chirac comme un adversaire, tant il est gentil et courageux[2].

« Mais Giscard, souriant, me fixait de ce regard perçant qu'on lui connaît. L'histoire de cette entrevue secrète entre Chirac et Mitterrand avait été murmurée dans Paris. Je l'avais toujours niée. Il s'agissait en l'occurrence d'un dîner organisé par Jean de Lipkowski à mon domicile... »

Peu avant les élections de 1981, c'est ce dernier, qu'Edith Cresson connaît depuis toujours, qui lui a suggéré une telle rencontre. Ils sont convenus d'une date, et c'est ainsi que son mari, Lipkowski, Chirac, François Mitterrand et elle se retrouvent à dîner. Edith s'est occupée de la cuisine et a

---

1. Edith Cresson, *Histoire française*, Éditions du Rocher, 2006.
2. *Ibid.* Quand j'ai indiqué à Jacques Chirac qu'un livre égrenant des choses aimables sur son compte allait bientôt paraître, il m'a répondu avec un large sourire : « Il faut le censurer ! »

confié le service à Luisa, arrivée chez elle vingt ans auparavant et qui est devenue pour elle une amie.

« À l'issue du repas, Chirac et Mitterrand ont eu un très
long tête-à-tête dans le salon alors que mon mari était reparti
travailler dans sa chambre et que Jean me tenait compagnie
dans la cuisine. Après environ deux heures, nous nous
sommes de nouveau réunis, puis ils sont partis séparément.
Il est plaisant de songer à ce qu'ont pu se dire ces deux
hommes qui, l'un après l'autre, auront la charge du destin de
la France. Ce dîner a-t-il eu une influence sur le résultat des
élections ? »

À cette question, Edith Cresson répond en se disant
convaincue que Mitterrand devait les gagner : « La base du
RPR était violemment opposée à Giscard qui avait trahi
de Gaulle et, à droite, la consigne circulait de voter Mitterrand.
À partir du moment où Mitterrand et Chirac souhaitaient
avoir une entrevue et où je pouvais offrir le lieu propice, je
devais l'organiser. Indépendamment du fait que je souhaitais
la victoire du candidat socialiste, je considérais qu'il en allait
de l'intérêt de la France. »

Mais, dans l'avion présidentiel qui rentre en février 1994
de Yamoussoukro sur Paris, Giscard, en gésine de ses futurs
mémoires, attend la réponse d'Edith Cresson : « Je lui dis
donc que j'ignorais absolument ce dont il voulait parler.
Quelques minutes plus tard, je demandai à Mitterrand s'il
était vrai qu'il lui eût donné son accord pour venir m'interroger. Il répondit non, en souriant. C'était donc un coup de
bluff ! »

En confrontant ces témoignages, il est déjà loisible de
poursuivre la critique du témoignage de Giscard. Lequel, sur
le même sujet, avait déjà tenté un autre coup de bluff en
faisant tenir à François Mitterrand des propos qu'il n'avait
pas émis.

Giscard prétend par ailleurs que François Mitterrand lui
aurait affirmé que c'est Chirac qui était à l'origine de l'entre-

vue, alors qu'Edith Cresson parle d'une initiative de Jean de Lipkowski (proche à la fois de l'un et de l'autre) acceptée par les deux hommes.

Il existe d'autres raisons de mettre en doute les paroles attribuées par Valéry Giscard d'Estaing à François Mitterrand. Signalons qu'à l'époque où se tint le fameux dîner Jacques Chirac n'avait pas encore décidé d'être candidat. Sans pouvoir à l'évidence en apporter la preuve, les proches de François Mitterrand sont on ne peut plus sceptiques sur le contenu du témoignage qui lui est prêté *post mortem*. Christiane Dufour se montre la plus catégorique : « Il est impossible que François Mitterrand ait tenu à Giscard de tels propos. » Je puis ajouter qu'ayant enquêté sur les rapports entre Chirac et Mitterrand durant la période qui court de l'été 1994 au mois de mai 1995, j'ai du mal à imaginer le second donner au premier un tel coup de pied de l'âne, alors même qu'il lui avait fait parvenir de nombreux petits signes d'encouragement dans sa course à l'Élysée[1].

Last but not least, Giscard fait dire à Mitterrand : « Et je n'ai été élu que grâce aux 550 000 voix que m'a apportées Jacques Chirac au deuxième tour. Vous n'avez qu'à regarder les chiffres. Sans ces 550 000 voix qui ont changé de camp, je ne pouvais pas être élu. » Difficile de croire que François Mitterrand ait pu se livrer à une analyse aussi biaisée, lui qui était si fin politologue. Si on additionne en effet toutes les voix recueillies par la droite au premier tour (VGE, Chirac, Debré et Garaud), on arrive au score de 14,3 millions. Or, au deuxième tour, Giscard a non seulement fait le plein des voix de droite, mais il en a encore gagné quelque 300 000 pour parvenir au chiffre de 14,6 millions. Quant à François Mitterrand, non seulement il a fait le plein des voix de gauche, mais il a encore gagné 1,2 million de voix prises

1. Voir Pierre Péan, *Dernières volontés, derniers combats, dernières souffrances*, Plon, 2002, et chapitre 23 du présent ouvrage.

pour l'essentiel sur les abstentionnistes qui ont alors voté en masse. Des abstentionnistes qui, par définition, n'étaient pas des militants et étaient donc insensibles à d'éventuelles consignes de l'état-major du RPR.

Pour toutes ces raisons, je suis donc plus enclin à ajouter foi au démenti formel de Jacques Chirac qu'à la « preuve » bien tardive apportée par Giscard : « Je n'ai jamais tenu à Mitterrand les propos que Giscard met dans la bouche de Mitterrand, affirme l'actuel président. Je ne lui ai jamais dit : "Il faut que l'on se débarrasse de Giscard", c'est absolument faux ! » Et, à propos de l'histoire telle que la rapporte Edith Cresson : « La seule chose qui est excessive, ce sont les deux heures que je serais censé avoir passées avec Mitterrand. Je ne suis pas resté deux heures avec lui. Je me connais : une heure, à la rigueur. Je connais aussi Mitterrand : on n'est certes pas resté deux heures ensemble ! »

Le président revient sur ce sujet qui, manifestement, lui tient beaucoup à cœur :

« C'était un dîner pour faire connaissance, mais ce n'est pas mon genre de dire à Mitterrand que je vais le soutenir ou lui demander qu'il me débarrasse de Giscard ! Nous avons parlé tranquillement. François Mitterrand était un homme très subtil, pas le genre à me demander de le soutenir. Ce n'était pas davantage dans ma mentalité que de monter avec lui une combinaison pour faire un croche-pied à Giscard. Il n'y a pas eu de complot. Nous avons émis des considérations générales sur la France… C'est vrai que je n'avais pas d'estime pour Giscard, mais je n'allais pas pour autant prendre position contre mon propre camp. »

Si je ne crois pas que Chirac ait fait perdre Giscard en fomentant, plus de six mois avant les élections, un complot démoniaque, je suis en revanche convaincu que la lutte fratricide entre les deux hommes depuis 1976 explique pour une large part la défaite de la droite dont Giscard portait les couleurs au second tour. Auparavant, aux législatives comme aux européennes, Chirac, blessé par Giscard, n'avait pas cessé de cogner contre lui. Avant d'avoir décidé de se présenter à la présidentielle de 1981, il déclarait le 22 octobre 1980 : « Si l'on veut changer de politique, ou il faut changer de président, ou il faut que le président fasse l'effort de changer lui-même », tout en laissant ensuite entendre que la première des deux solutions avait sa préférence. Mais quand il dit « Il faut changer de président », il ne pense pas alors à François Mitterrand, mais à lui-même !...

Quelques mois plus tard, après une campagne reaganienne sur le thème de la réduction de la pression fiscale, il recueille trois millions de voix de moins que Giscard au premier tour. Au vu de ces résultats, il est conforté dans l'idée que le président sortant est cuit – ce qui ne lui cause pas un vif déplaisir ! – et qu'il n'est donc pas la peine de se mouiller ni de mouiller un RPR remonté comme une pendule contre Giscard, alors même qu'il va falloir le mobiliser pour les prochaines législatives qu'il croit pouvoir remporter. Malgré les conseils pressants d'Édouard Balladur – le nouveau conseiller qui a pris la place du couple Juillet-Garaud –, il refuse donc de faire une déclaration appuyée en faveur de Giscard : « Il n'y a pas lieu à désistement, observe-t-il. Le 10 mai, chacun devra voter selon sa conscience. À titre personnel, je ne puis que voter Valéry Giscard d'Estaing. » Un engagement minimal qui sera interprété par beaucoup de militants RPR comme une autorisation à voter Mitterrand.

Malgré l'invitation pressante de Giscard à participer à un grand meeting à Pantin, Chirac se dérobe. A-t-il pour autant donné des consignes de vote précises au RPR ? Je ne le crois pas. Il a sermonné le gaulliste de gauche Philippe Dechartre quand il a appris que ce dernier avait envoyé aux militants une lettre les exhortant à apporter leurs suffrages à Mitterrand. Il n'a rien fait, en revanche, pour empêcher les Charles Pasqua (responsable de l'organisation de sa campagne), les Pons et autres membres de l'état-major du RPR de se démener pour barrer la route à Giscard en demandant aux militants de s'abstenir ou bien de voter Mitterrand.

Le président de la République reconnaît partiellement cette vérité : « Que des gens comme Dechartre et certains amis de Chaban aient tenu ces propos, c'est possible et même certain, mais ce n'est pas venu de la tête du RPR. » Il dit n'avoir donné pour sa part aucune instruction de faire voter Mitterrand, mais insiste sur « la détestation des gaullistes envers Giscard » : « Les gaullistes en avaient ras-le-bol de Giscard, mais il est faux de dire qu'il y a eu un complot destiné à le faire battre. » Cette détestation, lui-même la partageait et elle lui faisait sans doute souhaiter secrètement la victoire du candidat de gauche, ainsi qu'il le confia à Michel Junot[1].

Le passé ne se recompose pas, mais les ambiguïtés qui caractérisent cette période n'empêchent pas d'imaginer que Jacques Chirac avait alors parfaitement conscience que l'avenir du RPR et le sien seraient plus favorables si Mitterrand était élu, ainsi que le soulignera plus tard Philippe Séguin[2]. Et qu'après la victoire de la gauche, lui-même aurait enfin le champ libre à droite. Désormais chef incontesté de l'opposition, il pourrait regarder sereinement l'avenir.

---

1. Michel Junot, *Quand les Parisiens aimaient leur maire*, Éditions de Fallois, 2006, page 220.
2. Dans *Le Jeune Loup, op. cit.*

22.

Un long face-à-face
avec François Mitterrand

De quatorze ans d'un face-à-face souvent très rude avec François Mitterrand, son successeur semble ne garder absolument aucune amertume, comme si le seul fait de lui avoir succédé avait pansé toutes ses blessures et avait gommé jusqu'au souvenir des décharges d'adrénaline qu'il avait éprouvées face à un adversaire aussi coriace. Au cours de nos entretiens, il a souvent évoqué son nom et, à chaque fois, j'ai senti percer l'admiration pour la subtilité de l'homme, sa grande intelligence, sa connaissance inégalée de l'histoire de France, mais aussi une sorte d'affection respectueuse. Exemple.

« Pendant la première cohabitation, vos relations avec François Mitterrand n'ont pas été faciles. Cela n'a pas dû être pour vous deux une partie de plaisir, chacun campant sur les limites de son domaine. Avez-vous conservé là-dessus quelques souvenirs ?

– J'ai toujours dit que j'avais une grande estime pour François Mitterrand, d'abord parce que c'était un homme très intelligent et cultivé, pas du tout comme moi...

– Disons que vous n'aviez pas la même culture...

– En effet, il s'agissait d'une culture différente, ne portant pas sur les mêmes sujets... Mais c'était un homme qui connaissait parfaitement l'histoire, notamment l'histoire de France, ce qui n'était pas mon cas, et que j'écoutais donc avec intérêt. En second lieu, contrairement à ce qui a parfois été dit par les journalistes, probablement sur la base d'informations erronées émanant de collaborateurs, jamais nous n'avons eu un accrochage quelconque, jamais on ne s'est engueulés. C'était la cohabitation. Je le voyais au moins une fois par semaine, avant le Conseil des ministres ; cela durait une demi-heure, trois-quarts d'heure. Je dis cela parce que, dans certains livres, m'a-t-on rapporté, d'aucuns prétendent qu'en telle ou telle occasion...

– Pas certains : tous les livres, toutes les télés ont parlé de votre affrontement permanent avec François Mitterrand !

– Il n'y a jamais eu d'affrontements à proprement parler...

– Sauf, quand même, ce difficile face-à-face télévisé, à la fin de votre cohabitation, quand vous lui demandez : Pouvez-vous vraiment contester ma version des choses en me regardant dans les yeux ?

– Oui, c'était à la télévision... Mais je parle de ce qui a été raconté par certains, probablement sur la base d'informations fournies par des collaborateurs, ou les miens ou les siens, selon lesquelles on aurait connu des moments de tension, des passes difficiles au cours desquelles nous nous serions affrontés. François Mitterrand a toujours été avec moi d'une courtoisie parfaite ; nous n'avons jamais eu de frictions et nous avons toujours veillé à ce qu'il en soit ainsi... Si bien qu'il est faux de dire que nos relations aient été marquées par des tensions ou des difficultés. Il y a eu probablement des problèmes, mais qui ne conduisaient pas à susciter des tensions entre nous. Moi, j'ai gardé de Mitterrand un souvenir agréable. C'était un homme vraiment malin, il essayait bien de manipuler un peu son monde, mais tous les hommes politiques sont ainsi faits, il n'y a pas d'exceptions. »

Une autre fois, on l'a vu, le président a tenu à souligner que François Mitterrand « incarnait la France » au même titre que de Gaulle et Pompidou. Je ne crois pas me laisser aller à faire de la psychologie de café du commerce en suggérant qu'il en a fait *a posteriori* un autre père spirituel à qui il rendit d'ailleurs, quelques heures après sa mort, un hommage on ne peut plus émouvant. Essayant de le faire s'exprimer sur ses heurts ou ses conflits avec lui, j'ai compris qu'il ne souhaitait pas ou ne pouvait pas en parler, ce qui revenait au même. Il n'a accepté de se confier que sur le versant positif de leurs rapports. J'entends encore, lors de notre premier entretien, l'émotion pudique que trahissaient ses mots lorsqu'il me conta comment François Mitterrand avait tenu à l'installer dans le bureau présidentiel, remis par ses soins dans l'état où il se trouvait aménagé au temps du général de Gaulle. Hubert Védrine, qui fut cinq ans durant son ministre des Affaires étrangères, témoigne aujourd'hui que le président de la République le faisait beaucoup parler de son prédécesseur à l'Élysée ; quand il avait certaines décisions importantes à prendre, il lui demandait ce que le président Mitterrand aurait pensé ou fait à sa place[1].

Durant cette longue période, Jacques Chirac, obnubilé par le personnage qui lui bouchait et lui obscurcissait l'horizon, mais toujours animé de la même impatience et de son énergie hors normes – sa marque de fabrique –, ne se faisait pas encore suffisamment confiance pour définir lui-même une stratégie solide et lisible, capable de lui permettre, à terme, d'occuper pleinement la place de ce maître en politique. Il continua de se laisser souvent ballotter par ses conseillers, en premier lieu par Édouard Balladur, mais aussi par Charles Pasqua et quelques autres un peu moins influents, comme Jacques Toubon, Alain Juppé, Michel Roussin. Ayant le

---

1. Voir la quatrième partie.

sentiment de connaître aujourd'hui un peu mieux Jacques Chirac, je me demande comment deux êtres aussi dissemblables que Balladur et lui purent si longtemps être intimes. Quand j'ai fait part de mon étonnement à ce propos au président, il m'a répondu très sobrement :

« Moi aussi… »

Puis a enchaîné sur une anecdote qui l'a beaucoup marqué, puisqu'il me l'a rapportée à deux reprises : « Après notre victoire aux législatives de 1986, Balladur et moi étions à la mairie de Paris pour former le gouvernement. Tout était fini, Édouard Balladur allait prendre, comme il le souhaitait, le ministère de l'Économie et des Finances. Je me lève pour partir quand il me dit :

– Jacques, je vous demanderais bien quelque chose.

– Demandez-moi ce que vous voulez, Édouard.

– Voilà : j'aurais été content d'être ministre d'État.

« Les bras m'en sont tombés, car, pour ma part, je ne suis pas du tout attaché à ce genre de chose.

– Écoutez, Édouard, si vous voulez être ministre d'État, c'est possible : cela a existé par le passé, il n'y a donc pas de problème.

« Il m'a dit merci.

« C'est drôle, où vont se loger les petites vanités… »

Son calcul selon lequel les Français, après avoir porté François Mitterrand à l'Élysée, rejetteraient dans la foulée la gauche aux législatives suivantes à cause de l'alliance entre socialistes et communistes, se révéla erroné. Jacques Chirac avait sous-estimé la force de la « vague rose ». Le voilà donc en 1981 avec un RPR réduit à la portion congrue. Ses 88 députés ne pèsent pas lourd à l'Assemblée face aux 285 élus socialistes et apparentés qui, à eux seuls, disposent de la majorité. Jacques Chirac est méconnaissable. Son calme contraste avec son agitation de la veille. Il endosse le costume du chef de l'opposition qui ne s'opposera pas à tout mais prendra en tout une attitude responsable. Fidèle à ses idées, il vote pour l'abrogation de la peine de mort, le 18 septembre 1981, alors que la très grande majorité de son parti se prononce contre. Lors des assises du RPR, les 23 et 24 janvier 1982, son discours-programme tourne autour de la République et de ses valeurs. Il prononce une vingtaine de fois le qualificatif « républicain ».

Est-ce parce qu'il apprend que certains socialistes songent à changer le statut de la ville de Paris, ou/et parce que son tempérament a tôt fait de reprendre le dessus ? Jacques Chirac lance des attaques frontales contre le président François Mitterrand. Claude Labbé, président du groupe RPR à l'Assemblée, va jusqu'à réclamer, le 27 avril 1982, le départ conjoint de Mitterrand et de Pierre Mauroy ! Le 23 juin, Chirac monte à la tribune soutenir la motion de censure et tient des propos blessants envers le gouvernement dont il remet en cause la légitimité. « Le socialisme à la française est un rêve en miettes ! » lance-t-il.

Une semaine plus tard, le Conseil des ministres décide l'éclatement de Paris en vingt communes de plein exercice. Mitterrand commente : « Il ne faut pas que Chirac s'étonne de ce qui lui arrive après ce qu'il m'a fait en emboîtant le pas à Labbé qui a exigé mon départ. Moi, je n'ai jamais demandé à un président régulièrement investi par le peuple de partir. Il me le paiera[1] ! » Message acheminé jusqu'au leader du RPR via Bernard Billaud qui le tenait du chef du protocole de l'Élysée[2].

Chirac, qui évalue mal les conséquences de la violence de ses attaques, prend la loi remettant en cause le statut de Paris, votée à la rentrée, comme une agression personnelle qui nourrit son ressentiment. En mars 1983, le maire de Paris tient sa revanche sur les socialistes qui ont voulu saper sa

---

1. *L'Autre Chirac, op. cit.*
2. *Ibid.*

base politique : le RPR gagne tous les arrondissements de la capitale et lamine l'opposition socialo-communiste. Il a également la satisfaction de voir l'opposition reprendre à la gauche trente et une villes de plus de 30 000 habitants, et celle-ci mettre fin à son programme économique socialiste pour renouer, après une troisième dévaluation, avec une plus grande orthodoxie.

Paradoxe de l'époque : alors que la gauche se « droitise », le chef de guerre qui lutte contre elle est de plus en plus populaire et mène à Paris une politique sociale en décalage avec ses options reaganiennes affichées. Regonflé par ses succès, recommençant à regarder plus loin, il ose envisager une victoire aux législatives de 1986. Ayant compris que François Mitterrand ne démissionnerait pas si une pareille situation se présentait, l'ami « Édouard » entreprend de réfléchir à ce cas de figure. Le 16 septembre 1983, à la une du *Monde*, Balladur évoque la possibilité d'une « cohabitation » entre un président de gauche et un Premier ministre de droite. S'il démontre que la Constitution de la Ve République rend possible une telle combinaison, il n'en demeure pas moins que cet article, rédigé par un homme du clan gaulliste, marque une rupture. C'est de ce jour que Jacques Chirac en fait son « connétable » : Balladur devient le conseiller le plus écouté du patron du RPR, au grand dam de Charles Pasqua et consorts.

Pour honorer une des promesses électorales de François Mitterrand, les socialistes ont décidé de créer un grand service public unifié et laïc de l'Éducation nationale, réservant les fonds publics à l'école publique. Mais ce projet ravive de très vieilles querelles. La guerre scolaire est rallumée, risquant une nouvelle fois de couper le pays en deux. Chirac est convaincu que, dans cette affaire, François Mitterrand continue d'en découdre avec sa propre enfance. Malgré les résistances de l'épiscopat qui essaie de négocier secrètement avec les socialistes, Jacques Chirac s'évertue à politiser le problème scolaire et à en faire un bélier contre le président et son gouvernement.

Jean-Marie Lustiger, nouvel archevêque de Paris, tente d'empêcher cette récupération. L'affaire est compliquée du fait des rapports tendus entre le cardinal et le maire de Paris. Chirac est pour l'épreuve de force, Lustiger pour que l'épiscopat négocie secrètement. Le cardinal demande à Chirac d'aller trouver Mitterrand afin de lui dire que le RPR va s'abstenir de jeter de l'huile sur le feu, ce qui l'aidera à se dégager des griffes des extrémistes de la laïcité : il y va de l'intérêt national et de la préservation de la paix civile.

S'il a refusé d'effectuer cette démarche, Jacques Chirac, dans un premier temps, a toutefois accepté de ne pas lancer les forces RPR au combat. C'est Bernard Billaud qui assure la difficile liaison entre le maire et l'archevêque de Paris, mission d'autant plus difficile qu'il partage davantage les vues du second que celles de son patron. Lustiger fait demander à Chirac de ne pas se montrer à la grande manifestation versaillaise du 4 mars 1984 en faveur de l'école privée. Billaud répond que Chirac n'ira pas. Mais celui-ci participe bel et bien à ce défilé qui rassemble quelque 800 000 personnes... Alors que l'affaire secoue la France et ne semble pas devoir retomber, le gouvernement ne fait toujours pas mine de reculer. Chirac ou pas, l'événement dépasse la simple défense de l'école libre ; il revêt pleinement une dimension politique. Le 24 juin, on compte deux millions de manifestants dans les rues de Paris ; le maire de Paris s'exhibe en tête du défilé. Un mois plus tard, Pierre Mauroy démissionne. François Mitterrand a reculé.

Qu'évoque aujourd'hui pour Jacques Chirac cet affrontement avec le président de l'époque ?

« J'ai participé à la grande manifestation de défense de l'école privée. Je me souviens de grandes bousculades... Ça ne remettait pas en cause mon attachement à la laïcité...

– Vous le referiez encore aujourd'hui ?

– Je ne sais pas. Il y avait une question de principe, mais cette manifestation était aussi organisée pour attaquer le gouvernement socialiste... »

Dans la perspective des élections législatives de 1986, le RPR fait alliance avec les centristes plutôt qu'avec le Front national, en dépit des pressions de Charles Pasqua qui, depuis quelques années, se démène en faveur d'un rapprochement avec Jean-Marie Le Pen. Quant au programme, il est ultralibéral et porte la marque d'Édouard Balladur qui entend défaire ce que les socialistes ont fait, notamment en procédant à de nombreuses privatisations. La victoire de la droite, qui porte Jacques Chirac pour la seconde fois à Matignon, est largement celle de son « connétable » qui devient le tout-puissant ministre de l'Économie et des Finances.

Pendant ces deux années de cohabitation, les deux « bêtes » politiques que sont Mitterrand et Chirac vont se livrer un combat sans merci. Le premier, dont les pouvoirs sont rognés, va utiliser les moindres recours que lui offre la Constitution pour limiter les ambitions de son Premier ministre, notamment dans le domaine international. Il va également user du verbe pour le critiquer ouvertement. Il refuse par ailleurs de signer les ordonnances sur les privatisations. Chirac menace de démissionner et est finalement obligé de renoncer à certaines réformes. « Je suis sur le cul : je viens de menacer Mitterrand de démissionner, et il s'en fout[1] ! »

Il n'empêche qu'Édouard Balladur, même s'il n'a pas réussi à faire passer l'intégralité de ses réformes, parvient à modifier du tout au tout la structure de l'économie française et à l'adapter au contexte international. Après le virage libéral accompli par la gauche en mars 1983, la France parachève sa mue et passe d'une économie dirigée à une économie libérale gouvernée par le marché. La privatisation

---

1. Jean-François Probst dans le documentaire de Patrick Rotman, *Le Vieux Lion, op. cit.*

de nombreux grands groupes a pour conséquence de faire valser la plupart des dirigeants nommés par la gauche et d'imposer un patronat dévoué au maître de la rue de Rivoli qui acquiert de ce fait une imposante stature. Un peu plus tard, la privatisation de TF1 va également bouleverser le paysage audiovisuel[1].

Après les succès de l'été, de lourds nuages s'accumulent à l'automne. Le projet de réforme de l'université proposé par Alain Devaquet fait descendre les jeunes dans la rue avec, à leur tête, un nouveau et talentueux meneur, Julien Dray, ancien trotskiste devenu socialiste. Alain Devaquet entend instaurer un filtrage à l'entrée des universités. Étudiants et lycéens (derrière David Assouline) se mobilisent par dizaines de milliers, multipliant occupations de locaux, grèves et manifestations. La tension monte. Le 28 novembre, Jacques Chirac demande aux députés de la majorité d'amender trois points contestés de la réforme concernant les droits d'inscription, la sélection, le caractère national des diplômes. Mais le Premier ministre ne parvient pas à calmer les étudiants. Le 4 décembre, une manifestation monstre rassemble quelque 500 000 personnes et se termine sur l'esplanade des Invalides par des affrontements très sévères au cours desquels on relève plusieurs blessés graves. Le lendemain, nouvelles violences. Le soir, un jeune étudiant, Malik Oussekine, meurt après avoir été tabassé par des « voltigeurs » (des policiers à moto, armés de longs bâtons, qui ratissent les rues). Le 6 décembre, Alain Devaquet présente sa démission. Jacques Chirac, rentré précipitamment de Londres, rencontre le soir même le président de la République. À l'issue de cet entretien, Mitterrand déclare : « La cohésion nationale doit passer avant toute chose. Je donnerai tort, et le pays avec moi, à quiconque usera de la violence. »

---

1. Lire à ce sujet Pierre Péan et Christophe Nick, *TF1, un pouvoir*, Fayard, 1997.

Le 8 décembre, le Premier ministre retire le projet de réforme.

Pendant de l'affaire de l'école privée qui ébranla le premier septennat de François Mitterrand, celle de la réforme Devaquet plombe sérieusement le gouvernement Chirac et vaut une vindicte particulière à Charles Pasqua, ministre de l'Intérieur, le « grand méchant » de l'équipe.

Le gouvernement est également confronté à un problème qui, sans être nouveau, tend à prendre une dimension dramatique : le terrorisme. Trois bombes ont explosé dans Paris en février 1986. Michel Seurat, un otage enlevé à Beyrouth en mai 1985 avec Jean-Paul Kauffmann, meurt durant sa captivité. Une équipe d'Antenne 2 est enlevée à Beyrouth le 8 mars. Une bombe explose à bord du TGV Paris-Lyon le 17 mars. Le 20, un attentat perpétré sur les Champs-Élysées fait deux morts et huit blessés. Camille Sontag est enlevé à Beyrouth le 7 mai. Le 9 juillet, Action directe fait exploser une bombe à la préfecture de police : un mort et 22 blessés. Du 4 au 17 septembre, une série d'attentats perpétrés dans Paris fait 11 morts et plus de 150 blessés. Le 24 septembre, Marcel Coudari est enlevé à Beyrouth. Le 17 novembre, Georges Besse, président de Renault, est abattu par Action directe. Le 13 janvier 1987, le journaliste Roger Auque est enlevé à Beyrouth. Le 8 novembre, quatre passagers belges d'un bateau de plaisance, le *Silco*, ont été enlevés par le Fatah – Conseil révolutionnaire d'Abou Nidal…

À part celles d'Action directe, ces menées terroristes s'inscrivent dans une guerre secrète entre la France et l'Iran[1], qui s'est radicalisée en raison de l'aide militaire apportée à l'Irak par la France alors que Bagdad et Téhéran, sont en guerre. C'est Charles Pasqua qui va, sur ce dossier, prendre le pas sur Jean-Bernard Raymond, ministre des Affaires

---

1. Lire à ce sujet Pierre Péan, *La Menace*, Fayard, 1987.

étrangères, et qui va gérer les relations délicates entre Paris
et Téhéran, avec le concours de Jean-Charles Marchiani dans
le rôle d'émissaire secret, après la rupture, le 17 juillet 1987,
des relations diplomatiques entre les deux capitales. À
l'origine de cette crise, le refus de Walid Gordji, interprète à
l'ambassade iranienne à Paris, de se présenter devant la
justice française alors qu'il est soupçonné d'avoir joué un
rôle dans certains attentats perpétrés dans la capitale.
Jacques Chirac ne sera pas tenu au courant de toutes les tractations secrètes menées par Marchiani avec les Iraniens et
leurs hommes au Liban, en Syrie et au Sénégal, en vue de
libérer les otages français retenus au Liban. Alain Marsaud
qui, en tant que chef de la section antiterroriste du parquet de
Paris, suivait alors ces questions, a confié à Éric Zemmour[1] :
« On croyait que ces affaires se géraient au plus haut niveau
de l'État, alors qu'elles n'étaient gérées nulle part, sans
vision, par à-coups. » Cette méconnaissance du dossier des
relations secrètes avec Téhéran coûtera cher à Jacques Chirac quand il se retrouvera face à François Mitterrand, le 28
avril 1988, dans un duel télévisé, après avoir fait un piètre
score au premier tour de l'élection présidentielle (19,94 %
contre 34,09 % à son adversaire). Tous les analystes ont vu
là le tournant de la campagne.

À propos de la libération de l'interprète iranien,
Mitterrand lance devant les caméras à Chirac : « ... Je suis
obligé de dire que je me souviens des conditions dans
lesquelles vous avez renvoyé en Iran M. Gordji après m'avoir
expliqué, à moi, dans mon bureau, que son dossier était écra-
sant, et que sa complicité était démontrée dans les assassinats
qui avaient ensanglanté Paris à la fin de 1986. Voilà pourquoi
je trouve indigne de vous l'ensemble de ces insinuations [sur

1. *L'homme qui ne s'aimait pas*, op. cit.

l'amnistie accordée à des terroristes alors que la gauche était encore au pouvoir]. »

Riposte de Chirac : « … Est-ce que vous pouvez dire, en me regardant dans les yeux, que je vous ai dit que nous avions les preuves que Gordji était coupable de complicité ou d'action dans les actes précédents, alors que je vous ai toujours dit que cette affaire était du seul ressort du juge, que je n'arrivais pas à savoir […] ce qu'il y avait dans ce dossier, et que, par conséquent, il n'était pas possible de dire si, véritablement, Gordji était ou non impliqué dans cette affaire ? Et le juge, en bout de course, a dit que non […]. Pouvez-vous vraiment contester ma version des choses en me regardant dans les yeux ? »

Mitterrand : « Dans les yeux, je la conteste ! Lorsque Gordji a été arrêté et lorsque s'est déroulée cette affaire de blocus de l'ambassade, avec ses conséquences à Téhéran, c'est parce que le gouvernement nous avait apporté ce que nous pensions être suffisamment sérieux : comme quoi il était un des inspirateurs du terrorisme de la fin 1986. »

Les deux hommes étaient probablement sincères. L'un, Chirac, « n'était au courant de rien. Quand Mitterrand le mouche, il est perdu, mais de bonne foi », explique l'ex-juge Marsaud. Quant à l'autre, Mitterrand, il avait été tenu au courant par Gilles Ménage, lequel rencontrait assidûment les juges Marsaud et Boulouque qui suivaient l'affaire.

La libération des otages (Marcel Carton, Marcel Fontaine, Jean-Paul Kauffmann), le 4 mai, soit quatre jours avant le second tour de la présidentielle, n'efface pas la contre-performance de Jacques Chirac qui n'obtient que 45,98 % des voix. Pas étonnant que cette affaire des otages lui ait laissé un bien mauvais souvenir.

« Connaissiez-vous, dès cette époque, le rôle de Marchiani dans cette histoire ?

– Depuis cette époque, je n'ai cessé de dire à Pasqua qu'il n'était pas fréquentable et qu'il racontait des bobards. J'ai pu

vérifier que dans toutes les histoires d'otages où il s'est attribué un rôle, c'était largement bidon. J'ai eu un grand tort
dans ma vie. Un jour, Pasqua m'a demandé comme un
service personnel de nommer Marchiani préfet du Var. Je me
suis laissé faire, et je le regrette.

– J'ai travaillé sur cette affaire des otages[1]. Je suis
persuadé qu'il vous a mené en bateau...

– Absolument... En fait, il ne m'a pas mené bien loin, car
je ne l'ai jamais cru... Tout ce qu'il a raconté sur les otages
était dépourvu du moindre fondement. Mais il avait le génie
de l'esbrouffe... Lorsque deux pilotes français ont été abattus en Serbie à l'automne 1995, j'ai téléphoné à cet affreux
de Milosevic. J'ai tout fait pour les libérer. On a monté une
opération. Marchiani, de son côté, s'agitait déjà. Finalement,
j'obtiens de Milosevic qu'il nous restitue les deux pilotes.
Milosevic exige néanmoins qu'ils soient rendus à un militaire de haut rang. J'accepte que ce soit le chef d'état-major,
en grand uniforme. Lequel part à bord d'un avion du GLAM
pour récupérer les deux détenus. Qui trouve-t-il, débarqué
juste avant lui sur le tarmac ? Marchiani !

– Il a réalisé la même opération avec Kauffmann : ce n'est
pas lui qui l'a libéré...

– Je sais bien que ce n'est pas lui qui a libéré Kauffmann !

– C'est le cheikh Zein, à Dakar, qui a tout organisé, et
Marchiani ne s'est manifesté qu'à la fin...

– Oui, absolument, c'est tout à fait exact. Dans l'affaire
des otages, Pasqua était pendu à mon téléphone. Vingt fois,
cinquante fois, cent fois je lui ai répété que ce Marchiani
disait n'importe quoi, que tout ce qu'il racontait était faux.
En plus, Marchiani réclamait sans cesse de l'argent – que je
ne lui donnais pas. Pasqua, lui, voulait que je prélève sur les
fonds spéciaux de Matignon pour payer Marchiani... »

---

1. Dans trois enquêtes : Pierre Péan, *La Menace*, *op. cit.* ; *Vol UT 772*, Stock,
1992 ; *Manipulations africaines*, Plon, 2001.

Entre les deux tours de l'élection présidentielle, Jacques Chirac fait également l'objet de fortes pressions d'Édouard Balladur et de Charles Pasqua pour conclure un accord politique avec Jean-Marie Le Pen qui a obtenu 14,39 % des voix au premier tour. Sujet où l'on revoit le « Chirac intime » refuser absolument de se laisser influencer par ses deux principaux conseillers, devenus pourtant les deux hommes forts du gouvernement de cohabitation.

Quand, en avril 1985, François Mitterrand a décidé d'abandonner le scrutin majoritaire pour la proportionnelle, Jacques Chirac est entré dans une forte colère contre le président qui, estimait-il, faisait ainsi la courte échelle à Le Pen et au Front national, objet majeur de sa détestation. Le 22 juin, il expliquait ainsi à Franz-Olivier Giesbert qu'il ne fallait pas « jouer au con », ajoutant : « C'est l'un de ces moments historiques où la petite graine du racisme qui existe dans le cœur des hommes peut prendre [...]. Il y a une chose qui me ferait prendre les armes et descendre dans la rue : c'est le racisme[1]. » Voilà en tout cas un point sur lequel la prétendue girouette n'a pratiquement jamais changé d'orientation.

Si, en mars 1983, à Paris, il avait refusé que Le Pen, qui avait obtenu 11 % des voix dans le XXᵉ arrondissement, intègre la majorité municipale, il avait en revanche, quelques mois plus tard, lors d'élections municipales partielles à Dreux, laissé le candidat RPR conclure entre les deux tours un accord avec le FN, et ainsi permis à Marie-France Stirbois de prendre la mairie. Une forte victoire symbolique marquant l'irruption de l'extrême droite dans la vie politique française. Jacques Chirac regrettera sur-le-champ cette faute qu'il qualifiera lui-même d'« erreur historique » commise par mégarde.

---

1. *Jacques Chirac, op. cit.*

Quelques mois plus tard, Robert Pandraud, directeur de cabinet du maire de Paris, jugeant l'attitude de Jacques Chirac « stupide », demanda à Michel Junot, adjoint au maire, de l'accompagner dans le bureau du patron pour tenter de le convaincre d'en changer. Junot raconte[1] : « Jacques Chirac nous accueillit, amical et détendu, tisonnant comme il aimait à le faire son feu de bois, jusqu'à ce que Bob [Robert Pandraud] aborde le sujet Le Pen. Aussitôt ce fut l'explosion : "Je hais cet homme, il représente tout ce que je déteste. Je me refuse à tout contact avec lui et les siens !" Pandraud eut beau exposer que lui et moi connaissions Le Pen, qu'il était moins extrémiste que ce que l'on disait, que l'on pouvait parler avec lui, que ses voix étaient nécessaires, voire indispensables, pour obtenir une majorité, enfin que les socialistes, eux, n'avaient pas de telles exclusives à l'égard des trotskistes et de ceux qui ne reniaient pas les pires crimes du bolchevisme ; Chirac n'accepta pas le moindre début de discussion. »

Le président ne renâcle pas à parler aujourd'hui de son attitude envers l'extrême droite et Le Pen : « J'ai toujours été allergique au Front national, c'est quasiment physique, je ne peux supporter tout ce qui est racisme et xénophobie. » Et d'insister : « C'est physique, je hais tout ce que cela représente ! »

Il me raconte une anecdote destinée à illustrer son propos : « Au mois d'août 1987, je passais quelques jours de vacances avec ma femme à Cannes, à l'hôtel du Cap. J'étais allé me baigner, je remonte le petit chemin qui relie la plage à l'hôtel, quand un type se précipite sur moi et me dit : "Bonjour, Monsieur Chirac." Je tends la main, mais, au moment précis où je lève la tête, je m'aperçois que c'est Le Pen. Je retire ma main et lui tourne le dos, mais trop tard : j'ai été piégé par Le

---

1. Michel Junot, *Quand les Parisiens aimaient leur maire*, Éditions de Fallois, 2006.

Pen qui a fait prendre une photo de cette rencontre montée par lui. Un peu plus tard, le patron de l'agence Sipa, Sipahioglu, m'appelle et demande à me voir. Je le vois. Il me montre la photo prise à Cannes :

– On me propose ce cliché, me dit-il. Je suis très choqué, je suis contre ce genre de méthode. J'ai acheté cette photo.

« Je lui propose alors de la lui racheter.

– Il n'en est pas question. Je l'ai achetée parce que je considère que c'est de mon devoir, mais je refuse que vous me la rachetiez. Je vous en fais cadeau, avec le négatif. »

Et Jacques Chirac de reprendre en leitmotiv son refrain anti-Front national :

« Il est peu de choses qui me choquent, mais je ne supporte vraiment ni la xénophobie ni le racisme. Si je suis souvent sévère avec les Israéliens, c'est à cause de leur politique. Pour autant, je ne tolère pas le racisme, l'antisémitisme : c'est dans mes gènes, je suis né comme ça. »

Le président en vient tout naturellement à évoquer l'élection de 1988, quand s'est posée avec le plus d'acuité la question d'une alliance avec le Front national qui avait obtenu 14 % des voix au premier tour, quand lui-même n'en recueillait que 20 % et que Mitterrand menait avec 34 %.

« Oui, même Édouard Balladur, avec qui j'étais très lié à l'époque, a essayé de me convaincre qu'il fallait "moyenner" avec Le Pen d'une façon ou d'une autre. Et je lui ai dit : "Cela, Édouard, jamais ! On perdra peut-être les élections, mais, si on les perd, ce ne sera pas pour cette raison-là." J'ai été l'objet d'une forte pression qui n'était pas dépourvue de sens sur le plan politique, même si elle était inacceptable sur le plan moral. Je pouvais comprendre que certains nourrissent cette idée-là. Dans la majorité – enfin, dans l'ex-majorité, autrement dit à droite –, c'était surtout Pasqua qui voulait me faire prendre contact avec Le Pen afin qu'on passe un accord avec lui. Pasqua m'a cassé les oreilles pendant des années pour que je rencontre Le Pen et m'entende avec lui. Et puis Balladur n'arrêtait pas de me rabâcher : "Jacques, on va perdre les élections si on ne trouve pas moyen de nous accorder avec l'extrême droite." Ce sont ces deux-là, Pasqua et Balladur[1], qui en faisaient le plus pour me convaincre, l'un s'y prenant avec plus de subtilité que l'autre, mais il s'en trouvait pas mal d'autres pour être favorables à un tel pacte. J'étais alors beaucoup critiqué. J'estimais que c'était là un raisonnement que l'on pouvait soutenir politiquement, mais le problème était qu'il n'était pas moralement défendable. Quand on fait de la politique, il ne faut certes pas être trop bégueule, mais il y a des limites qu'on ne peut franchir sur le plan des principes. Or un accord, quel qu'il soit, avec le Front national, était pour moi au-delà de la limite à ne pas franchir […]. On m'a accusé de bien des choses, mais on ne saurait contester mon attitude à l'égard de l'extrême droite.

– Éric Zemmour affirme qu'entre les deux tours des élections de 1988 vous avez rencontré Le Pen à deux reprises : une première fois chez Bénouville, une seconde fois chez un ami de Pasqua, près de l'Étoile ; mais que vous auriez refusé de passer un accord politique avec lui…

– Je suis sûr et certain que je n'ai pas rencontré Le Pen chez Bénouville. En revanche, il n'est pas impossible que Pasqua, qui m'a tant tarabusté pour que je rencontre Le Pen, l'ait introduit alors que nous étions réunis pour discuter. De toute façon, ça n'est pas allé plus loin… »

---

1. Daniel Carton, dans *La Deuxième Vie de Charles Pasqua*, édité chez Flammarion en 2001, évoque deux déjeuners entre Pasqua et Le Pen, entre février et fin mars 1988, Balladur s'étant joint au second. Il raconte qu'entre les deux tours, Pasqua aurait tout fait pour convaincre Chirac de téléphoner à Le Pen. Lors d'une ultime tentative, Pasqua aurait perdu patience et cassé une chaise en apostrophant le Premier ministre : « Tu ne seras jamais président parce que tu n'as pas de couilles au cul ! », ce à quoi Chirac aurait répondu : « Jamais tu ne me feras pactiser avec le diable ! »

Les journalistes et tous ceux qui se disent proches de Jacques Chirac décrivent alors un homme abattu, déprimé, qui se pose maintes questions et ne croit plus en son avenir. On dénonce sa fragilité. Des amis le lâchent : « Je l'avais idéalisé, Chirac... Je considérais que c'était quelqu'un de dur, de fort, de solide... Je crois que c'est à ce moment-là que j'ai été déçu », explique aujourd'hui Charles Pasqua[1].

Les mots « états d'âme », « déprime », « coup de blues » n'ont pas cours chez les Chirac. Le président balaie d'un revers de main ces balivernes, comme font sa femme et sa fille, lesquelles se souviennent que leur mari et père était, après 1988, d'une humeur de chien, non pas parce qu'il se sentait déprimé, mais parce qu'il avait arrêté de fumer ! Et Bernadette de rapporter une anecdote qui la fait encore beaucoup rire. Jacques Chirac lui ayant annoncé qu'il allait lui confier « quelque chose sur sa vie privée », il l'interpelle un peu plus tard.

« Avez-vous remarqué quelque changement dans ma vie courante ?

– Non, je n'ai rien remarqué, répond Bernadette.

– J'ai arrêté de fumer, et ma propre femme ne s'en est même pas rendu compte ! »

« Il était absolument hors de lui ! continue Mme Chirac. Mais la déprime, le vague à l'âme, non ! Ce sont là des mots de journaliste. Il a vite recommencé à galoper, à sillonner le terrain... Le président n'a jamais de coup de mou, chez lui ça n'existe pas », conclut-elle en repoussant avec dédain une pareille éventualité.

Il est vrai que le maire de la capitale a de nouveau réussi le grand chelem dans les vingt arrondissements de Paris aux élections municipales de mars 1989. Mais il est non moins vrai qu'à l'automne suivant Charles Pasqua et Philippe

---

1. Dans *Le Vieux Lion, op. cit.*

Séguin, deux poids lourds du RPR, ont décidé de le bouter hors de la présidence du parti gaulliste. Jean-François Probst raconte : « Une complicité sur la base de deux certitudes se noue entre eux deux. La première : "Chirac est un con !" La seconde : "Chirac, c'est fini !" Les deux hommes préparent leur complot en vue des assises du RPR du 11 février 1990, et abattent un travail colossal auprès des élus et des militants pour "défenestrer" Chirac, mais aussi Alain Juppé, secrétaire général du RPR, qui a pris du poids auprès du maire de Paris. » Une fois encore, Jacques Chirac va sortir vainqueur du vote avec 68,6 % des voix, et rester patron du RPR.

Quand je rappelle au président de la République que Charles Pasqua a tenté de le « défenestrer » du RPR, il me répond laconiquement :

« Je ne me souviens pas qu'il ait essayé… »

Je cherche alors à savoir pourquoi il a entretenu une telle proximité avec lui :

– Il a du bon sens, un accent inimitable ; je me souviens des appuis qu'il m'a apportés et j'ai oublié le reste. Il m'écrit toujours. Je l'aime bien, et je suis fidèle en amitié. Cela dit, il m'a reproché de ne pas avoir bougé, à certains moments, quand il était inquiété par la justice. Je lui ai toujours précisé que mon affection n'allait pas au-delà de nos rapports personnels et qu'il était entouré de gens hautement contestables. »

Après le putsch manqué de février 1990, le maire de Paris a eu, sur l'instant, des propos autrement plus durs envers Pasqua, allant jusqu'à dire à son propos : « J'avais un ami. »

Le maire de Paris va de nouveau affronter Pasqua et Séguin, mais aussi la majorité des militants, à l'occasion du référendum sur le traité de Maastricht qui, s'il est ratifié, arrimera de façon définitive la France à l'Europe. Il prend position pour le « oui » alors qu'il n'est jusqu'alors jamais apparu comme un européen convaincu. Il est conscient que son destin présidentiel ne serait pas conciliable avec le « non », mais il ne méconnaît pas les écueils de sa position.

Comme il le remarque à l'époque : 2 % des RPR le suivent par « adhésion », et 6 % « par affection ». Tous les autres le désapprouvent. Et si le « non » l'emportait, c'en serait fini de son destin d'homme d'État. Pasqua et Séguin seraient en position de force, et, en cas de victoire aux législatives, refuseraient la cohabitation.

Le président de la République se souvient de ce moment clé de sa vie politique :

« Je n'étais pas un européen acharné, c'est tout à fait évident, mais, petit à petit, je me suis convaincu que l'Europe, c'était la paix et la démocratie, et que si on voulait travailler pour la paix et la démocratie, il fallait faire l'Europe… On ne pouvait se trouver en permanence dans une situation de conflits, surtout avec les développements auxquels on assistait en Amérique et en Asie… Je suis ainsi devenu de plus en plus européen, et quand on a dû se prononcer sur Maastricht, j'ai dit oui…

– Cela a provoqué un drame au RPR…

– À l'époque, j'étais chef du RPR. On a fait une grande réunion publique de tous les responsables du parti[1] dans un théâtre parisien ou bien chez Tibéri, là-bas, à la Mutualité. Tout le monde est monté à la tribune pour expliquer qu'il fallait voter non à Maastricht, et moi je devais parler en dernier en tant que président du parti. J'ai donc pris la parole pour déclarer : "Et maintenant, nous allons voter oui à Maastricht !" Ça a été une tempête parmi les cadres du RPR : 80 à 90 % étaient contre Maastricht. Ils ont hurlé, hurlé. Alors je leur ai dit : "Voilà, c'est comme ça : on va voter oui. Moi, je vous dis qu'il faut voter oui, parce que c'est votre intérêt, c'est l'intérêt de la France, de la paix et de la démocratie…"

---

1. Le samedi 4 juillet 1992, à Paris, Jacques Chirac est hué par la majorité des deux mille cadres du RPR quand il annonce qu'il votera « oui » au référendum de ratification du traité de Maastricht, le 20 septembre, « en toute lucidité, sans enthousiasme mais sans états d'âme, car, lorsqu'il s'agit de la France et de sa place dans l'Europe, l'ambiguïté ne peut être de mise ».

Quand j'ai eu terminé, j'ai été ovationné : c'était la caracté-ristique d'un parti qui maintenant n'existe plus, où régnaient des relations affectives... J'ai été hué pendant la moitié de mon discours, puis j'ai été ovationné debout, à la fin, après avoir dit qu'il fallait voter au rebours de ce que tous ou presque avaient pensé voter... Ça, ça n'existe plus. Le RPR a bien disparu ! »

Le « oui » l'a emporté et Jacques Chirac a pu se consacrer en toute quiétude à la préparation des législatives.

Au cours des trois derniers mois, il visite trente-six dépar-tements, parcourt 25 000 kilomètres et conduit la droite à une victoire éclatante. Le 23 mars 1993, Jacques Chirac demande à François Mitterrand de quitter l'Élysée : « Si le second tour confirme le message du premier, le président de la République devrait en tirer toutes les conséquences. Ce serait de l'intérêt de la France que de ne pas rester, vis-à-vis de ses partenaires étrangers, dans une certaine ambiguïté. Son intérêt serait sans aucun doute que M. Mitterrand démis-sionne et que nous ayons de nouvelles élections présiden-tielles. »

Le lendemain 24 mars a lieu le dernier Conseil des ministres du gouvernement Bérégovoy, donc l'ultime Conseil d'un gouvernement de gauche durant le second septennat de François Mitterrand. Le président répond à Jacques Chirac : « Bien sûr, la question m'est à nouveau posée : faut-il rester ? faut-il partir ? Je me la suis également posée. Si je ne l'avais fait de moi-même, j'y aurais été conduit par l'ampleur de l'offensive visant à obtenir mon départ. Elle a commencé il y a quelques mois déjà. Elle s'intensifiera dès lundi. Je peux d'ailleurs comprendre que le RPR demande ma démission. C'est le seul moyen, pour son président, d'espérer accéder à la présidence de la République dès le mois de mai. Car il n'est pas assuré que la gestion des affaires du pays pendant deux ans par la nouvelle majorité lui permette de retrouver la même audience en 1995 [...]. Mais j'ai un devoir à accomplir. Devoir d'État, bien sûr, mais aussi celui de signifier que les forces rassemblées au cours de ces douze dernières années ne sont pas anéanties et qu'elles auront encore, dans l'avenir, un rôle à jouer. Je dois incarner ce combat, et je le ferai. Même si je n'ignore pas que je vais être la cible d'attaques de toutes sortes. Mais on ne parviendra pas à me faire entrer dans la "ratière". D'ailleurs, si j'étais ce général défait que l'on décrit, à qui devrais-je remettre mon épée ? À Chirac ? À M. Giscard d'Estaing ? Ou bien plutôt à M. Bouygues ou à Patrick Poivre d'Arvor ?... »

Le dimanche 28 mars, la droite triomphe, mais le général victorieux a décidé de pas toucher lui-même les fruits de la victoire. Parce qu'il ne garde pas un bon souvenir de son second passage à Matignon, parce qu'il estime qu'on ne peut passer de Matignon à l'Élysée, parce qu'il s'est entendu avec son vieil ami Édouard qui l'aidera, le jour venu, à conquérir l'Élysée, il laisse Matignon au « connétable » Balladur.

23.

La « trahison » de Balladur, ou la chance de sa vie

Sans « trahison » d'Édouard Balladur, Jacques Chirac n'aurait sans doute jamais été président de la République. Perdant son principal conseiller politique qui a décidé de faire cavalier seul, le maire de Paris n'a d'autre issue que de se choisir un tout autre programme que celui qu'on lui concoctait d'ordinaire ; pour la première fois, il se fiera à lui-même pour imposer des idées que les Juillet, Garaud, Balladur et autres Pasqua avaient jusqu'alors réussi à lui faire mettre sous le boisseau. Il pourra enfin donner libre cours à son vieux tropisme de gauche, à son fonds rad-soc corrézien. Il trouvera d'autres conseillers pour mettre en musique sa propre partition. Il pourra enfin être lui-même. Chirac pourra retrouver Jacques, ou, pour reprendre un mot de sa fille Claude, il se « rejoindra ».

Désireux de vérifier la pertinence de cette lecture de son destin présidentiel, je téléphonai un dimanche[1] au chef de l'État. Toujours aussi sobre, il se contenta de me répondre par deux fois : « C'est probablement exact ! »

---

1. Le 10 décembre 2006.

Ils avaient pourtant été nombreux (Giscard, Pasqua, Juppé, Séguin…) à lui ressasser que ce n'était pas une bonne idée que d'installer Édouard Balladur à Matignon. Mais rien n'avait pu alors ébranler l'absolue confiance qu'il vouait à celui que les gazettes appelleront, pour se moquer, son « ami de trente ans ». Les premiers signes indiquant que ceux qu'il considérait comme des oiseaux de mauvais augure avaient probablement raison se firent vite sentir. Mais Jacques Chirac ne les vit pas ou ne voulut pas les remarquer, tant il lui était impossible d'imaginer le pire. N'avait-t-il pas passé un pacte attribuant Matignon à son ami, lequel devait en échange préparer son accession à l'Élysée ?

Dès le lendemain de l'élection, Édouard Balladur ne fait pourtant pas appel au maire de Paris pour constituer son gouvernement, contrairement à l'attitude qu'avait adoptée Jacques Chirac en l'appelant à ses côtés, en 1986, pour former le sien. Le patron du RPR doit même se battre pour y imposer quelques chiraquiens. Une nouvelle catastrophe familiale – la mort de Philippe Habert, mari de sa fille Claude – détourne un temps Chirac de la politique. Le 8 avril, jour des obsèques, l'hôte de Matignon expose son programme de gouvernement « pour les cinq ans à venir ». Jacques Chirac ne veut toujours pas voir malice dans cette inscription de l'action du Premier ministre bien au-delà de la période de cohabitation. Fin mai, la Sofres, qui va jouer un rôle important dans la promotion du candidat Balladur, l'installe déjà comme « présidentiable » aux yeux de 54 % des Français, contre 38 % pour le maire de Paris.

À la mi-juin, Philippe Séguin, qui a été élu président de l'Assemblée nationale et s'est rabiboché avec le maire de Paris dans le même temps où il s'éloignait de Charles Pasqua, ministre de l'Intérieur, appelle à un renversement complet des valeurs du parti gaulliste et de ses choix fondamentaux, ce qui exaspère d'autant plus le Premier ministre que le maire de Paris laisse passer sans sourciller cette attaque en règle. Les rumeurs sur les tensions de plus en plus

vives entre les deux amis commencent à courir Paris. Balladur ne manque pas une occasion de rappeler qu'on n'est plus
sous la IVᵉ République et que ce ne sont plus les chefs de
parti qui dirigent le pays. Le 19 juillet, au cours du déjeuner
des responsables de la majorité, Balladur regrette que
Jacques Chirac ne se soit pas démarqué du discours de
Philippe Séguin. Les observateurs ont tous compris que l'ex-
« connétable », qui a pris beaucoup d'assurance et a fait
jusque-là un sans-faute à Matignon, s'est émancipé du
patron du RPR et a déjà les yeux rivés sur l'Élysée.

Les relations qui se sont nouées dès les débuts de la cohabitation entre François Mitterrand et Édouard Balladur ne
pouvaient de surcroît qu'agacer le maire de Paris. Le président a apprécié d'entrée de jeu son nouveau Premier ministre,
policé et pince-sans-rire, un ancien du « 104 », comme lui[1].
Dès le premier Conseil des ministres, les deux chefs de
l'exécutif ont partagé la même approche de deux problèmes
majeurs de politique internationale, la Yougoslavie et le
Rwanda. D'emblée, le président trouve au Premier ministre
« du poids et de la tenue[2] », il a le sentiment que celui-ci est
« plus équilibré que sa majorité ». Quand, dès le mois de juin
1993, la rumeur d'une candidature Balladur à la prochaine
présidentielle s'est mise à enfler dans le Tout-Paris, François
Mitterrand feint de refuser d'y croire : « S'il le pensait, il ne
le dirait pas », même s'il pressent que, le jour venu, l'hôte de
Matignon se présentera contre le maire de Paris. Mais,
répète-t-il à ses collaborateurs, lui-même n'a nullement
l'intention de peser en faveur de l'un ou de l'autre. Quant au
patron du RPR, il a toujours autant de mal à imaginer que son
« ami de trente ans » puisse s'apprêter à le trahir...

---

1. Institution catholique située à Paris au 104, rue de Vaugirard dans le VIᵉ arrondissement.
2. *Conversations avec un Président*, film en cinq épisodes de Jean-Pierre
Elkabbach, diffusé par France 2.

Nouvelle et grave alerte pour le clan chiraquien de plus en plus inquiet : le 12 août, au « 20 heures » de France 2, à la question de savoir si Chirac est le candidat « naturel » du RPR, Balladur ne répond pas. Trois semaines plus tard, le Premier ministre ne se rend pas à l'université d'été des jeunes du RPR pour qui Jacques Chirac est bien entendu le candidat « naturel ». Les cris des jeunes RPR : « Mitterrand à Latche ! Chirac à l'Élysée ! » n'ont pas dissipé le malaise grandissant au sein du parti néo-gaulliste. Commentant pour *Le Monde* ces journées, Olivier Biffaud termine ainsi son article : « Placé dans une situation difficile tant que M. Balladur est au zénith dans les sondages, M. Chirac ne peut souhaiter que la cote du Premier ministre s'effondre, sous peine de sombrer avec lui. Il ne peut en effet prétendre avoir, par ces sondages, une concrétisation du bon choix qu'il a fait en "créant", dans l'opinion, cet homme nouveau qu'est M. Balladur, et ne pas admettre la réciproque. Fort de cet axiome, le maire de Paris va devoir faire beaucoup mieux qu'à Strasbourg pour échapper à la tragédie. »

À Strasbourg, Jacques Chirac a enfin ouvert les yeux et confié à François Baroin en détournant le regard : « J'ai été naïf » ; lequel Baroin commente devant Raphaëlle Bacqué[1] : « Finalement, cela m'a soulagé. L'abcès était crevé. J'ai pensé qu'il avait enfin compris que Balladur nous entraînait vers la division. »

Une explication entre les deux hommes s'impose. Le 11 septembre, ils se rencontrent en tête à tête pendant deux heures à Matignon, officiellement pour procéder à « un large tour d'horizon ». La presse est avisée de cette rencontre. Le Premier ministre raccompagne le maire de Paris jusqu'au perron. Invité par les journalistes à dire s'il s'est agi d'une

---

1. Voir l'excellent ouvrage de Raphaëlle Bacqué et Denis Saverot, *Chirac Président. Les Coulisses d'une victoire*, Éditions du Rocher et Éditions DBW, 1995.

visite de « réconciliation », Balladur répond : « Pour se réconcilier, il faut être fâché. » Personne n'est dupe.

Le président de la République se souvient fort bien de cette rencontre, ou plutôt de la façon dont elle s'est terminée.

« Après un tête-à-tête à Matignon – je crois que c'était le dernier –, le Premier ministre me raccompagne jusque sur le perron. Je lui dis "Au revoir", je descends deux marches et il me dit alors : "Jacques, je veux que vous sachiez maintenant que je ne serai jamais votre Premier ministre." Il n'était pas encore candidat. Pour moi, il devait y avoir continuité, c'est-à-dire qu'il devait être mon Premier ministre si je gagnais les élections. C'était en réalité une manière de me dire qu'il allait se présenter contre moi… Cette manière de le dire sur les marches, au moment où je partais, alors qu'il me tournait déjà le dos, c'est comme ça que j'ai appris qu'il serait candidat.

– Vous avez aussi confié qu'au fil du temps, vous n'arriviez plus à accrocher son regard.

– C'est vrai, c'est vrai… »

J'essayai de le faire parler sur cette époque douloureuse, de lui faire reconnaître à quel point il vécut mal ce lâchage. De déballage de sentiments je n'obtins point. « Ça m'a fait de la peine », m'a-t-il d'abord répondu, puis, se « lâchant » un peu plus : « Nous avons été intimes, et je n'avais jamais imaginé qu'il pourrait tirer un avantage quelconque de notre relation. »

Chirac a peut-être compris, mais, au moins pendant un certain temps, il doit se comporter comme si… Les deux hommes sont encore condamnés à faire bonne figure. Leur entourage monte une opération de communication à l'occasion des journées d'études parlementaires du RPR à La Rochelle, le 26 septembre. Pour « montrer à l'opinion que l'émulation, ce n'est pas forcément la guerre […]. La consigne est claire : dédramatiser, rassurer et baliser. En un mot, assumer », écrit encore Olivier Biffaud. L'on vit donc Jacques Chirac et Édouard Balladur deviser sur les quais du port de La Rochelle. Les nombreuses images prises de l'événement furent loin de traduire une réconciliation entre amis. Les deux hommes marchaient ensemble, certes, mais sans jamais se regarder, et, attablés devant un café, ils ne se parlaient pas. Jacques Chirac rejoignit quasiment seul son petit avion tandis que Balladur entraînait derrière lui la meute des journalistes après avoir réuni toute la journée autour de lui celle des parlementaires…

Jacques Chirac continue à avaler des couleuvres et prend conscience de son isolement au sein de son propre parti. La pire défection est celle de Nicolas Sarkozy, qu'il considérait comme de la « maison », qu'il avait aidé à prendre la mairie de Neuilly, qui était un proche ami de sa fille, presque un fils, intelligent, malin, débordant lui aussi d'énergie, gros avaleur de dossiers, son disciple depuis la fin des années 70. Le signe quasi officiel de cette défection est intervenu le 24 octobre sur l'antenne de RTL-*Le Monde*. À la question : « M. Sarkozy, pourquoi n'allez-vous plus aux réunions des conseillers de Jacques Chirac ? », le ministre du Budget a répondu.

« Parce que le Premier ministre a demandé aux ministres de s'occuper de leur département ministériel et de ne pas se préoccuper des élections présidentielles. C'est ce que je fais, et chacun des ministres est bien inspiré de faire de même. C'est pourquoi nous avons un gouvernement où il n'y a plus de bagarres, pas de divisions et, jusqu'à présent, ni couacs ni discordes. »

Jacques Chirac se montre plus loquace qu'à son habitude pour parler du Sarkozy qui l'a lâché à l'automne 1993. Il évoque d'abord « le jeune militant de Neuilly, qui s'est politiquement engagé à plein pour moi ». « J'ai eu l'occasion de lui rendre un premier service lorsque Achille Peretti, maire de Neuilly, est mort. Sarkozy voulait lui succéder. Cela a été compliqué à organiser. Sarkozy est très ambitieux, et comme il est très intelligent, il considère que tout doit être mis au service de ses objectifs. À l'époque, j'étais maire de Paris. J'ai dû rendre un arbitrage. À Pasqua j'ai dit : "Tu n'iras pas, tu vas laisser la place à Sarkozy, il est jeune, et il faut pousser les jeunes." À peine élu, Sarkozy n'a cessé d'expliquer que je n'y avais été pour rien. Je n'y ai pas prêté cas. Il continue d'ailleurs de prétendre que je n'y ai été pour rien. Cela aurait dû faire tilt… mais il a continué à me soutenir. »

Le président en vient au lâchage de Sarkozy, le 24 novembre 1993, à l'issue d'un bureau politique du RPR réuni à Paris, rue de Lille : « On clôt la réunion, tout le monde s'en va… J'étais le dernier, je m'apprête à m'en aller. Je passe un coup de téléphone quand Sarkozy réapparaît et me dit : "Il faut que je vous parle." On s'est rassis tous les deux au milieu des trente chaises vides.

— Je vais déclarer mon soutien à Balladur.

— Écoute, c'est bien, mais pourquoi viens-tu me dire cela ?

— Moi, je suis un politique, je fais de la politique, et il est évident que Balladur sera élu. Donc je soutiens Balladur.

« Je lui réponds.

— C'est très bien : tu fais ce que tu veux.

« C'était tout à fait étonnant : ce garçon qui m'a toujours soutenu vient me dire qu'il va soutenir Balladur parce qu'il est un politique ! »

Nicolas Sarkozy expose évidemment une autre version selon laquelle Chirac lui aurait demandé de ne pas mettre tous ses œufs dans le même panier, lui-même devant se porter candidat quoi qu'il arrive ; ce à quoi lui, Sarkozy, aurait répondu qu'il resterait le porte-parole de Balladur, quoi qu'il arrive. D'après François Baroin, Chirac lui aurait alors demandé de revenir travailler avec lui[1].

Durant cette période difficile, le maire de Paris est sensible au petit signe que lui adresse le président de la République,

---

1. *Chirac Président. Les Coulisses d'une victoire, op. cit.*

à la fin de novembre 1993, lors de l'inauguration du Grand Louvre. Tout le monde peut voir François Mitterrand et Jacques Chirac rire ensemble de bon cœur. Peu de jours après, le 17 décembre, intervient le premier accroc sérieux à cette exquise cohabitation, provoqué par François Mitterrand à Céret (Pyrénées-Orientales). Devant une délégation de parents et d'enseignants de l'enseignement public, le président de la République reproche vivement au gouvernement les conditions de l'abrogation de la loi Falloux[1]. Il se dit « surpris, offusqué que l'on puisse ainsi bousculer le Parlement[2] ». Philippe Séguin et Jacques Chirac vont se livrer dès lors à un certain nombre de déclarations sur la nécessaire laïcité de la République.

Le dimanche 19 décembre, deux ministres d'État, Simone Veil, ministre des Affaires sociales, et François Léotard, ministre de la Défense, lancent *de facto* la campagne présidentielle en déclarant que le Premier ministre a les « qualités requises » pour faire un bon candidat. François Mitterrand s'étonne de cet effet d'annonce qu'il estime prématuré : « Lancer une campagne aujourd'hui, c'est un peu faire l'impasse sur les difficultés de demain », confie-t-il à Jean-Pierre Elkabbach. Le Premier ministre commence un peu à l'énerver. Il adresse un nouveau signe au maire de Paris, le 5 janvier 1994, à l'occasion des vœux au cours desquels Jacques Chirac évoque la progression de la misère et des sans-abri dans Paris : François Mitterrand l'approuve et le prend quelques minutes en aparté dans un petit salon...

Durant les mois qui suivent, le maire de Paris se livre à un exercice pour lui inhabituel : dans le plus grand secret, il mène un travail de réflexion solitaire. S'il recherche ses

---

1. La loi Falloux interdisait ou limitait l'affectation de fonds publics à l'enseignement privé. La majorité sénatoriale abolit cette loi par surprise le 15 décembre.
2. *Conversation, op. cit.* Sauf indications contraires, les paroles de François Mitterrand figurant entre guillemets dans ce chapitre en sont extraites.

informations sur le terrain, au fil de ses tournées en province, auprès de groupes de travail, mais aussi de certains conseillers, il est en revanche seul à effectuer le travail de synthèse. Il rencontre ainsi longuement Xavier Emmanuelli pour parler de la misère qui sévit dans la capitale, visite les quartiers défavorisés, consulte Sœur Emmanuelle. Il installe sa table de travail dans une villa de Montfort-L'Amaury louée sous un faux nom. Seuls Maurice Ulrich, Jean-Pierre Denis et Claude Chirac sont dans la confidence. Quand le pensum du maire de Paris est presque fin prêt, Nicole Lattès, l'éditrice, est mise dans le secret. Le titre codé du livre est *Une nouvelle femme* (en lieu et place du vrai titre qui sera *Une nouvelle France – réflexions 1)*, et l'auteur se dissimule sous le prénom *Justine*... Le livre sort le 21 juin 1994, bénéficie d'un très bon plan-médias et surprend à la fois par son ton et le diagnostic qu'il porte. Chirac l'a dédié aux jeunes Français nés après 1968, à « une génération qui observe une société hostile sans pour autant en contester les fondements. Et pourtant... Dans certaines banlieues où un jeune sur deux n'a pas de travail, on ne peut plus parler de crise de l'emploi, mais d'une "désintégration sociale", comme le souligne Alain Touraine. Même angoisse dans un pays dont la capitale est obligée, face à la montée de la détresse et de la grande pauvreté, de créer un SAMU social pour effectuer les gestes les plus élémentaires de la solidarité ! » Toute l'introduction est de la même veine. Continuent à donner le ton le premier chapitre intitulé « L'emploi avant toute chose », ainsi que sa première ligne : « Le chômage est notre tragédie. » L'auteur y propose un nouveau contrat social. Il parle beaucoup de République, d'égalité des chances, et formule ce terrible constat : « En vingt ans, les Français ont peu à peu divorcé d'avec la France. Une crise économique dont ils ne voient pas la fin a rompu pour beaucoup le lien de confiance qui les unissait à la société. Anxiété devant le chômage et risque d'exclusion. Vulnérabilité devant l'évolution des techniques et l'ouverture des frontières... » Tous les thèmes de sa future campagne sur la « fracture sociale » figurent déjà dans cet opuscule de 141 pages qui devient instantanément un best-seller, cependant que les élites font la fine bouche et ont les yeux de Chimène pour un Balladur qui caracole en tête dans les sondages.

La promotion d'*Une nouvelle France* donne l'occasion au maire de Paris de continuer à labourer la France profonde avant d'aller travailler, loin de Paris, ses magouilles et ses miasmes médiatico-politiques, dans un « ryokan », hôtel typiquement japonais niché à mi-pente d'une haute montagne, à deux heures de Tokyo. Jacques Chirac adore coucher par terre sur un tatami, il est familier des cloisons en papier, de la baignoire en sycomore, il apprécie la cuisine *kaiseki* faite sur des pierres chauffées, goûte le musée de sculptures en plein air tout proche... « Je suis persuadée, c'est devenu chez moi comme une superstition, que de ce séjour quasi monastique est née la victoire de mon mari. Car il a beaucoup réfléchi, beaucoup écrit. Personne là-bas ne lui a fait signe. Il a vraiment senti le poids de la solitude. Et c'est là qu'il a bondi », se souvient Bernadette Chirac[1].

Pendant ce temps-là, Jacques Pilhan et son équipe, conseillers en communication de François Mitterrand, se sentent quelque peu désœuvrés et s'emploient à démonter la « machine infernale » de Balladur, qu'ils n'aiment pas. Le coup monté par TF1 avec le concours de la Sofres, le soir même des résultats des élections européennes de juin 1994, a particulièrement irrité Pilhan[2]. S'appuyant sur un sondage effectué à la sortie des urnes, TF1 a annoncé que si les Français avaient voté pour un président, Édouard Balladur aurait

---

1. *Conversation, op. cit.*
2. Je me suis servi dans ce chapitre de deux précédentes enquêtes, Pierre Péan, *Dernières volontés, derniers combats, dernières souffrances, op. cit.*, et *La Face cachée du* Monde, *op. cit.*

été élu. Une annonce faite avant même la proclamation des mauvais résultats (26 % pour la liste Dominique Baudis) de la droite. Il y a là effectivement de quoi crier à la manipulation, mais ce n'est pas le genre de Pilhan. Le « gourou », comme les mauvais esprits l'appellent, a suffisamment d'antennes dans les médias pour savoir ce qui s'y trame. Il a ainsi mis au jour les rôles imbriqués des « déjeuneurs de Torcello » – l'éditorialiste Alain Duhamel, Jean-Marie Colombani, du *Monde*, Jérôme Jaffré, le très médiatique patron de la Sofres, mais aussi Nicolas Sarkozy et Alain Minc – ainsi que de TF1 et du journal *Le Monde*, les deux grands médias faiseurs d'opinion. « Si ce que tu vis est dans le poste, et si tu vois Balladur interviewé par les journalistes dans le poste, tu en conclus que Balladur est formidable. Les sondages te disent également de leur côté que Balladur est formidable. Dès lors, le système est bouclé : Balladur est vraiment formidable[1]... » Pilhan n'est pas peu fier de cette formule : « Le réel est dans l'écran de télévision, et l'opinion est dans le sondage. »

Bernard Brigouleix, responsable de la communication à Matignon, confirme l'analyse de Pilhan. Il a observé le manège[2] : « Nicolas Sarkozy a vite compris que le directeur de la Sofres serait un formidable vecteur pour la popularité d'Édouard Balladur. Jaffré est reçu partout. Il est très ami avec deux commentateurs particulièrement influents : Alain Duhamel, qui cumule les commentaires sur France 2, Europe 1, dans *Libération*, *Le Point* et quelques journaux de province ; et Jean-Marie Colombani, directeur du *Monde*, intervieweur avec Duhamel dans l'émission télévisée *L'Heure de vérité*. Jaffré, Colombani et Duhamel ont formé

---

1. Entretien avec l'auteur. Ce chapitre utilise des confidences faites à plusieurs reprises par Jacques Pilhan et un entretien réalisé par *Le Débat* et publié dans le n° 87 de la revue de novembre-décembre 1995.
2. Bernard Brigouleix, *L'Histoire indiscrète des années Balladur*, Albin Michel, 1995.

un groupe de "déjeuneurs" et s'assoient régulièrement à la table des ministres. Ils côtoient par ailleurs Alain Minc, administrateur du *Monde* et inspirateur d'Édouard Balladur [...]. Nicolas Sarkozy et Jérôme Jaffré s'entendent bien : à Sciences-Po, le jeune Sarkozy était l'élève du jeune Jaffré. Quoi d'étonnant à ce qu'au fil de leurs conversations l'un et l'autre soient passés de l'analyse de sondages à la stratégie électorale ? Ces deux-là sont convaincus que l'élection d'Édouard Balladur à l'Élysée se fera sans coup férir, dérogeant à toutes les règles vérifiées sous la Ve République. »

Pilhan est néanmoins persuadé qu'il ne faudrait pas grandchose pour dérégler cette belle machine. À la mi-1994, il a déjà en tête divers moyens de la gripper. Il estime que Balladur utilise les médias de manière excessive et ne pourra donc plus, le moment venu, changer de posture, passer de celle de Premier ministre à celle d'aspirant-Président. L'effet de surprise ne fonctionnant plus, l'avantage reviendra alors à Chirac. Pilhan est persuadé que Balladur n'a pas utilisé la bonne « syntaxe médiatique », qu'il vit dans une « bulle » à l'atmosphère raréfiée, comme sur les hauteurs du Mont-Blanc. Ayant amélioré au fil des années sa grille d'analyse en croisant plusieurs disciplines – sociologie, linguistique, psychologie –, en multipliant entretiens non directifs et analyses qualitatives pour ausculter le corps social sans pour autant négliger les sondages (commandés surtout à Jean-Marc Lech), Pilhan a très tôt discerné la faille du dispositif balladurien, et, en serviteur loyal, a fait part de ses conclusions au président de la République.

Le 19 juillet 1994, François Mitterrand subit une deuxième intervention chirurgicale qui va bouleverser les plans des stratèges de Matignon. Les collaborateurs du Premier ministre sont parfaitement informés de l'évolution probable de son cancer et du temps qui lui reste à vivre. Les ministres qui assistent au très bref Conseil des ministres du 3 août sont impressionnés par l'état de fatigue du président qui n'a pu prononcer que quelques phrases d'une voix rauque et voilée. J'ai pu moi-même le constater juste après ce Conseil, m'étant alors entretenu avec lui pendant une cinquantaine de minutes. Un article du *Monde* publié le 2 août ainsi que diverses indiscrétions avaient été interprétés à l'Élysée comme témoignant de la volonté d'Édouard Balladur de mettre ses troupes en ordre de marche en cas d'élections anticipées[1]. *Le Monde* décrivit avec force détails la constitution de la « FAR » (force d'action rapide) placée notamment sous les ordres de Nicolas Bazire et Nicolas Sarkozy. Les balladuriens auraient déjà trouvé des locaux rue de Grenelle.

Le président n'aurait alors pas supporté qu'on puisse ainsi parier sur sa mort. Du côté de chez Chirac, on fut également tenté de commander des affiches électorales pour le cas où, mais le maire de Paris fit tout arrêter en disant que « ça portait malheur ».

Nicolas Bazire, ancien directeur de cabinet d'Édouard Balladur à Matignon, ne situe pas le déclenchement des hostilités entre Mitterrand et son ancien patron ce 3 août, et nie avoir pris des dispositions à l'issue du fameux Conseil des ministres. Ce n'est, selon lui, qu'après une interview accordée par le Premier ministre à Radio Monte-Carlo, la veille de l'Assomption, à l'occasion de la célébration du cinquantenaire du débarquement allié en Provence, que la guerre entre les deux hommes a débuté. Balladur s'y mettait pour la première fois en posture présidentielle et empiétait sur le domaine réservé, parlant longuement de politique étrangère – Rwanda, Bosnie, Europe, Algérie – comme s'il en avait été le seul maître. Le Premier ministre s'était également lancé dans une évocation de la période de la guerre qui ne pouvait qu'irriter l'hôte de l'Élysée.

---

1. *Chirac Président. Les Coulisses d'une victoire, op. cit.*

« C'était la plus grande et sans doute la plus cruelle épreuve de notre histoire que nous avons vécue en 1940, et, quatre ans après, nous avons été libérés. Pourquoi ? Bien entendu, l'évolution de la guerre nous y a aidés, mais ce qui nous a aidés également, c'est l'unité de notre nation et l'unité dont tous les Français ont su faire preuve dans la difficulté. La première leçon à en tirer, c'est que, quand la France traverse des épreuves, elle doit être unie. La seconde, c'est que, si nous avons été libérés, c'était également – il est juste de le dire – grâce à l'aide de nos Alliés [...] : on a toujours avantage à faire jouer la solidarité entre les nations qui sont éprises du même idéal [...] de liberté. »

Parler d'unité de tous les Français et ne pas évoquer le rôle de la Résistance dans la libération de la France relevait, pour le chef de l'État, de l'imposture. « Cette interview a rendu François Mitterrand fou de rage », témoigne Nicolas Bazire. Un autre entretien accordé au *Figaro*[1] et ayant pour titre « Ma politique étrangère » était la preuve ultime que le Premier ministre se prenait déjà pour le chef de l'État et n'avait même plus la patience d'attendre sa mort.

Pilhan va donc pouvoir entrer en action, s'employer à dérégler la machine – Sofres-TF1-*Le Monde* – qui, selon lui, intoxique les Français, et « se payer » Balladur. Il obtient le feu vert du chef de l'État pour « monter des coups » afin d'aider le maire de Paris et d'enfoncer le Premier ministre. Une première « fenêtre de tir » est proposée au président : le 50e anniversaire de la Libération de Paris, à l'Hôtel de Ville. Accepté.

Tout a été minutieusement préparé. François Mitterrand doit être accueilli par Édouard Balladur et Jacques Chirac devant quatre mille invités. Il joue le premier rôle, non seulement parce qu'il est chef de l'État, mais aussi parce qu'il a

---

1. En août 1994. Précisons que le Premier ministre n'était pour rien dans le titre donné par la rédaction du journal à cette interview, et qui avait tant irrité le président.

été un des acteurs de ladite Libération en tant que membre du Gouvernement provisoire. Il convient maintenant de gripper cette machinerie bien huilée : il suffit de changer à la dernière minute l'ordonnancement de la cérémonie.

Comme prévu, Jacques Chirac fait une courte et brillante allocution. François Mitterrand, comme prévu, lui succède et se lance dans une chaleureuse évocation de cette journée, puisant avec bonheur dans ses souvenirs personnels : « Oui, je me souviens, c'était après l'orage, une douce soirée d'été […]. Avec le recul du temps, l'événement n'a rien perdu de sa grandeur ni de sa signification… » Le président remercie au passage le maire de Paris d'avoir organisé cette célébration. Ce qu'ignorait Matignon, c'est que les deux hommes avaient prévu, pour sacrifier à l'« usage républicain », de signer le livre d'or de la Ville dans le bureau du maire sitôt après le discours du président, laissant ainsi en plan devant les caméras de France Télévisions un Balladur aussi impatient que privé de parole. Précisons que le prétendu « usage républicain » était si ancien que Claude Chirac avait été obligée d'aller au BHV acheter un livre d'or, la Mairie de Paris n'en possédant pas ! Ces dix minutes d'attente furent, pour le Premier ministre, un véritable camouflet. La charge symbolique de l'incident n'échappa à personne…

Jacques Chirac s'en souvient fort bien : « François Mitterrand voulait que je le reçoive dans mon bureau pour pouvoir prendre ses médicaments. C'était en réalité pour emmerder Balladur. Le président n'a pas pris de médicaments. Il a passé un moment avec moi dans mon bureau et semblait en bonne forme. C'est là qu'il m'a dit : "Vous allez être élu." A-t-il déclaré la même chose à Balladur ? Je ne sais…

– François Mitterrand vous a adressé plusieurs signes destinés à vous encourager, pensant que c'était votre tour, parce que le peuple vous aimait…

– J'ai toujours eu de bonnes relations avec lui. Ce n'était pas un personnage ordinaire... »

Depuis des mois, Jacques Pilhan, metteur en scène de la « belle époque » mitterrandienne, l'homme qui joua un rôle clé dans la création de SOS Racisme, qui inventa la « Génération Mitterrand », transformée ensuite en *Tontonmania,* puis en victoire éclatante contre Jacques Chirac en 1988, n'a plus grand-chose à faire à l'Élysée. Ce petit homme chauve aux yeux rieurs, qui réussit à faire du président un type « chébran », dans une émission à contre-emploi avec Yves Mourousi assis d'une fesse sur son bureau pour l'interviewer, mais qui le fit aussi dialoguer avec les Français dans le cadre solennel de la Sorbonne avec Guillaume Durand en monsieur Loyal, ce grand communicateur est bien obligé de constater qu'il n'est pas pour grand-chose, cette fois-ci, dans la remontée de la cote du chef de l'État auprès des Français. Si Mitterrand remonte, c'est qu'il sait « coller » à son Premier ministre, devenu, lui, très populaire. Les Français se mettent à adorer la cohabitation ; les deux têtes de l'exécutif sont comme les deux hémisphères de leur cerveau :

« François Mitterrand avait besoin de retrouver une marge de manœuvre, sinon il était condamné à regarder le Premier ministre, pendant neuf mois, se préparer à prendre sa place. Tout semblait joué d'avance. La seule façon de le contrecarrer, c'était de faire remonter Chirac », constate sans amertume Nicolas Bazire qui a gardé de l'admiration pour l'ancien président. Il continue : « Il ne manquait ni les Conseils de défense, ni les Conseils des ministres. Il s'y montrait brillant, forçant l'admiration des présents. J'ai approché de nombreux grands dirigeants de ce monde ; aucun n'avait sa culture ni sa dimension... Il était impressionnant. Il impressionnait aussi Édouard Balladur, sans conteste. » L'ancien directeur de cabinet du Premier ministre évoque une bourde – consciente ou involontaire ? – de Balladur demandant des nouvelles de sa santé au président.

– Comment voulez-vous que j'aille ? lui répliqua, furibard, ce dernier.

« François Mitterrand a joué avec sa propre mort, mais il ne supportait pas que d'autres puissent en jouer », conclut Nicolas Bazire.

Il ne lui avait pas échappé que Pilhan était à la fois le metteur en scène et le souffleur d'une pièce dans laquelle Édouard Balladur ne jouait plus le premier rôle. Nicolas Bazire avait appris que Jacques Pilhan s'était mis au service de Jacques Chirac, dès le mois d'août, par l'intermédiaire de Jean-Michel Goudard, tout en continuant à travailler pour François Mitterrand qui avait encore assez d'énergie pour « monter des coups » et – contrairement à ce qu'il avait affirmé à plusieurs de ses collaborateurs – peser sur le choix de son successeur.

Dans l'entourage du défunt président, les anecdotes ne manquent pas sur cet épisode peu connu. François Mitterrand, si favorable à Balladur jusqu'à l'été, parlait désormais de l'« étrangleur ottoman », disait ne pas supporter le « regard de poule » de son Premier ministre scrutant ses propres traits pour y lire quand il mourrait. Le président parlait en revanche de Jacques Chirac avec sympathie : « C'est son tour », assénait-il. Il était sensible à sa nouvelle solitude : les sondages l'enfonçaient, l'« ami de trente ans » l'avait lâché, certains fidèles s'étaient détournés de lui pour suivre Balladur. Le chef de l'État estimait sa persévérance et, à un moment donné, il éprouva même à son endroit quelque chose proche de l'amitié. Michel Charasse rapporte[1] ce tournant :

« Quand, courant 1994, le maire de Paris, lâché par la plupart de ses amis, s'est retrouvé coupé de tout, enfermé dans son Hôtel de Ville avec une poignée de fidèles, et contraint de parcourir la province à la rencontre de petites

---

1. *55 faubourg Saint-Honoré, op. cit.*

foules, ou de présenter ses livres à la sauvette au journal télévisé, le président pensait souvent à sa triste situation. Elle devait lui rappeler ce qu'il avait lui-même vécu après l'affaire de l'Observatoire ou au lendemain de Mai 1968 et de l'échec de la FGDS, lorsqu'il était désespérément seul, entouré d'une petite équipe qui perdait chaque jour un peu plus espoir. Il avait fini par admirer M. Chirac qui persistait dans ses intentions, en dépit de tous, et à qui la presse n'était pas particulièrement favorable. Le président a toujours eu de l'inclination pour ceux qui, contre vents et marées, n'abdiquent pas et ont le ressort de résister au gouffre qui menace de les engloutir. »

Jacques Pilhan et son équipe s'en donnent donc à cœur joie, mobilisent leurs amis dans la presse pour « démantibuler la machine ». Ils préparent une nouvelle mise en scène destinée à rendre encore plus lisible le choix du président. Ils choisissent à cette fin la clôture – le 17 novembre – du congrès de l'Association des maires de France, où l'on voit une nouvelle fois le maire de Paris et le président de la République en conversation chaleureuse.

Michel Charasse raconte[1] à sa manière cet épisode où le message présidentiel reste inchangé, même s'il n'est pas fait mention des services de Pilhan.

Avant d'arriver au Palais des Congrès, le président lui aurait dit : « Puisque le maire de Paris va m'accueillir à l'entrée de la salle, débrouillez-vous pour lui faire savoir qu'en ce qui concerne la présidentielle je ne lui veux aucun mal. Je n'ai pas l'intention de lui nuire – ni de l'aider… »

À la sortie du Palais, profitant de la cohue, Michel Charasse a réussi à glisser le message présidentiel à l'oreille de Jacques Chirac. Ce dernier sourit : « J'avais en effet cru le remarquer. »

---

1. *Ibid.*

Peer de Jong, l'aide de camp du président, qui se trouvait dans la même voiture que lui, se souvient d'un engagement encore plus marqué de François Mitterrand en faveur de Jacques Chirac.

Dans le courant de l'été, Pilhan rencontre de plus en plus souvent Claude Chirac. Les sondages sont toujours aussi mauvais pour le maire de Paris qui s'attelle à la rédaction de son deuxième livre, dans le prolongement du premier. Habitués à ne voir Chirac exister que dans l'ombre de gourous successifs, les observateurs ne situeront qu'à l'automne son « virage à gauche » et son intérêt pour la « fracture sociale », virage pris, estiment-ils, sous les influences croisées de Philippe Séguin et de l'essayiste Emmanuel Todd, alors que sa propre réflexion, engagée depuis l'automne 1993, a déjà trouvé, dans *Une nouvelle France*, sa première expression publique. Avant d'intégrer l'analyse de Todd, il tourne en effet depuis des mois autour des mêmes thèmes et n'a pas cessé de rencontrer des personnalités qui ne sont pas vraiment classées à droite ni à l'extrême droite, comme Régis Debray, Rony Brauman, Martine Aubry, etc.

C'est le 4 octobre 1994 que Jacques Chirac, emmené par l'écrivain Denis Tillinac, son ami corrézien, se rend à une réunion du club *Phares et Balises*, fondé par l'éditeur Jean-Claude Guillebaud et Régis Debray. « Monsieur le Premier ministre, nous avons ici un de nos amis qui vient de faire une analyse qui devrait vous plaire. » Emmanuel Todd prend la parole. De son brillant exposé, il ressort notamment que « les classes supérieures se reconnaissent dans le Premier ministre et le président de la Commission de Bruxelles, alors que les catégories populaires en déshérence pourraient aller vers Chirac[1] ». Chirac, emballé, demande à Tillinac de lui procurer la note d'Emmanuel Todd élaborée pour la Fondation

---

1. *Chirac Président. Les Coulisses d'une victoire, op. cit.*

Saint-Simon. Cette note, il va la souligner avec ardeur de ses feutres vert et rouge. « Il y a vu la validation de ce qu'il pressentait : les élites sont coupées de la France réelle », explique François Baroin[1]. La note de Todd va se retrouver au-dessus de la pile de dossiers qu'il consulte pour rédiger son nouveau livre.

Un mois après la réunion de « Phares et Balises », Jacques Chirac annonce dans *La Voix du Nord* qu'il sera candidat.

Jacques Pilhan, de plus en plus présent aux côtés de Claude Chirac, suit de près l'élaboration du livre du maire de Paris ainsi que son plan-médias, sans avoir pour autant quitté le service de François Mitterrand. Tous les commentateurs sont intrigués par le pommier figurant en couverture de *La France pour tous*[2]. Sur la première proposition de couverture du graphiste des éditions Nil ne figurait que le titre du livre. Jacques Chirac la trouve trop dépouillée et propose d'y faire figurer un symbole. Et c'est lui qui suggère le pommier... L'idée est travaillée, acceptée et mise en œuvre à la fois par Claude Chirac, les éditions Nil et Jacques Pilhan. Sans être intégré officiellement dans l'équipe de campagne et en se gardant de hanter la mairie de Paris, ce dernier sera régulièrement consulté par Claude Chirac jusqu'à la fin de la campagne. Sitôt élu, mais avant d'être investi, Jacques Chirac propose à Jacques Pilhan de travailler pour lui. Perturbé, Pilhan hésite et fait part de ses hésitations à son ami Jean Glavany qui le rassure et le pousse à accepter la proposition du nouveau président. Jacques Pilhan accepte à condition que Claude Chirac reste à travailler aux côtés de son père et devienne en quelque sorte son « bras armé » à l'Élysée, lui-même ne souhaitant pas y avoir de bureau.

Jacques Chirac se souvient de cette fin d'année 1994 : « Je n'ai jamais douté à ce moment-là que je gagnerais l'élection.

---

1. *Nouvel Observateur* du 2 mars 1995.
2. Jacques Chirac, *La France pour tous*, Nil Éditions, 1994.

Quelques jours avant la fin de l'année, j'étais au plus bas dans les sondages, nous sommes allés dîner dans un petit restaurant avec Juppé qui me dit : "Il y en a, ce sont vraiment des salauds !" Je lui ai répondu posément que nous allions remporter le scrutin. »

J'essaie encore une fois de lui demander ce qu'il a ressenti à cette époque où il se retrouvait bien isolé après tant de défections et de trahisons.

« Qu'est-ce que je vais faire ? Me venger ?

— Vous devez trouver que la vie est dure.

— Je ne suis pas un haineux. La haine est un sentiment que je n'éprouve pas volontiers.

— Dans le dernier livre de Serge Raffy, *La Guerre des trois…*

— Les trois, c'est qui ?

— Vous, Sarko et Villepin… Raffy affirme qu'entre la fin 1994 et le début 1995 vous auriez envisagé de laisser tomber ?

— Je n'ai jamais songé à laisser tomber…

— Même à un moment où les sondages étaient au plus bas ?

— Je ne suis pas porté sur la haine, je ne suis pas enclin au découragement, je ne crois pas aux sondages, qu'ils soient bons ou mauvais. J'ai là-dessus une opinion bien arrêtée, à laquelle je reste accroché. Je ne suis pas sensible à toutes ces estimations. Sondages ou pas sondages, j'étais déterminé à me présenter. C'est une de mes différences avec Sarkozy. Je lui dis souvent : "Arrête de scruter à tout bout de champ les sondages, ça casse le moral et c'est en pure perte !"

— Toujours selon Serge Raffy, Villepin prétend qu'à cette époque vous étiez si découragé que vous envisagiez de tout plaquer et que vous auriez même commencé à écrire un scénario de film…

— Absolument pas ! »

La manchette du *Monde* daté du 12 janvier 1995 a de quoi choquer les chiraquiens – entre autres. Le quotidien du soir a titré : « Les Français considèrent l'élection d'Édouard Balladur à la présidence de la République comme déjà faite ». Se fiant aux sondages, Jaffré se fend d'un long commentaire qui semble disqualifier le scrutin capital, sous la V⁵ République, en le ravalant au rang d'une formalité.

Malgré ce soutien du *Monde* et de la plupart des médias, l'affaire Schuller-Maréchal va néanmoins ternir l'image de Charles Pasqua, donc, par contrecoup, d'Édouard Balladur, et insuffler un peu d'oxygène au maire de Paris. Le ministre de l'Intérieur s'est en effet pris les pieds dans le tapis en montant une opération destinée à faire dessaisir le juge Halphen qui menaçait Didier Schuller, élu RPR des Hauts-de-Seine, proche du maître de la place Beauvau, dans une enquête sur les offices HLM. Des policiers ont piégé Jean-Pierre Maréchal, beau-père du juge, dans le cadre d'une tentative d'extorsion de fonds, notamment en recourant à des écoutes illégales. Le beau-père du juge aurait promis d'intervenir auprès de son gendre pour étouffer cette affaire embarrassante. Le 21 décembre, Maréchal père a été arrêté à Roissy alors qu'il venait de recevoir un million de francs des mains de Didier Schuller…

Le lendemain matin, François Mitterrand convoque Michel Charasse et lui dit qu'il ne saurait accepter qu'on fasse pression sur un juge ; il lui demande ce qu'il peut faire en tant que garant de l'indépendance judiciaire[1]. Quelques heures plus tard, l'expert en droit constitutionnel remet au président une brève note dans laquelle il est notamment précisé qu'il peut faire diligenter une enquête au niveau du Conseil supérieur de la Magistrature. Le président décide sur-le-champ de s'adresser au Conseil présidé par une vieille

---

1. Scène décrite à partir du livre de Michel Charasse, *55 faubourg Saint-Honoré*, *op. cit.*

connaissance, l'ambassadeur Christian Graeff. Michel Charasse attire néanmoins son attention sur la gravité d'une telle démarche et lui conseille de s'en ouvrir au préalable au Premier ministre et au garde des Sceaux. Le président demande à Michel Charasse de convoquer les deux hommes pour le soir même à 18 heures. Balladur et Méhaignerie expliquent au président qu'ils n'ont nulle intention de faire dessaisir le juge Halphen. Le chef de l'État décide alors d'attendre le début de l'année pour saisir éventuellement le CSM. Cependant que le Premier ministre fait route vers Matignon, tombe une dépêche de l'AFP affirmant que la procédure de dessaisissement du juge Halphen est bien en marche. Fureur du président qui appelle le Premier ministre, encore dans sa voiture :

« Je ne vous accuse pas, mais je constate. On a menti au chef de l'État. Vous me placez dans une situation inacceptable... »

Après avoir raccroché, le président dicte une lettre sévère à Édouard Balladur, puis demande que l'on prépare sur-le-champ la saisine du Conseil supérieur de la Magistrature. Cette procédure solennelle change la nature de l'affaire Schuller-Maréchal en fragilisant Charles Pasqua, « poids lourd » du gouvernement. D'autant plus que le jour même de la saisine, Paul Bouchet, président de la Commission nationale de Contrôle des interceptions de sécurité (CNCIS), entame son enquête sur les écoutes. Le 12 janvier, la Commission conclut ses délibérations en constatant que ces écoutes étaient le « premier acte d'une machination », et transmet ses conclusions au Premier ministre. De son côté, le CSM apporte son soutien total au juge Halphen.

Matignon est de plus en plus embarrassé par cette affaire montée par le ministre de l'Intérieur et qu'il découvre petit à petit. Les dégâts sont importants. La cote de popularité de Balladur commence à fléchir.

Alors que brûle déjà la mèche allumée par François Mitterrand, ce dernier a fait le 5 janvier, à l'occasion des vœux de la municipalité de Paris, une nouvelle bonne manière à son successeur. Dans le salon Pompadour – qui fut aussi la chambre à coucher de Napoléon –, après l'échange des formules rituelles, Jacques Chirac et François Mitterrand se sont entretenus pendant quarante minutes, sans aucun protocole. Laure Adler, témoin de la scène, raconte[1] :

« Il n'y a pas de soleil ce jour-là. Il ne manque pas, la chaleur entre les deux hommes suffit à réchauffer l'atmosphère. De mémoire élyséenne cohabitationniste, on n'a jamais vu cela ! Chirac trouve les mots justes pour parler de la santé de François Mitterrand. Ce dernier est touché. Le temps de la trêve est-il arrivé ? Quatorze ans, en effet, c'est long, lui répond le président, mais cela m'a permis de vous connaître. Et l'évolution des combats politiques, qui nous ont si souvent opposés, n'empêche pas, entre les personnes, une certaine capacité de compréhension. Les vœux de bonne santé ? Je les accepte bien volontiers. Nul ne possède l'assurance de traverser un peu plus le temps… »

Infatigable malgré des sondages toujours en berne, Jacques Chirac organise des débats en province, multiplie les meetings, lance *La France pour tous*, argumente sur la « fracture sociale ». Le 17 février 1995, il prononce son grand discours de campagne pendant deux heures d'horloge. Il pèse chaque mot : « La machine France ne fonctionne plus […]. Je suis venu vous dire qu'il est temps de renoncer au renoncement ! » Quatre jours plus tard, les courbes des sondages se croisent. Quelques jours encore, et Chirac le ringard, le politicien usé, devient la coqueluche d'un Tout-Paris saisi de chiracomania. Beaucoup gardent quand même

---

1. Laure Adler, *L'Année des adieux*, Flammarion, 1995.

certains épisodes de sa carrière en travers de la gorge et se demandent une fois de plus qui est ce diable d'homme.

Le Nouvel Observateur du 2 mars le représente en couverture en mineur de *Germinal*, avec ce titre : « A-t-il vraiment changé ? » L'auteur de l'article principal laisse d'abord la parole à ceux qui le connaissent bien et qui répondent en chœur qu'il n'a certes pas changé, mais qu'il est enfin redevenu lui-même : « Un nouveau Chirac ? Réponse d'un chiraquien transi, Jacques Toubon : "Non, il n'a pas changé. Il a toujours été comme ça. Mais on n'était que quelques-uns à savoir." Réponse d'un chiraquien à l'amour vache, Philippe Séguin : "Oui, il a changé. Mais il n'y a pas plusieurs Chirac. Aujourd'hui, c'est le vrai : il s'est libéré des conservateurs du RPR." Réponse du chiraquien de service, François Baroin, porte-parole de la campagne : "Le fait d'avoir été largué par ses plus proches amis l'a changé : il a trouvé son identité propre." Réponse d'une chiraquienne de choc, Claude Chirac, la fille cadette, qui s'occupe de la communication de son père : "Il s'est rejoint : il exprime ce qu'il est." Réponse d'une chiraquienne au regard médical, le docteur Élisabeth Hubert, secrétaire général adjoint du RPR : "Sa tête et son corps sont réconciliés : il est enfin lui-même." Réponse de Jacques Chirac : "C'est vrai, je me sens mieux dans ma peau. Je puise mon assurance dans la conviction que mon regard sur la société française est juste." »

Bien des années plus tard, Michel Junot, adjoint au maire de Paris, confirmera à sa façon que Chirac s'était bel et bien « rejoint » à gauche[1] : « Ce n'est que quelques années plus tard, après 1995, que je me rendis à l'évidence : Jacques Chirac non seulement n'était pas un homme de droite, mais il ne voulait rien devoir aux "réactionnaires" et aux conservateurs. Dans une certaine mesure, l'extravagante situation

---

1. *Quand les Parisiens aimaient leur maire, op. cit.*

qui lui valut en 2002 d'être réélu par 82 % des Français, dont 60 % d'électeurs de gauche, contre Le Pen, dut lui apporter, plutôt que la gêne qu'ont cru déceler certains commentateurs, une intime satisfaction. »

Déballadurisé, Chirac est donc devenu lui-même. Son incroyable énergie, sa proximité d'avec les gens, son charisme ont fait le reste. Il est désormais en empathie avec les Français, par-dessus la tête des élites. Les ultimes coups portés contre lui ne freineront plus sa marche vers l'Élysée.

Le 22 mars, un mois pile avant le premier tour de l'élection présidentielle, *Le Monde* se livre à une dernière manœuvre contre le maire de Paris. Montée par qui ? Comme l'affaire dont il est question n'a donné lieu à aucune plainte ni à aucune instruction, la seule source possible est le fisc, placé sous les ordres du ministre du Budget qui n'est autre que Nicolas Sarkozy. En une du journal, un titre conçu pour tuer : « M. et Mme Chirac ont tiré profit d'une vente de terrains au Port de Paris ». La maison Falguière[1] ne fait pas dans la dentelle… Le lecteur comprend à l'évidence que le candidat Chirac a profité de sa situation de maire de Paris pour s'enrichir personnellement, même si les trois phrases qui condensent l'article annoncé en page 7 peuvent nuancer quelque peu son premier jugement :

« Propriétaire de 247 hectares de terrains situés en bord de Seine à Vigneux, dans l'Essonne, la belle-famille de Jacques Chirac a vendu une parcelle de 103 hectares à un promoteur immobilier qui les a revendus le même jour, 20 janvier 1993, au Port autonome de Paris, établissement public placé sous la tutelle de l'État. Cette transaction a rapporté à Mme Chirac, détentrice de $1/27^e$ de l'héritage, une plus-value de 1,4 million de francs figurant dans la déclaration de

---

1. Du nom de la rue où se trouve à l'époque le siège du *Monde*.

revenus de M. et Mme Chirac pour 1993 (*Le Monde* du 21 mars). Achetés 63 millions de francs par le promoteur, ces terrains ont été revendus au Port autonome pour 83 millions de francs. »

Le soir de cette publication, Alain Juppé qualifie non sans raison de « grossière manipulation » l'article du *Monde*. « Comme on n'a rien à reprocher à Jacques Chirac, on a trouvé la combine : on va s'attaquer à la famille de sa femme ! » Évoquant les explications de l'« entourage de Jacques Chirac » publiées le même jour par le journal, le président du RPR par intérim affirme : « On dit d'ailleurs, noir sur blanc, que les explications fournies sont limpides ; mais le titre entretient la confusion. » Effectivement, le titre assassin a été conçu alors que les journalistes du *Monde* savaient pertinemment que cette « affaire » n'en était pas une…

La veille de la parution de l'article, vers 22 heures, dans le bureau de Bernadette Chirac, au premier étage de l'hôtel de ville de Paris, quelques personnes de confiance sont réunies autour de la femme du maire de Paris pour plancher sur le questionnaire envoyé par Laurent Mauduit et Olivier Biffaud, les deux journalistes qui ont mené l'« enquête ». Il y a là le frère de Bernadette Chirac, Dominique de Villepin, Me Francis Szpiner et Roger Romani. Nul ne connaît les tenants et aboutissants de ce qui ressemble à une machine infernale. Le temps presse. Qui pourrait les aider ? Romani pense à Jean-François Legaret, RPR, vice-président du Port autonome de Paris. Peu avant minuit, Legaret rejoint la cellule de crise. Il appert que non seulement Bernadette Chirac, pas plus que son mari, n'est intervenue dans cette affaire, mais que ses frères n'ont pas tiré le meilleur parti des terrains et ont probablement vendu en dessous du prix du marché. À cinq heures du matin, la réunion se termine : Dominique de Villepin téléphone à Jean-Marie Colombani pour lui annoncer l'envoi d'un communiqué qui se retrouvera dans le journal sourcé « de l'entourage de Jacques Chirac ».

L'« affaire » fait long feu. Trois jours après avoir fait exploser la bombe qui avait pour but de blesser à mort le candidat Chirac, *Le Monde* publie les lettres des deux présidents du Port autonome de Paris qui ont eu à connaître de la question des terrains. Daniel Maquart précise d'emblée : « Ayant été limogé par l'actuel gouvernement, je n'en suis que plus à l'aise pour m'exprimer. À aucun moment je n'ai subi une quelconque pression de Jacques Trorial, président du conseil d'administration, ou de membres de celui-ci, pour influer sur ma décision de proposer cette acquisition […]. J'ajoute que, ni de près ni de loin, Jacques Chirac, sa famille ou ses proches, les représentants de la Ville au conseil ou l'administration de celle-ci, ne sont intervenus en faveur de cette opération auprès de moi.

« Cette acquisition n'était nullement improvisée. Elle s'inscrivait dans le cadre du schéma directeur d'aménagement et d'urbanisme de la région Île-de-France […]. Contrairement aux assertions de votre journal, l'opération menée par le [Port] a été parfaitement régulière. Elle a été approuvée par le conseil d'administration du 28 octobre 1992 avant toute conclusion d'actes ; elle était conforme à l'estimation financière du service des Domaines. »

On comprend la colère de Bernadette Chirac qui, quelque temps plus tard, évoquera de nouveau cette affaire avec Jean-François Legaret : « Ce fut un épisode dramatique. On sait qui en a été à l'origine. Je ne le lui pardonnerai jamais. Ma mère a failli en mourir[1]… »

L'armada médiatico-politique qui a tout fait pour porter Balladur vers la victoire et écraser le maire de Paris de son mépris va mordre la poussière devant le peuple souverain, narquois, ravi de « jouer à Guignol » à l'occasion de l'élection présidentielle. Jacques Chirac accède enfin à l'Élysée ;

---

1. Entretien avec Jean-François Legaret.

il est heureux de la façon dont François Mitterrand l'accueille et l'installe dans le bureau qu'il a pris soin de réaménager pour son successeur. Bernadette Chirac est lyrique quand elle évoque cette passation des pouvoirs républicaine et apaisée : « François Mitterrand lui a passé le flambeau. C'est une belle histoire. »

Jacques Chirac parle maintenant de son prédécesseur avec respect et affection. Jusqu'à sa mort, il lui a téléphoné pour prendre de ses nouvelles, parler du parc et de ses canards, et il ne s'est manifestement pas forcé pour écrire l'allocution qu'il prononcera quelques heures après le décès de François Mitterrand, rendant non seulement hommage à l'homme d'État, mais aussi à « l'homme, dans sa richesse et sa complexité », avant de terminer par l'évocation de ses rapports avec lui.

« Ma situation est singulière, car j'ai été l'adversaire du président François Mitterrand. Mais j'ai été aussi son Premier ministre, et je suis aujourd'hui son successeur. Tout cela tisse un lien particulier où il entre du respect pour l'homme d'État et de l'admiration pour l'homme privé qui s'est battu contre la maladie avec un courage remarquable, la toisant en quelque sorte, et ne cessant de remporter des victoires contre elle. De cette relation avec lui, contrastée mais ancienne, je retiens la force du courage quand il est soutenu par une volonté, la nécessité de replacer l'homme au cœur de tout projet, le poids de l'expérience. Seul compte, finalement, ce que l'on est dans sa vérité et ce que l'on peut faire pour la France. »

Jacques Chirac président garda Jacques Pilhan à ses côtés pour remplir les fonctions que celui-ci avait occupées auprès de François Mitterrand. Pilhan mourra à son tour trois ans plus tard. Le 3 juillet 1998, devant les trois Chirac réunis – le président, Bernadette et leur fille Claude –, très affectés, Jean Glavany, l'ami du défunt, déclarera.

« Monsieur le président, quand vous avez sollicité la collaboration de Jacques, il s'en est longuement entretenu avec
quelques-uns d'entre nous, ses amis. Il devinait qu'ici et là
certains ne comprendraient pas cette continuité peu ordinaire. Parce que nous l'aimions, nous lui avons dit : "Fais le
métier que tu aimes." Au-delà du magnifique discours que
vous avez prononcé à la mort de François Mitterrand, et dont
Jacques nous a toujours dit – encore la discrétion ! – qu'il n'y
était pour rien, nous savons, nous, que si vous avez choisi
Jacques, et que vous êtes là aujourd'hui, c'est que la qualité
humaine n'est pas chose dérisoire pour vous. »

IV

Un président atypique
face aux nouveaux défis :

*mondialisation de l'économie,
emprise croissante de l'Europe,
montée des extrémismes,
choc des cultures...
mais aussi face aux « affaires »*

24.

Le brouillage des « affaires »
sur l'action de Jacques Chirac

A donc accédé à la tête de l'État un personnage extraverti
mais secret, inconnu malgré les spots depuis longtemps
braqués sur lui. Son parcours politique est atypique. Il bâtit
sa carrière politique sur des terres de gauche et s'y fait réélire
à huit reprises dès le premier tour. Porteur d'un programme
de droite, il subit deux échecs à l'élection présidentielle
avant d'être élu sur une promesse de gauche : la réduction de
la « fracture sociale ». Sept ans plus tard, il est triomphale-
ment réélu grâce aux voix de gauche pour faire barrage au
racisme et à la xénophobie. Au cours de ses deux mandats, le
tapage autour des « affaires » a plus souvent fait la une des
journaux que l'évocation de ses actes et a, du coup, brouillé
et minimisé leur portée. Contrairement à ses prédécesseurs,
Jacques Chirac n'a eu droit à aucun « état de grâce ». Dès le
premier jour, il n'a cessé d'être traîné dans la boue comme si
les élites médiatico-politiques, après s'être enthousiasmées
pour Édouard Balladur, lui en voulaient d'avoir cassé leur
beau jouet et, par mesure de rétorsion, contestaient la légitimité d'un homme qu'elles n'avaient cessé de « ringardiser ».
Cet effet de brouillage des « affaires », le rejet des élites,
s'ajoutant aux jeux de massacre « ordinaires » pratiqués par

les médias pour fustiger tous les protagonistes de la vie politique, encouragés dans cette attitude par les politiciens eux-
mêmes, rendent difficile, voire impossible un jugement
serein sur l'action de Jacques Chirac.

Avant même qu'il ne prenne place dans le fauteuil présidentiel, toute la mécanique judiciaire qui devait « plomber »
ses deux mandats était en marche. Elle avait été lancée en
1994 par une dénonciation fiscale contre Francis Poullain,
entrepreneur proche des milieux gaullistes, dans le contexte
de l'affrontement entre Balladur et Chirac, Nicolas Sarkozy
étant alors ministre du Budget et chapeautant la direction des
Impôts. Cette dénonciation allait conduire à l'incarcération
de Jean-Claude Méry, l'un des principaux collecteurs de
fonds occultes. Sans nourrir sur ce point de certitude absolue,
le juge Halphen lui-même penche pour une origine sarko-
zienne de la saisine du parquet[1], et affirme plus généralement
que « les périodes de cohabitation successives ont beaucoup
fait pour accroître le nombre de dossiers de corruption ».
Dans la fameuse cassette dont le contenu, publié par *Le
Monde* du 21 septembre 2000, provoqua la plus violente des
mises en cause subies par le président de la République
durant ses deux mandats, Méry, pour sa part, faisait remonter
l'origine de la saisine du parquet à Matignon : « Ce n'est pas
Sarkozy qui a déclenché le processus contre moi, mais le
premier processus était un processus qui n'avait pas lieu de
s'amplifier. La meilleure preuve, c'est que la Direction nationale des enquêtes fiscales [...] avait arrêté sa procédure anti-
Méry, c'était fini. Elle a été relancée sur instruction du cabinet
de M. Sarkozy. Et Sarkozy l'a fait sur demande très spécifique
de certaines personnes de l'entourage de M. Balladur et du
cabinet Juppé à l'origine [...]. Ça, je peux le dire : je le sais.
On connaît les noms, en plus ! »

---

1. Éric Halphen, *Sept ans de solitude*, Denoël, 2002.

Dans la foulée de cette première dénonciation, les « affaires » relatives aux pratiques et au fonctionnement de la Ville de Paris vont s'enchaîner et faire l'objet d'un constant matraquage médiatique :

• Emplois fictifs de la mairie de Paris au profit du RPR qui conduit à la condamnation d'Alain Juppé à quatorze mois de prison avec sursis, affaire dans laquelle le président pourrait être entendu à l'expiration de ses mandats ;

• Lycées d'Île-de-France : Michel Roussin, ex-directeur de cabinet du maire de Paris, a été condamné à quatre ans avec sursis ; Jacques Chirac n'a pas été judiciairement mis en cause dans ce dossier ;

• HLM de Paris : Georges Pérol, ex-directeur général de l'OPAC, élu corrézien, a été condamné à deux ans de prison avec sursis. Le dossier est clos sur le plan politique ;

• Faux électeurs du IIIe arrondissement : accusés de fraude électorale, Jacques Dominati et son fils Laurent ont été relaxés en décembre 2006, mais cette affaire n'impliquait pas l'ex-maire de Paris ;

• Faux électeurs du Ve arrondissement : dossier Tiberi, qui ne met pas en cause Jacques Chirac ;

• Emplois fictifs de la Ville de Paris dans son versant « non RPR » : le dossier met en cause quatre anciens directeurs de cabinet du maire de Paris. Jacques Chirac pourrait être concerné « à la marge » à propos du cas des chauffeurs du préfet Lanier et de Marc Blondel.

De manière quasi suicidaire, tous les grands partis ont tenté les uns après les autres d'instrumentaliser des « affaires » dans leurs batailles politiques alors que ces mêmes partis ont, jusqu'au début des années 90, pratiqué les mêmes méthodes pour subvenir à leurs besoins financiers : notamment par le recours aux emplois fictifs et aux commissions sur les marchés publics. Rappelons, pour nous en tenir aux infractions qui se sont déroulées dans les années 80 et au début des années 90, ces quelques faits.

• Le PS a dû s'expliquer sur les affaires Luchaire, Urba, Carrefour du développement, MNEF, entre autres ;

• François Léotard a écopé de dix mois avec sursis dans l'affaire Fondo pour le financement occulte de l'ex-parti Républicain ;

• Trois dirigeants du CDS (Pierre Méhaignerie, Jacques Barrot, Bernard Bosson) ont également écopé de peines de prison avec sursis pour les mêmes motifs ;

• Le PCF a été mis en cause dans une affaire impliquant l'ex-Compagnie générale des eaux et divers bureaux d'études, mais Robert Hue a été relaxé faute de preuves suffisantes.

Comme l'a dit crûment Jean-François Probst[1], ex-conseiller en communication du maire de Paris, tout le monde semble avoir oublié comment fonctionnait la machine politique il n'y a pas si longtemps : « Ils me font marrer, aujourd'hui, les culs-bénits, avec leurs salaires fictifs ! À l'époque, dans les partis politiques, on était tous rémunérés en salaires fictifs […]. En vingt-cinq ans de bons et loyaux services au RPR, je n'ai jamais eu un bulletin de salaire du RPR […]. Au PS et au PC, il y a eu plus de trois cents personnes payées par les Charbonnages de France, EDF-GDF et autres sociétés à capitaux d'État[2]. »

Gérard Monate, ancien président d'Urbatechnic, le bureau d'études lié au PS, a de son côté raconté la même chose à propos de la transaction sur le marché des lycées d'Île-de-France dont Méry assurait la répartition des commissions : « La répartition des commissions a bien eu lieu. Il faut comprendre : c'était un énorme marché, tous les gens qui siégeaient au Conseil régional – je veux dire tous les partis – voulaient une part du gâteau. Un jour, Méry m'a dit : "J'ai reçu des instructions pour répartir la commission entre tout

---

1. *Chirac et dépendances, op. cit.*
2. Notamment Elf, Thomson, Air France...

le monde." Il m'a proposé de me donner en liquide la part du PS. J'ai refusé : Urba ne travaillait pas avec des espèces... Alors je lui ai conseillé de porter l'argent directement à la trésorerie du parti, à Solferino. C'était avant le financement public des partis : il fallait trouver l'argent là où il était. C'est ce que nous faisions, Méry comme moi[1]... »

Le jeudi 21 septembre 2000, interrogé par Élise Lucet après la publication du contenu de la cassette Méry, en particulier sur l'affirmation selon laquelle Jacques Chirac aurait assisté à une remise de fonds à son propre directeur de cabinet à Matignon, Jacques Chirac, invité du 19/20 sur France 3, répondit.

« Je suis indigné. Indigné par le procédé. Indigné par le mensonge. Indigné par l'outrance [...]. Aujourd'hui, on rapporte une histoire abracadabrantesque. On fait parler un homme mort il y a plus d'un an. On disserte sur des faits invraisemblables qui auraient eu lieu il y a plus de quatorze ans. On exhume un enregistrement fait il y a plus de quatre ans, et le journal lui-même qui publie ces propos les qualifie d'"invérifiables" et de "sans valeur juridique". Tout cela, comme par hasard, trois jours avant un référendum visant à améliorer le fonctionnement de notre démocratie ! Alors je vous le dis, ces allégations sont indignes et mensongères. Voilà pourquoi je demande que ces éléments soient transmis à la justice afin que la vérité balaie la calomnie. »

Réaction de bonne guerre : il y avait le feu à la maison et la violence médiatique et politique – notamment de la part d'un Arnaud Montebourg qui réclamait qu'on traduisît le président en Haute Cour – était telle que Jacques Chirac n'avait d'autre issue que de rejeter en bloc le contenu de la cassette Méry. La méthode porta ses fruits. Après quelques jours d'échanges nourris entre les fidèles de l'Élysée et ceux

1. *Le Monde* du 12 septembre 2000.

de Matignon, un cessez-le-feu intervint. Jean-Louis Debré expliquait : « Tous les politiques sont en train de tomber dans une guerre absurde, une manipulation générale qui consiste à discréditer les responsables politiques. Nous serions tous bien inspirés de laisser la justice faire son travail et de répondre aux préoccupations des Français. » Et Claude Bartolone, ministre socialiste de la Ville, suggérait en écho qu'on trouve une « solution », estimant que le débat politique ne pouvait « pas être rythmé par le son des affaires » pendant encore deux ans.

L'interview de Méry était-elle pour autant mensongère et calomnieuse ? Et qu'y avait-il de si scandaleux dans les propos du collecteur de fonds ? Une scène a frappé l'imagination et fut exploitée comme il se doit par les médias : Méry raconte que le 5 octobre 1986, il est allé à Matignon, Jacques Chirac étant Premier ministre, pour déposer cinq millions de francs en liquide à Michel Roussin, chef de cabinet, et s'est alors retrouvé face au chef du gouvernement qui a donc assisté à la remise de fonds. La description de cette scène est évidemment invérifiable dans la mesure où Jacques Chirac et Michel Roussin la nient, et où Jean-Claude Méry est mort. Si on fait abstraction de la mise en scène et de la qualité des acteurs évoqués, on retombe sur une pratique courante avant la première loi sur le financement des campagnes électorales et des partis, initiée par Jacques Chirac à la demande de François Mitterrand, lui-même empêtré dans l'affaire Luchaire[1]. Et si la remise d'une telle somme – 5 millions de francs en liquide – était *stricto sensu* illégale, elle était utilisée par tous les partis et par là même tolérée. Dans son interview, Méry démontait le système qu'il avait mis au point et qui avait permis d'acheminer au RPR entre 35 et 40 millions de

---

1. La première loi du 11 mars 1988 prévoit un financement public proportionnel au nombre de parlementaires. Elle a été durcie les 15 janvier 1990, 29 janvier 1993, 19 janvier 1995 (avec l'interdiction des dires de personnes morales).

francs en liquide de 1985 à 1991 (dont une partie fut reversée à l'UDF), et des sommes du même ordre de grandeur aux partis de gauche. « Nous avons fini par arriver à une répartition des lycées entre les deux grands groupes (Compagnie générale des eaux et Lyonnaise des eaux) et leurs filiales, de manière à ne pas laisser apparaître que deux noms. Je les ai contraints à me verser sur cette opération un total de 10 millions de francs que j'ai répartis moi-même à raison de 5 millions de francs pour le RPR […], un million de francs pour le Parti communiste, 3,5 millions de francs pour le PS. » Après avoir narré comment il récupérait de l'argent sur les marchés passés par l'OPAC, il ajoutait : « On va même s'entendre avec les socialistes. On va répartir la manne. Et à chaque fois qu'il y a à manger pour tout le monde, on distribuera à tout le monde. Je vais prendre des sociétés communistes pour faire, par exemple, l'entretien des égouts […], je vais aussi prendre des sociétés recommandées par les socialistes. On va donner à manger à tout le monde. C'est ce qui fait que tout le monde va s'entendre parfaitement, et qu'il va y avoir du boulot pour tout le monde. » Et, à propos de ce qu'il entend par « la maison », expression qu'il emploie : « Eh bien, je veux dire que c'est d'abord un homme, Michel Roussin. Je vais partir du principe que je le fais pour le compte de Jacques Chirac. Pas pour la poche personnelle de Jacques Chirac, je tiens tout de suite à ce que ce soit clair, mais c'est parce que c'est l'OPAC de la Ville de Paris, c'est uniquement aux ordres de M. Chirac que nous travaillons… »

Répétons que le système décrit ici par Méry était celui qui avait cours, à quelques nuances près, dans tous les partis politiques au cours des années 80 et au tout début de la décennie 90. Ce système n'était certes pas moral, différentes lois l'ont aboli depuis lors. Il a fallu quelques années et quelques scandales supplémentaires pour que les mœurs politiques évoluent… Jacques Chirac a été patron du RPR, un parti qui avait mis au point un système efficace et clandestin de

collecte d'importantes sommes d'argent. Depuis une tren-
taine d'années, j'ai pu recueillir sur ce sujet maintes confidences, notamment auprès d'avocats et de pétroliers liés à
l'Afrique. Si j'en avais publié certaines, j'aurais été dans
l'impossibilité d'apporter la moindre preuve pour les étayer
en cas de contestation. Les révélations de Méry, les témoignages impliquant Jacques Chirac dans les différentes
instructions relatives aux pratiques de la mairie de Paris, les
confidences-rumeurs sur le financement du RPR en faisaient-
ils pour autant un « escroc », un « voleur » indigne d'exercer
la fonction présidentielle ? Évidemment non[1] ! Mais ces
« affaires », par le battage médiatique incessant et violent
auquel elles ont donné lieu, ont néanmoins lourdement pesé
sur l'image de Jacques Chirac dans l'opinion, sur celle de la
France à l'étranger, et ont probablement entamé la fonction
élyséenne alors même qu'elles concernaient des faits adve-
nus en des périodes lointaines, en tout cas bien antérieures à
son élection en 1995.

Cependant, alors que Jacques Chirac approchait de la fin de
son second mandat, une « affaire » autrement grave était révé-
lée. Grave car si les faits se révélaient exacts, ils consti-
tueraient non seulement le plus important scandale de la
Ve République, mais sans doute l'un des plus grands de toute
l'histoire de la République, puisqu'il s'agirait d'un enrichissement personnel portant sur quelque 45 millions d'euros !

Le Canard enchaîné révélait le 10 mai 2006 que la justice
française était en possession d'un document de la DGSE
concluant que Jacques Chirac possédait un compte dans une
banque nippone, la Sowa Bank, crédité de 300 millions de
francs. Le journal satirique s'appuyait sur le procès-verbal
d'audition du général Rondot, interrogé par les juges Jean-

---

1. À titre personnel, j'ai trouvé plutôt satisfaisant qu'Arnaud Montebourg n'ait pas
réussi à collecter un nombre suffisant de signatures de députés pour entamer une
procédure visant à faire comparaître le président devant la Haute Cour !

Marie d'Huy et Henri Pons dans le cadre de l'affaire Clearstream. Le PV faisait dire au général : « Il est indiqué sur les documents saisis à mon domicile que ce compte a été ouvert à la Tokyo Sowa Bank et crédité de 300 millions de francs. À ma connaissance, ce compte a été ouvert en 1992. » Propos que l'avocat du général démentait les jours suivants. Dans sa livraison du 7 juin, le même *Canard enchaîné* affirmait qu'il existait des notes internes à la DGSE prouvant que les services secrets connaissaient dès 1996 l'existence de ce compte bancaire. Dans une interview au « quotidien permanent » du *Nouvel Observateur*, Nicolas Beau, auteur de ces révélations, accusait les journalistes de « ne pas faire leur travail » sur le sujet. Le journaliste du *Canard* revenait à la charge, quelques mois plus tard, en traitant ses confrères de « très négligents » à l'occasion de la publication, le mercredi 15 novembre 2006, d'un fragment d'une note de la DGSE où apparaissait cette phrase : « Le montant des sommes versées sur le compte ouvert par Sowa au nom de M. Chirac serait de soixante-dix oku-yens, soit sept milliards de yens, soit environ trois cents millions de francs. » Nicolas Beau reléguait ainsi les « affaires » de la mairie de Paris au rang de gamineries et campait en Jacques Chirac un homme d'argent coupable de s'être enrichi de montants considérables par des procédés forcément inavouables et qui, cette fois, méritait la Haute Cour !

Encore faut-il, avant de hurler avec les loups, être sûr que ce plus gros scoop depuis l'avènement de la Ve République s'appuie sur un faisceau de preuves inattaquables. Une enquête approfondie est nécessaire pour acquérir pareille certitude. Reprenons donc depuis le début l'histoire des relations du président de la Sowa Bank avec les autorités françaises.

Shoichi Osada s'est en effet intéressé à la France depuis longtemps. En faisant miroiter de gros investissements, synonymes de nouveaux emplois, le banquier japonais a réussi, à la fin des années 80, à approcher aussi bien des responsables de la DATAR que des conseillers de l'Élysée. François Mitterrand l'élève ainsi, le 29 mai 1990, au grade de chevalier dans l'ordre du Mérite, puis le propose à celui de chevalier dans l'ordre de la Légion d'honneur le 31 mai 1994. Entre-temps, Jacques Chirac, alors maire de Paris, fait sa connaissance, le 29 octobre 1993 à 15 heures 30, dans le hall du somptueux hôtel d'Awashima, une île paradisiaque située à 150 kilomètres de Tokyo. C'est en effet le président de la Sowa Bank, accompagné de M. Fukuhara, président honoraire du groupe Shiseido, qui a accueilli le maire de Paris à son arrivée à un séminaire sur l'emploi organisé par Masaya Miyoshi, patron du patronat japonais [le Keidanren], réunissant autour du maire de Paris les dirigeants des plus puissants groupes japonais, notamment ceux de Sony, de Nec, de Shiseido, de Sumitomo, de Fuji Electric, de la Banque de Tokyo, de la Sowa Bank, entre bien d'autres. Thème : réfléchir à l'évolution de la notion d'emploi dans les dix prochaines années, que ce soit en France ou au Japon. Avant l'ouverture du séminaire, Jacques Chirac a prononcé une allocution dans l'auditorium de l'Odyssey Hall, entouré des présidents de Sony et de Shiseido. Puis, à 18 heures, Masaya Miyoshi et Shoichi Osada ont présenté tous les participants japonais au séminaire à Jacques Chirac. Rien d'étonnant à ce qu'une photo montrant Osada et Chirac ait alors été prise et ait circulé depuis lors puisque les deux hommes se sont effectivement rencontrés à plusieurs reprises durant ce séminaire.

En septembre 1996, après des tentatives d'« entrisme » remarquées auprès de l'administration française, des représentants en France de la Sowa Bank sont reçus par un conseiller à l'Élysée dans le cadre d'un projet d'investissement dans l'Hexagone. Cet « entrisme » forcené est signalé par la DATAR à son représentant local à Tokyo qui, tout naturellement, cherche à en savoir davantage sur cette banque si entreprenante en France. Il contacte le chef de poste de la

DGSE à Tokyo qui envoie un message à Paris le 3 octobre. Aussitôt, le service de recherches de la DGSE confie à M. Flam, magistrat détaché au bureau des Affaires protégées de la Direction du renseignement, la responsabilité des investigations portant sur la Sowa Bank. Une enquête est ainsi lancée sur la Kosa, filiale parisienne de la Sowa Bank, puis, le 25 octobre, Flam envoie un message au chef de poste à Tokyo pour obtenir des renseignements sur l'actionnaire majoritaire de la Sowa Bank. C'est en réponse à cette demande de Paris que le chef de poste de la DGSE à Tokyo envoie, le 11 novembre 1996, le message 422 que Nicolas Beau aurait pu lire et analyser jusqu'au bout au lieu d'en prélever une phrase et de la sortir de son contexte. Que dit ce message ? Qu'une source japonaise de la DGSE, proche de Shoichi Osada, dont le nom de code est Jambage, a remis deux dossiers se rapportant à la Sowa Bank. Le premier contient, selon Jambage, des faits irréfutables ; le second contient, au contraire, des documents en japonais commandés par Shoichi Osada. Après analyse du premier dossier, le chef de poste affirme n'avoir rien trouvé d'extraordinaire dans ces dossiers qui comprennent des articles de presse (parfois à scandale), des interrogations de banques de données sur la presse économique spécialisée et des livres ou extraits de livres. Le reste du message est composé d'éléments de la conversation du chef de poste avec sa source Jambage, « rapportés en brut, car non recoupés ni vérifiés ». C'est au cours de cette conversation qui n'a donc fait l'objet d'aucun recoupement que Jambage a affirmé – de surcroît en usant du conditionnel – que « le montant des sommes versées sur le compte ouvert par Sowa au nom de M. Chirac serait de... » Nicolas Beau connaît, comme nous tous, le B.A. BA du métier de journaliste selon lequel une information ne saurait être publiée qu'après avoir été recoupée au moins deux, voire plusieurs fois. Pourtant, il n'hésite pas à transformer la rumeur lancée par Jambage, et présentée comme telle dans le message 422, en information assenée sans aucune réserve.

Le message 422 ne trouble pas outre mesure l'Élysée, puisque le président de la République propose d'élever Shoichi Osada au rang d'officier de la Légion d'honneur le 18 décembre 1996. Quant à la direction centrale de la DGSE, elle ne prend pas au sérieux la phrase de Jambage, puisqu'elle ne lance aucune recherche spécifique sur le prétendu compte de Jacques Chirac, mais oriente les recherches du poste de Tokyo sur Osada et sa banque, celle-ci soutenant un projet d'investissement industriel en France.

Toutefois, une nouvelle note du chef de poste à Tokyo mentionne derechef le nom de Jacques Chirac dans un message du 21 janvier 1997 envoyé après une entrevue entre ce chef de poste et M. Ouvrieu, ambassadeur de France au Japon, lequel s'inquiète d'une éventuelle faillite de la Sowa Bank, compte tenu des relations entre Shoichi Osada et le président, mais aussi avec Danièle Mitterrand. Le chef de poste réclame donc des instructions à Paris.

Cette ébullition des espions français ne trouble toujours pas l'Élysée puisque Jacques Chirac reçoit Shoichi Osada le mercredi 26 février à 15 heures. Cette rencontre n'a rien de secret, mais est préparée tout à fait officiellement par l'Élysée et la DATAR. À ce rendez-vous, Osada ne vient pas soutenir ses propres projets, mais ceux de deux groupes japonais : THK, leader mondial de la production des systèmes de guidage linéaire électronique, souhaiterait en effet implanter une usine en Europe et est déjà en relation avec la DATAR qui lui a proposé trois localisations (dans l'est de la France, à Bordeaux et en Corrèze) ; Toyota voudrait lui aussi s'implanter en Europe. Le conseiller économique, après avoir pris attache avec la DATAR, conseille au président de dire en termes généraux que la France est ouverte aux investissements internationaux et que le responsable de la DATAR, Raymond-Max Aubert, aura l'occasion de s'en entretenir directement avec la direction de Toyota au Japon, le 11 avril suivant[1].

Gilbert Flam n'en continue pas moins d'enquêter sur les activités de la Sowa Bank. Cet intérêt va perdurer jusqu'à l'arrestation d'Osada en mai 2000. Dans les mois qui ont précédé celle-ci, Gilbert Flam aura demandé une mise sous surveillance étroite de la société Kosa en raison des soupçons de blanchiment de capitaux pour le compte de la mafia japonaise qui pèsent alors sur la Sowa Bank.

Ce n'est qu'à la fin de l'année 2000 que la rumeur sur un compte japonais de Jacques Chirac resurgit dans le cadre d'un contentieux entre deux agents de la DGSE. Le capitaine Coquart accuse alors Jean Guille, son supérieur hiérarchique, de pratiques financières douteuses ; il affirme que les tricheries de ce dernier mériteraient d'être portées devant la justice, mais que le Service les tolère du fait que Jean Guille détiendrait des informations concernant « une très haute personnalité de la République », obtenues par lui et le Service en 1997. Le capitaine, auditionné au sein du Service, est incapable d'apporter la preuve de ses accusations et est en conséquence sanctionné.

Durant l'été 2001, les accusations dudit capitaine remontent néanmoins jusqu'à Dominique de Villepin, alors secrétaire général de la présidence de la République. Le bouillant collaborateur de Jacques Chirac apprend dans le même temps que Gilbert Flam, ancien juge financier détaché à la DGSE depuis 1991, aurait enquêté sur un compte japonais du président. Quand il apprend en outre que le juge Flam a appartenu au cabinet de Georges Sarre, en charge des Transports dans le gouvernement Rocard, son énervement

---

1. Les deux projets se sont concrétisés. L'usine de THK a été installée à Ensisheim (Haut-Rhin) et inaugurée en 2001. Elle emploie 293 salariés et sera agrandie en 2007. Celui de Toyota aussi : l'annonce de l'investissement fut effectuée en décembre 1997 et la première Toyota Yaris française sortit le 31 janvier 2001 de l'usine de Valenciennes-Onnaing.

monte d'un cran. Cette histoire va se trouver à l'origine du plus grave incident qu'aura connu la seconde « cohabitation ».

Le président s'en souvient : « J'ai toujours eu de bonnes relations avec Jospin, sauf une fois où je me suis fâché tout rouge, et il m'en faut beaucoup pour me fâcher tout rouge ! À l'époque, un important personnage officiel était allé voir Villepin pour lui rapporter qu'un complot était fomenté contre moi par la DGSE, s'appuyant sur le fait que j'aurais eu des comptes, et par-dessus le marché un enfant, au Japon ! Comme vous ne l'ignorez pas, c'est un pays que j'adore... Alors là je me suis fâché, car il ressortait des informations dont je disposais que tout cela pouvait venir de Matignon... J'ai écrit une lettre que j'ai confiée à Villepin qui l'a remise à Jospin... »

Cette lettre, très sèche, exposait qu'une enquête était entamée sur lui par les services secrets dans des conditions inadmissibles. Le Premier ministre répondit tout aussi sèchement qu'il n'avait pas eu à connaître d'une pareille enquête.

« Il a calmé le jeu », constate aujourd'hui sobrement le président.

Le 20 octobre 2001, le cabinet d'Alain Richard, ministre de la Défense, demandait en effet au directeur de la DGSE de mener des recherches au sein des services pour déterminer les conditions dans lesquelles un ou des agents avaient mené de telles investigations au Japon. Cette enquête, close le 21 janvier 2002, concluait, comme le déclara Alain Richard le 11 mai à « Questions d'Info » sur LCP/France-Info, qu'il n'y avait pas eu d'enquête spécifique sur un éventuel compte japonais de Jacques Chirac : en revanche, « il y avait bien eu une enquête relevant d'une mission de sécurité économique de la DGSE sur un grand établissement financier japonais (Tokyo Sowa Bank) que l'on soupçonnait d'avoir des comportements financiers offensifs et qui a d'ailleurs fini dans une faillite retentissante ». Et Alain Richard s'en fut rendre compte à Jacques Chirac des résultats de cette enquête : à savoir qu'une seule note, datée du 11 novembre 1996, mentionnait la rumeur véhiculée dans un article non signé paru au début des années 90 dans le *Shukan Post* et intitulé « C'est la banque de Chirac ». Les auteurs de l'enquête interne laissaient seulement planer un léger doute, qu'ils n'avaient pas réussi à lever complètement, sur ce qu'avait réellement fait Gilbert Flam. Mais, pour eux, le Service avait conduit à bon droit des investigations sur la Sowa Bank, sans manifester d'intérêt particulier pour la personne du président de la République. Une seconde enquête fut toutefois diligentée et confiée au général Rondot, lequel confirma les conclusions de l'enquête interne à la DGSE. C'est ce dossier du général Rondot qui, saisi quatre ans après par les juges chargés de l'affaire Clearstream, se retrouvera en partie dans *Le Canard enchaîné*.

Les rumeurs reprirent alors sur les liens prétendument « sulfureux » entre Jacques Chirac et Shoichi Osada, sur le fameux compte bancaire du président, mais aussi sur son fils caché… *Le Monde*, peu soupçonnable de tendresse à l'égard du chef de l'État, rechercha le fameux article du *Shukan Post*. Il dépouilla les 150 numéros de ce journal paru durant les années 1990, 1991 et 1992 à la bibliothèque Ohya de Tokyo, sans trouver la moindre trace d'un tel article ! Le correspondant du *Monde* interrogea ensuite la rédaction du *Shukan Post* qui lui répondit que, « très probablement, cet article n'existe pas[1] »…

Nicolas Beau a tenté d'aller plus loin que le message 422 du chef de poste à Tokyo. Il fait état de l'enquête d'un financier japonais qui explique que la Sowa Bank était impliquée dans le versement de pots-de-vin sur le marché de l'immobilier parisien. Il est difficile de trouver dans cette affirmation

---

1. *Le Monde* du 24 mai 2006.

trop imprécise un élément quelconque permettant de transformer la rumeur du message 422 en début d'information.
Dans une interview accordée au *Nouvel Observateur*,
Nicolas Beau livre un nouvel élément, toujours non sourcé,
qui atténue considérablement ses affirmations sur le montant
du compte japonais, puisqu'au lieu des 300 millions de
francs évoqués il déclare : « Ce dont nous sommes certains,
c'est qu'il y a eu, à un certain moment, un million de dollars
sur un compte au Japon. » Soit *grosso modo* cinquante fois
moins. Nicolas Beau, qui doit bien sentir que son affaire est
mal ficelée, ouvre de nouvelles pistes : « On pourrait s'intéresser à une autre fondation, la fondation Sasakawa, qui
existe au Japon sous le nom de Nippon Foundation, créée en
1990 par Ryoichi Sasakawa, un criminel de guerre japonais
qui entretient des relations avec des milieux financiers très
troubles au Japon. Cette fondation est peuplée de chiraquiens
pur jus. C'est une piste. D'autres, à Tahiti, évoquent un
possible versement de Gaston Flosse. » Rumeur, quand tu
nous tiens...

Autrement dit, il n'y a eu d'« affaire » nippone que dans la
tête de Nicolas Beau et dans celle de certains de ses confrères
qui préfèrent accumuler et distiller des on-dit invérifiés afin
de mieux « porter la plume dans la plaie », pour reprendre la
fameuse formule d'Albert Londres, plutôt que de se plier à
l'exigence de vérité. Compte tenu de l'image détestable
qu'ils ont du chef de l'État, ils estiment que les faits véhi-
culés par la rumeur sont probablement vrais, et ils passent du
probable au plausible puis au certain, sans que des faits
solides et dûment vérifiés permettent d'opérer une telle
translation. Ils se lovent ainsi dans l'amer grief de Balzac
selon qui « pour le journaliste, tout ce qui est probable est
vrai »...

La vérité est que le futur président faisait son *job* de maire
de Paris en se rendant à un séminaire sur l'emploi au Japon,
en rencontrant des patrons japonais au Japon, en entrant en

relation avec Shoichi Osada pour tenter de faire venir des investisseurs japonais en France dans le but de créer des emplois et de compenser l'effet des délocalisations. La DGSE a fait également son *job* en suivant de près les agissements d'un banquier bientôt considéré comme « sulfureux », afin de protéger le président et la France de ses éventuels agissements. Dans ce contexte, les conseillers de l'Élysée et la DATAR ont fait eux aussi leur *job*.

Le président de la République tire devant moi la conclusion de cette prétendue « affaire » japonaise par un catégorique : « Je puis vous confirmer que je n'ai jamais eu de compte au Japon et que je n'ai pas davantage d'enfant au Japon ! » De son côté, Bernadette Chirac, scandalisée et ayant vécu « très mal » ces attaques lancées contre son mari, confiait à Patrick de Carolis[1] : « Je trouve cela profondément injuste, parce que c'est un homme qui a consacré sa vie entière au service de la chose publique, au service des gens [...]. Ce n'est pas un homme d'argent ; l'argent n'a jamais été pour lui, en quoi que ce soit, une motivation. Jamais ! »

---

1. *Conversation, op. cit.*

25.

Contre l'extrême droite
et les extrémismes,
une autre vision de la France

Comme plus de 25 millions de Français, j'ai voté au printemps 2002 pour Jacques Chirac en lui confiant un mandat très clair que lui-même exprimait ainsi, le 2 mai : « L'extrême droite divise, trie et rejette. Elle veut introduire l'inégalité et la discrimination au cœur de la Constitution. Elle est un moteur d'exclusion, de discorde et de violence sociale. Elle refuse de voir la France comme un tout, de mettre en valeur toutes ses richesses et sa diversité, de faire jouer toutes ses solidarités. Je veux une France unie. Une France où les différences s'additionnent au lieu de se combattre. Une France qui réapprenne à faire vivre ensemble des femmes et des hommes de toutes origines. » En le réélisant à plus de 82 % des votants, le peuple français lui confiait pour principale mission de faire barrage à Le Pen et aux idées que celui-ci véhiculait, et plus largement à tous les racismes, à l'antisémitisme comme à l'islamophobie, aux exclusions et aux discriminations. A-t-il rempli la mission que, parmi des millions d'autres, je lui avais alors confiée ?

Jacques Chirac a remis l'unité et l'indivisibilité de la République, son fondement premier, au cœur du quinquennat qui s'achève en 2007. Pour mobiliser les énergies en faveur de cet idéal républicain, il a impulsé une nouvelle loi sur la laïcité, combattu la dérive communautariste, créé une Haute Autorité de lutte contre les discriminations et pour l'égalité (Halde), instauré une journée de commémoration du souvenir de l'esclavage et de son abolition, lancé la création d'une Cité nationale de l'histoire de l'immigration qui verra le jour en avril 2007, conçu et élaboré un contrat d'accueil et d'intégration... Toutes mesures entrant dans le cadre de son mandat. Aurait-il pu faire mieux ? Certainement, mais, à part le faux pas commis dans les rangs de sa majorité sur les « aspects positifs de la colonisation », il est difficile de ne pas lui reconnaître une grande cohérence dans ce combat qu'il mène de longue date.

Avant d'entrer à l'Élysée, Jacques Chirac a, on l'a vu, refusé toute collaboration avec Jean-Marie Le Pen et le Front national dès lors que ce parti s'est trouvé en position de jouer un rôle important sur l'échiquier politique. Cette position, il l'a solennellement rappelée le 23 mars 1998 à l'occasion des élections régionales où quelques hommes politiques de droite – Charles Millon en Rhône-Alpes, Charles Baur en Picardie, Jean-Pierre Soisson en Bourgogne, Jacques Blanc en Midi-Pyrénées – acceptèrent de faire alliance avec l'extrême droite pour être élus à la présidence de leur région : « À la droite républicaine, je voudrais dire qu'elle peut convaincre sans se renier. Elle a pris des engagements, maintes fois répétés, aux termes desquels elle n'accepterait aucune compromission avec l'extrême droite. Ses engagements doivent être respectés dans la lettre, mais aussi dans l'esprit. Si je tiens à rendre hommage à tous ceux qui ont fait preuve de courage et de clairvoyance, je ne peux que désapprouver celles et ceux qui ont préféré les jeux politiques à la voix de leur conscience. Cette attitude, même si elle répond à la volonté de faire barrage à l'adversaire, n'est pas digne, et elle peut être dangereuse. »

Quelques semaines après son arrivée à l'Élysée, lors de la commémoration de la grande rafle du Vel' d'Hiv' des 16 et 17 juillet 1942, Jacques Chirac avait déjà posé un acte à forte charge symbolique en reconnaissant la responsabilité de l'État français dans les crimes perpétrés par Vichy à l'égard des Juifs. Il rompait ainsi avec tous ses prédécesseurs de la Ve République, de Gaulle, Pompidou, Giscard d'Estaing et François Mitterrand, qui estimaient que la République n'avait pas à demander pardon pour des crimes qu'elle n'avait pas commis, Vichy constituant pour le pays occupé une parenthèse dans son histoire[1]. Durant cette commémoration, il avait prononcé des paroles vigoureuses contre l'« esprit de haine », qui visaient l'extrême droite[2].

« Quand souffle l'esprit de haine, avivé ici par les intégrismes, alimenté là par la peur et l'exclusion. Quand, à nos portes, ici même, certains groupuscules, certaines publications, certains enseignements, certains partis politiques se révèlent porteurs, de manière plus ou moins ouverte, d'une idéologie raciste et antisémite, alors cet esprit de vigilance qui vous anime, qui nous anime, doit se manifester avec plus de force que jamais. En la matière, rien n'est insignifiant, rien n'est banal, rien n'est dissociable. Les crimes racistes, la défense de thèses révisionnistes, les provocations en tout genre, les petites phrases, les bons mots, puisent aux mêmes sources. »

Aujourd'hui, dans une conversation à bâtons rompus, sans conseillers, sans « nègres » pour habiller sa pensée, lui conférer plus de lustre et de solennité, Jacques Chirac s'exprime du plus profond de ses tripes sur une question qui,

---

1. En accord avec l'argumentation du général de Gaulle, reprise et argumentée par François Mitterrand, je n'avais pas approuvé, à l'époque, cette reconnaissance que je pouvais par ailleurs comprendre.
2. Discours tenu le 16 juillet 1995.

plus que toutes, lui tient à cœur et sur laquelle il est souvent revenu au cours de nos entretiens.

« Je suis viscéralement contre tout ce qui est antisémite. Je suis antiraciste, je ne supporte pas le racisme, je ne le comprends pas, tout comme je ne comprends pas l'anti-sémitisme. Les Juifs ont apporté énormément à la France. Le seul reproche qu'on peut leur faire, c'est d'être souvent plus intelligents que les autres... Quand on s'est mal conduit, il faut le reconnaître d'une façon ou de l'autre. Ce qui s'est passé avec les Juifs pendant la guerre est impardonnable, et il y a un moment où il faut le dire. En 1995, j'ai voulu le dire sans agressivité... Cela n'a absolument rien à voir avec la repen-tance. Quand on a commis une faute, il n'y a pas d'inconvé-nient à la reconnaître, et on se grandit en la reconnaissant... »

Jacques Chirac a effectué la même démarche pour ce qui concerne l'esclavage. Déjà, en 2001, la France avait été le premier pays à reconnaître dans l'esclavage un crime contre l'humanité. En janvier 2006, le président a fait du 10 mai la date annuelle de commémoration de l'esclavage et de son abolition. Il a rappelé qu'assumer toute son histoire, y compris sa part d'ombre, était la condition nécessaire pour « qu'un peuple se rassemble, qu'il devienne plus uni, plus fort. C'est ce qui est en jeu à travers les questions de la mémoire : l'unité et la cohésion nationale, l'amour de son pays, la confiance dans ce que l'on est ».

La reconnaissance des pages sombres de l'Histoire de France a permis à Jacques Chirac d'en célébrer d'autant mieux les pages les plus glorieuses, celles écrites par Jeanne d'Arc, par les poilus de Verdun, par de Gaulle le 18 juin 1940, par la Résistance, en soulignant notamment l'importance de la création du Conseil national de la résistance à l'initiative du Général et de Jean Moulin... Dans le discours où il reconnut que Vichy avait commis « l'irréparable », il a évoqué « la France, une certaine idée de la France, droite, généreuse, fidèle à ses traditions, à son génie. Cette France n'a jamais été à Vichy [...]. Elle est présente, une et indivisible, dans le cœur des Français, ces "Justes parmi les nations" qui, au plus noir de la tourmente, en sauvant au péril de leur vie, comme l'écrit Serge Klarsfeld, les trois quarts de la communauté juive résidant en France, ont donné vie à ce qu'elle a de meilleur ». Le 18 janvier 2007, jour anniversaire de l'arrivée de l'Armée Rouge à Auschwitz, Jacques Chirac, bouclant la boucle, a rendu hommage, au Panthéon, aux Justes de France, reconnus ou anonymes, qui « ont contribué à protéger les trois quarts de la population juive d'avant-guerre de la déportation, c'est-à-dire d'une mort presque certaine [...]. Il y a des ténèbres. Mais il y a aussi la lumière [...]. Des Françaises et des Français en très grand nombre vont montrer que les valeurs de l'humanisme sont enracinées dans leurs âmes [...]. Notre histoire, il faut la prendre comme un bloc. Elle est notre héritage, elle est notre identité[1]... »

L'irruption du voile islamique dans quelques écoles de la République et l'ultramédiatisation de ces quelques cas ont obligé la société française à ouvrir un nouveau débat sur la laïcité, véritable fondement du vivre-ensemble républicain. Le 22 mai 2003, à l'occasion du 60e anniversaire du CRIF, Jacques Chirac rappelle que ce principe de laïcité est le « pilier de notre unité et de notre cohésion... un principe sur lequel nous ne transigeons pas ». Les collaborateurs du Président travaillent alors à élaborer un texte de loi visant à interdire le voile à l'école. Mais ce texte est complexe et lesdits conseillers ne sont pas certains qu'il soit avalisé par le Conseil constitutionnel. Jacques Chirac n'entend pas passer en force et décide alors de créer une commission dirigée par Bernard Stasi. Au début, les membres de cette commission sont majoritairement contre l'interdiction du voile. Parallèle-

---

1. Voir le discours intégral en fin d'ouvrage.

ment, Jean-Louis Debré, président de l'Assemblée nationale, crée une autre commission poursuivant les mêmes objectifs. Les membres des deux commissions prennent bientôt conscience à quel point l'affaire du voile est en fait une arme dirigée contre la République. La commission Stasi unanime (un de ses membres ne prend pas part au vote) se prononce alors pour l'interdiction de tous les signes religieux arborés de manière ostentatoire. La commission Debré, soutenue par les socialistes, plus laïcistes, adopte des positions plus radicales. Satisfait de cette évolution, Chirac prononce le 17 décembre 2003 un discours pour annoncer le vote d'une loi : « Tous les enfants de France, quelle que soit leur histoire, quelle que soit leur origine, quelle que soit leur croyance, sont les filles et les fils de la République » ; en conscience, il estime que « le port de tenues ou de signes qui manifestent ostensiblement l'appartenance religieuse doit être proscrit dans les écoles, les collèges et les lycées publics ». Quatre jours après ce discours, la situation se tend, avec deux manifestations de filles voilées qui, à Paris et à Strasbourg, réunissent plus de monde que prévu. De très fortes réactions dans le monde arabe relaient cette opposition à la loi interdisant le voile à l'école. À l'intérieur de la majorité, de plus en plus de voix s'élèvent vers la présidence pour que le recours à la loi soit abandonné. Beaucoup ont peur que le texte mette le feu aux banlieues. Jean-Pierre Raffarin relaie ces peurs. À gauche, les Verts, la LCR et divers mouvements d'extrême gauche stigmatisent le recours à la loi, mais ils ne font pas le poids face à la machine socialiste qui – François Hollande et Jean-Marc Ayrault en tête – en soutient le principe. Le texte de loi est voté le 15 mars 2004 et les manifestations s'arrêtent du fait de l'impact des attentats de Madrid survenus le 11 mars. L'UOIF (Union des organisations islamistes de France, réputée proche des Frères musulmans, la plus active sur le terrain) remise ses pancartes, ses banderoles et ses mots d'ordre.

Dans la même logique républicaine, Jacques Chirac s'est engagé à lutter contre toutes les formes de discrimination, notamment celles qui se fondent sur l'origine, la confession ou le lieu de vie. Il a créé à cette fin la Halde (Haute Autorité de lutte contre les discriminations et pour l'égalité) en 2004 et a installé à sa tête Louis Schweitzer, ancien président de Renault. « Lorsqu'un CV passe à la corbeille en raison de l'origine, de l'âge ou tout simplement de l'adresse du demandeur ; lorsque le postulant à un logement se voit, de fait, écarté à cause de son nom ; lorsqu'un jeune homme se voit refuser l'entrée d'une boîte de nuit à cause de la couleur de sa peau ; lorsqu'une personne homosexuelle se voit privée d'une promotion méritée pour la seule raison qu'elle est homosexuelle ; lorsqu'une femme est moins payée que son homologue masculin, je veux que la Halde puisse être leur recours, et qu'ils aient le réflexe de la saisir[1]. » La Halde a pour mission d'accompagner et de conseiller la victime d'une discrimination afin de lui permettre d'obtenir réparation. Elle dispose de larges pouvoirs, y compris, depuis la loi de 2006 sur l'égalité des chances, des pouvoirs de sanction.

Depuis juillet 2006, tout immigrant doit signer un contrat d'accueil et d'intégration, assorti de droits et de devoirs, qui prépare son intégration républicaine dans la société française. L'immigrant s'engage à suivre une formation civique comportant une présentation des institutions françaises et des valeurs de la République, notamment l'égalité entre hommes et femmes, la laïcité, et, si besoin est, une formation linguistique. L'État s'engage à dispenser gratuitement ces formations.

Tous les discours qu'il a prononcés, les arbitrages qu'il a rendus, les lois qu'il a promulguées pour la défense des

---

1. Jacques Chirac, Paris, 23 juin 2005.

valeurs rénovées et adaptées de la République sont certes cohérentes avec le « Chirac intime[1] » ; néanmoins, je ne voyais pas bien comment pouvaient s'articuler ou se côtoyer ce qui m'apparaissait comme une vision excentrée de la France et cet amour affiché pour elle. Cette méconnaissance m'empêchait de bien comprendre son approche des valeurs de la République, sa vision du monde, mais aussi, on le verra ultérieurement, son obsession à promouvoir le dialogue des cultures. Pour le « chauffer » sur ce thème, je lui ai lu un passage d'une interview qu'il donna au *Figaro Magazine* à l'occasion de la panthéonisation d'André Malraux : « Il est dans la vocation de la France d'être exemplaire à tous égards et, à ce titre, de porter une idée de la France... », qui se termine par : « La France n'est jamais plus grande que lorsqu'elle l'est pour tous. »

– C'est vrai, laisse-t-il tomber.

J'insiste pour qu'il m'explique l'articulation peu évidente entre sa vision de la France et sa vision du monde, mais le laconisme de sa réponse me laisse penser que je vais avoir du mal à l'accoucher. Frédéric Salat-Baroux, qui assiste à l'entretien et perçoit qu'on est là au cœur d'une question essentielle pour comprendre son patron, l'interroge.

– Quelles sont les racines de votre amour de la France ?

Chirac réfléchit, hésite, ne sait manifestement par quel bout commencer, puis se lance.

– Je dirais que... Je me sens français avant tout autre chose, mais, pour moi, ça ne comporte aucun élément de refus ou de rejet de quoi que ce soit ou de qui que ce soit. Je crois qu'effectivement, la France a vocation – elle l'a probablement eue tout au long de son histoire – à apporter au monde une certaine vision humaniste, et je ne vois donc pas de contradiction entre le fait d'avoir une vision humaniste de

1. Relaté dans la première partie.

l'homme et de la société, fondée d'abord et avant tout sur le respect des autres, et le...

Les mots « amour de la France » ne sortent pas : a-t-il peur que cette simple déclaration soit prise indirectement pour un discours d'exclusion, l'expression d'un chauvinisme et d'un mépris des autres ? Je lui tends une perche.

— L'universalisme projeté hors de France par les Lumières aboutissait à nier les autres cultures...

— C'est tout à fait exact, mais c'était l'ambiance de l'époque. Les Lumières se cantonnaient à une partie de l'univers tel qu'il était alors ressenti... Je suis très fier d'être français, et je considère que lorsqu'on est français on doit porter autour de soi le respect, la paix et les valeurs de la démocratie.

— Comment exprimez-vous cet amour, et sur quoi porte-t-il ?

— J'estime qu'il ne faut pas le proclamer péremptoirement. Moi, je suis très attaché au respect de l'autre. On ne doit pas chercher à imposer la suprématie de ce que l'on est, ni de ce que l'on croit.

— Vous ne tenez pas à extérioriser votre amour de la France ?

— L'amour de la France, c'est dans le sang qu'il coule...

Jacques Chirac s'aperçoit que ses mots ne traduisent pas exactement ce qu'il souhaite dire. Il se reprend aussitôt : « Mais il y a des gens qui ont l'amour de la France sans être de sang français : il ne faut pas confondre. » Ce qu'il semble vouloir dire, c'est que l'amour de la France est indicible, qu'on le porte en soi. S'il a tant de mal à l'exprimer, c'est que ce sentiment-là relève de l'évidence, mais qu'en mettant cet amour en mots, il craint toujours de heurter les autres.

Notre conversation est hachée de nombreux silences. Il reprend.

— L'amour de la France marie un certain attachement à tout ce qu'elle incarne, ce qu'elle a de bon comme ce qu'elle a de moins bon. On est au fond attaché à tout cela. Mais je persiste à me montrer très prudent en ce domaine, car à force de dire qu'on aime la France – ce qui est profondément mon cas –, on finit volontiers par affirmer implicitement qu'au fond, la France, c'est bien mieux que les autres. Or j'ai la conviction que ce n'est pas ainsi qu'il faut exprimer sa fierté d'être français, même s'il est vrai que nous avons encore beaucoup de choses à apporter au monde…

Je fais remarquer au président qu'aucun de ses prédécesseurs, proches ou lointains, n'auraient pu prononcer de telles phrases, qui découlent de sa culture très atypique.

– Vos précautions de langage s'expliquent-elles par la peur de manquer de respect aux autres et d'être assimilé à ceux qui « dérapent »…

– Peut-être. Mais je vous rappelle que quand il y a eu la guerre d'Algérie, j'aurais très bien pu me dispenser d'aller servir en Algérie, puisque j'étais à l'ENA. J'y suis parti comme volontaire. Je ne me suis même pas posé la question de la légitimité de cette guerre. Enfin si, je me la suis posée, mais je n'ai pas éprouvé pour autant la moindre hésitation à partir dans les djebels… Puisque la France avait décidé – à tort ou à raison – que l'Algérie devait rester française, eh bien, je lui apportais ma contribution…

– Le plus étonnant, c'est qu'alors que les Français vous reconnaissent à l'évidence comme un citoyen de la France profonde, vous n'extériorisez pas cette appartenance… Autant vous arrivez à parler avec aisance de pays éloignés, exotiques, autant vous avez du mal à parler de notre pays. Vous semblez avoir en permanence le souci de corriger une certaine idée ou image de la France… Une France qui, justement, n'aurait pas toujours respecté les autres. Vous avez peur des dérives nationalistes, si contraires à votre univers…

– Pas seulement des dérives nationalistes, mais des dérives racistes et antisémites qui, à mes yeux, sont radicalement contradictoires avec l'idée que je me fais de la France, et qui, de toute façon, doivent être condamnées parce qu'humainement insupportables.

Pourtant, trente ans plus tôt, Jacques Chirac ne craignait pas d'exprimer son amour de la France de façon on ne peut plus cocardière[1]. J'entends bien continuer à approfondir notre discussion sur cette question clé. Lui-même est conscient qu'il devrait aller plus loin pour expliquer, lui, président de la République française, son rapport à la France.

– Avez-vous conscience d'avoir connu une singulière évolution ? Ou bien est-ce la fonction présidentielle qui est à l'origine de ce changement ?

– Je ne saurais vous répondre avec beaucoup de précision, si ce n'est en disant que, pour moi, la France, c'est ce qu'on a sous ses semelles. J'étais profondément corrézien. Je ne concevais pas de me présenter ailleurs que là où j'avais une attache avec la terre et les hommes qui vivent dessus. C'est quelque chose de charnel.

Il insiste beaucoup sur son approche charnelle de ce pays. Et rappelle pourquoi, après avoir été élu maire de Paris, il a refusé de devenir député de la capitale.

– Les gens à Paris me disaient que c'était ridicule de rester élu de Corrèze : « Aux prochaines élections, il faut que tu te présentes dans une circonscription en or massif ; comme ça, tu pourras te consacrer entièrement à la mairie de Paris... » Et je me souviens fort bien que je leur répondais : « Si je suis député à Paris, je serai désormais uniquement parisien, et j'aurai perdu mon ancrage dans la France de mes origines... » C'est vous dire comme j'ai assumé jusqu'au bout mon mandat de député de Corrèze, quelles qu'aient été les contraintes que cela représentait pour moi. Je l'ai fait ni par devoir ni même par conviction, car c'était pour moi naturel, je le faisais avec plaisir. Quand je suis chez moi en Corrèze,

---

1. Comme, par exemple, dans *La Lueur de l'espérance, op. cit.*

j'ai vraiment le sentiment d'être parmi les Français, d'être en France… C'est comme ça : il pourrait en aller de même si j'étais en Périgord, en Provence ou en Champagne, mais bon… Tout ça pour vous dire que, pour moi, avec la France, la relation est très charnelle, ce qui n'empêche pas de lui assigner une place particulière dans le monde… Vous comprenez, je me sens bien quand je suis en train de manger la soupe chez un paysan ou dans un café de village…

– Là, vous n'avez nul besoin de vous forcer.

– Je n'ai pas besoin de me forcer, c'est naturel, c'est là ma France. Chacun doit avoir une attache personnelle avec un coin de pays. On peut bien sûr être français sans être corrézien, je ne le conteste pas ! (Gros rire.) Mais la patrie, on l'a sous ses pieds.

Je le relance sur certaines affirmations relatives à l'histoire de France qu'il a faites dans *La Lueur de l'espérance*. Il écrivait ainsi sur le Moyen Âge : « La période qui me séduit le plus, c'est le Moyen Âge. Je crois que c'est une des rares périodes où il y ait eu un véritable équilibre social. »

– Je me souviens avoir écrit cela. Je ne suis pas sûr que je le dirais encore aujourd'hui. Dans les années 70, je me suis passionné pour le Moyen Âge – vous savez, on a toujours de ces passions successives –, je courais les antiquaires, j'ai même acheté quelques meubles de haute époque… (Rire.) Non, je ne suis pas sûr que je déclarerais la même chose aujourd'hui. Cela étant, il y a eu à cette époque, sur le plan culturel, une forme d'affirmation nationale indiscutable, déjà assez française, que l'on retrouve notamment dans le mobilier et les arts au sens large, c'est-à-dire en y incluant les équipements et ornements religieux. Mais il y avait par ailleurs bien des inconvénients…

Plus étonnants, ses commentaires sur Napoléon, toujours dans *La Lueur de l'espérance* : « En allant plus loin dans la voie des confidences, jusqu'aux confins de l'inavouable, j'ai de la sympathie pour ce temps où le Code civil s'exprimait dans une langue plus belle et assurément plus précise que celle de nos hommes de lettres... »

– C'est indiscutable... Depuis mon plus jeune âge, j'ai été un admirateur de l'épopée napoléonienne. C'est un personnage qui devait avoir des défauts colossaux, mais également doté d'un génie stupéfiant et qui exprimait les choses on ne peut plus clairement. Ce n'est pas un hasard s'il a conçu et fait élaborer le Code civil. C'est qu'il avait ce don qui lui permettait de concevoir et de s'exprimer avec aisance et clarté. C'est la raison pour laquelle il pouvait dicter plusieurs choses à la fois. À l'époque il n'y avait pas de sténos... En dehors de cela, il a commis toutes sortes de fautes... C'est également lui qui a poussé les Juifs à s'organiser : il les a réunis dans le sous-sol de l'hôtel de ville de Paris et leur a dit : « Vous en sortirez quand vous serez organisés... » Il fallait le faire, et les Juifs peuvent lui dire merci, car ils étaient jusque-là à se disputer sans arrêt ! Ils en sont sortis organisés.

Quelques minutes plus tard, Jacques Chirac complète ainsi son jugement sur Napoléon : « La France n'a pas été grande pendant la campagne de Russie. Elle n'a jamais été grande quand elle s'est livrée aux excès. Elle n'a été grande que lorsqu'elle a porté un message d'ouverture, de tolérance et de compréhension des autres. » Cette dernière phrase claque comme une profession de foi ou une sorte de testament que je lui ai déjà entendu décliner à de nombreuses reprises. Dans le cours de nos entretiens, il est cependant encore un peu tôt pour parler de l'après et de la façon dont les Français jugeront de ses mandats, mais...

– Qu'est-ce que les Français retiendront de vos mandats ? Qu'est-ce que vous voudriez qu'ils en retiennent ?

– Ce sont là deux questions différentes. Ce qu'ils en retiendront, je n'en sais rien. Je ne suis pas d'un tempérament foncièrement vaniteux. Ce que je souhaiterais qu'ils retiennent, c'est que, contrairement aux apparences qu'elle donne à certains moments et pour certains aspects de son histoire, la France est un pays – s'efforce d'être un pays – de tolérance. Tel est son génie propre, et quand elle s'en tient à cette idée forte, c'est alors qu'elle est grande. Quand elle ne la respecte pas, là, elle se rapetisse. Voilà tout ce que je voudrais qu'on retienne... Il y a toujours quelque chose de bon à prendre chez quelqu'un. C'est une réalité : le dialogue est inhérent à la nature humaine. Au fond, lorsque les premiers hominidés sont devenus des bipèdes, leur colonne vertébrale s'est redressée, leur cou aussi, leur larynx s'est formé, et ça a donné la voix, donc l'échange. Voilà ce qui caractérise l'homme : sa capacité d'échanger. Certes, on peut échanger pour le meilleur ou pour le pire, et il faut essayer de faire en sorte que ce soit pour le meilleur...

Comme dans un cri, le président termine par :

– ... Je déteste l'intolérance !

– Vous espérez donc, sans le dire explicitement, que les Français retiendront de vos actions qu'elles ont incité la France à devenir davantage un pays de tolérance ?

Long temps mort.

– J'ai essayé d'y contribuer. Sur le plan international, j'ai toujours défendu le dialogue, le respect des autres, notamment de la culture de chacun. En France, j'ai toujours condamné ce qui, dans notre histoire ou nos comportements, s'est traduit par le rejet, la ségrégation, l'intolérance... Ce qu'on a fait pendant la guerre à l'égard des Juifs, mais envers d'autres aussi, c'est quelque chose que je ne conçois pas comme pouvant émaner d'un esprit humain. À l'époque où j'ai prononcé mon discours au Vel' d'Hiv' sur la responsabilité de l'État français, on m'a remontré que j'avais tort de le faire, car le général de Gaulle s'en était gardé par respect pour la France... Ça ne m'est même pas venu à l'idée de ne pas le faire. C'était vraiment l'expression de ce que j'estimais être la France. La France ne peut pas être complice de ce genre de choses, elle doit donc les dénoncer...

– Vous avez multiplié les discours pour stigmatiser certains agissements de la France...

– C'est parce qu'on a commis des erreurs, des fautes... C'est normal qu'à un moment ou à un autre, on les assume...

– Il vous est donc égal de vous entendre reprocher d'avoir un goût un peu trop prononcé pour la repentance...

– Ça m'est complètement égal... Je ne suis pas un larmoyant, j'assume notre histoire ; mais il faut reconnaître les choses, ne serait-ce que pour ne pas être tenté de les rééditer. Il faut porter un regard lucide sur son histoire dans ce qu'elle a de grand et dans ce qu'elle a de moins grand. Qu'on le veuille on non, l'esclavage a été un moment tragique de l'histoire du monde, et nous y avons pris parti. Eh bien, il faut le reconnaître. C'est comme cela aussi que chacun peut reconnaître que la République a toujours été exemplaire face à l'esclavage. Elle l'a aboli à deux reprises. En regardant en face notre histoire, celle-ci en sort d'autant plus forte.

26.

Où l'on voit resurgir, après le choc du 11 septembre, l'obsession de Chirac : le dialogue des cultures

La boîte à outils de Jacques Chirac, résultat d'une culture atypique, renferme une clé à usages multiples : le « dialogue des cultures », parfaitement adaptée à ce début du XXIᵉ siècle qu'on s'attendait à être celui de la paix mondiale et qui est, pour l'heure, celui des dégâts collatéraux de la mondialisation, de la montée des frustrations provoquées par l'arrogance de l'hyperpuissance américaine, du développement de tous les intégrismes et donc de toutes les terreurs... Toute son action axée sur l'extérieur est cohérente avec le « Chirac intime ».

Dans les minutes qui ont suivi la première attaque terroriste contre une tour du World Trade Center, le 11 septembre 2001, Jacques Chirac a manifesté sa solidarité et celle de la France avec les États-Unis. Il était à Rennes et devait prononcer un important discours à la tribune de la Faculté des métiers, Ker Lann, discours qu'il a remplacé au pied levé par quelques mots pour s'excuser de devoir rejoindre immédiatement son bureau de l'Élysée : « C'est en effet avec une

immense émotion que la France vient d'apprendre ces attentats monstrueux – il n'y a pas d'autre mot – qui viennent de
frapper les États-Unis d'Amérique. Dans ces circonstances
effroyables, le peuple français – je tiens à le dire ici – tout
entier est aux côtés du peuple américain. Il lui exprime son
amitié et sa solidarité dans cette tragédie. J'assure naturellement le président George W. Bush de mon soutien total. La
France a, vous le savez, toujours condamné et condamne
sans réserve le terrorisme, et considère qu'il faut lutter contre
le terrorisme par tous les moyens. »

Jacques Chirac a sauté ensuite dans son avion et, dès son
arrivée à l'Élysée, a convoqué un Conseil interministériel sur
la sécurité, avec notamment Lionel Jospin, Hubert Védrine et
Alain Richard. Il a pris aussitôt contact avec des proches de
George W. Bush, puis avec Tony Blair et Gerhard Schröder.
Il a également appelé Jean-Daniel Levitte, l'ambassadeur de
France auprès des Nations unies, pour lui demander d'élaborer avec les Américains et les autres alliés une résolution à
soumettre au Conseil de sécurité. Dès le lendemain, la résolution 1368 assimilait un acte de terrorisme à un acte de
guerre, et reconnaissait ainsi que les États-Unis étaient en
situation de légitime défense. Jacques Chirac a été le premier
chef d'État à réagir de cette manière. Dans la foulée, il a
encouragé la création d'une très large coalition contre le
terrorisme, avec presque tous les pays du monde, notamment
la plupart des pays arabes et musulmans. Une semaine après
l'attentat, il a été le premier chef d'État étranger à rencontrer
le président Bush. Dans le courant d'octobre, il rompait avec
la tradition gaulliste et engageait les troupes françaises en
Afghanistan, dans le cadre de l'OTAN, pour concrétiser sa
solidarité avec Washington dans sa lutte contre le terrorisme.
Mais le « Nous sommes tous américains » n'effaça pas pour
autant les dossiers conflictuels qui s'étaient accumulés
depuis l'arrivée de George W. Bush à la Maison Blanche. Un
Bush qui avait procédé à un changement radical de la poli-

tique étrangère de Washington en refusant de ratifier le protocole de Kyoto, en voulant se doter d'un bouclier anti-missiles, en refusant de participer à la Cour pénale interna-tionale. Un changement qui portait la marque de ces « durs » qu'on appelle les « néocons », à savoir les Dick Cheney (vice-président), Donald Rumsfeld (secrétaire d'État à la Défense), Paul Wolfowitz (secrétaire d'État adjoint à la Défense), etc., qui profitèrent de l'agression du 11 septembre pour imposer leur propre idéologie à Bush.

À peine plus d'un mois après le choc du 11 septembre, le président de la République, tout en ayant ainsi donné des signes forts de solidarité avec les États-Unis, a commencé à conceptualiser sa différence d'avec la politique de l'administration Bush. Dans un discours prononcé à l'occasion de la 31e Conférence générale de l'Unesco[1], il questionnait le monde entier sur les causes de cette déflagration et proposait une vision du monde totalement différente de celle que les néocons étaient en train de définir aux États-Unis. Au « choc des civilisations » popularisé par Samuel Huntington, il opposait son « dialogue des cultures », déjà familier au lecteur[2], qu'il avait évoqué à de nombreuses occasions dans le domaine muséal, en refusant notamment de célébrer avec l'Occident le cinquième centenaire de la découverte de l'Amérique par Christophe Colomb, en poussant à la créa-tion du Pavillon des Sessions et du musée Branly, en impo-sant une nouvelle lecture de l'histoire de France, en luttant contre ceux qui excluent et qui divisent... Il s'installait ainsi dans une posture diamétralement opposée à celle de Bush. Jacques Chirac, président d'une (encore) grande puissance, n'hésitait pas à exposer en ces termes ses propres interroga-tions sur l'Occident et ses responsabilités historiques.

---

1. Le 15 octobre 2001.
2. Voir la première partie : « Chirac intime ».

« Sans céder à la tentation d'un quelconque vertige, nous devons nous interroger, chacun pour sa part. Et, aussitôt, lorsque l'on s'interroge, les questions fusent. Sommes-nous restés fidèles à nos propres cultures et aux valeurs qui les sous-tendent ? L'Occident a-t-il donné le sentiment d'imposer une culture dominante, essentiellement matérialiste, vécue comme agressive, puisque la plus grande partie de l'humanité l'observe, la côtoie sans y avoir accès ? Est-ce que certains de nos grands débats culturels ne sont pas parfois apparus comme des débats de nantis, ethnocentrés, qui laissaient de côté les réalités sociales et spirituelles de ce qui n'était pas l'Occident ? Jusqu'où une civilisation peut-elle vouloir exporter ses valeurs ? »

En réponse à toutes ces questions, il proposait le choix du « dialogue des cultures ».

« La réponse à cela, nous la vivons dans nos traditions, nous la sentons dans nos cœurs et dans notre raison, c'est le dialogue des cultures, gage de paix alors que le destin des peuples se mêle comme jamais. Un dialogue revivifié, renouvelé, réinventé, en prise sur le monde tel qu'il est. Sur quels principes se fondera ce dialogue ? Le premier, qui pourrait être inscrit au frontispice de l'Unesco, c'est l'égale dignité de toutes les cultures et leur vocation à s'interpénétrer et à s'enrichir les unes les autres. C'est tout à la fois une évidence, portée par toute l'histoire de l'humanité, son histoire littéraire, artistique, architecturale... C'est aussi et surtout une grille de lecture du monde. »

Jacques Chirac livrait là ses convictions intimes, forgées au fil du temps, depuis sa première visite au musée Guimet et sa rencontre avec Vladimir Belanovitch, son professeur de sanscrit, puis de russe.

« Que seraient l'architecture, la poésie ou les mathématiques sans la culture arabe qui recueillit aussi les savoirs antiques, qui s'aventura bien loin de ses frontières quand l'Europe s'enfermait sur elle-même ?

« Que serait la philosophie sans l'obsession hindoue de la nature de l'être, sans son sens du rythme et des respirations ? Que serait l'art du XXᵉ siècle s'il n'avait été fécondé par l'Afrique et les peuples premiers ?

« Que dire de l'Extrême-Orient, de sa recherche passionnée de l'harmonie, du geste juste, de son intuition de la tension des contraires comme source de l'élan vital ?

« Que seraient le rêve de liberté et le respect dû à chaque homme sans la philosophie des Lumières qui essaima de France au XVIIIᵉ siècle à travers toute l'Europe, pour finalement traverser les océans ?

« Que dire de l'apport essentiel des religions à la vie des hommes, lorsqu'elles les élèvent au-dessus de leur simple condition pour accéder à l'absolu ? Lorsqu'elles les éloignent de la haine et des égoïsmes, les rassemblent dans une communauté ouverte et généreuse ?

« Certes, toutes les cultures ne se développent pas au même rythme. Elles connaissent des apogées et des déclins, des périodes de rayonnement et d'expansion, comme des temps de silence et de repli. Pour autant, toutes continuent à vivre au présent dans notre mémoire collective. Elles construisent nos identités, nos raisons d'être. Elles apportent à nos vies la lumière et le plaisir, le chatoiement de la poésie et des beaux-arts, l'accès à la connaissance et à la transcendance. Elles s'attellent aussi à l'obscur, questionnent le mystère et l'énigme. Elles constituent ensemble, à égalité, la part de lumière et de progrès, d'exigence éthique de l'humanité.

« Le deuxième de ces principes, inséparable de l'égale dignité des cultures, c'est la nécessité de la diversité culturelle. Il ne peut y avoir de dialogue entre l'un et son double au mépris de l'autre.

« Cette diversité est menacée. Je pense aux différentes langues du monde qui sont aujourd'hui près de cinq mille. Nous savons qu'il en disparaîtra la moitié au cours de ce siècle, si rien n'est fait pour les sauvegarder. Je pense aux peuples premiers, ces minorités isolées aux cultures fragiles, souvent anéanties par le contact de nos civilisations modernes. Je pense bien sûr à l'habitat, aux modes de vie, aux coutumes, aux productions artisanales, culturelles, exposés à la standardisation qui est l'un des avatars de la mondialisation.

« Qu'on ne s'y trompe pas. Je ne suis pas de ceux qui magnifient le passé et qui voient dans la mondialisation la source de tous nos maux. Il n'y avait pas, hier, un admirable respect des cultures, et il n'y a pas, de nos jours, une affreuse volonté d'hégémonisme. Qu'on se souvienne seulement des conquêtes et des colonisations qui, trop souvent, cherchaient à imposer par la force – force des armes ou pressions de toutes natures, et d'ailleurs en parfaite bonne conscience – des croyances et des systèmes de pensée étrangers aux peuples colonisés. »

Et, pensant aux masses arabes et musulmanes, africaines et sud-américaines qui contestent de plus en plus l'Occident, Chirac assenait : « Aujourd'hui, la mondialisation est souvent présentée comme une nouvelle forme de colonisation visant à installer partout le même rapport – ou la même absence de rapport – à l'Histoire, aux hommes et aux Dieux. »

À la même époque, les néocons américains étaient en train de mettre au point une nouvelle doctrine de prévention visant à faire la « guerre contre le terrorisme » ; ils avaient déjà la conviction que l'Irak était le nœud gordien qu'il fallait faire sauter, et demandaient au Pentagone de mettre au point des plans d'invasion de ce pays pour le cas où… Le 29 janvier 2002, dans un discours devant le Congrès, le président américain révélait le cadre de sa nouvelle politique : la lutte contre l'« Axe du mal », dénoncé à travers trois de ses foyers – la Corée du Nord, l'Iran, l'Irak –, et la traque des armes de destruction massive (ADM). Dans les semaines qui suivirent, les télégrammes diplomatiques en provenance de Washington montraient nettement que les États-Unis se préparaient à déclencher une guerre contre l'Irak.

Jacques Chirac considéra d'emblée cette doctrine comme « extraordinairement dangereuse », pouvant avoir des « conséquences dramatiques » : « Une action préventive peut être engagée si elle apparaît nécessaire, mais elle doit l'être par la communauté internationale qui, aujourd'hui, est représentée par le Conseil de sécurité des Nations unies[1]. » Durant l'été 2002, les renseignements parvenant à Paris suggéraient que Bush ne se contenterait pas d'une résolution du Conseil de sécurité refusant à l'Irak la détention d'armes de destruction massive, mais voudrait très probablement renverser Saddam Hussein.

Pendant neuf mois, jusqu'au début de l'intervention des GI's en Irak soutenue par Blair, Berlusconi, Aznar et quelques leaders en mal de reconnaissance américaine, Jacques Chirac va tout faire pour essayer d'empêcher une nouvelle guerre. Il reste en liaison permanente avec les responsables de la plupart des pays concernés, tout particulièrement avec Kofi Annan, Gerhard Schröder, Vladimir Poutine, Tony Blair et bien sûr avec George Bush. Plus de la moitié de son temps est consacrée à cette cause de la non-intervention en Irak qu'il va s'attacher à défendre au nom des peuples de la planète entière.

J'avais à cœur de parler avec le chef de l'État de ces mois décisifs puisque, sans la reconnaissance que j'éprouve à son endroit pour cette action-là, je n'aurais probablement jamais eu envie de le rencontrer ni d'écrire ce livre.

Le sujet l'inspire, même s'il éprouve, là comme ailleurs, la même difficulté à se « lâcher » complètement. Il rappelle que s'il a connu Saddam Hussein dans les années 70, l'homme, d'après lui, avait beaucoup changé depuis. Bien avant la

---

1. Interview au *New York Times*, le 8 septembre 2002.

crise, il pensait que son régime était condamné et s'effondrerait de lui-même « si on conduisait les choses avec habileté ». Il estimait que l'Irak était un pays complexe, extrêmement divisé pour des raisons ethniques et religieuses, mais dont l'unité était essentielle à l'équilibre du Moyen-Orient : « Il fallait donc s'en préoccuper mais avec précaution, un peu comme on manie un vase de Murano. Mais les Américains ont imaginé de faire tomber Saddam Hussein. J'ai toujours pensé qu'il n'appartenait pas à un pays, quel qu'il soit, de prendre des décisions ayant de telles répercussions internationales, mais que seule l'ONU pouvait le faire. À partir de cette analyse et de ce principe, j'ai dit à Bush de la façon la plus claire qu'il commettait une erreur et que je ne croyais pas du tout à son histoire d'armes de destruction massive disséminées dans le pays. Il y avait certes des armes en Irak, mais assurément pas d'armes nucléaires. »

Le 2 septembre 2002, à Johannesburg, à l'occasion du Sommet mondial sur le développement durable, une rencontre a probablement renforcé la détermination du président français de tout faire pour éviter la guerre. Nicolas Hulot a été le seul témoin de ce tête-à-tête entre Nelson Mandela et Jacques Chirac. À un moment donné, le vieux combattant africain a saisi les poignets du président français, l'a regardé droit dans les yeux et lui a dit : « Vous devez tout faire pour que Bush n'aille pas en Irak ! » « Jacques Chirac était très ému, il était touché au cœur et a pris l'engagement solennel de tout faire pour éviter la guerre », se souvient Nicolas Hulot.

Le 6 septembre à 12 heures 15, Tony Blair appelle Jacques Chirac. Avant de rendre visite à Bush, le Britannique voudrait savoir ce que le Français a dans la tête et s'il serait possible d'envisager d'élaborer une résolution commune à faire adopter par le Conseil de sécurité. Jacques Chirac lui dit être très inquiet de la montée des sentiments anti-américains qui conduisent à une progression parallèle des sentiments anti-occidentaux. S'il partage ses sentiments pour Saddam Hussein, il est convaincu qu'« un acte de guerre serait irresponsable et dangereux sur les plans militaire et international ». Il confie à son collègue que, sur le plan nucléaire, il ne croit pas qu'il y ait le moindre danger immédiat, et parle d'une menace résiduelle à propos des risques inhérents aux armes bactériologiques et chimiques. À cet égard, Jacques Chirac souhaite le renvoi d'inspecteurs en Irak. Il prévient Tony Blair qu'il ne s'associera pas à une attaque unilatérale qui risquerait de faire éclater l'Irak, de soulever partout la rue arabe, et parce qu'il n'y a pas sur place d'opposition sérieuse capable de prendre la relève. Si le Conseil de sécurité est saisi, « là, nous verrons ».

« Ta présentation est claire, comme toujours, répond Blair. Mais si Saddam Hussein ne croit pas que quelque chose de grave va lui arriver, il ne fera rien.

– Saddam Hussein a compris. Le pire, ce sont les propos irresponsables de Dick Cheney[1]. »

Puis Jacques Chirac demande à parler amicalement à Leo, le fils de Tony Blair.

Moins d'une heure après qu'il a raccroché, l'Élysée reçoit un appel de Bush demandant que Chirac veuille bien le rappeler. Le président américain est en train de préparer le discours qu'il doit prononcer, le 12 septembre, devant l'ONU. Il se montre très courtois, appelle son homologue français « mon ami », lui dit vouloir entamer avec lui des entretiens sur les questions de sécurité. Il ajoute que Saddam Hussein constitue une menace et qu'il a toujours ignoré les décisions de la Communauté internationale. « Contrairement

---

1. Le 26 août 2002, Dick Cheney a déclaré qu'il ne faisait aucun doute que Saddam Hussein possédait « des armes de destruction massive et qu'il les amasse afin de les utiliser contre nos amis, nos alliés et contre nous [...]. Un retour des inspecteurs ne fournirait aucune assurance sur son respect des résolutions des Nations unies [...]. Les risques de l'inaction sont bien supérieurs aux risques d'une action. »

à ce que spéculent les journalistes, nous n'avons encore pris aucune décision. » Jacques Chirac se dit ouvert à la discussion, précise qu'il vient de s'entretenir longuement avec Tony Blair, mais souligne qu'« une opération militaire serait difficile et constituerait une dangereuse aventure ».

Pour que les responsables du monde entier sachent la position de la France avant le discours prononcé par George W. Bush à New York, Jacques Chirac décide de répondre à une interview du *New York Times*, le 8 septembre 2002. À une question posée sur l'existence en Irak d'armes de destruction massive, il affirme : « On parle toujours de preuves, mais moi, ces preuves, je ne les ai pas encore vues ! » Sur le lien supposé entre l'Irak et Al-Qaida, il fait une réponse similaire : « Aujourd'hui, aucune preuve n'a été trouvée, ou, en tout cas, n'a été rendue officielle, d'un lien entre l'Irak et le terrorisme international, en particulier Al-Qaida. » Il se déclare « contre l'unilatéralisme dans le monde moderne. Je considère que le monde moderne doit être cohérent et, par conséquent, j'estime que si une action militaire doit être engagée, elle doit l'être sous la responsabilité de la communauté internationale, c'est-à-dire par une décision du Conseil de sécurité. Or si le Conseil de sécurité a décidé qu'il ne fallait pas que l'Irak détienne d'armes de destruction massive, il n'a pas dit qu'il fallait changer de régime à Bagdad. Donc si l'objectif est d'empêcher l'Irak de posséder des armes de destruction massive, alors il faut suivre ce qui a été défini par les Nations unies, c'est-à-dire imposer le retour des inspecteurs en Irak sans aucune restriction ni aucune condition, et ce, sous la responsabilité du Secrétaire général de l'ONU. Si l'Irak accepte, c'est très bien. Si l'Irak refuse – et, disons les choses comme elles sont, on n'a pas fait beaucoup pour qu'il accepte –, à ce moment-là, il appartient donc au Conseil de sécurité de délibérer et de dire ce qu'il convient de faire, notamment s'il faut ou non engager une action militaire. »

Comme il l'avait dit deux jours plus tôt à Tony Blair, Jacques Chirac manifeste la plus vive inquiétude devant la montée de l'anti-occidentalisme à travers le monde, dans les pays pauvres et les pays émergents, et souligne le risque de faire exploser la coalition antiterroriste si une action contre l'Irak vient à être déclenchée unilatéralement. Reprenant des thèmes qui lui sont chers, il propose la formation d'une deuxième coalition : « Puisqu'on est tous tellement énergiques pour faire la leçon au monde entier, eh bien, je crois qu'il faudrait créer une seconde coalition, une coalition contre la pauvreté, une coalition pour défendre l'environnement – car l'écologie est dramatiquement mal partie –, une coalition pour régler des problèmes, des conflits, des crises qui sévissent un peu partout dans le monde mais que l'on pourrait aussi régler en se montrant plus généreux, plus engagés. Ce serait d'ailleurs une façon très efficace de lutter contre le terrorisme, et aussi de nous montrer dignes de notre vocation d'hommes. »

Le journaliste demande alors au président Chirac de réagir à une idée qui fait son chemin à Washington, selon laquelle il faudrait remodeler le Moyen-Orient, du fait qu'on ne peut plus accepter que, dans cette partie du monde, il n'y ait que des régimes autocratiques, alors que l'Irak, si on y instaurait un régime fédéral et démocratique, pourrait servir de catalyseur à toute une série de changements qui « ouvriraient » cette partie du monde.

« Si nous voulons intervenir pour changer les régimes politiques des pays, nous sommes alors dans une autre civilisation, répond Jacques Chirac. En tout cas, nous ne sommes plus dans une civilisation organisée comme celle d'aujourd'hui. Je crois donc que ce sont là des spéculations dangereuses, très dangereuses. On commence et on ne sait plus où on va s'arrêter. Pensons un peu aux réactions des masses, à celles des peuples. Si, par exemple, vous voulez renverser la monarchie au Maroc ou en Jordanie, vous rencontrerez énormément de difficultés avec les populations... »

Heureuse surprise : malgré l'influence de Cheney et de Rumsfeld, Colin Powell est parvenu à convaincre le président Bush d'accepter la voie onusienne et de contribuer à l'élaboration d'une résolution visant à faire revenir les inspecteurs en Irak ; mais il prévient que, faute d'une acceptation sans réserve de Saddam Hussein, « l'action sera inévitable ».

Jacques Chirac va développer les mêmes arguments auprès de tous les acteurs, jusqu'à l'adoption de la résolution 1441, le 8 novembre 2002. Le chef de l'État est entouré d'une équipe restreinte et soudée qui a été constituée après sa réélection en mai. Dominique de Villepin a remplacé Hubert Védrine au Quai d'Orsay. Inutile de faire le portrait du poète-hussard des Cent Jours, tant ce portrait est devenu familier des Français, souvent pour le faire détester ou moquer, parfois aussi pour lui reconnaître un certain panache. Aux côtés de Jacques Chirac, le « sherpa » Maurice Gourdault-Montagne, ami de Villepin, qui parle une dizaine de langues, dont l'hindi et l'ourdou. Jean-Daniel Levitte, fasciné lui aussi, comme le président, par le monde asiatique, qui parle le chinois et l'indonésien, représentant de la France à l'ONU jusqu'en décembre 2002, date à laquelle il remplacera à Washington François Bujon de L'Estang, autre proche de Jacques Chirac. Jean-Marc de La Sablière, fin connaisseur de l'ONU, quittera alors son poste de conseiller diplomatique du chef de l'État pour remplacer Jean-Daniel Levitte à New York. À ces cinq personnes qui restent en liaison télé-phonique permanente, il faut ajouter Catherine Colonna, porte-parole du président, qui assiste à toutes les réunions importantes, et Claude Chirac qui veille à la communication de son père dans un domaine aussi ultrasensible.

En étroite concertation avec Kofi Annan, les Français acheminent un message à Saddam Hussein pour lui conseiller de coopérer, faute de quoi les Américains attaqueront son pays. Le gouvernement irakien répond le 16 septembre 2002 qu'il autorise « sans conditions » le retour des inspecteurs. Washington voit là un piège et propose un premier projet de résolution totalement inacceptable pour les Français, stipulant notamment que des militaires américains escorteraient les inspecteurs. Le 27 septembre, depuis son ranch texan, Bush appelle Chirac. Il le fait pour deux raisons, dit-il : « entendre votre voix ; vous remercier d'avoir fait évacuer les étudiants américains de Bouaké[1], et parler de l'Irak ». Le président américain propose au Français de travailler de concert : « Je veux que cette résolution soit très forte et inclue une menace de recours à la force. *We have to be strong*. Je veux bien travailler avec l'ONU, mais je veux que Saddam Hussein rende des comptes. » Jacques Chirac se dit convaincu que ces objectifs seront atteints, mais émet deux remarques. Sur le régime des inspecteurs : il veut entendre Hans Blix[2], patron des inspecteurs des Nations unies, pour être sûr qu'il ne soit pas donné de bons prétextes à Saddam Hussein de refuser les inspections. Sur le recours à la force : il a une approche différente et propose une démarche en deux temps, « car c'est une affaire grave, il s'agit de la guerre dans une région déjà traumatisée ». Il souhaite donc une seconde résolution pour autoriser le recours à la force au cas où Saddam Hussein ne coopérerait pas avec les inspecteurs. « L'efficacité commande l'unité du Conseil de sécurité. » Il revient sur les risques qu'il y aurait à renverser Saddam Hussein : « Est-ce que vous pouvez me dire ce qu'on va mettre à la place ? » Il insiste sur le danger

---

1. Le 25 septembre, six jours après le début de la rébellion en Côte-d'Ivoire, les militaires français ont évacué 194 élèves et enseignants de l'école internationale de Bouaké, en majorité américains.

2. Suédois, né en 1928 à Uppsala, a été ministre suédois des Affaires étrangères, patron de l'Agence internationale de l'énergie, avant d'être nommé en 2000 président exécutif de la Commission de contrôle, de vérification et d'inspection des Nations unies. Auteur de *Irak, Les Armes introuvables*, Fayard, 2004.

d'éclatement de l'Irak, d'une « perturbation dans la région, avec les chiites majoritaires à Bagdad et à Téhéran, d'autant qu'il y a les Alaouites à Damas. Il faut imposer à Saddam Hussein toutes les exigences du Conseil de sécurité, mais éviter de jouer avec le feu… » C'est pour cela, au nom de la sagesse, que j'émets les plus extrêmes réserves sur l'automaticité du recours à la force.

« *I appreciate your remarks* », commente George W. Bush.

Bush réaffirme ensuite que son option à lui est le départ de Saddam Hussein : « Comment le convaincre ? J'ai le même souci que vous sur l'après-Saddam, mais personne ne peut être pire. On tient à travailler avec vous pour être sûr que l'Irak n'éclatera pas après Saddam Hussein. » Et le président américain de tenir des propos… désarmants sur le processus en deux temps proposé par Jacques Chirac : « Finalement, je crois que les deux temps sont : un, il désarme ; deux, on le désarme… Saddam Hussein s'est moqué de tout le monde. »

Le président français reprend patiemment.

« On est en train de jouer avec le feu dans cette région, une région où on a été incapable de ramener la paix et où le sentiment anti-occidental est très fort. Nous paierons cela très cher. Nous devons désarmer l'Irak, poser des conditions draconiennes, mais si nous disons dès maintenant qu'on l'attaquera, on le renforcera dans sa tentation de résister au monde entier… »

Il explique une nouvelle fois les conséquences d'une attaque dirigée contre l'Irak : l'éclatement du pays et la constitution d'un axe Bagdad-Téhéran-Damas. « Bien sûr, nous gagnerions la guerre, mais les conséquences seraient encore plus graves que la situation d'aujourd'hui. »

Nouveau coup de fil entre Bush et Chirac, le 8 octobre. Chacun répète les mêmes arguments. Le président français déclare être ouvert à la discussion, mais ne veut pas entendre parler d'automaticité du recours à la force.

Jusqu'au dernier moment, d'intenses tractations ont ainsi lieu entre Washington et Paris. La position française agace. Les signes de cet agacement sont perceptibles dans la presse américaine qui n'hésite pas à relayer de fausses informations provenant de la CIA, selon lesquelles la France aurait fourni à l'Irak, en 1998, des détonateurs destinés à équiper des armes nucléaires[1], et posséderait des souches (interdites) de la petite vérole, tout comme la Russie, l'Irak et la Corée du Nord[2].

Le 7 novembre, à la veille du vote du Conseil de sécurité, après des contacts tous azimuts entre tous les protagonistes, et après que Dominique de Villepin et Colin Powell se sont mis d'accord sur le texte de la résolution à adopter – celle-ci ne prévoit pas de recours automatique à la force –, George W. Bush rappelle Jacques Chirac, lequel, de retour d'un sommet franco-italien, vient d'atterrir à Orly et se trouve encore dans son avion. Les deux hommes sont d'accord pour essayer d'obtenir l'unanimité au Conseil de sécurité pour le vote du lendemain.

La résolution 1441 est en effet adoptée à l'unanimité. Jacques Chirac a réussi à convaincre Bachar al Assad, le président syrien, de la voter, ce à quoi n'étaient pas parvenus les Américains. Les inspecteurs du désarmement, partis en 1998, nantis cette fois d'une mission et de pouvoirs étendus, vont donc pouvoir revenir en Irak. Rappelons que de 1991 à 1998, lesdits inspecteurs avaient neutralisé plus d'armes que la guerre n'en avait détruit. Hans Blix et Mohamed El Baradei, patron de l'AIEA (Agence internationale de l'énergie atomique), se mettent immédiatement au travail et ne rencontrent pas d'obstacles, les autorités irakiennes ne

---

1. *New York Times* du 1er septembre 2002.
2. *Washington Post* du 5 novembre 2002. Jusqu'à la mi-mai 2003, les articles accusant la France pour ses fournitures de pièces sensibles à l'Irak vont fleurir. Le 15 mai 2003, l'ambassadeur de France aux États-Unis va envoyer une lettre à tous les parlementaires ainsi qu'aux patrons des médias américains pour démentir ces fausses accusations.

faisant certes pas de zèle, mais obtempérant aux demandes des inspecteurs de l'ONU.

Le 21 novembre 2002, Bush et Chirac se rencontrent à un sommet exceptionnel de l'OTAN réuni à Prague. Une nouvelle fois, le président français, qui sait parfaitement que les États-Unis continuent leurs préparatifs belliqueux, met le président américain en garde contre les conséquences d'une guerre aussi bien pour l'Irak que pour le devenir de la région. Provoquant, il lui lance : « Vous allez créer des bataillons de petits Ben Laden ! »

Des missiles sont trouvés en Irak et démantelés par les inspecteurs. « On était dans un processus par lequel le système en place à Bagdad se fissurait ; Saddam Hussein était déjà à genoux et allait tomber tout seul », estime encore aujourd'hui Jacques Chirac.

À la fin de l'année 2002, l'Élysée est-il épaulé à cent pour cent par les deux administrations les plus concernées, le Quai d'Orsay et la Défense ? Certains, au Quai d'Orsay, sont convaincus qu'un clash avec l'Irak est inévitable et que les troupes françaises se joindront *in fine* aux GI's pour envahir ce pays. Dans un article de *Foreign Affairs*, James Rubin raconte que Villepin assure en privé que la France rejoindra la coalition militaire en cas de provocation du gouvernement irakien, même si une seconde résolution est bloquée par la Russie et/ou la Chine. Quant à l'état-major, il se prépare pour le cas où, malgré tout, la France se joindrait à la coalition. Le général Jean-Patrick Gaviard se rend secrètement à Washington, le 16 décembre, pour préparer avec le Pentagone une éventuelle participation militaire de la France à une intervention en Irak[1]. Au début de l'hiver, les Américains ont déjà déployé 100 000 hommes dans le Golfe, une forte armada composée de deux porte-avions, 51 bâtiments, 600 avions de combat,

---

1. Henri Vernet et Thomas Cantaloube, *Chirac contre Bush : L'autre guerre*, J.-C. Lattès, 2004.

une centaine d'hélicoptères et 700 chars. Le 24 décembre, un ordre de mobilisation est envoyé à des dizaines de milliers de soldats et de réservistes.

« En décembre 2002, raconte aujourd'hui le chef de l'État, le déploiement des forces américaines à proximité de l'Irak indiquait bien que les États-Unis étaient en train de préparer la guerre. J'ai envoyé le 13 janvier Maurice Gourdault-Montagne à Washington pour y rencontrer Condoleezza Rice, qui était alors conseillère du président Bush. Elle a déclaré à Gourdault-Montagne que "seul le départ de Saddam Hussein arrangerait les choses, sinon on le ficherait dehors" !
    – Tout était donc plié, à cette époque ?
    – Tout était plié... On a alors tout fait pour expliquer aux Américains que c'était une erreur de se lancer dans cette guerre qui allait provoquer l'éclatement de l'Irak et avoir des conséquences dramatiques pour l'ensemble du Moyen-Orient : "Vous dites que vous voulez la démocratie ? Très bien. La démocratie, c'est les élections. Si vous voulez la démocratie, il faut procéder à des élections, et s'il y a des élections, ce sont les Chiites qui vont gagner, parce qu'ils sont les plus nombreux. Et les Chiites au pouvoir en Irak, ça n'est pas la démocratie : donc votre raisonnement ne tient pas !..." J'ai répété trente-six fois à Bush qu'il commettait une erreur monumentale et qu'il fallait laisser travailler les inspecteurs. Leur travail allait miner le pouvoir de Saddam qui allait finir par se désagréger d'une façon ou d'une autre. Les Américains n'ont pas voulu me croire. Ils n'ont pas résisté à la tentation de dissoudre l'armée régulière irakienne à propos de laquelle j'ai protesté : sur quoi le gouvernement de ce pays allait-il s'appuyer ? L'armée aurait été tout à fait d'accord, elle se serait alignée sur qui on voulait... On a eu de fortes divergences de vues à propos de l'application de la résolution 1441 ! »
    Le président oublie de mentionner que le 7 janvier 2003, en opposant une réponse négative à une requête de l'état-

major relative à certains préparatifs visibles, comme des demandes de visas et des autorisations de passage de navires de guerre par le canal de Suez, il rendait impossible un engagement militaire français aux côtés des GI's.

Le 17 janvier, alors que les responsables américains s'énervent de plus en plus contre Paris, que Donald Rumsfeld, qui a toujours été opposé au retour des inspecteurs en Irak, montre du doigt la « vieille Europe », par opposition aux pays de l'Est européen qui soutiennent les États-Unis, les deux responsables des inspections, Blix et El Baradei, rendent visite à Jacques Chirac et, lors de la conférence de presse qui suit leur rencontre, remercient le président français : « Je crois que le rôle de la France a été essentiel. La France a été au cœur du processus pour s'assurer du désarmement de l'Irak par le passé, et continuera de l'être dans les semaines et les mois qui viennent », explique El Baradei. De quoi exaspérer un peu plus les néocons de Washington qu'agace de surcroît le rapprochement entre Gerhard Schröder et Jacques Chirac. Durant l'été 2002, l'Allemand a en effet bâti une partie de sa campagne électorale sur son opposition à la guerre en tenant un discours très anti-américain. Une fois réélu, lui qui depuis 1998 battait froid Chirac, à la fois à cause de la Politique agricole commune et du poids, jugé par lui insuffisant, de l'Allemagne au sein des instances européennes, s'est rapproché du président français. Ce rapprochement a été remarqué par tous, le 22 janvier, au château de Versailles, lors des festivités célébrant le quarantième anniversaire du traité de l'Élysée et réunissant un millier d'élus français et allemands. Les deux dirigeants montrèrent, par leurs effusions, que le couple franco-allemand avait trouvé un nouveau souffle. Le Conseil des ministres tenu en commun constitua un symbole fort de ces nouveaux rapports. L'affaire irakienne offrait le premier terrain d'application à cette amitié retrouvée, ainsi que le souligna Jacques Chirac : « Le monde est confronté à des situations de crise, hélas, sur l'ensemble des continents. Je pense bien sûr à l'Irak. C'est là un défi majeur. La guerre n'est pas inévitable. Le seul cadre d'une solution légitime est celui des Nations unies. La France et l'Allemagne, en présidence successive au Conseil de sécurité, mènent une concertation étroite et exemplaire pour donner toutes ses chances à la paix. »

Dans ses Mémoires[1], Gerhard Schröder raconte le changement que la crise irakienne a opéré dans leurs relations : « La complicité grandissante qui s'était établie avec le président de la République française Jacques Chirac a été cruciale ; elle m'a donné le courage de résister au feu roulant auquel j'étais exposé à l'intérieur comme à l'étranger. Jacques Chirac a adopté une attitude quasi stoïque, même au plus fort de la tempête qui soufflait sur l'Atlantique. [...] Cette période avant et après la guerre en Irak ainsi que les semaines terrifiantes de l'invasion américaine ont profondément modifié mes relations personnelles avec Jacques Chirac et Vladimir Poutine. Nous nous étions beaucoup rapprochés ; nous avions appris à avoir confiance les uns dans les autres. Au début de mon mandat, notamment lors du sommet de l'Union européenne sous ma présidence à Berlin en 1999, mes relations avec le président français étaient empreintes de distance, voire d'une certaine froideur. Mais, par ailleurs, Jacques Chirac est quelqu'un dont on doit d'abord s'approcher, lorsqu'il le permet, pour découvrir qui se cache derrière les grands gestes de ce Français aux convictions inébranlables.

Bernadette Chirac facilite cette ouverture. Et puis il y a aussi ma famille, mon épouse et mes enfants, par l'intermédiaire desquels des liens affectifs se sont noués. Il éprouve notamment une grande tendresse pour Viktoria, notre fille adoptive russe. Ils continuent de se téléphoner de temps en temps. Comme il n'y a pas d'interprète, ils peuvent s'entendre, mais non se comprendre, et pourtant leur relation n'en pâtit pas. »

---

1. Gerhard Schröder, *Ma vie et la politique*, Odile Jacob, 2006.

Si l'affaire irakienne a contribué au rapprochement franco-allemand, elle a en revanche provoqué une grave crise en Europe. Une lettre et une déclaration vont la révéler. Le *Wall Street Journal* publie le 30 janvier une lettre cosignée par Tony Blair, José Maria Aznar, Silvio Berlusconi ainsi que par les présidents ou premiers Ministres du Portugal, du Danemark, de la République tchèque, de la Hongrie et de la Pologne, affirmant que le « lien transatlantique est la garantie de notre liberté ». Ni les instances européennes, ni la France ni l'Allemagne n'ont été prévenues de ce qui est ressenti, à Bruxelles, Paris et Berlin, comme un coup très violent assené à l'édifice européen. *Libération* prête alors à Chirac ce propos : « C'est marrant, je viens d'avoir Blair au téléphone, et il ne m'en a pas soufflé mot ! » Quelques jours plus tard, cinq pays candidats (les trois Pays baltes, la Slovénie et la Slovaquie) à entrer dans l'Union européenne, deux pays candidats dont la candidature a été reportée (Roumanie et Bulgarie), et trois pays qui n'ont pas encore le statut de candidats (Croatie, Macédoine et Albanie), cosignent une déclaration de la même encre, dite « déclaration de Vilnius ». « Crise » n'est plus un mot trop fort. Bush et Blair ont réussi à enfoncer un coin dans l'Europe, séparant les partisans d'une Union pro-américaine et ceux qui prônent une Europe indépendante des États-Unis.

La mécanique américaine s'emballe. Le 5 février 2003, au siège de l'ONU, Colin Powell déploie force diapositives, photos, comptes rendus d'écoutes téléphoniques, censés montrer que l'Irak dissimule des drones susceptibles d'asperger « ses voisins et même d'autres pays, dont les États-Unis », de germes bactériologiques, et révèlent des mouvements suspects de camions... Bref, selon lui, l'Irak roule les inspecteurs dans la farine. Les services de renseignement français mettent en doute les « preuves » apportées par Colin Powell. La DGSE, qui a procédé rapidement à l'analyse de la prestation du responsable du Département d'État, estime qu'il n'y a là rien de nouveau, aucune preuve objective. Le plus inédit serait, si elles venaient à être confirmées, les manœuvres de dissimulation dénoncées à partir de photos-satellites. « Toutefois, ça ne suffit pas », stipule la note. À propos des liens de l'Irak avec Al-Qaida, via Zarkaoui, Powell s'appuie sur des confidences de détenus. La DGSE connaît ces confidences, mais n'en tire pas les mêmes conclusions. Sur la volonté irakienne de se doter de l'arme nucléaire, les services français partagent en partie l'analyse américaine, mais soulignent là encore l'absence de preuves. Les services français ne sont absolument pas certains que les tubes d'aluminium achetés par l'Irak soient destinés à son industrie nucléaire.

Le 6 février, le président américain, dans le droit fil de la démonstration de Colin Powell, qui a fait grosse impression, s'adresse à Saddam Hussein pour lui faire savoir que « *the game is over* ».

Le 7 février à 17 heures, Jacques Chirac appelle Bush. Une fois de plus, il lui remontre que la guerre est encore évitable, que les inspections donnent de bons résultats et qu'il faut les poursuivre.

« Merci, Jack, vous êtes un homme cohérent, j'apprécie cela. Moi non plus je n'aime pas la guerre, mais il est très important que vous sachiez que Saddam Hussein constitue une menace directe pour le peuple américain. »

Après cette phrase massue, Chirac sait qu'il n'arrivera pas à convaincre l'Américain, et pense déjà à l'après-guerre :

« Il faudra que l'on se retrouve, lâche-t-il.

– Merci. Nos analyses sont différentes.

– Je persiste dans la mienne... »

Chirac recommence malgré tout à exposer tous les arguments pour ne pas faire la guerre. Puis il termine à son tour par : « Bref, nous avons deux approches différentes. Respectons-nous. »

Pendant neuf semaines, jusqu'au 15 avril 2003, les deux hommes ne se téléphoneront plus, mais l'Administration américaine recourra néanmoins à tous les moyens pour contraindre le président français à changer d'avis, notamment la propagation de rumeurs : « La CIA a même essayé d'expliquer, dit-il, que j'avais probablement été acheté par Saddam. Je n'ai pas bougé d'un iota. J'ai répété qu'ils s'engageaient dans une opération qui allait inéluctablement se traduire par l'explosion de l'Irak, préjudiciable à tout le monde, et que la guerre civile n'est jamais une solution pour personne. C'est exactement ce qui est en train de se passer. »

Isolé en Europe, le couple franco-allemand reçoit un renfort important, en l'occurrence celui de Vladimir Poutine. Le lundi 10 février, Jacques Chirac reçoit le président russe après que celui-ci eut rendu visite à Gerhard Schröder en Allemagne. Malgré les énormes pressions des Américains et de leurs alliés européens, les trois dirigeants n'en démordent pas : s'appuyant sur Kofi Annan, ils entendent rester dans le cadre de la résolution 1441 pour désarmer l'Irak. « Les inspections menées par l'ONU et par l'AIEA ont déjà produit des résultats. La Russie, l'Allemagne et la France sont favorables à la poursuite des inspections et au renforcement substantiel de leurs capacités humaines et techniques par tous les moyens et en concertation avec les inspecteurs, dans le cadre de la résolution 1441. Il y a encore une alternative à la guerre. L'usage de la force ne pourrait constituer qu'un ultime recours. La Russie, l'Allemagne et la France sont déterminées à donner toutes ses chances au désarmement de l'Irak dans la paix », explique le communiqué commun. Ce soutien de Schröder et de Poutine est évidemment de la plus haute importance pour Jacques Chirac, la Russie étant membre permanent du Conseil de sécurité et l'Allemagne, membre temporaire. Chirac va également recevoir l'appui du Brésil et du Chili, eux aussi alors membres temporaires du Conseil. « Deux présidents qui ont eu beaucoup de mérite, car ils étaient l'objet de constantes pressions de la part des Américains. J'avais le président du Chili trois fois par jour au téléphone », se souvient Jacques Chirac.

Le 14 février 2003, jour où les inspecteurs remettent leur rapport, Dominique de Villepin prononce devant le Conseil de sécurité de l'ONU un vibrant discours qui a été jusqu'à la dernière minute travaillé, corrigé à l'Élysée, et finalement salué par une *standing ovation*.

« Dans ce temple des Nations unies, nous sommes les gardiens d'un idéal, nous sommes les gardiens d'une conscience. La lourde responsabilité et l'immense honneur qui sont les nôtres doivent nous conduire à donner la priorité au désarmement dans la paix. Et c'est un vieux pays, la France, un vieux continent comme le mien, l'Europe, qui vous le dit aujourd'hui, qui a connu les guerres, l'occupation, la barbarie. Un pays qui n'oublie pas et qui sait tout ce qu'il doit aux combattants de la liberté venus d'Amérique et d'ailleurs. Et qui pourtant n'a cessé de se tenir debout face à l'Histoire et devant les hommes. Fidèle à ses valeurs, il veut agir résolument avec tous les membres de la communauté internationale. Il croit en notre capacité à construire ensemble un monde meilleur. »

Poussé par son administration, Dominique de Villepin pense alors que la position de Paris ne pourra être maintenue au-delà du 14 mars, et que la France rejoindra alors les États-Unis. Ce flottement a laissé une trace. Le 17 février, à Bruxelles, lors d'un Conseil européen informel, Villepin confie en effet, lors du déjeuner, devant des journalistes, qu'après le 14 mars « *the game is over* ». Quelques heures plus tard, lors de la traditionnelle conférence de presse, les propos de Villepin, rapportés à Chirac par un journaliste, provoquent une réaction musclée du président : « Je vous interromps pour vous dire que cette information est dépourvue, et je le dis devant lui, est totalement dépourvue du moindre fondement. Elle ne mérite donc aucune espèce de commentaire, car elle est fausse. »

Ce fut ce soir-là le premier d'une longue série d'éclats. Jacques Chirac avait en effet été fort énervé par la publication, le 30 janvier, de la lettre initiée par Tony Blair, cosignée par quatre membres de l'Union, paraphée également par trois candidats (Pologne, Hongrie, République tchèque) à l'entrée dans l'Union, puis la déclaration des Dix du groupe de Vilnius[1], ces deux textes soutenant la position américaine à propos de l'Irak. Concernant la lettre de Blair, il déclare alors qu'elle est « contraire à l'idée d'une politique étrangère européenne commune ». À propos de la déclaration de Vilnius, il estime que les pays candidats « se sont comportés avec une certaine légèreté. Car entrer dans l'Union européenne, cela suppose tout de même un minimum de considération pour les autres, et un minimum de concertation. Si, sur le premier sujet difficile, on se met à donner son point de vue indépendamment de toute concertation avec l'ensemble dans lequel, par ailleurs, on veut entrer, alors ce n'est pas un comportement bien responsable ! En tout cas, ce n'est pas très bien élevé. Donc, je crois qu'ils ont manqué une bonne occasion de se taire ». Et il achève sa condamnation par ces mots : « Ces pays ont été, je dirai, à la fois, disons le mot, pas très bien élevés, et un peu inconscients des dangers que comportait un trop rapide alignement sur la position américaine ! »

Aujourd'hui, le président regrette « l'intervention peu glorieuse » où il a « engueulé les Européens » : « Je dois dire que cela m'a un peu échappé en conférence de presse, à Bruxelles, mais je venais d'apprendre que les nouveaux Européens, essentiellement les Polonais et deux ou trois autres, venaient de recevoir une lettre de Blair dont je n'avais pas été informé, et, sans la moindre concertation, avaient répondu dans le quart d'heure suivant qu'ils étaient d'accord,

---

1. *Cf. supra* p. 430.

qu'ils soutenaient la position de Blair... J'aurais mieux fait moi-même de mesurer mes propos, c'est évident, mais mon idée n'était pas de les injurier, mais de leur dire que ce n'était pas normal, dans une affaire où étaient en cause la paix ou la guerre, de prendre position, eux qui venaient d'entrer dans l'Europe, sans avoir procédé à la moindre consultation. Je l'ai dit maladroitement, ils se sont vexés, c'est comme ça ! »

Jacques Chirac n'aime pas les détails et a tôt fait par conséquent de les oublier. Il faut lui rappeler le flottement de Villepin et sa réaction brutale à Bruxelles pour qu'il le conteste et impute ce flottement à l'influence de l'administration du Quai sur le ministre. Il faut lui rappeler que de grands patrons et le MEDEF ont exercé de très fortes pressions sur le gouvernement au prétexte que la position de Paris allait coûter très cher à l'économie française – pour qu'il acquiesce. Lui rappeler aussi les pressions exercées par diverses personnalités politiques de sa majorité, car son refus de suivre l'administration Bush a en effet réveillé dans son propre camp les atlantistes et un certain nombre d'intellectuels. Un Jean-Jacques Descamps, député maire UMP de Loches, qui dit « préférer le quatuor Bush-Blair-Aznar-Berlusconi au duo Schröder-Poutine ». Un Pierre Lellouche qui cosigne une tribune avec un élu américain du Congrès, Hervé Novelli. Alain Madelin, Ladislas Poniatowski qui défendent l'Alliance atlantique. Charles Millon, Hervé Mariton, Claude Goasguen qui veulent voir Chirac chausser les bottes texanes de Bush. Un Renaud Donnedieu de Vabres, plutôt embarrassé. Alors que la gauche (à part Bernard Kouchner), voire l'extrême gauche (LCR et Attac) soutiennent Chirac, un Pascal Bruckner, un André Glucksmann, un Alain Finkielkraut et un Romain Goupil disent « oui » à la guerre et critiquent par avance l'éventuel veto opposé par la France à une seconde résolution du Conseil de sécurité.

Tandis que les bruits de bottes, ou plutôt ceux des tanks et des F-16 se font de plus en plus audibles, Jacques Chirac décide de faire partager au plus grand nombre de Français les motifs de sa décision de ne pas entrer dans la coalition qui va renverser Saddam Hussein, et d'utiliser s'il le faut l'arme absolue de la diplomatie : le veto au Conseil de sécurité. Le 10 mars, il répond depuis l'Élysée aux questions de Patrick Poivre d'Arvor et de David Pujadas. En réponse à leur première question, le président explique le monde multipolaire pour lequel il se bat, suivant une approche opposée à celle prônée par l'administration Bush : « Un monde qui privilégie le respect de l'autre, le dialogue des cultures, le dialogue des civilisations, et qui essaie d'éviter les affrontements. » Il rappelle que la communauté internationale, en votant à l'unanimité au Conseil de sécurité la résolution 1441, a pris une décision qui consistait à dire : « Nous allons désarmer l'Irak de manière pacifique, c'est-à-dire par les inspections. Nous allons nommer des inspecteurs, et eux nous diront si cette voie est possible ou si elle ne l'est pas. » Et d'expliquer aux Français que les inspections ont permis « d'éradiquer complètement – pratiquement complètement, vraisemblablement –, en tout cas selon les dires des inspecteurs, le programme nucléaire de l'Irak », et qu'en donnant du temps aux inspecteurs, « on pouvait atteindre l'objectif fixé, c'est-à-dire l'élimination des armes de destruction massive ». « Aujourd'hui, rien, rien ne nous dit que cette voie est sans issue, et par conséquent il faut la poursuivre dans la mesure où la guerre, c'est toujours un ultime recours, c'est toujours un constat d'échec, c'est toujours la pire des solutions, parce qu'elle sème la mort et la misère. Et nous n'en sommes pas là, de notre point de vue. C'est la raison pour laquelle nous refusons de nous engager dans une voie qui conduirait automatiquement à la guerre, tant que les inspecteurs ne nous auront pas dit : "Nous ne pouvons plus rien faire." Or ils nous disent le contraire… Certains de nos partenaires, qui ont leurs raisons, considèrent qu'il faut en réalité en terminer vite et par une autre approche, celle de la guerre [...]. Autrement dit, on passe d'un système qui était celui de la poursuite des inspections pour désarmer l'Irak, à un autre système qui consiste à dire : Dans tant de jours, on fait la guerre. La France ne l'acceptera pas et donc refusera cette solution [...]. Ma position, c'est que, quelles que soient les circonstances, la France votera non, parce qu'elle considère ce soir qu'il n'y a pas lieu de faire une guerre pour atteindre l'objectif que nous nous sommes fixé, c'est-à-dire le désarmement de l'Irak. »

Jacques Chirac expose là aux Français les arguments qu'il assène depuis des mois aux Américains, et notamment « qu'on ne pouvait pas être porteur des valeurs de la démocratie, du dialogue, et ne pas utiliser tous les moyens pour éviter une guerre ». Et il confirme officiellement que si les États-Unis décident de faire la guerre sans mandat de l'ONU, les troupes françaises n'iront pas en Irak. Il parle du « risque d'éclatement de ce pays, avec tout ce que cela comporte comme incertitudes ».

Le 13 mars, les Américains ont compris qu'ils n'auraient pas la majorité au Conseil de sécurité, et renoncent à soumettre leur résolution au vote. Le 16 mars se tient aux Açores un sommet des partisans de la guerre. Dans la nuit du 16 au 17, les fils de fer barbelés marquant la frontière entre le Koweït et l'Irak sont sectionnés. Le 17, un ultimatum de 48 heures est lancé à Saddam Hussein. Dans la nuit du 18 au 19, les troupes de la petite coalition pénètrent en Irak. Le 9 avril, les télévisions du monde entier montrent à Bagdad le renversement de la statue de Saddam Hussein... Ce 30 décembre 2006, le jour où j'écris ces lignes, Saddam Hussein a été pendu à l'aube sur sentence d'un tribunal irakien sous influence américaine. Il est 15 heures 03 et depuis le lever du jour on a déjà dénombré 61 morts et 123 blessés victimes d'attentats. Un jour ordinaire, en somme. 2 998 GI's sont morts depuis mars 2003. Des dizaines de milliers de civils irakiens sont morts – mais de ceux-là, tout le monde se fout ! Et la situation ne fait, ne peut qu'empirer.

Jacques Chirac a pris l'initiative de rappeler Bush, le 15 avril 2003 à 17 heures 45.

« J'ai estimé utile de reprendre contact avec vous, car nous sommes entrés maintenant dans une autre phase... »

Il dit être satisfait de la rapidité avec laquelle Bagdad est tombée. Présente ses condoléances pour les pertes américaines. Se réjouit de la chute de Saddam Hussein, et termine par : « Ce qui est important, maintenant, c'est l'avenir. »

Bush le remercie pour ses condoléances et ajoute qu'il reste beaucoup de travail à faire.

Chirac reprend :

« Plus vite l'ONU pourra être associée à la reconstruction de l'Irak, mieux cela sera... »

Bush le remercie, mais ne fait pas de commentaires sur sa recommandation de réintroduire l'ONU dans le jeu irakien.

Le Jacques Chirac qui me parle aujourd'hui sait que la fin du chaos n'est pas pour demain. En ce mois de décembre 2006, il prévoit de dramatiques turbulences le jour où les Turcs et les Syriens refuseront l'indépendance des Kurdes. Il parle des conséquences probables du sort que les Américains réservent aux sunnites : « Ils sont tout de même trente pour cent, et on leur explique qu'ils n'ont droit à rien ! Ils en deviennent dingues !... Tout cela nourrit le terrorisme. Il faut que les Américains s'engagent à régler le problème israélo-palestinien. Il faut qu'ils prennent la mesure de la Chine qui sera, dans vingt, vingt-cinq ans, la première puissance politique, économique, militaire et démographique. Attention à ce que l'Occident ne paie pas très cher son arrogance actuelle ! » Le président conclut son propos sur les dangers du messianisme en politique et rit... jaune.

« Quel danger pour la planète ! C'est un danger épouvantable. Vous imaginez, ouvrir le Conseil des ministres par une prière ! Je suis tout à fait respectueux de la religion, de toutes les religions, mais enfin, la laïcité a quand même du bon ! »

Si Jacques Chirac n'a pas réussi à empêcher la guerre en Irak, il n'a pas pour autant remisé sa « boîte à outils ». Conscient de l'arrogance de l'Occident, ne suggérait-il pas avec un humour grinçant, dans son interview au *New York Times* du 8 septembre 2002, de créer une seconde coalition, cette fois contre la pauvreté et pour l'environnement : « Puisqu'on est tous tellement énergiques pour faire la leçon au monde entier, eh bien… » Cette affirmation reflétait un autre aspect du double combat qu'il menait déjà contre l'administration Bush au nom des pauvres de la planète et au nom des défenseurs de la nature. Six jours avant cette interview, accompagné de Nicolas Hulot, il était en effet à Johannesburg au Sommet mondial pour le développement durable et y lançait ce cri : « Notre maison brûle, et nous regardons ailleurs ! » Il proposait notamment d'ouvrir un nouveau chantier, celui de l'éradication de la pauvreté : « À l'heure de la mondialisation, la persistance de la pauvreté de masse est un scandale et une aberration. Appliquons les décisions de Doha et de Monterey. Augmentons l'aide au développement pour atteindre dans les dix ans au maximum les 0,7 % du PIB ! Trouvons de nouvelles sources de financement ! Par exemple, par un nécessaire prélèvement de solidarité sur les richesses considérables engendrées par la mondialisation. »

Des mots ? Nenni… Sous l'impulsion de Jacques Chirac, la France a été en pointe pour augmenter l'aide publique au développement, pousser l'Europe à le faire, lancer des actions à destination des pays du Sud en matière d'éducation, de santé, d'accès à l'eau, d'agronomie, ainsi que pour alléger ou effacer la dette des pays les plus démunis. En pointe également pour lutter contre le sida, en incitant à l'assouplissement des règles régissant la propriété sur les brevets, pour généraliser aux pays pauvres l'accès aux médicaments génériques, pour mobiliser des ressources supplémentaires, la France étant devenue, ce faisant, le deuxième pays contributeur au Fonds mondial pour la lutte contre le sida, la tuberculose et le paludisme.

Surtout, Jacques Chirac a été le premier à lancer l'idée de financements innovants pour fournir de nouvelles recettes afin de mieux lutter contre la pauvreté : « La mondialisation de l'économie exige la mondialisation de la solidarité », dit-il au Mexique, le 21 mars 2002. Le 7 novembre 2003, il confie à Jean-Pierre Landau, inspecteur général des Finances, la responsabilité d'un groupe de travail pour réfléchir à de nouvelles contributions financières internationales. Landau s'entoure de militants d'ONG – Attac, CCFD, Coordination Sud –, mais aussi de représentants de multinationales comme Anne Lauvergeon, PDG d'Areva, et de fonctionnaires internationaux. Les propositions du groupe de travail en faveur d'une taxe mondiale pour lutter contre la pauvreté – le groupe Landau propose une taxe sur les billets d'avion – sont reprises à leur compte, en septembre 2004, par Jacques Chirac et le président brésilien Lula da Silva, bientôt rejoints par les dirigeants d'Espagne, du Chili et d'une centaine d'autres pays. « Des idées, jugées voici peu utopiques ou irresponsables, s'affirment. Un tabou est en train de tomber ! »

Des idées qui avaient longtemps été l'apanage de la gauche, voire de l'extrême gauche. De son côté, Washington avait dépêché Ann Veneman, ministre de l'Agriculture, pour torpiller cette initiative : « Les taxes globales sont intrinsèquement antidémocratiques, et leur mise en application, impossible », avait-elle proclamé. « Si forts que soient les Américains, on ne s'oppose pas durablement et victorieusement à une proposition qui a déjà été approuvée par 110 pays et le sera demain par 150. Après la leçon irakienne, il n'est pas sûr qu'ils puissent encore refuser le fait majoritaire.

L'égoïsme se paie en révolte d'hommes », a rétorqué le président français.

L'idée lancée par le chef de l'État fait son chemin. Le 26 janvier 2005, devant le Forum économique mondial de Davos, Jacques Chirac propose encore une « contribution sur les transactions financières internationales », ou un « faible prélèvement sur les trois milliards de billets d'avion vendus chaque année de par le monde ». En septembre 2005, la France, l'Allemagne, l'Algérie, le Brésil, le Chili et l'Espagne lancent ensemble, à New York, le premier prélèvement international de solidarité sur les billets d'avion... Le 1ᵉʳ juillet 2006, cette taxe est instaurée en France et devrait rapporter 200 millions d'euros à partir de 2007. Le 19 septembre 2006, en marge de la 61ᵉ assemblée générale de l'ONU, Chirac et Lula lancent officiellement UNITAID, mécanisme de financement visant à aider les pays pauvres à mieux lutter contre le sida, le paludisme et la tuberculose. Cinq pays, dont la France, ont alors déjà institué une taxe sur les billets d'avion, et dix-neuf autres ont engagé les procédures destinées à la mettre en place.

À Barcelone, en février 2006, le « dialogue des cultures » toujours à la bouche, Jacques Chirac a proposé une rencontre de créateurs, d'intellectuels et de décideurs des deux rives de la Méditerranée et du Golfe pour débattre du « dialogue des civilisations », et a confié à l'ambassadeur Jacques Huntzinger la responsabilité de l'atelier culturel « Europe, Méditerranée, Golfe – Dialogue des peuples et des cultures ». Le 13 septembre, à l'occasion de la séance inaugurale dudit atelier, le président de la République formulait une nouvelle fois son bréviaire en ces termes.

« Pourquoi cette initiative ? Parce que nous sommes menacés d'un divorce entre les cultures. Occident contre islam, laïcs contre religieux, Nord contre Sud, riches contre pauvres : toutes les failles de notre monde risquent de s'approfondir et de se rejoindre, avec les conséquences que chacun appréhende.

« Depuis le 11 septembre 2001, voici juste cinq ans, la peur et l'incompréhension ont déclenché des réactions passionnelles. Les amalgames injustifiables provoqués par des attentats terroristes révoltants, plus récemment l'émotion et la violence des réactions suscitées par la publication de caricatures du prophète Mahomet, en ont été des signes révélateurs.

« Cette montée de l'incompréhension, de l'intolérance et du ressentiment affecte particulièrement notre espace commun. Marqué par la diversité des héritages, des religions et des sociétés, il est le théâtre d'affrontements dont la violence vient encore de s'illustrer de façon dramatique au Liban. »

Jacques Chirac explique longuement comment, « malgré leur origine commune et des liens innombrables, la Méditerranée juxtapose des mondes fermés les uns par rapport aux autres ». Et propose de retrouver la voie du dialogue entre les peuples. Il réaffirme ce qu'il a constamment répété durant la crise irakienne : « Rien ne peut être résolu unilatéralement et par la force. Les peuples sont réfractaires aux solutions imposées, qui avivent le ressentiment et sont porteuses des conflits de demain [...]. Les modèles étrangers sont des sources inappréciables d'inspiration, de réconfort et d'appui dans le combat pour la dignité humaine, mais l'ingérence et l'injonction étrangères fragilisent toujours et altèrent les causes qu'elles défendent. Notre conférence s'inscrit dans l'esprit du travail conduit sous l'égide du Secrétaire général de l'ONU avec l'Alliance des civilisations prônée par les Premiers ministres Erdogan et Zapatero. Elle est le point de départ d'un échange qui va vous mobiliser plusieurs mois à Paris, à Séville, à Alexandrie et ailleurs. »

Après avoir suggéré à l'Atelier quelques projets, il souligne son enjeu : « le rétablissement de la confiance dans un monde menacé par la peur et par la haine. Parce que la Méditerranée est devenue le point focal des incompréhensions entre les peuples, il lui revient de porter la promesse d'un univers où chacun, mieux assuré de lui-même, acceptera le visage et la voix de la différence. »

Jacques Huntzinger, maître d'œuvre de cette initiative, vante[1] la position cohérente de Jacques Chirac : « Depuis qu'il est président, il suit toujours ce fil conducteur du dialogue des cultures », et y déploie toute son énergie. Quand, sitôt après les premières rencontres de l'Atelier, Régis Debray, fondateur et président d'honneur de l'Institut européen en sciences des religions, fait part à Chirac de son souhait personnel de conduire une enquête sur la situation des diverses communautés ethno-religieuses au Proche-Orient, le président lui écrit : « Il convient plus que jamais de multiplier les occasions de nourrir, de la façon la plus concrète et précise qui soit, ce "dialogue des civilisations" auquel j'attache l'importance que vous savez, dès lors qu'il se place sous le signe d'une citoyenneté partagée et sur un strict pied d'égalité entre les uns et les autres. »

Pour promouvoir ce dialogue qui lui tient tant à cœur, le chef de l'État use et abuse de son épais carnet d'adresses publiques et privées. « Il est le seul président au monde à connaître tous les chefs d'État du Proche- et du Moyen-Orient, d'Afrique et même d'Asie. On peut même dire du monde entier. » Hubert Védrine, Gerhard Schröder, Kofi Annan lui reconnaissent une connaissance approfondie des questions internationales, un impressionnant réseau de relations, un engagement puissant et sincère pour promouvoir le « dialogue des cultures » dans le monde entier. Hubert Védrine est probablement un des hommes politiques à connaître le mieux Jacques Chirac, puisque, pendant cinq ans d'affilée, il a eu au minimum une heure de tête-à-tête

---

1. *Paris Match* du 17 septembre 2006.

hebdomadaire avec lui et a effectué avec lui de très nombreux voyages[1] : « Une sorte de sympathie s'est nouée entre nous. Il me parlait très librement, et le climat entre nous était suffisamment confiant pour qu'il m'interroge souvent sur François Mitterrand, sur ce qu'il pensait, sur ce qu'il aurait fait dans telle ou telle situation. Il voulait comprendre la démarche de son prédécesseur, qui était pour lui une référence majeure. » L'ancien ministre des Affaires étrangères dit avoir disposé d'« une liberté très grande » pour mener à bien la politique extérieure, et relève peu de points de désaccord ou de différence d'appréciation[2]. Védrine parle de la relation personnelle forte que le chef de l'État a su nouer avec de très nombreux dirigeants des pays du Sud : « Il y a énormément de gens dans le monde, de dirigeants et de personnalités, dans un très grand nombre de pays, qui le considèrent comme le leader occidental le plus ouvert à leurs thèses. » Et d'expliquer cette ouverture sur le monde en général et sur les pays du Sud en particulier par la connaissance et l'intérêt, décrits ci-dessus dans la partie consacrée au « Chirac intime », qu'il témoigne à de nombreuses cultures ainsi qu'aux peuples premiers. L'ancien ministre de Lionel Jospin n'hésite pas à parler de positions « absolument sincères, qui vont de pair avec sa connaissance de ces cultures ». Il dit à quel point Jacques Chirac n'a rien à voir avec l'homme qu'une large fraction de la presse a présenté comme inculte : « C'est un homme profondément cultivé, vraiment intéressé par tout cela, et en parlant volontiers...

---

1. Entretien avec l'auteur.
2. Il signale l'exploitation désagréable de l'incident de Bir Zeit (le 26 février 2000, Lionel Jospin s'était fait caillasser par des étudiants palestiniens pour avoir condamné les « attaques terroristes du Hezbollah »), la réserve initiale de Chirac vis-à-vis de la refondation des relations avec l'Algérie, une position en flèche contre l'Iran, due à son amitié avec le président libanais assassiné Rafik Hariri, sa réserve vis-à-vis d'une tentative de convergence franco-britannique sur l'Afrique.

Cela lui donne une clé, une intuition dont la plupart des Occidentaux sont aujourd'hui privés[1]. »

Gerhard Schröder qui, à partir de sa réélection en 2002, a travaillé main dans la main avec Jacques Chirac, a lui aussi apprécié le personnage et souligne « sa solicitude, [...] l'une des facettes de sa personnalité très riche », son « extraordinaire puits de savoir sur le Proche-Orient, sur l'Asie, sur la Chine en particulier. Il entretient sans relâche son allure de patriarche, son image d'homme d'État – tout à l'idée qu'a d'elle même la grande nation qu'il dirige [...]. À mes yeux, Jacques Chirac est l'une des personnalités politiques les plus éminentes du siècle écoulé et de celui qui commence[2]. »

Kofi Annan est probablement l'homme qui est le mieux à même d'émettre un jugement compétent et équilibré sur Jacques Chirac avec qui il a traversé, dix ans durant, les grandes crises qu'a connues le monde. Je l'ai rencontré le 20 novembre 2006 à Genève, au Palais des Nations, alors qu'il avait entamé sa tournée d'adieu. Il me reçoit dans son grand bureau, froid et impersonnel. L'homme est courtois, parle d'une voix à peine audible un très bon français. Je n'ai nul besoin de lui assener une batterie de questions, car il sait manifestement où il va et quel chemin emprunter pour y aller.

« J'ai travaillé très étroitement avec Jacques Chirac depuis dix ans. Évidemment, on ne se connaissait pas, et, au début, la France gardait une certaine réserve à mon endroit, parce qu'elle avait soutenu Boutros Boutros-Ghali, un homme remarquable. La France était écœurée par le traitement qu'avait fait subir à ce dernier les Américains. Jacques Chirac a rapidement compris que j'étais indépendant, et non pas l'homme d'un pays ou d'un groupe de pays ; que j'étais le Secrétaire général pour tout le monde. Ces dix dernières

1. Entretien avec l'auteur, et extraits du *Vieux Lion*, documentaire de Patrick Rotman, *op. cit.*
2. Gerhard Schröder, *Ma vie et la politique, op. cit.*

années ont été marquées par de fortes turbulences. Je suis le seul Secrétaire général à avoir eu à traiter d'autant de guerres : Kosovo, Afghanistan, Irak, Liban, Darfour, Congo démocratique, entre autres. Dans toutes ces crises, Jacques a été, parmi les chefs d'État, celui avec qui je pouvais le mieux parler, discuter. Je pouvais certes parler avec d'autres, mais lui connaît le monde, et non seulement il connaît le monde, mais il est très intéressé par le monde extérieur. Et il est profondément informé sur la Chine, l'Afrique, le Moyen-Orient. Pour moi, il est devenu un ami et un collègue avec qui on peut s'exprimer franchement. Il est toujours franc et direct. Parfois même trop direct ! (Rire) »

Kofi Annan évoque ensuite longuement l'aide que lui a apportée Jacques Chirac lors de la crise libanaise, durant tout l'été 2006. Il a été le seul chef d'État à le soutenir, à Saint-Pétersbourg, au sommet du G8, pour obtenir un cessez-le-feu rapide dont Bush et Blair ne voulaient pas entendre parler. Il a participé à la formation d'un groupe naval intérimaire pour lever au plus vite le blocus du Liban. « Jacques et moi, on a bien travaillé ensemble pour faire lever ce blocus ! »

« J'ai eu le même type de collaboration avec Chirac dans l'affaire irakienne, reprend l'ex-secrétaire général ; parce qu'il savait que ce serait un désastre, il était aussi angoissé que je l'étais moi-même. On a vraiment tout fait pour éviter la guerre. J'avais la même analyse que lui, à savoir qu'il fallait donner davantage de temps aux inspecteurs pour parachever leur travail… C'est un homme qui connaît le Moyen-Orient, qui en connaît les cultures. Je crois qu'il est depuis toujours fasciné par le Moyen-Orient et par l'Extrême-Orient. La menace d'un veto de Chirac au Conseil de sécurité a introduit une très forte tension entre la France et les Américains, et j'ai moi aussi été alors très attaqué. Aujourd'hui, les Américains voient les résultats…

« Chirac aime et connaît l'Afrique. Il y compte beaucoup d'amis, et pas seulement parmi les chefs d'État ; il est sincère dans ses relations avec eux. Il s'est beaucoup engagé en Côte-d'Ivoire ; malheureusement, les leaders ivoiriens ne se comportent pas comme il faut, ils ne travaillent pas pour leur pays ni pour leur peuple. On ne peut vraiment aider que les gens qui souhaitent sincèrement la paix... Chirac nous a également donné un coup de main au Congo quand on a eu des problèmes en Ituri[1]... » Il souligne également le rôle très important du président français dans la lutte contre la pauvreté, à ses côtés et avec le concours de Lula et du président chilien, effort qui a abouti à la création d'un Fonds mondial de solidarité. Jacques Chirac a été le premier à s'y investir : « C'est un homme qui a un cœur, un homme doué d'une bonne nature, qui aime les gens, qui aime la vie. C'est quelqu'un qui, sur le plan culturel, accepte l'égalité : il ne partage pas cette idée que l'art du tiers-monde ne vaudrait rien. Il cherche à mettre en valeur les chefs-d'œuvre provenant de ces pays. C'est un homme pour qui j'ai beaucoup de respect et d'affection. Je crois qu'il est mal jugé, mal compris, mais qu'au fond les gens l'aiment bien. Ils trouvent que c'est un être chaleureux, humain, même s'ils critiquent sa politique. »

Pour conforter ma propre perception de l'action de Jacques Chirac hors de France, je n'ai appelé ici à la rescousse que trois « grosses pointures », alors qu'il ne m'aurait pas été difficile de trouver des chefs d'État disséminés sur la planète entière pour me dire tout le bien qu'ils pensaient du « Docteur Chirac », comme l'appelait Yasser Arafat. Mais cela aurait été vain, car, sauf en période de grave crise internationale, ce n'est pas ce pan de l'activité présidentielle qui dope les courbes de popularité des présidents français. Au contraire : les Français ont tendance à considérer que l'action de leur président sur la scène inter-

---

1. Plus de 700 soldats français ont participé, à partir de juin 2003, à une force de maintien de la paix en Ituri, au nord-est de la République démocratique du Congo.

nationale est faite à leurs dépens[1], comme si le temps de plus en plus important qu'il passe à s'occuper des crises internationales, à parler dans l'enceinte des différents sommets, à voyager, était pris sur celui qu'il devrait consacrer à leur quotidien. Ils ont ainsi successivement reproché à Pompidou, Giscard, Mitterrand, Chirac de les négliger en s'occupant par trop du monde extérieur. Rien n'est évidemment plus faux, puisque chacun sait que le quotidien des Français se détermine de plus en plus, désormais, hors de nos frontières.

Quand les troupes françaises ne partent pas en Irak, ce ne sont pas seulement des vies humaines économisées, des milliards d'euros consacrés à des dépenses autres que militaires ; c'est aussi une amélioration de l'image de la France dans certains pays, qui va se concrétiser par des relations commerciales plus étroites. Quand le président milite pour le sort des plus pauvres, ce n'est pas seulement par bonté d'âme, mais pour fixer des populations qui, n'ayant plus d'espoir, cherchent à émigrer vers la France et l'Europe...

Dans le portrait que Jacques Chirac consacra à Georges Pompidou à l'occasion du trentième anniversaire de sa mort, il disait : « À ceux qui lui reprochaient de trop s'engager sur le front diplomatique, il faisait remarquer, avec cet humour toujours empreint de clairvoyance, que les difficultés intérieures trouvaient de plus en plus leurs solutions à l'échelon international, que l'on ne pouvait plus penser aujourd'hui la paix sans la sécurité collective, le progrès économique et social sans l'Europe. »

Après lui avoir relu cette phrase, j'ai questionné le président sur ce type de reproche qui lui est également adressé. Réponse de celui-ci.

---

1. Ségolène Royal, seulement candidate, a déjà mesuré l'opinion des Français sur ce sujet. Après son voyage en Chine au tout début 2007, plus de la moitié des Français (54 %) ont estimé que ce déplacement était une mauvaise chose parce que, selon eux, elle ferait mieux de se consacrer à leurs problèmes (selon un sondage Opinion Way pour *Le Figaro* et LCI, diffusé le 11 janvier 2007).

« Je voudrais d'abord relativiser les choses. Je suis un chef d'État qui voyage assez peu, comparé aux autres dirigeants de puissances analogues. Le nombre, la fréquence, la durée de mes voyages sont beaucoup plus restreints que ceux de mes collègues allemand et britannique. Contrairement à ce que l'on dit, je voyage assez peu, et, sachant que les Français risquent là-dessus de me critiquer, je reste peu de temps absent. Je fais une petite exception pour la Chine, parce que c'est la Chine, et je me permets alors de prendre une demi-journée pour aller visiter un site archéologique.

« Parce que la France est un pays moderne, notre vie est conditionnée par nos rapports économiques avec les autres pays. Quand j'apporte ma contribution à la vente des Airbus, il y a des retombées économiques et sociales non négligeables, que ce soit à Toulouse ou à Hambourg. Dans tous mes voyages, je suis préoccupé par le soutien des intérêts français et par les questions qui peuvent conditionner notre sécurité. Il est dans la nature même d'un chef d'État de défendre les intérêts nationaux à l'étranger. Il n'est nul besoin d'en parler longuement pour s'en rendre compte. L'exemple le plus parlant est celui des problèmes posés par l'immigration, qui ne pourront se résoudre que par le développement des pays pauvres... »

Cette question de l'utilité ou de l'inutilité des voyages à l'étranger d'un président n'est pas récente. Le 14 juillet 1996, Patrick Poivre d'Arvor lui posait la question suivante : « À ce propos, nos compatriotes peuvent avoir le sentiment de vous perdre un petit peu, en ce moment. Vous revenez du Qatar et d'Arabie Saoudite. Vous allez repartir au Gabon et au Congo. Vous occupez-vous assez des Français ? » À quoi Jacques Chirac avait répondu.

– Vous savez, j'ai été élu aussi pour représenter la France à l'extérieur, et surtout pour y défendre ses intérêts. Un Français sur quatre – on n'en a pas toujours conscience – travaille pour l'exportation. Vous rendez-vous compte de l'impor-

tance que représente pour nous le commerce extérieur ?
Quand je voyage à l'étranger, je défends nos intérêts. Un
rapport d'experts vient de m'être transmis, montrant que
depuis un an, les seuls contrats commerciaux passés avec des
pays étrangers, et qui l'ont été en raison de l'implication
personnelle du chef de l'État, ont représenté en gros
120 milliards, c'est-à-dire 120 000 emplois ! Tout cela pour
dire qu'il n'y a pas la politique étrangère d'un côté, la politique intérieure de l'autre. Les deux sont liées ! »

Aujourd'hui, le chef de l'État revendique toujours cet
aspect bénéfique de son action internationale pour la France,
et insiste beaucoup sur la chance qu'a la France de bénéficier
d'une Constitution qui permet à son président d'incarner le
pays et d'être ainsi mieux entendu quand il défend nos intérêts : « Quand je parle de graves questions internationales,
quand je défends des intérêts français, ou que je veux ouvrir
par exemple le marché chinois à l'assurance française, on me
prend au sérieux. Le monde étant ce qu'il est aujourd'hui,
avec les intérêts considérables que la France peut avoir à
défendre un peu partout dans le monde, l'instabilité qui sévit
et ne fait que croître, la nécessité d'être très attentif à notre
défense et aux moyens qu'on lui consacre, il est important
que ces questions relèvent de quelqu'un qui a le pouvoir de
porter et d'exprimer ces intérêts... Il n'est pas de jour où je
n'aie des contacts avec des dirigeants étrangers concernant
soit des questions de sécurité, soit des intérêts économiques
français. On m'a accusé d'avoir une politique arabe, mais les
intérêts français dans le monde arabe sont considérables !...
Lorsque je me bats aux côtés des Américains pour que l'Inde
puisse développer sa filière nucléaire civile, c'est pour éviter
que ne se développe dans ce pays, qui a d'énormes besoins
en énergie, une énorme fabrique de gaz à effet de serre qui
aurait de multiples et fâcheuses conséquences pour le quotidien de l'humanité et donc des Français... »

27.

Chirac et la « fracture sociale »

Tout ce qui est excessif est insignifiant.

TALLEYRAND

Derrière moi, une immense table où sont disposés de très nombreux livres consacrés à Jacques Chirac ; à main gauche, les courbes de popularité et d'appréciation du bilan du président de la République depuis 1995 ; devant moi, le rapport n° 7 du CERC (Conseil de l'emploi, des revenus et de la cohésion sociale), intitulé *La France en transition*, remis à Dominique de Villepin, à Matignon, le 17 novembre 2006, par Jacques Delors ; et, comme toujours, de très nombreuses petites fiches cartonnées déployées autour de ma page encore blanche. Mais aussi les résultats d'un sondage de l'Institut CSA pour le périodique *Challenges*, réalisé en décembre 2005, dans lequel 84 % des Français reconnaissent être heureux – mais à la question de savoir, « selon vous, quelle attitude correspond le mieux à celle des Français ? » 72 % des mêmes sondés répondent que les Français… ne sont pas heureux !

Tenter une analyse sinon objective, du moins honnête de l'action de Jacques Chirac sur le quotidien des Français, notamment en matière de réduction de la « fracture sociale », relève d'une mission impossible. Journalistes et auteurs n'ont pas de mots assez durs pour détailler et expliquer ses échecs. Même François Fillon, numéro deux de l'UMP, longtemps ministre, s'est hissé au niveau de ses plus virulents ennemis[1] en mettant en avant son « absence de réflexion politique », l'utilisation du « clanisme qui permettait aux plus serviles d'occuper souvent les plus hautes responsabilités », sa « référence permanente à une doctrine gaulliste qui n'était qu'un alibi pour ennoblir une banale entreprise de conquête du pouvoir », « l'irrésolution de sa politique intérieure et sa soumission systématique aux mouvements erratiques de l'opinion ». Dans ce fracas de méchants coups, seule Edith Cresson, ancien Premier ministre socialiste, ose écrire[2] qu'elle a « personnellement toujours été en très bons termes avec Chirac », avec qui elle a monté avec « succès des stratégies pour mieux défendre les intérêts de la France au Parlement européen ». Elle poursuit : « Il m'est impossible de considérer Chirac comme un adversaire, tant il est gentil et courageux. »

Si j'examine maintenant les courbes qui traduisent l'opinion des Français, je constate néanmoins une adéquation certaine entre leur tracé et l'opinion de la grande majorité des analystes. Où est la poule ? où est l'œuf ? Moins de cinq mois après son accession à l'Élysée, la majorité des Français n'avaient déjà plus confiance en lui[3]. Portée par celle que les Français accordaient à Lionel Jospin, l'opinion reprenait pourtant confiance en lui jusqu'en octobre 2000, puis hésitait jusqu'au début de 2003.

---

1. François Fillon, *La France peut supporter la vérité*, Albin Michel, 2006.
2. *Histoires françaises, op. cit.*
3. Sondage SOFRES-*Figaro Magazine*, fin 1995.

La gestion de la crise irakienne lui redonnait la faveur des Français pendant un semestre. À partir d'août 2003, la courbe ressemble au toboggan du désamour. En juillet 2006, il n'y a plus que 16 % des Français pour lui faire encore confiance.

Le jugement porté par les Français sur le bilan[1] de Jacques Chirac amplifie ces mouvements. Ainsi, en 1997, il ne se trouve plus que 27 % des Français pour le trouver positif, mais, en 2000, ce chiffre a fait plus que doubler et s'établit à 56 %. En 2003, le jugement positif est de 52 %, avant de s'écrouler ensuite.

Intéressante également à regarder, la courbe du chômage[2] (perçu comme principal responsable de la destruction du lien social), car elle n'est pas homothétique de l'amplitude des mouvements d'opinion. Quand Jacques Chirac arrive à l'Élysée, on compte 2 872 000 chômeurs. Ce chiffre croît encore de 253 000 en 1997, pour redescendre jusqu'en 2001 à quelque 2,3 millions, avant de remonter jusqu'en 2005 et de redescendre ensuite. Un an avant l'expiration du second mandat de Jacques Chirac, on notait quatre cent mille chômeurs de moins qu'à son arrivée à l'Élysée. Les collaborateurs du chef de l'État sont convaincus qu'à la toute fin de ce mandat le taux de chômage des Français sera le plus faible depuis un quart de siècle.

Il est intéressant de souligner ici que le nombre des chômeurs n'a pas cessé de croître depuis le milieu des années 60, qu'il s'est amplifié avec le quadruplement des prix du pétrole en 1974, puis n'a pas arrêté de monter jusqu'en 1997. En 1975, Jacques Chirac, Premier ministre, confronté à un million de chômeurs, croyait voir le « bout du tunnel » ! François Mitterrand, après douze années passées à l'Élysée, avouait son impuissance, disant qu'on « avait

---

1. Sondages SOFRES-*Le Figaro*.
2. Courbe INSEE selon les critères du BIT.

tout essayé contre le chômage ». Mais c'est encore un socialiste, Lionel Jospin, qui expliquait à la France entière, le 13 septembre 1999, au « vingt heures » de France 2, l'impuissance de l'État à lutter contre ce fléau. Claude Sérillon avait alors demandé au Premier ministre : « Premièrement, est-ce que vous avez vraiment des marges de manœuvre, vous, le gouvernement, vous, l'État, lorsqu'une entreprise comme Michelin décide de licencier au nom d'une rentabilité meilleure, au nom du fait que les fonds de pension lui demandent d'agir ainsi... ? Est-ce que vous avez une possibilité d'action ? » Après quelques hésitations et digressions, Lionel Jospin lâcha ce terrible constat : « Je ne crois pas qu'il faille tout attendre de l'État ou du gouvernement. » Et le leader de la gauche de marteler un peu plus tard : « Je ne crois pas qu'on puisse administrer désormais l'économie. » Jospin venait de reconnaître ce que les hommes politiques ne reconnaissent jamais dans leurs campagnes électorales, obnubilés qu'ils sont par le souci de séduire. Beaucoup d'électeurs socialistes, estimant que le Premier ministre les avait trahis, ne votèrent pas pour lui en avril 2002.

La mondialisation de l'économie, amorcée dans les années 80, s'est accélérée durant la décennie suivante avec l'émergence de nouvelles grandes puissances économiques comme la Chine, l'Inde ou le Brésil, et l'apparition de nouveaux concurrents. Elle a contribué à déchirer le tissu industriel français et à provoquer de nombreuses délocalisations. La signature du traité de Maastricht a dans le même temps favorisé l'emprise croissante de l'Europe sur les lois et règlements nationaux, et a réduit considérablement la marge de manœuvre de la France dans la conduite de sa politique économique et sociale.

Dans une génération, les historiens tiendront davantage compte de ce contexte pour porter un jugement sur les hommes politiques et leur action. Ils se montreront probablement plus sévères pour leurs promesses irréalistes[1] que pour la politique qu'ils auront effectivement menée. Les analystes de demain liront avec attention le rapport n° 7 du CERC portant la marque de Jacques Delors qui, aux côtés de François Mitterrand, fut lui aussi confronté à pareil décalage entre les cent promesses du candidat de la gauche unie visant à « changer la vie » et les dures et âpres réalités économiques de l'heure. Six mois après l'arrivée de la gauche au pouvoir, il avait proposé de faire une pause dans les réformes et, en mars 1983, avait réussi, contre l'avis des « visiteurs du soir[2] », à convaincre François Mitterrand de changer radicalement de cap. Pour être contrasté, le tableau de la *France en transition* n'est pas apocalyptique. Il note que le revenu disponible par habitant, en pouvoir d'achat, s'est accru de 22 % de 1993 à 2005, soit un gain moyen annuel de 1,7 %, mais souligne le décalage entre cette réelle croissance du revenu et l'impression d'une baisse par tête du pouvoir d'achat exprimée dans les sondages et les enquêtes d'opinion. Ce décalage constitue probablement un début d'explication – sinon la principale – de l'incroyable malentendu qui semble s'être instauré entre Chirac et les Français. « Éclairer les termes de cette polémique est d'importance, souligne à ce sujet Jacques Delors. Sans reconnaissance commune des faits, il est difficile de mener un dialogue social ou un débat politique. Il est dès lors important de comprendre les sources de la divergence entre le sentiment de l'opinion et l'observation statistique. » Il évoque par exemple le très vif sentiment de hausse des prix lié au passage à l'euro : « Il y a indiscutablement dans l'opinion publique le sentiment que la

---

1. Cette remarque est peut-être encore plus fondée à gauche qu'à droite, tant les programmes de gauche ne semblent pas avoir intégré le fait qu'ils s'appliquaient à une société de marché dans laquelle les grandes décisions sont arbitrées par la Bourse et où les salariés constituent la principale variable d'ajustement.
2. Jean-Pierre Chevènement, Jean Riboud, entre autres personnalités consultées informellement par le chef de l'État.

vie est désormais plus difficile. » Le rapport essaie de déterminer les origines de ce sentiment : parmi elles, la « pression des besoins suscités par les nouvelles offres de consommation », le fait que « le revenu de la majorité des Français n'est pas très élevé », mais peut-être avant tout « l'incertitude sur la situation de l'emploi et les revenus. Incertitude qu'éprouvent les salariés qui ne travaillent pas toute l'année, mais qui s'étend, au-delà, à tous ceux qui nourrissent un sentiment d'insécurité pour leur emploi… »

Une autre réalité se heurte à l'opinion commune mais devra un jour être prise en compte, elle aussi, dans le jugement porté sur l'action de Jacques Chirac : sous ses deux mandats, il n'y a pas eu aggravation globale de la « fracture sociale[1] » : « Durant les années 90 et jusqu'en 2004, les inégalités de revenus comme la pauvreté ont été globalement stables en France, alors que nombre de pays connaissent actuellement une aggravation des inégalités de revenus. Cette stabilité fait suite à une période de baisse au cours des deux décennies précédentes. » Le rapport explique que l'opinion est sensible, à juste raison, aux situations extrêmes, abondamment illustrées par les images que diffuse la télévision : reportages sur l'augmentation des repas fournis par les Restos du Cœur, sur les tentes de SDF dans Paris, sur les SDF qui chaque hiver meurent de froid, de vieillards isolés succombant l'été à la canicule, etc. Et puis, à l'autre bout de l'échelle sociale, ces revenus aussi pharamineux que scandaleux, ces scandaleux *golden-parachutes* et *stock-options*, ces scandaleux profits des sociétés du CAC 40 qui augmentent leur rentabilité en procédant à des licenciements et en délocalisant, c'est-à-dire en provoquant chaque fois des milliers de drames humains.

---

1. L'INSEE (« France, Portrait social, 2006 » pp 43-51 et « Revenus et Patrimoine des ménages, 2006 » pp 9-21) parle même de « réduction des inégalités de 1996 à 2004 » et d'une « diminution des taux de pauvreté » sur cette même période.

Le rapport du CERC explique la non-aggravation de la fracture sociale par l'augmentation des dépenses consacrées à la protection sociale : en 2005, elles représentent 29,6 % du PIB, soit trois points de plus qu'en 1993. Une augmentation qui s'est faite largement par un accroissement substantiel de la dette publique.

À partir de cette vision globale exempte de tout affect, il est plus facile de reprendre le cours de l'histoire au moment où Jacques Chirac, après avoir mis la « fracture sociale » au centre de ses discours de candidat à l'élection présidentielle, au printemps 1995, s'est trouvé obligé, une fois élu, pour des raisons politiques, d'intégrer certaines des exigences programmatiques de ses principaux soutiens. Quelques éléments de défiance à l'égard de l'Europe et de la Banque de France pour satisfaire Philippe Séguin. Quelques bribes du libéralisme à tout crin prôné par Alain Madelin. À droite comme à gauche, la quête d'un élargissement de leur base électorale conduit les candidats à formuler des programmes « oxymoriens » qui portent en germes de nombreuses frustrations, voire de profonds rejets. C'est ainsi que, pour respecter le principal engagement présidentiel, Alain Juppé, tout nouveau Premier ministre, créa en juin 1995, entre autres mesures sociales, une « allocation dépendance » pour les personnes âgées, entraînant *ipso facto* la démission d'Alain Madelin, ministre de l'Économie et des Finances, qui refusait d'augmenter la TVA et divers impôts pour financer ces nouvelles mesures et remplir les caisses de l'État. Chirac et Juppé virent ainsi une partie de leur base électorale s'éloigner instantanément…

Dans le même temps, c'est-à-dire dès les premières semaines, le gouvernement Juppé se retrouva soumis à la pression de ce que les technocrates appellent des « facteurs exogènes ». La Bourse n'a pas du tout apprécié les premières mesures du nouveau gouvernement, et les valeurs n'y ont cessé de plonger. Le franc a été attaqué, les opérateurs étant persuadés qu'une dévaluation était inévitable, malgré un

Helmut Kohl qui jouait les bons petits camarades en faisant acheter massivement de notre monnaie. Enfin, pour ne rien arranger, le président de la République, harcelé par Philippe Séguin, critiquait le gouverneur de la Banque de France, s'en prenait aux « gnomes de Londres », et proposait un nouveau référendum sur l'Europe. Alain Juppé se trouvait de surcroît mis en difficulté par une révélation du *Canard enchaîné* selon laquelle le loyer de son appartement, fourni par la Ville de Paris, ne correspondait pas au prix du marché. *Last but not least*, la conjoncture s'était retournée durant l'été. Pour avoir la moindre chance de réussir, la politique du Premier ministre aurait eu besoin du maintien de la croissance et d'une baisse du chômage. Or, à partir de septembre 1995, la courbe du chômage reprenait sa pente ascendante. Jacques Chirac et Alain Juppé furent alors confrontés à un dilemme du même type que celui auquel François Mitterrand et Pierre Mauroy s'étaient heurtés en mars 1983. Ils estimèrent que leur responsabilité historique était alors de faire adhérer la France à la monnaie européenne, ce qui impliquait le respect des désormais fameux « critères de convergence ». Le président de la République se retrouvait contraint de fixer de nouveaux objectifs qu'il annonça le 26 octobre 1995 à la télévision : réduire les déficits pour pouvoir adhérer à la monnaie européenne dès le 1er janvier 1999, donc remplacer une politique sociale par une politique de rigueur, la réduction des déficits devant permettre la baisse des taux d'intérêt et donc la reprise de la croissance qui, à son tour, favoriserait une reprise de la baisse du chômage. Les promesses de réduction de la « fracture sociale » étaient décalées dans le temps. Alain Juppé se limita à amplifier la baisse des charges sociales sur le travail qualifié et à créer des zones franches urbaines pour favoriser l'implantation (ou la réimplantation) d'entreprises et de services dans les quartiers défavorisés…

Le quasi-abandon de sa promesse numéro un par Jacques Chirac n'a donc rien à voir avec ce qui est dénoncé chez lui comme un prétendu côté « girouette ». Dès son arrivée à l'Élysée, il a bien tenté de mettre en œuvre ses promesses sociales, mais il s'est vite trouvé confronté, comme tous les responsables politiques, aux redoutables « facteurs exogènes ».

Se posent de ce fait quelques questions sur la prétendue toute-puissance du chef de l'État et sur l'importance de la marge de manœuvre des responsables de l'exécutif.

Le président accepte volontiers de parler de « l'impuissance à faire les choses aussi vite et aussi profondément qu'on le voudrait ». On ne peut plus prosaïquement, il reconnaît : « C'est plus facile à dire qu'à faire. » Et de continuer en expliquant que « nos sociétés ont essayé de réagir, avec le communisme, contre la misère et contre l'inégalité ». Des réactions qui ont conduit tout naturellement à l'instauration de systèmes totalitaires comme le stalinisme. « Mais, poursuit Chirac, le libéralisme est lui aussi dangereux et conduira aux mêmes excès. C'est pourquoi on cherche une solution intermédiaire, qui se situe entre le communisme et le libéralisme. » Et, comme si je n'avais pas bien compris son rejet des deux grandes tentations idéologiques, le président insiste : « Je suis convaincu que le libéralisme est voué au même échec que le communisme, et qu'il conduira aux mêmes excès. L'un comme l'autre sont des perversions de la pensée humaine.

– Vous avez prononcé le mot "impuissance"…

– Oui, impuissance à aller vite . Car c'est difficile…

– Avec la mondialisation de l'économie, nombre de décisions se prennent en fait ailleurs…

– Avec la mondialisation, les contraintes européennes et nationales, les marges de manœuvre sont bien faibles. Mais on ne pourra maintenir longtemps un système qui consiste, en réalité, à laisser les gens faire pratiquement tout ce qu'ils veulent.

– Vous voulez dire que l'on en reviendra à des formes d'organisation plus dirigistes, où l'État recouvrera un rôle plus important ?

– Je ne crois pas au libéralisme qui est, à mon avis, une forme de déviance. Même si je caricature à dessein quand je dis que c'est la même chose que le communisme. Un bon équilibre, inspiré par la sagesse, se situera à mi-chemin des deux systèmes.

– Vous êtes attaqué en permanence à propos du fossé qui s'est creusé entre vos promesses de réduction de la "fracture sociale" et ce que vous avez réellement accompli. Pourquoi n'avoir pas expliqué davantage les difficultés et obstacles auxquels vous avez été confrontés, et l'étroitesse de votre marge de manœuvre ?

– Vous avez raison, nous n'avons pas assez expliqué pourquoi nous n'avons pas été plus vite. »

Les résistances intérieures au changement, fût-il impulsé par le président, ont été très fortes. Avant même que les « facteurs exogènes » n'imposent une pause dans les réformes, le président et le Premier ministre ont dû se battre contre l'administration, celle des Finances en particulier. Ce fut également vrai quand le chef de l'État voulut imposer, durant son second mandat, ses plans de rénovation urbaine et de cohésion sociale. Jacques Chirac parle là d'un « combat permanent contre l'administration. Si j'ai beaucoup de respect pour elle – elle est généralement travailleuse et honnête –, elle a quand même parfois du mal à évoluer ! »

Lors de notre entretien suivant, le président revient sur le délicat sujet de la réduction de la « fracture sociale » et sur les obstacles qu'il a dû surmonter ou contourner pour imposer ses projets. Rappelant d'abord que, lors de son premier mandat, les socialistes avaient gouverné pendant cinq ans : « Je ne veux pas polémiquer, surtout en période électorale, mais, durant ces cinq années de la période Jospin, on ne peut pas vraiment dire que cette question ait été la priorité des socialistes... » Au cours de son second mandat, Jacques Chirac s'est retrouvé avec une majorité plus libérale, philo-sophiquement opposée aux contrats aidés par l'État, ne croyant qu'à l'impact de la croissance sur l'emploi, donc favorable aux mesures censées la stimuler. Si le gouvernement Raffarin a mené à bien des réformes indispensables mais impopulaires – réforme des retraites (grâce à François Fillon), poursuite de la décentralisation, réforme de l'assurance-maladie –, il a échoué dans son combat contre le chômage. La suppression des contrats aidés a en effet abouti, de 2002 à 2004, à une remontée mécanique du chômage *grosso modo* équivalente au nombre de contrats supprimés.

Aux vœux de janvier 2004, Jacques Chirac siffle la fin de la récréation libérale. Il demande au gouvernement de lancer immédiatement « les concertations avec les partenaires sociaux en vue de faire voter par le Parlement une grande loi de mobilisation pour l'emploi ». Les médications prescrites par le docteur Raffarin et approuvées par François Fillon ne soulagent pas le corps social, le président décide alors un changement de cap et impose au gouvernement de mettre l'emploi au centre de ses préoccupations tout en conciliant deux objectifs : la réduction des inégalités et la réforme du code du travail.

L'échec de la droite aux élections régionales (22 régions passent alors à gauche) entraîne un remaniement ministériel le 30 mars 2004. Raffarin est reconduit, mais sa feuille de route modifiée. Il doit s'engager prioritairement dans la bataille pour l'emploi. Pour qu'il ait des chances de gagner, le président lui adjoint Jean-Louis Borloo, un général ébouriffé, combatif et imaginatif, qui a fait ses preuves en mettant au point le Plan de rénovation urbaine. Le chef de l'État et ses collaborateurs avaient appris à le mieux connaître, l'été précédent, quand l'Élysée avait dû peser de tout son poids pour imposer ledit plan, en dépit de l'opposition des technostructures du ministère du Logement et de Bercy.

Borloo remplace donc François Fillon mais se voit attribuer un ministère aux compétences beaucoup plus larges englobant l'Emploi, le Travail et la Cohésion sociale. Claude

Chirac, qui s'impatientait depuis 2002 de constater la remontée de la courbe du chômage, a, dans cette affaire, dépassé son rôle habituel en poussant un homme qui lui semblait être capable de mettre enfin en œuvre les réformes sociales promises et espérées par le président depuis 1995.

En avril-mai 2004, Borloo met donc au point un ambitieux projet destiné à réduire les inégalités, notamment dans les banlieues défavorisées, par des mesures portant sur l'emploi, l'insertion des jeunes, le logement, l'égalité des chances. Un projet qu'il surévalue pour aborder en position de force des arbitrages qu'il sait inéluctables. Prétextant une situation financière tendue, le cabinet du Premier ministre s'y oppose. Une même opposition émane des différentes administrations directement concernées : Finances, Travail, Affaires sociales. Frédéric Salat-Baroux, secrétaire général adjoint de la présidence, s'attache à jouer les arbitres, mais a le plus grand mal à maîtriser une situation explosive, avec un Borloo qui brandit sa menace de démission s'il n'obtient pas gain de cause. Salat-Baroux se souvient : « Nous avons vécu des moments très difficiles. Une vraie révolte à l'intérieur de l'État : révolte sur le plan des principes, révolte sur le plan budgétaire, révolte contre l'autorité de l'Élysée. Une violence inimaginable !... » Le président s'est alors beaucoup attaché à concilier les points de vue contradictoires du Premier ministre et de son ministre. Plusieurs week-ends durant, il a rencontré successivement Jean-Pierre Raffarin et Jean-Louis Borloo. Le week-end le plus tendu a été celui des 12 et 13 juin 2004, le chef de l'État recevant Borloo le samedi à 19 heures, puis le Premier ministre et des membres de son cabinet le dimanche après-midi à 17 heures 30.

Le dimanche 4 juillet, après encore quelques transactions, Jacques Chirac réussit finalement à imposer le Plan de cohésion sociale, quelque peu rogné par rapport aux ambitions initiales de Borloo, mais doté d'une enveloppe financière suffisamment substantielle pour être crédible. Mais si Borloo a apporté à Chirac la bonne « boîte à outils », il a en revanche traîné les pieds pour lancer les mesures d'assouplissement du code du travail qui constituaient le second volet du plan emploi souhaité par le président pour les petites entreprises. Si bien que lorsque Dominique de Villepin débarqua à Matignon le 31 mai 2005, dans le difficile contexte du non au référendum sur le projet de Traité constitutionnel européen, il hérita à la fois les deux réformes de Borloo, mais aussi les projets de l'Élysée qui déboucheront sur le CNE (contrat nouvelle embauche) visant à relancer la bataille de l'emploi.

Dix ans après l'installation de Jacques Chirac à l'Élysée, les tensions sociales sont telles que le gouvernement n'affiche plus désormais qu'une seule préoccupation : la réduction de la fameuse « fracture sociale », avec pour volet prioritaire la réduction du chômage, principale source des problèmes de la société française.

Si le CNE passe comme une lettre à la poste malgré les grincements de dents des leaders syndicaux, le lancement du CPE (contrat première embauche) constitue en revanche une catastrophe qui fait descendre trois millions de manifestants dans la rue, brisant le rêve du président d'apparaître comme le grand réformateur social et de faire de Dominique de Villepin son successeur à la tête de l'État. Le Premier ministre va de surcroît entraîner le président dans sa descente aux enfers. M'étonnant qu'il lui ait fallu tant de temps pour renoncer au projet de Matignon, j'interroge Jacques Chirac qui ne se défile pas.

« On peut toujours avancer trente-six raisons pour expliquer que cela a été mal géré.

— Vous n'avez pas réagi assez vite ?

— C'est moi qui l'ai mal gérée. J'aurais dû me rendre compte que l'on allait dans le mur. Il y avait des précédents. Honnêtement, j'aurais dû dire non : ça n'était pas une bonne idée.

– Mais, au bout du compte, vous allez quand même à la télévision pour tenter de repêcher votre Premier ministre qui a géré cette affaire de manière catastrophique.

– Il faut toujours reconnaître ce qui relève de sa propre responsabilité. Comme dans l'armée, le chef est toujours responsable des bévues de ses subordonnés.

– Pourquoi sauvez-vous votre Premier ministre ?

– Parce que c'est un homme de qualité, et je n'ai pas eu tort, voyez, il remonte dans les sondages…

– Vous consultez donc quand même les sondages, vous qui m'avez dit ne jamais vous en préoccuper ?

– J'ai dit que je n'en tenais pas compte…

– Mais vous voyez quand même quand ils remontent…

– Je ne les regarde pas, mais je sais ce qu'il en est. Frédéric[1] me le dit, cela se sait, les gens le répètent, je l'apprends à l'occasion de mes contacts avec mes amis parlementaires »…

Au mois d'octobre 2006, la tempête du CPE quelque peu apaisée, Jacques Chirac a tenté de relancer le dialogue social, nié par son Premier ministre, en proposant des mesures importantes – dont l'obligation de concertation avec les partenaires sociaux avant le vote de toute réforme – dans un discours prononcé devant le Conseil économique et social. Quelques heures plus tard, je le rencontrais et faisais état devant lui de l'interrogation de Jean-Marc Ayrault, président du groupe PS à l'Assemblée, sur France-Info, moquant le caractère bien tardif de ces réformes.

« Il a raison, m'a répondu le chef de l'État. Je voulais cette réforme-là depuis longtemps. »

Le président savoure néanmoins un plaisir qu'il n'avait pas éprouvé depuis longtemps : « C'est la première fois que Thibault, Mailly et Chérèque[2] viennent me féliciter. »

---

1. Frédéric Salat-Baroux, secrétaire général adjoint de la présidence de la République.
2. Respectivement secrétaires généraux de la CGT, de FO et de la CFDT.

Au terme de son second mandat, le président peut ainsi se prévaloir d'avoir fait adopter deux réformes structurelles importantes (mises en œuvre par Jean-Louis Borloo) répondant aux promesses du candidat Chirac sur la réduction de la « fracture sociale ». Mais le brouillage lié à l'affaire du CPE, les critiques virulentes et souvent injustes qui l'accablent, empêchent qu'elles soient portées à son crédit. Ces deux réformes ont été accouchées au forceps, contre l'Administration mais aussi contre une importante fraction du camp chiraquien. Il est encore trop tôt pour apprécier les effets du Plan de rénovation urbaine voté en 2004 et ceux du Plan de cohésion sociale adopté en 2005. Le premier concerne 600 quartiers et quelque deux millions de personnes. Sans triomphalisme, Jacques Chirac évoque le plan Borloo comme pouvant apporter une « amélioration sensible » dans les quartiers difficiles : « Et si on continue dans cette voie, comme on le fait depuis deux ou trois ans avec ces deux plans, la fracture sociale sera réellement réduite, mais cela ne peut se faire en quelques mois. Je crois beaucoup à l'impact de la loi de cohésion sociale, je crois beaucoup à l'effort historique, sans précédent, que l'on a fait pour le logement, en particulier pour le logement social. Il est d'autres domaines où l'on a évité le pire, comme celui des retraites. Si nous n'avions rien fait, nous aurions connu des drames épouvantables d'ici une dizaine d'années. Même chose pour la Sécurité sociale : si on n'avait rien fait, c'est tout le système qui aurait été remis en cause.

« On ne peut pas dire que rien n'a été fait, on peut dire en revanche que l'on n'a pas totalement répondu aux ambitions qui étaient les nôtres. Le contexte de l'économie libérale et mondialisée accentue les difficultés et entrave les réformes. Il faut un tempérament de bête pour les réussir. Je fais aujourd'hui la même analyse qu'hier. Ce qui compte, c'est avoir une juste vision des choses et essayer de n'en pas dévier.

– Votre majorité, minoritairement favorable à « La France pour tous », ne vous a pas beaucoup aidé…

– C'est vrai. Dans la mesure où j'ai voulu ouvrir le mouvement gaulliste à une mouvance libérale pour réaliser avec l'UMP un rassemblement plus large, j'ai naturellement conféré plus d'influence à la fraction la plus libérale de la majorité. Et je constate qu'aujourd'hui cette fraction libérale est devenue très forte… C'est vrai que c'est ici [à l'Élysée] que nous avons voulu la loi de cohésion sociale. Cela a été difficile, très difficile à accoucher. Il y a fallu une volonté de fer ! »

Si, dans le domaine social, le bilan de Jacques Chirac est contrasté, ce serait lui faire un mauvais procès que de dire que ses promesses sur la réduction de la « fracture sociale » n'ont été qu'un miroir aux alouettes et qu'il les a oubliées sitôt installé dans son fauteuil élyséen. Il y a aussi eu de la cohérence dans cette action-là…

28.

Nicolas Hulot :
« Pour la défense de l'environnement,
Chirac a plus donné qu'on ne l'imagine. »

À part Le Pen, tous les candidats à la présidentielle de 2007 auront cosigné le pacte écologique de Nicolas Hulot, mais, bien avant eux tous, Jacques Chirac a fait davantage. Il a défendu sur la scène nationale et internationale les idées qu'ils ont mûries et élaborées ensemble au cours d'interminables discussions, généralement le dimanche, d'abord à la mairie de Paris, puis à l'Élysée. Quand, le 2 septembre 2002, à Johannesburg, le président entame sur un ton enflammé son discours par ce terrible constat : « Notre maison brûle, et nous regardons ailleurs ! La nature, mutilée, surexploitée, ne parvient plus à se reconstituer, et nous refusons de l'admettre. L'humanité souffre. Elle souffre de mal-développement, au Nord comme au Sud, et nous sommes indifférents. La Terre et l'humanité sont en péril, et nous en sommes tous responsables. Il est temps, je crois, d'ouvrir les yeux... », son ami Nicolas Hulot est présent dans la salle. L'écologiste est heureux et fier d'entendre prononcer le discours de Jacques Chirac à la rédaction duquel il a participé. Lui, sait pertinemment que la sollicitude qu'il montre pour le devenir de la planète n'a rien d'une quelconque manœuvre politicienne. Les mots qu'il est en train d'articuler sortent de ses tripes, ils font corps avec à sa passion pour les origines de l'homme et pour les premières civilisations. Rappelez-vous sa serviette de cuir noir et la petite fiche intitulée *D'où venons-nous... Qui sommes-nous... Où allons-nous ?* Laquelle fiche se termine par : « C'est l'humanité tout entière qui doit élaborer une nouvelle éthique planétaire capable de gérer l'avenir de l'homme en gardant en mémoire son origine, sa lente et laborieuse ascension et ses liens essentiels avec le milieu naturel qu'il doit préserver. »

Le regard porté par Nicolas Hulot sur la sensibilité écologique de Jacques Chirac m'a paru pertinent. J'avais en effet remarqué que les journalistes faisaient chou blanc chaque fois qu'ils essayaient de le provoquer sur sa relation avec Jacques Chirac. Il a accepté volontiers de me parler de cette relation, amorcée à la fin des années 80. Il était alors l'aventurier de l'émission *Ushuaïa*, celui qui faisait rêver nombre de Français aux grands espaces, à l'autre bout de la planète. Dans une interview, il avait exprimé son ambition de créer une fondation à but éducatif. Alors maire de Paris, intéressé par les idées d'un homme dont il suivait les aventures sur TF1, Jacques Chirac essaya de prendre contact avec lui, mais tomba sur l'un de ses collaborateurs qui, persuadé qu'il s'agissait d'un canular, lui raccrocha au nez. Lors d'une seconde tentative, le futur chef de l'État demanda que fût transmis à Nicolas Hulot son souhait de le rencontrer en tête à tête. « J'ai accepté de dîner par curiosité, mais avec grande prudence. J'avais de Jacques Chirac une idée convenue », raconte l'intéressé.

Il arrive dans la cour de l'Hôtel de Ville et aperçoit la silhouette du maire, dans la « tenue la plus tragique qui soit : en survêtement, d'un modèle de mauvais goût. Le seul sport qu'il pratique consiste à l'enfiler. Il aime manifestement être confortable. » Sa fille Claude est également présente. « Il a une incroyable faculté de vous mettre à l'aise. En deux, trois formules, il vous détend. » Lors de ce premier dîner, Hulot s'aperçoit que Chirac sait tout de lui. « Il avait poussé le détail jusqu'à me faire servir en dessert une mousse au chocolat blanc, que j'adore effectivement. » Non seulement le maire connaît son goût pour le chocolat blanc, mais il suit avec assiduité les émissions *Ushuaïa* qui l'intéressent beaucoup. « Il vivait mes aventures par procuration. Mes frasques l'amusaient beaucoup. » En même temps, il manifeste de l'inquiétude pour les risques qu'il prend. « Il me prédisait que j'allais me casser la gueule et prenait pour ce faire un ton paternel. » Le maire de Paris confie enfin à Nicolas Hulot qu'il est prêt à soutenir son projet de fondation. La mairie de Paris va effectivement devenir son partenaire pendant six ans. Mais Chirac ne se limite pas à sceller ce partenariat, il réunit des grands patrons et leur demande de lui apporter les moyens dont il a besoin. « Tout ça, forcément sans contrepartie. Jamais, je dis bien "jamais" on ne s'est demandé quoi que ce soit. Cette règle n'a jamais été transgressée. »

Les premières années, Jacques Chirac se passionne pour les aventures de Nicolas Hulot : « Une véritable quête de tout ce que j'avais vu. À travers moi il observait la planète. Au lendemain de mes émissions, il me téléphonait pour en discuter. Petit à petit, nous sommes ainsi passés de l'anecdotique à l'essentiel... »

Des images de leur amitié refont surface, ponctuent ses souvenirs. Nicolas Hulot a habité une cabane perdue en forêt de Rambouillet et avait une gardienne marocaine du nom de Fatima. Un jour, invité à dîner par son ami Nicolas qui tient à lui présenter Paul-Émile Victor, Jacques Chirac arrive devant le portail et sonne. Fatima accourt, reconnaît Chirac, et, prise de panique, s'en retourne à toutes jambes : « Il y a Chirac au portail ! » crie-t-elle à Nicolas Hulot. Lequel la rassure que rien de grave ne va arriver. Il comprend alors que

Fatima associe Chirac à Pasqua et qu'elle a pris peur...
Toujours cette même question d'image chez Chirac !

« Nos liens se sont tissés tout seuls, ils nous ont échappé à
l'un comme à l'autre. Nos dialogues sont devenus récur-
rents. » Pour rompre avec l'émotion de cet épanchement surgit
dans la mémoire de Nicolas Hulot le souvenir d'un « impossible sweat-shirt jaune » porté par le président, un dimanche
soir de 1998, pendant la Coupe du monde de football : « Le
président m'a raccompagné jusqu'à mon scooter, puis, comme
il n'y avait personne pour ouvrir la porte principale, il s'est
rendu dans la salle de garde où se tenait un gendarme, veste
tombée, en train de regarder un match. Vous imaginez la tête
du pandore quand le chef de l'État, qu'il n'avait pas vu venir,
lui a demandé d'ouvrir la porte pour que son ami puisse
sortir... Il n'a pas engueulé le brave gendarme et cette histoire
n'a eu aucune suite fâcheuse pour lui. Jacques Chirac est
prompt à la blague, à la dérision comme à l'autodérision. »

Le réalisateur d'*Ushuaïa* lui est reconnaissant de lui avoir
permis en 1998 de réaliser deux de ses rêves. Il voulait faire
inscrire le site du delta intérieur d'Okavango[1] au patrimoine
mondial de l'humanité, et il rêvait de rencontrer Nelson Mandela, « l'homme que j'admirais le plus au monde ». Jacques
Chirac l'a invité à l'accompagner dans son voyage officiel en
Afrique australe[2] où il aura ainsi pu rencontrer les trois dirigeants des pays concernés par l'inscription du delta (le
Botswana, la Namibie, l'Afrique du Sud). À Pretoria, le 26 juin,
Mandela offrait un dîner officiel à des centaines de convives.
« Tout à coup, je vois des gens du service de sécurité courir dans
les couloirs. Ils me cherchaient. Ils m'emmènent jusqu'à
l'entrée d'une petite salle, ouvrent la porte : il n'y a que Chirac
et Mandela. Chirac me présente et me laisse seul avec Mandela.

---

1. Delta marécageux occupant, à l'intérieur des terres, la région du Ngamiland, au
Botswana.
2. Yves Coppens faisait également partie du voyage.

J'ai vécu là les quinze minutes d'émotion les plus fortes de toute ma vie. Puis Chirac est venu me rechercher... »

Nicolas Hulot revient sur ses longs dialogues avec le président : « Je me suis construit au fil de ces dialogues, et cela a été réciproque. Nous nous sommes construits ensemble. » Il inscrit la hantise de la « maison qui brûle » chez Jacques Chirac, à son obsession de ne pas voir rompre le lien entre l'homme et son environnement, faute de quoi il se perdrait. Ses préoccupations sur l'environnement s'inscrivent dans la logique qui l'a conduit à créer le musée du quai Branly, à défendre les peuples premiers, à promouvoir le dialogue des cultures. Cette logique a imprégné à son tour Nicolas Hulot qui, entre deux considérations sur l'environnement, montre un Chirac en arrêt devant la dent de narval posée sur la grande table de réunion jouxtant son bureau, ou, au retour d'un voyage en Mongolie, s'enflammant au cours de leur conversation sur Gengis Khan. Nicolas Hulot n'hésite pas à parler de « vraie affection » pour caractériser ce qui l'unit au chef de l'État. « Toutes ces discussions ont forgé des liens. Ensemble nous avons toujours été en confiance. »

Nicolas Hulot confirme que son ami président a consacré un « temps fou » aux questions d'environnement. Chirac a lu à ce sujet de nombreux rapports scientifiques. Il a accepté, à sa demande, de rencontrer, sans aucune exclusive, des spécialistes dont la venue à l'Élysée n'était pas du tout évidente, comme certains membres du mouvement Greenpeace. « Il s'est personnellement beaucoup impliqué, il a beaucoup donné de lui-même. Il s'est démené pour que la Chine adhère au protocole de Kyoto. Il a téléphoné sans répit aux chefs d'État pour les convaincre de la nécessité de défendre la planète. Tout cela n'était pas évident, car il était raillé dans son propre camp tandis que la gauche voyait là un faux-semblant électoraliste. Longtemps on a douté de sa sincérité. Il a porté à bout de bras la Charte de l'environnement, son vote par le Parlement, son inscription dans la

Constitution, le 28 février 2005, qui a été un acte politique majeur. La droite était vent debout contre cette Charte ! »

Nicolas Hulot s'est toujours tenu aux côtés du président dans toutes ses actions de défense de l'environnement, que ce soit sur le plan national ou international. Il ne tenait qu'à lui d'y être encore davantage associé. Un matin de mai 2002, Jacques Chirac lui a même proposé de devenir ministre de l'Environnement.

– Tu me rappelles avant 17 heures, lui a-t-il dit au téléphone.

« J'étais avec ma femme et mon jeune bébé dans les Alpes-de-Haute-Provence. J'ai su d'emblée que j'allais décliner sa proposition, mais je n'ai pas osé le lui dire tout de suite. J'ai feint de réfléchir. Quelques heures plus tard, je lui ai expliqué que si j'acceptais, il perdrait un conseiller au profit d'un mauvais ministre. Il a été très déçu de ma décision. »

Chirac a alors nommé Roselyne Bachelot au poste qu'il réservait à son ami.

Le président ne lui a pas tenu rigueur de son refus et l'a complètement impliqué dans la préparation de son voyage en Afrique du Sud au Sommet mondial pour le développement durable, début septembre 2002. Avec Jérôme Bonnafont, aujourd'hui porte-parole de l'Élysée, qui est devenu son correspondant et son allié dans la place, un complice qu'il définit comme doté d'une sensibilité altermondialiste, il a travaillé au discours de Johannesburg. De ce second voyage en Afrique du Sud il a ramené un autre grand sac de souvenirs : quand, aux côtés de Jérôme Bonnafont, il a écouté le discours de Chirac, dont le texte n'avait pas été édulcoré ; quand Jacques Chirac lui a organisé une nouvelle rencontre avec Mandela pour que celui-ci dédicace une photo destinée à son fils Nelson ; quand il a assisté au tête-à-tête entre Mandela et Chirac à propos de l'Irak.

Nicolas Hulot a travaillé ensuite aux prémisses de l'élaboration de la Charte de l'environnement. Il aurait pu prendre la présidence de la commission chargée de l'élaboration de cette Charte, mais ses fréquents voyages l'empêchaient d'assumer cette responsabilité. Jacques Chirac lui a alors demandé son avis sur celui qu'il entendait nommer à cette présidence : Yves Coppens, le fameux paléontologue qu'il connaissait et appréciait pour ses recherches sur Lucy et les origines de l'homme. Quelque peu réservé au départ sur ce choix, à cause de la « confiance excessive dans le genre humain » qu'il lui prêtait, Nicolas Hulot a déjeuné avec le savant et a trouvé que, sans préjugés, il était bien l'homme de la situation.

Lors des premières assises pour la Charte, à Nantes le 29 janvier 2003, Yves Coppens a su exprimer mieux que personne le lien entre les questions d'environnement et celles des origines de l'homme – la peur de la « rupture de la chaîne ». Après le discours de Coppens, Jacques Chirac a repris ses propos pour montrer toute l'importance de la Charte qu'il entendait faire inscrire dans la Constitution.

« Grâce à la paléontologie, grâce notamment à vos travaux si importants et si connus, notre vision de la présence humaine sur cette Terre a profondément évolué. Nous percevons mieux à quel point, vous l'avez souligné, Monsieur le Professeur, l'humanité fait partie d'une chaîne de vie. Il serait tout à fait illusoire de croire que l'homme pourrait survivre s'il rompait cette chaîne. Or, chacun le sait bien aujourd'hui, l'exploitation de notre planète ne permet plus aux ressources naturelles de se régénérer au rythme nécessaire. Le moment est donc venu de reconnaître que des règles, nationales et universelles, s'imposent pour éviter à l'humanité des risques écologiques majeurs. Aujourd'hui, l'humanité doit se forger une conscience universelle. »

Une fois la Charte rédigée, Nicolas Hulot s'est démené pour qu'elle soit adoptée et inscrite dans la Constitution, notamment pour convaincre la gauche de ne pas rejeter un texte aussi capital.

Fin mars 2004, Jacques Chirac a de nouveau essayé de convaincre Nicolas Hulot de prendre le ministère de l'Environnement. C'est Serge Lepeltier qui a bénéficié de son refus.

Sans plus de succès, il a tenté d'obtenir que son ami s'engage pour le oui dans la campagne du référendum sur le projet de Traité constitutionnel européen. « Mon refus l'a beaucoup chagriné. Ça l'a même blessé. » Dès lors, le président a appelé moins souvent son ami, ils se sont moins vus. Mais quand, le 31 juillet 2006, Nicolas Hulot déclare, dans une interview au *Journal du Dimanche*, ne pas écarter la possibilité de se présenter à la prochaine élection présidentielle, Chirac lui téléphone et dit comprendre ses propos, tout en précisant : « Je ne te parle pas de ta candidature. »

Pour compléter ses explications sur la nature des relations qu'il entretient avec le président, Nicolas Hulot tient à dire que, dans le cours de leurs discussions, il n'a jamais été question de politique. « Il ne m'a jamais parlé de Sarkozy, de Mitterrand ou d'autres hommes politiques français. Ça s'arrêtait à la lisière de la sphère politique. »

En octobre 2006, le président lui a demandé s'il accepterait de soutenir son idée d'organiser à Paris une conférence internationale rassemblant les grands spécialistes mondiaux de la protection de l'environnement et de la biosphère, avec pour objectif d'aboutir à la création d'un Office mondial de l'environnement. Il a accepté à condition que la liste des membres du comité d'honneur (chargé d'organiser cette conférence, qui doit avoir lieu début février 2007), présidé par Alain Juppé, soit « rééquilibrée ». Il a proposé deux noms : Michel Rocard et Hubert Védrine. Védrine est donc ainsi entré dans le comité aux côtés de son ami Nicolas Hulot, d'Alain Juppé, d'Edgar Morin et de quelques scientifiques.

Ce n'est pas sur une question touchant à l'environnement que Nicolas Hulot a souhaité conclure son témoignage sur son ami Jacques Chirac, mais sur une anecdote montrant l'homme tel qu'il le perçoit. En dehors de sa fondation, Nicolas Hulot soutient une association basée dans l'Ain, qui s'appelle « Arc-en-ciel » et dont l'objet est de réaliser des rêves d'enfants. Il se retrouve ainsi à relayer le rêve d'un petit Nicolas qui souhaite aller à l'Élysée. Il téléphone à Claude Chirac qui accepte sur-le-champ. Quelque temps plus tard, le 13 juin 1996, le garçonnet, ses parents, son frère et le président de l'association, facteur de son état, se retrouvent à déjeuner dans les jardins de l'Élysée autour de Bernadette et de Claude Chirac. À la fin du repas, un garde républicain vient demander au petit garçon de le suivre jusqu'à la cour principale de l'Élysée où la Garde républicaine en tenue d'apparat est déployée. Les gardes, sabre au clair, lui rendent les honneurs. Nicolas passe sous la haie de sabres et arrive ainsi jusqu'à Jacques Chirac qui le conduit dans son bureau, le fait asseoir dans son fauteuil et passe une demi-heure avec lui. « Il n'y avait pas de photographes, personne n'avait été prévenu. C'est ça, Chirac… »

Dernier entretien
14 janvier 2007

Ce rapide survol de l'action de Jacques Chirac est incomplet et évidemment subjectif. J'ai tenu à poursuivre mon barbouillage des caricatures faites de lui et de son action en essayant de montrer que, pour ce qu'il considère comme essentiel, il est cohérent et que cette cohérence prend ses racines dans ce que j'appelle le « Chirac intime ». Si j'ai consacré autant de pages à l'impulsion qu'il a su donner à la politique étrangère et surtout à l'affaire irakienne, c'est parce que je suis attaché à l'indépendance de notre pays et que c'est à cette aune-là que je juge d'abord un président. J'aurais pu compléter cette quatrième partie par quelques mots sur ses trois chantiers (Sécurité routière[1], Lutte contre le cancer, et son volet Lutte contre le tabagisme[2], Aide aux personnes handicapées), son combat contre le sida[3], sa relance des relations avec l'Allemagne mais aussi sur ce qui est

---

1. Les mesures prises depuis 2002 ont économisé 10 000 vies et 100 000 blessés.
2. Avec près d'un million et demi de fumeurs en moins, et l'interdiction de fumer dans les lieux publics.
3. Jacques Chirac a été le premier haut responsable politique occidental à se saisir de cette question (aux côtés de Line Renaud), dès le milieu des années 80.

considéré comme ses plus graves échecs : la dissolution de l'Assemblée nationale en 1997 et le non au référendum sur la constitution européenne[1]... mais mon objectif n'était pas de dresser un bilan exhaustif.

Pour se faire une opinion sur l'action de Jacques Chirac, je conseille au lecteur de faire son marché, avec beaucoup de prudence, dans les dizaines de milliers de pages qui lui ont été consacrées. Il constatera en effet que politologues, journalistes, biographes donnent l'impression d'écrire en se servant d'une même hache. Hormis ce qu'il considère lui-même comme important, il pourra estimer que Chirac se rapproche çà et là de sa caricature en sacrifiant à la tambouille politicienne, mentant, laissant tomber, faisant des « coups », haïssant ce qu'il a adoré hier... Néanmoins, malgré les précautions exposées au début de ce livre, j'ai éprouvé tout au long de sa rédaction un sentiment bizarre. J'ai souvent craint de laisser courir ma plume ; marqué moi-même par le matraquage médiatique contre Chirac, j'ai hésité à coucher sur le papier ce que je ressentais ; n'étais-je pas à mon tour tombé sous le charme ? est-il possible d'écrire sereinement dans la sphère politique ? Évidemment, non. Journalistes et hommes politiques, qui font partie du même monde, adorent ou abhorrent, ils enchaînent le « lèchent, lâchent, lynchent », comme dit si bien Jean-François Kahn. Le président de la République est le champ d'investigation rêvé des plumitifs, puisque c'est le seul personnage sur lequel il est possible d'écrire n'importe quoi et diffuser les pires horreurs sans aucun risque, puisque les attaquants bénéficient d'une complète impunité, le président ne demandant jamais à la justice de châtier les diffamateurs.

---

1. Une analyse distanciée devrait d'abord souligner que le chef de l'État a pris dans les deux cas le risque de donner la parole au peuple.

Je comprends mieux maintenant ces mots de Juppé[1] : « Il y a, chez Chirac, des moments de naïveté et d'affection qui sonnent vrai. Je sais que je ne pourrai en persuader aucun des observateurs de la vie politique. Mais, en l'espèce, ce n'est pas grave. Ce qui compte, c'est ce que je ressens, moi, au fond de mon cœur. Et que je continue à ressentir plus que jamais aujourd'hui, alors que l'hallali est sonné et que, de tous côtés, se déchaînent les meutes. » C'est à cet hallali que j'ai souhaité réagir. J'ai rencontré un homme qui aime les autres, un modeste qui doute constamment de lui, et qui, souvent, se dévalorise et semble trouver tout naturel le rôle de bouc émissaire ou de punching-ball des uns et des autres, de droite comme de gauche. « Si l'on ne veut pas recevoir des coups, on ne fait pas de politique », répète-t-il souvent. Il connaît la terre entière, mais c'est, me semble-t-il, un homme assez seul. Si son cursus (Sciences-Po, ENA) est *grosso modo* celui des principaux hommes politiques français, sa culture parallèle l'a maintenu à distance des élites médiatico-intellectuelles de notre pays. Jacques Chirac n'a jamais cherché à se faire adouber par celles-ci, estimant probablement que l'amour du peuple français était plus important. Ce qui n'arrange rien, c'est qu'il n'aime pas le parisianisme qui, pour lui, ne résume absolument pas la France. « Pour moi, en Corrèze, le cœur de la France bat très fort », a-t-il encore dit lors de ses vœux dans son département.

Chirac a été, est de son temps. Sa fuite adolescente, qui le conduisit sur la route de la Soie et de Bouddha, lui a donné une vision du monde originale pour un chef d'État occidental. Malgré sa longévité politique, ce sentiment viscéral sur l'égalité des cultures a fait de lui un président parfaitement adapté à son temps.

---

1. Alain Juppé, *France, mon pays. Lettres d'un voyageur,* Robert Laffont, 2006.

Son attachement à François Mitterrand m'a aussi frappé. Il y est souvent revenu. Il en parlait souvent à Hubert Védrine. La transmission des pouvoirs faite par son prédécesseur ne s'est pas limitée à une convention rituelle. Mitterrand l'a installé dans le bureau du général de Gaulle, lui qui apparemment – mais seulement en apparence –, le détestait. Jacques Chirac préfère oublier les altercations et combats pour ne se souvenir que des bons moments.

Je termine cet *Inconnu de l'Élysée* au moment où Jacques Chirac achève le rituel des séances de vœux pour l'année 2007. Vœux dont le contenu et la forme complètent les quinze rencontres et entretiens téléphoniques que j'ai eus avec lui. Même si, ce jour-là, les conditions ne sont apparemment pas réunies pour qu'il songe à se représenter à un troisième mandat, Jacques Chirac demeure un conquérant, un bagarreur. N'a-t-il pas dit, lors de ses vœux à la presse, qu'il allait réfléchir à l'éventualité d'une troisième candidature ? Qu'il allait peser sur le débat électoral ? Le contenu de ses vœux ressemblait en effet à s'y méprendre à un programme pour les cinq prochaines années, si différent de celui de Sarkozy que *Libération* a fait sa une sur « le programme antiSarko de Chirac ». Le président en place promet une importante baisse des impôts sur les sociétés, le lancement d'une agence pour l'industrialisation des territoires, une relance du processus de paix au Proche-Orient, il dresse un état des lieux de la planète qui suggère qu'il faudrait quelqu'un comme lui pour poursuivre la seule politique qui vaille, la sienne, il se prononce contre les « ruptures », notamment institutionnelles, et condamne le libéralisme et les idéologies…

La forme de ces vœux amplifiait l'impact d'un contenu assez peu habituel. Le changement de cadre du rituel, ce 31 décembre, soulignait qu'ils ne se voulaient pas une fin, mais le début d'autre chose. Début de quoi ? Le lapsus commis par le président devant les forces vives, quand, au lieu d'inscrire le projet de réforme de l'impôt sur les sociétés dans les cinq ans à venir, il a parlé de « vingt ans », a laissé à chacun le choix de son interprétation : alors que beaucoup le jugent trop vieux pour se représenter, se sent-il jeune comme à « 20 ans » ? Souhaite-t-il inconsciemment peser longtemps encore sur le destin de la France ? Ou, prenant d'autres mots que ceux utilisés par François Mitterrand pour ses derniers vœux, signifie-t-il ainsi qu'il sera auprès des Français, dans tous les cas de figure, pendant un bon bout de temps encore ?

Je rassure tout de suite les lecteurs des articles de Béatrice Gurrey dans *Le Monde*, mais aussi ceux qui ont entendu les propos ou feuilleté le livre irrespectueux et inélégant de Roselyne Bachelot[1], lesquels ont pu croire que la santé du président déclinait, qu'il était souvent absent, commettait des lapsus, avait des trous de mémoire, bref, qu'il était au bord de la sénilité. Jacques Chirac n'a certes pas vingt ans, mais il est en pleine forme, physique et mentale.

Je renvoie les lecteurs friands d'anecdotes croustillantes sur les bagarres, rivalités et coups bas entre Chirac, Villepin et Sarkozy, à d'autres ouvrages[2] que le mien : ces batailles-là n'entraient pas dans le champ que je voulais labourer. Néanmoins, de temps à autre, il m'est arrivé de lancer le nom de Nicolas Sarkozy dans la conversation. Sans grand succès : Jacques Chirac s'est borné à me raconter quelques anecdotes. Toutefois, le mardi 10 octobre 2006, il a eu quelques mots intéressants sur l'entretien qu'il avait eu la veille avec le chef de l'UMP.

« Vous voyez, c'est tout de même scandaleux : on m'accuse de ne pas être gaulliste, moi qui suis entré dans le gaullisme avec vous et par vous », lui aurait dit Sarkozy.

Ce à quoi il lui aurait répondu.

---

1. Roselyne Bachelot, *Le combat est une fête*, Robert Laffont, 2006.
2. Notamment *La Guerre des trois, op. cit.*

« Le problème n'est pas là. Il est de savoir si tu as le tempérament ou non. C'est à toi de démontrer que tu es gaulliste. Ça n'est pas une référence historique, c'est à toi de l'affirmer : on adhère ou pas à une certaine idée de la France. »

Intéressant, mais pas suffisant. D'autant qu'à la veille de mon dernier entretien avec Jacques Chirac, un sondage d'Opinion Way pour *Le Figaro* et LCI, publié le 12 janvier 2007, montre que seulement 17 % des Français estiment que les interventions du président visent à faire gagner son camp, que 44 % des personnes interrogées estiment qu'elles ont pour but de défendre ses positions, et 37 % une volonté de faire battre le président de l'UMP. À mon tour je me devais de questionner le chef de l'État sur ses intentions, sur la signification de ses interventions et sur ses rapports avec le ministre de l'Intérieur.

Le lieu et l'heure s'y prêtaient. Installé, « comme d'habitude », dans la salle de réunion qui jouxte le bureau présidentiel, objet des convoitises de Sarkozy, je me retrouve en face de Jacques Chirac. Toujours se dresse la même grande dent de narval au milieu de la table qui nous sépare. Les derniers militants de l'UMP doivent être en train de quitter la Porte de Versailles. Nicolas Sarkozy a terminé son discours depuis une couple d'heures... Il est 17 heures 15, ce dimanche 14 janvier 2007.

« Nicolas Sarkozy vient d'être sacré candidat à l'élection présidentielle, à la porte de Versailles, par des dizaines de milliers de militants de l'UMP, comme vous il y a trente ans par ceux du RPR. Voilà qui doit vous faire quelque chose... Que ressentez-vous, comment réagissez-vous ?

– J'ai voulu la création de l'Union pour un mouvement populaire afin de rassembler le maximum de Françaises et de Français. D'en faire un acteur majeur de la modernisation de la France. Le congrès d'aujourd'hui témoigne de la vitalité de ce mouvement et je ne peux que m'en réjouir pour l'avenir. Car, voyez-vous, contrairement à la plupart des autres partis socialistes européens, le Parti socialiste français n'a pas fait réellement sa mue et reste englué dans des conceptions dépassées. La France a besoin de poursuivre son action de modernisation et d'adaptation aux changements du monde. Donc, si le congrès d'aujourd'hui a pu contribuer à renforcer l'adhésion des Français à une certaine idée de la France et de son avenir, c'est une très bonne chose.

– Pourquoi n'avez-vous pas envoyé au Congrès de l'UMP un message de soutien ?

– C'est une question de principe. Du jour où j'ai été élu président, j'ai estimé que ma fonction ne me permettait pas de participer directement ou indirectement à la vie partisane, et d'autant moins s'agissant d'une réunion à vocation électorale. En revanche, j'ai toujours respecté le rôle et la mission des partis dans notre démocratie et j'ai toujours voulu que l'opposition puisse y tenir toute sa place. Sauf l'extrême droite qui porte des idées inacceptables et dangereuses, et qui doit être combattue sans merci !

– Quand vous faites des propositions pour les cinq prochaines années, entendez-vous peser sur le programme de l'UMP ?

– Ce n'est pas du tout dans cet esprit que je l'ai fait. La France a besoin d'un grand débat. En 2002, en raison de la présence de Jean-Marie Le Pen au second tour, le débat a porté sur les valeurs de la République, et il n'y a pas eu de confrontation entre deux projets économiques et sociaux. Mais, surtout, la France est dans un monde en pleine mutation. Un monde fait d'opportunités formidables et de risques considérables. Ma responsabilité de président de tous les Français est d'élever ce débat au niveau qui doit être le sien. Elle est de fixer les enjeux et de le faire de manière concrète, en précisant les directions à suivre pour les années à venir. Et cela, à partir de ce qui a été fait. Si on ne le fait pas, si on laisse la caricature dominer le débat, si on ne désarme pas les angoisses, les idées fausses, on ouvre « un boulevard » aux extrémismes ! Cela, je ne peux l'accepter. J'assume donc les responsabilités qui sont les miennes en m'engageant ainsi.

– Même pour un lecteur non vétilleux, il y a un décalage certain entre les propositions de Sarkozy et les vôtres. Il serait possible, à partir de vos vœux, de construire un programme qui serait moins libéral que celui de l'UMP...

– Si vous regardez de près, il y a beaucoup de points de convergence, mais il y a aussi des différences de sensibilité, notamment sur la vision du monde, même si je note – et c'est une bonne chose – des évolutions de sa part. Sarkozy est spontanément plus libéral que moi. Il existe aussi des différences d'approche, s'agissant notamment de la relation avec les États-Unis. Et puis il y a aussi la question du communautarisme. Sur ce dernier point, j'ai noté aujourd'hui son adhésion à un principe fondamental à mes yeux : la France n'est pas et ne sera jamais une addition de communautés. La nation française est une et indivisible.

– Il y a un quatrième point important sur lequel vous n'avez pas la même approche : les problèmes du Proche et Moyen-Orient...

– C'est un enjeu essentiel pour l'avenir et la stabilité du monde. Il est effectivement nécessaire que tous les candidats exposent clairement leur vision du rôle et de l'action de la France. Pour moi, la France doit défendre une position claire. Il faut bien mesurer les enjeux. C'est une région où convergent la plupart des crises et des conflits du monde contemporain : le conflit israélo-palestinien, un sentiment anti-occidental de plus en plus répandu, l'affrontement historique entre chiites et sunnites, le choc entre un islam tourné vers la paix et un islamisme radical qui prône l'action violente, des rivalités régionales, le tout à nos portes, sur fond d'explosion démographique, de difficultés politiques et de croissance économique insuffisante.

La guerre d'Irak a amplement démontré que toute solution fondée sur l'unilatéralisme, la force ou l'illusion que le modèle occidental est « exportable » clés en main, est vouée à l'échec. Il faut agir avec détermination mais grande prudence, doigté et respect pour tous les peuples et toutes les nations de la région. Agir par le droit international, en sachant que toute action mal conduite accentue les risques de guerre. Agir en fonction de principes clairs, au premier rang desquels la volonté de sauver la paix.

La France a des responsabilités historiques dans cette région. Elle doit les assumer. Par son rôle propre, mais aussi en poussant l'Europe à s'engager davantage, à cesser de se replier frileusement alors qu'il lui faut s'affirmer.

Agir pour la paix entre Israël et les Palestiniens est absolument capital. Les contours d'un accord sont connus : deux États en paix et en sécurité dans des frontières viables, sûres et reconnues. Il faut que la communauté internationale s'en porte garante.

Agir pour le Liban, sa souveraineté, son intégrité territoriale, la démocratie qui s'y est enracinée, parce que la France est étroitement liée à ce pays. Cela suppose avant tout de convaincre les pays de la région de cesser d'en faire l'otage de leurs affrontements.

Agir pour que l'Irak recouvre sa souveraineté et que son unité soit préservée.

Agir pour que l'Iran accepte de respecter ses obligations internationales et d'assumer le rôle, qui lui revient, de grande puissance régionale stabilisatrice.

C'est ainsi, en lançant une dynamique de paix, que nous pourrons le mieux appuyer les indispensables efforts de réforme politique, économique et sociale.

– Quand vous dites que vous voulez expliquer le monde aux Français, comment faut-il l'interpréter ? Est-ce qu'en disant cela vous ne voulez pas signifier qu'un bon président est celui qui comprend les enjeux actuels ?

– C'est évidemment le cas ! Je constate que la mondialisation change la donne et nous oblige à évoluer radicalement si nous voulons vivre dans un monde pacifique, prospère et respectueux de valeurs universelles. Prenez trois problèmes sur lesquels les esprits commencent d'ailleurs à évoluer. Des problèmes qui doivent être constamment expliqués aux Français, parce qu'ils conditionnent leur avenir.

Celui de l'aide au développement : avec la croissance démographique, avec le fossé qui se creuse entre nations riches et nations pauvres, il est urgent de décupler les sommes consacrées à la solidarité internationale, que ce soit pour des raisons morales, politiques et économiques. C'est pourquoi je plaide inlassablement pour que les choses bougent, et je constate tout de même une certaine évolution. Je prends un exemple : l'idée que les budgets des États ne suffiront jamais pour mobiliser les ressources nécessaires à l'aide au développement, qu'il faut des financements innovants, et donc, d'une façon ou d'une autre, une taxation sur les immenses richesses supplémentaires qu'engendre la mondialisation. Au début, cette idée n'était partagée que par M. Lula et par moi, on se voyait en catimini à Genève avec M. Lagos, l'ancien président chilien, et M. Kofi Annan. Aujourd'hui, les financements innovants sont approuvés par une cinquantaine de pays. C'est sans doute la plus importante évolution à laquelle j'aie contribué. Il faut que les Français poursuivent cet effort.

Celui de l'environnement : nous vivons une crise écologique gravissime. C'est pourquoi, en 2002, à Johannesburg, j'ai dit : « Attention, notre maison brûle ! Il faut agir ensemble », et j'ai proposé, quasiment seul, la création d'une Organisation des Nations unies pour l'environnement. Cette idée a sensiblement progressé. Je vais accueillir une conférence internationale. les 2 et 3 février. au cours de laquelle une soixantaine de pays et des personnalités du monde entier vont marquer leur soutien. C'est un progrès. Les Français doivent en être les pionniers.

Celui du dialogue des cultures, enfin, sur lequel, hélas, on ne progresse pas suffisamment. Les peuples n'ont pas encore assez compris qu'à l'heure de la mondialisation l'exigence de respect de l'autre, de sa culture, de son histoire, de son identité, s'impose plus que jamais si l'on veut la paix. On voit beaucoup d'initiatives, de bonnes volontés, mais le monde n'a pas pris la mesure de l'enjeu. La France, pays de tolérance, pays de la laïcité, vieille terre d'immigration, doit porter ce message.

J'essaie de faire partager aux Français ces convictions nourries par une certaine expérience du monde. Et il est vrai que sur ces thèmes, je ne suis pas de l'école libérale. Parce que je crois que le libéralisme porté aux extrêmes, tel qu'on prétend le pratiquer aujourd'hui, est un système idéologique, et que, comme tout système idéologique, il est étranger à la réalité et aux aspirations des hommes.

– Depuis 1994, celui qu'on présente comme votre « fils spirituel » n'a cessé de monter des coups contre vous, de vous lancer des petites phrases assassines, et a participé ainsi à la dégradation de votre image. Je pense par exemple à cette fois où il s'est demandé comment on pouvait être fasciné par le sumo, « ces combats de types obèses aux chignons gominés ». En vous rencontrant, j'ai eu pour objectif d'essayer de vous comprendre. Je dois reconnaître que votre relation avec lui m'échappe complètement. Pourquoi l'avoir réintroduit en 2002 en lui confiant un poste important ? Pourquoi ne pas l'avoir nommé à Matignon, où il aurait été confronté aux vrais problèmes, alors qu'à l'Intérieur il pouvait prôner la « rupture » tout en restant au gouvernement ?

– S'agissant du sumo, et avant d'aborder le fond de votre question, j'ai été surpris par les propos de Nicolas Sarkozy et, en quelque sorte, interloqué. Les sumotori sont des gens respectables, et le sumo un très grand sport. Il faut faire l'effort de s'y intéresser et on en devient vite passionné.

En ce qui concerne mes relations avec Nicolas Sarkozy, tellement de choses fausses ont été dites et écrites ! Je le connais bien avec, comme tout le monde, ses qualités – qui sont grandes – et ses défauts. Il faut aussi que vous compreniez quelque chose : j'ai moi aussi des qualités et des défauts ! Mais il y a un défaut que je n'ai pas, c'est celui d'être rancunier. C'est un sentiment qui m'est totalement étranger.

Si j'ai voulu qu'il participe au gouvernement en 2002, c'est parce que je connaissais ses qualités. C'est un homme actif, intelligent, un homme politique de premier ordre. C'était un atout pour la majorité et pour la conduite de l'action publique. J'ai estimé qu'il ferait un bon ministre de l'Intérieur. Et vous savez que la sécurité est au cœur des engagements que j'ai pris vis-à-vis des Français en 2002.

J'ai choisi comme Premier ministre Jean-Pierre Raffarin, puis Dominique de Villepin, parce que j'ai estimé qu'ils étaient le plus à même de diriger le gouvernement au regard des objectifs que j'avais fixés. Malgré les difficultés, tous les deux ont bien assumé leur tâche. Et ils l'ont fait dans une véritable relation de confiance avec moi.

– Bon, je comprends pourquoi vous passez l'éponge en 2002, mais quand il remet ça, après en 2004, en recourant à d'incessantes petites phrases...

– Il dit qu'il est en train de changer ; je pense qu'à ce titre c'est une bonne chose. Vous savez, pour moi, une seule chose compte : l'action gouvernementale et l'intérêt du pays. C'est pourquoi je ne me suis pas arrêté aux petites phrases. J'ai été en revanche très attentif à la qualité de l'action de chacun des ministres. Ce qui compte, c'est la France. C'est l'action au service des Français.

– Quand vous avez regardé votre Premier ministre et votre ministre de l'Intérieur échanger des coups...

– N'exagérons pas ! Mais c'est vrai j'ai dû parfois exercer l'autorité qui s'imposait pour ramener le calme. Ce sont deux forts tempéraments. Mais c'est au travail qu'ils doivent le manifester...

– Avez-vous pensé que Dominique de Villepin puisse devenir votre successeur ?

– J'ai pour Dominique de Villepin beaucoup d'estime et d'affection. C'est un très bon Premier ministre qui obtient des résultats importants, notamment sur l'emploi qui est la priorité que je lui avais fixée. Il faut mesurer que nous sommes en train d'atteindre un taux de chômage parmi les plus bas que nous ayons connus depuis un quart de siècle.

S'agissant de l'élection présidentielle, je sais d'expérience à quel point il est difficile de passer de Matignon à l'Élysée. Je le lui ai d'ailleurs dit clairement quand je l'ai nommé Premier ministre.

– Il a cru qu'il pourrait briser la règle...

– Je n'en suis pas sûr. Je crois en revanche qu'il s'est totalement donné à sa fonction de Premier ministre.

– Pensez-vous qu'il aurait la stature pour faire un bon président ?

– C'est au peuple français et à lui seul d'en juger. Mais Dominique de Villepin a incontestablement des qualités d'homme d'État.

– A-t-il commis des erreurs ?

– Le CPE, sans doute. Mais il voulait agir le plus fortement possible pour lutter contre le chômage des jeunes. Pour cette raison, je l'ai soutenu. J'assume je vous l'ai dit ma part de responsabilité.

– La semaine dernière, vous avez dit vouloir réfléchir à une éventuelle candidature ; est-ce que vous pourrez vraiment vous poser la question alors que tous les observateurs pensent que vous n'avez pas d'« espace ». Estimez-vous avoir encore une marge de réflexion ?

– Je respecte les observateurs et les sondages, mais ce n'est pas sur cette base que je me déterminerai, je ne tiendrai compte que d'une seule exigence : l'intérêt national. Rien d'autre – et certainement pas l'attrait du pouvoir – ne me déterminera.

– Je suppose que vous avez également en tête qu'en 1995 c'est au cours de la seconde quinzaine de février que vos courbes de sondage se sont inversées...

– C'est vrai, vous avez raison de le souligner.

– Le moins qu'on puisse dire, c'est que vous n'étiez pas donné gagnant, au début du mois de janvier 1995 !

– Ça, c'est certain. Le brave Santini disait : « Chirac, à force de baisser dans les sondages, il va finir par trouver du pétrole ! » Et c'était vrai. On était alors en janvier.

– Donc, vous attendrez jusqu'à la fin février pour vous prononcer ?

– Je considère qu'il faut respecter le temps de la démocratie. J'ai une tâche à conduire, et je l'assumerai jusqu'au bout. Personne ne peut dire aujourd'hui comment les choses se présenteront dans les prochaines semaines au regard de l'intérêt du pays. Je prendrai ma décision en conscience, et je la ferai connaître aux Français.

– Souhaitez-vous aborder des questions que nous n'avons pas – ou que nous n'avons que peu – abordées ?

– Il faut mesurer la chance que l'on a de vivre dans une démocratie. Rien n'est acquis. Cela impose notamment une fermeté de roc à l'égard des extrémismes, quels qu'ils soient. Il faut aussi faire évoluer notre vision du monde, qui doit être plus équilibrée que la vision actuelle, c'est-à-dire fondée sur un respect profond de l'ensemble de l'humanité.

– Vous revenez toujours à votre vision basée sur le dialogue des cultures. Une vision qui n'est pas partagée par beaucoup, qui n'est plus si évidente.

– C'est vrai qu'elle n'est pas évidente, mais je constate tout de même qu'elle progresse. Exemple : j'ai été tout à fait impressionné par les réactions positives que j'ai enregistrées lorsque a été ouvert le musée du Quai Branly, qui est un témoignage du respect que l'on doit montrer pour la culture des autres...

– Et qui marche formidablement bien...

– Et qui marche bien. Ce n'était pas évident. Beaucoup avaient considéré cette initiative comme une erreur. Je l'ai imposée contre l'avis de gens par ailleurs compétents, distingués à tous égards. L'idée que tous les chefs-d'œuvre naissent libres et égaux s'est petit à petit répandue. Cela a eu un fort impact, notamment auprès des chefs d'État étrangers. Beaucoup se sont déplacés, bien plus que pour voir un musée : pour comprendre pourquoi la France avait porté cette idée.

– Ce musée pourra être considéré comme votre testament, car de lui on peut remonter aisément à votre vision du monde...

– Il y a du vrai.

– Bien plus que comme un musée, on le retiendra comme quelque chose d'essentiel pour vous comprendre et pour comprendre la France des débuts du XXIe siècle.

– En tout cas, c'est le geste culturel européen qui a le plus impressionné un grand nombre de chefs d'État non occidentaux... Au fond, quand on voit ce qui se passe – l'intégrisme, le terrorisme... –, on mesure combien cela appelle une réponse fondée sur davantage de fermeté, mais aussi de respect. Il y a une culture du respect qui doit s'enraciner. Apprendre à respecter les hommes, tous les hommes, est la première des qualités humaines.

– Est-ce qu'aujourd'hui encore vous avez peur de Le Pen ?

– Oui, il faut encore et toujours combattre M. Le Pen ou ses réincarnations. Il y a là un profond danger, car on joue avec les instincts humains les plus bas. L'extrémisme doit être systématiquement combattu parce qu'il est porteur d'immenses périls. Et ce n'est pas parce que Le Pen disparaîtra que le danger disparaîtra avec lui. »

ANNEXE

ALLOCUTION DE M. JACQUES CHIRAC
PRÉSIDENT DE LA RÉPUBLIQUE
À L'OCCASION DE LA CÉRÉMONIE NATIONALE
EN L'HONNEUR DES JUSTES DE FRANCE

Panthéon – Paris
Jeudi 18 janvier 2007

Monsieur le Premier ministre, Monsieur le président du Sénat, Monsieur le président de l'Assemblée nationale, Mesdames et messieurs les ministres, Messieurs les Premiers ministres, Mesdames et messieurs les parlementaires, Madame la présidente de la Fondation pour la mémoire de la Shoah, chère Simone Veil, à qui nous devons cette cérémonie, Monsieur le président de Yad Vashem, Monsieur le Grand Rabbin de France, Mesdames et messieurs,

Il y a 65 ans, dans l'Europe presque entièrement asservie, la barbarie nazie décide l'exécution de la solution finale. Une idéologie effroyable fait régner la terreur : une idéologie raciste, fondée sur cette croyance criminelle et folle selon laquelle certains hommes seraient par nature « supérieurs » à d'autres. Et cela, au cœur d'un continent qui se considère comme l'aboutissement même de la civilisation...

Innombrables sont celles et ceux que les nazis condamnent à mort *a priori*, à cause de leur origine, comme les Tziganes, à cause de leurs convictions religieuses ou politiques, de leurs préférences sexuelles, ou de leur handicap. Mais c'est contre les Juifs que se déchaîne avec le plus de cruauté et de violence systématique la folie nazie. Ce sont eux qui payent le tribut le plus effrayant : six millions d'êtres humains assassinés dans des conditions inexprimables. La quasi-disparition des Juifs d'Europe. La Shoah.

Comme dans un cauchemar, l'Occident se trouve renvoyé aux temps les plus noirs de la barbarie. À travers la destruction des Juifs, c'est au fond toute la civilisation judéo-chrétienne, toute la civilisation européenne, vieille de plusieurs millénaires, qu'Hitler veut abattre : l'invention à Athènes de la démocratie, l'éclosion à Rome d'une civilisation fondée sur le droit, le message humaniste des Lumières du XVIIIe siècle.

En France même, le pays des Lumières et des droits de l'Homme, le pays où tant de grands hommes se sont levés pour l'honneur du capitaine Dreyfus, le pays qui a porté Léon Blum à la tête du gouvernement, en France, un sombre linceul de résignation, de lâcheté, de compromissions recouvre les couleurs de la liberté, de l'égalité et de la fraternité. Le pouvoir de Vichy se déshonore, édictant de sa propre initiative, dès le 3 octobre 1940, le sinistre Statut des Juifs, qui les exclut de presque toutes les fonctions. Les Juifs de France sont d'autant plus stupéfaits de cet antisémitisme d'État que leur pays est celui qui le premier en Europe, dès 1791, leur a accordé les droits des citoyens. Ils aiment leur pays avec passion. Ils se sont battus pour lui, comme Marc Bloch et tant d'autres, en 1914 ou en 1939 : soudain, devant leurs yeux incrédules, la République abdique, rend les armes à Pétain et à Laval, cède la place à une clique revancharde et haineuse.

Voilà 65 ans, en France, il y a la honte du premier convoi de déportation, le 27 mars 1942. Il y a l'ordonnance allemande du 7 juin et l'ignominie de l'étoile jaune. Il y a le crime irréparable du Vel d'Hiv', les 16 et 17 juillet. Il y a, du 26 au 28 août, la rafle de milliers de Juifs étrangers en zone libre.

Mesdames et Messieurs,

Il y a les ténèbres. Mais il y a aussi la lumière. La France affamée, terrorisée, coupée en deux par la ligne de démarcation, est étourdie par l'ampleur de la défaite. Mais très vite, des voix s'élèvent. Dès le 11 novembre 1940, de Gaulle écrit de Libreville au Congrès juif mondial que le statut des Juifs n'aura aucune validité dans la France libre. Il fustige la violation, par Vichy, je le cite : « des principes de liberté et de justice égale, sur lesquels la République française était fondée ». Puis, dans le pire effondrement de notre histoire, alors même que la Wehrmacht semble encore invincible, des Françaises et des Français en très grand nombre vont montrer que les valeurs de l'humanisme sont enracinées dans leurs âmes. Partout, ils accueillent, cachent, sauvent au péril de leur vie des enfants, des femmes, des hommes, persécutés parce qu'ils sont Juifs. Dans ce cauchemar éveillé que les Juifs vivent depuis 1940, la France, leur France, à laquelle ils ont cru si intensément, n'a pas tout à fait disparu. Dans les profondeurs du pays, une lueur d'espoir se fait jour. Elle est fragile, vacillante. Mais elle existe.

Il y a cette secrétaire de mairie qui fournit des papiers à des familles juives, et convainc les habitants du village de partager leurs tickets d'alimentation : le courage d'une seule personne a cristallisé la générosité de tous. Il y a ce couple d'hôteliers qui trouve sur le pas de sa porte un homme échappé d'une rafle, affamé et épuisé : ils l'hébergent pendant deux de ces années terribles. Il y a ce boulanger qui reconnaît un adolescent arrêté et avertit la direction de son école : prévenu, un officier de gendarmerie, membre de la Résistance, libère le jeune homme. Grâce à cette chaîne humaine de solidarité et de courage, une vie est sauvée. Il y a ce professeur de latin qui, jusqu'au bout, tente de protéger l'élève qu'il a présenté au concours général. Il y a cette concierge qui entend le crissement des freins des camions allemands, et fait le tour très rapidement des occupants juifs de son immeuble pour leur dire surtout de rester silencieux derrière leurs portes closes, et les sauve ainsi de la déportation. Il y a le pasteur Trocmé, qui entraîne avec lui, dans l'accueil de centaines de Juifs en fuite, tout un village, tout un plateau de Haute-Loire : Le Chambon-sur-Lignon, dont le nom résonne aujourd'hui, et pour toujours, dans nos cœurs. Il y a ces sœurs qui abritent, dans leurs couvents, dans leurs pensionnats, des enfants juifs. Il y a ces curés savoyards, devenus par la force des choses passeurs professionnels, qui emmènent les réfugiés de l'autre côté de la frontière. Il y a ce général commandant une région militaire qui refuse de prêter sa troupe pour surveiller l'embarquement de déportés, ce qui lui vaut une révocation immédiate. Il y a tous ces paysans, que nous a montrés avec tant d'émotion Agnès Varda, qui accueillent, aiment et protègent de si nombreux enfants.

Il y en a tant et tant d'autres, dans toutes les classes sociales, dans toutes les professions, de toutes les convictions. Des milliers de Françaises et de Français, qui sans s'interroger, font le choix du bien. Quel courage, quelle grandeur d'âme il leur a fallu ! Tous connaissaient les risques encourus : l'irruption brutale de la Gestapo. L'interrogatoire. La torture. Parfois même, la déportation et la mort.

Certains furent reconnus Justes parmi les nations. D'autres resteront anonymes, soit qu'ils aient laissé leur vie en aidant l'autre, soit que, dans leur modestie, ils n'aient même pas songé à faire valoir leurs actes. Certains sont ici aujourd'hui, ainsi que celles et ceux qu'ils ont sauvés. Je les salue tous, avec un infini respect. En France, grâce à cette solidarité agissante, selon le beau mot de Serge Klarsfeld, les Justes ont contribué à protéger les trois quarts de la population juive d'avant-guerre de la déportation, c'est-à-dire d'une mort presque certaine : sur plus de 75 000 déportés, seuls revinrent quelque 2 500 survivants. Et après quelles souffrances indicibles : vous pouvez en témoigner, chère Simone Veil, vous dont le courage, en toute circonstance, est un exemple pour la France. La majorité des Juifs assassinés ont été livrés aux Allemands par Vichy et par les collaborateurs. Mais la plupart des Juifs sauvés le furent par des Français.

Aujourd'hui, pour cet hommage de la nation aux Justes de France, reconnus ou anonymes, nous sommes rassemblés pour évoquer notre passé, mais aussi pour enrichir notre présent et notre avenir. « Quiconque sauve une vie sauve l'univers tout entier », dit le Talmud, devise qui d'ailleurs orne la médaille des Justes. Il faut en comprendre toute la force : en sauvant une personne, chaque Juste a en quelque sorte sauvé l'humanité. Cette mémoire, soyez-en certains, soyez-en fiers, elle perdurera de génération en génération.

Par ce geste, vous nous incitez aussi à interroger notre conscience. Qu'est-ce qui fait que, confronté à un choix crucial, quelqu'un agit selon son devoir, c'est-à-dire en considérant l'autre pour ce qu'il est, une personne humaine avant tout ? Pour certains Justes, c'est une question de conviction religieuse, et ceux-là, n'en doutons pas, entendent le message de l'Église dans sa vraie vérité. D'autres, parfois les mêmes, appartiennent à des groupes long-temps opprimés, comme les protestants, ou sont viscéralement hostiles à la politique de Vichy pour des raisons notamment poli-tiques. Mais, pour tous, c'est une réaction venue du plus profond du cœur, expression la plus haute de ce que l'on nomme la charité.

Toutes et tous, ils ont eu, vous avez eu le courage de voir et de comprendre la détresse avec les yeux du cœur. Ce courage anime Monseigneur Saliège, archevêque de Toulouse, qui a été pour beaucoup dans la prise de conscience des catholiques de France. Infirme, reclus dans son palais épiscopal, il sait pourtant rendre concrètes, dans son admirable lettre pastorale, les souffrances injustifiables endurées par des êtres coupables du seul crime d'être nés. Ce courage de voir et de comprendre avec les yeux du cœur, on le trouve partout : chez ce voisin d'immeuble, que l'on connaît à peine et qui, sans poser de question, accueille votre famille alors que la milice frappe aux portes.

Vous, Justes de France, vous avez transmis à la nation un message essentiel, pour aujourd'hui et pour demain : le refus de l'indifférence, de l'aveuglement. L'affirmation dans les faits que les valeurs ne sont pas des principes désincarnés, mais qu'elles s'imposent quand une situation concrète se présente et que l'on sait ouvrir les yeux.

Plus que jamais, nous devons écouter votre message : le combat pour la tolérance et la fraternité, contre l'antisémitisme, les discri-minations, le racisme, tous les racismes, est un combat toujours recommencé. Si l'antisémitisme s'est déchaîné dans les années 1930-1940, c'est faute d'avoir été condamné avec la fermeté nécessaire à cette époque. C'est parce qu'il a été en quelque sorte toléré comme une opinion parmi d'autres. Telle est la leçon de ces années noires : si l'on transige avec l'extrémisme, il faut bien le mesurer, on lui offre un terreau pour prospérer, et tôt ou tard on en paye le prix. Face à l'extrémisme, il n'y a qu'une attitude : le refus, l'intransigeance. Et c'est aussi sans merci qu'il faut lutter

contre le négationnisme, crime contre la vérité, perversion absolue de l'âme et de l'esprit, forme la plus ignoble, la plus abjecte de
l'antisémitisme.

Mesdames et Messieurs,
Les Justes ont fait le choix de la fraternité et de la solidarité. Ils
incarnent l'essence même de l'homme : le libre arbitre. La liberté
de choisir entre le bien et le mal, selon sa conscience. À tous, en
ce lieu où elle honore ses grands hommes, la nation rend
aujourd'hui le témoignage de son respect et de son estime. Vous
incarnez aussi la France dans ce qu'elle a de plus universel, dans
la fidélité aux principes qui la constituent. Grâce à vous, grâce à
d'autres héros à travers les siècles, nous pouvons regarder la
France au fond des yeux, et notre histoire en face : parfois, on y
voit des moments profondément obscurs. Mais on y voit aussi et
surtout le meilleur et le plus glorieux. Notre histoire, il faut la
prendre comme un bloc. Elle est notre héritage, elle est notre identité. C'est à partir d'elle, et en traçant de nouveaux chemins, que
nous pouvons nous engager tête haute dans les voies de l'avenir.
Oui, nous pouvons être fiers de notre histoire ! Oui, nous pouvons
être fiers d'être Français !
Ce que nous enseignent aussi l'effondrement de la République
en juin 1940, l'illusion tragique du recours à Pétain et le déshonneur de Vichy, c'est à quel point une nation est fragile. Dans le
confort de nos certitudes d'aujourd'hui, beaucoup ont le sentiment que la France est éternelle, que la démocratie est naturelle,
que la solidarité et la fraternité peuvent se résumer au système de
Sécurité sociale. Dans une société qui, malgré ses difficultés, est
prospère et stable, l'idée du bonheur semble trop souvent se ramener à la satisfaction de besoins matériels. Nous devons entendre
votre message. Une nation, c'est une communauté de femmes et
d'hommes solidaires, liés par des valeurs et un destin communs.
Chacun est dépositaire d'une parcelle de la communauté nationale, et celle-ci n'existe que si chacun s'en sent profondément
responsable. À un moment où montent l'individualisme et la
tentation des antagonismes, ce que nous devons voir, dans le
miroir que nous tend le visage de chaque être humain, ce n'est pas

sa différence, mais c'est ce qu'il y a d'universel en lui. À ceux qui s'interrogent sur ce que c'est d'être Français, à ceux qui s'interrogent sur ce que sont les valeurs universelles de la France, vous, les Justes, avez apporté la plus magnifique des réponses, au moment le plus noir de notre histoire.

Et au nom de la France, au nom de la nation tout entière, je m'incline aujourd'hui devant vous avec respect et reconnaissance.

Index des noms

TABLE

- III -
Objectif Élysée : la longue marche

- IV -
Un président atypique face aux nouveaux défis :
mondialisation de l'économie, emprise croissante de l'Europe,
montée des extrémismes, choc des cultures...
mais aussi face aux « affaires »

Cet ouvrage a été composé par
Paris PhotoComposition
75017 Paris

Impression réalisée sur CAMERON par
BRODARD ET TAUPIN
La Flèche

pour le compte des Éditions Fayard
en février 2007

Dépôt légal : février 2007
N° d'édition : 85486 – N° d'impression : 40254
35-57-3389-0/05

Imprimé en France